BEITRÄGE
ZUR NEUEREN
LITERATURGESCHICHTE
Band 362

Jesus in der Literatur

Tradition, Transformation, Tendenzen

Vom Mittelalter bis zur Gegenwart

Herausgegeben von
YVONNE NILGES

Universitätsverlag
WINTER
Heidelberg

Bibliografische Information der Deutschen Nationalbibliothek

Die Deutsche Nationalbibliothek verzeichnet diese Publikation in der Deutschen Nationalbibliografie; detaillierte bibliografische Daten sind im Internet über *http://dnb.d-nb.de* abrufbar.

UMSCHLAGBILD

Erich Kirchner, Heidelberg

ISBN 978-3-8253-6690-2

Imprimé en Allemagne · Printed in Germany
Druck: Memminger MedienCentrum, 87700 Memmingen

Gedruckt auf umweltfreundlichem, chlorfrei gebleichtem und alterungsbeständigem Papier.

Den Verlag erreichen Sie im Internet unter:
www.winter-verlag.de

INHALT

Einleitung

„Von der Parteien Gunst und Hass verwirrt, / Schwankt sein Charakterbild in der Geschichte". Diese Verse, dem Prolog zu Schillers *Wallenstein* (1799) entnommen, treffen, so möchte man meinen, *cum grano salis* auch auf das Thema des vorliegenden Sammelbandes zu: Jesus in der Literatur. Es ist ein Stoff, der die abendländische Dichtung auf einmalige Weise prägte. Auch für die nicht mehr christliche Literatur ist er bedeutungsvoll geblieben und spiegelt in seinem breiten Spektrum künstlerischer Anverwandlung bis heute unser kulturelles Erbe. Ihm ist dieser Band gewidmet, der die facettenreiche literarische Verarbeitung exemplarisch vorstellt: nicht nur, aber v.a. in der deutschen Literatur. Über Autoren-, Epochen- und Gattungsgrenzen hinweg, über theologisch-religiöse ebenso wie weltanschauliche Konzepte hinaus beleuchten nachfolgende 15 Beiträge die literarische Gestaltung Jesu (als Christus oder auch als Mensch) – in unterschiedlichster Akzentuierung, vom Mittelalter bis nach der Jahrtausendwende.

Zumal die verdienstvollen Studien Karl-Josef Kuschels zu Jesus in der Gegenwartsliteratur haben den Stoff einschlägig untersucht und teils auch wichtige Impulse für Beiträge zu diesem Band gegeben.[1] Das Ziel, das sich der vorliegende Sammelband gesetzt hat, ist freilich ein anderes: Zeitlich ganz bewusst einen sehr weiten Bogen spannend, möchten die nachfolgenden Analysen dazu einladen, den literarischen Jesus-Stoff als ein ebenso faszinierendes wie instruktives Thema zu erkunden, das wie kein vergleichbares dem kulturellen Gedächtnis Rechnung trägt, das aber auch – bei aller Kontinuität – schon früh kein statisches und homogenes, sondern ein ambivalentes und ausnehmend wandlungsfähiges gewesen ist. Die literarische Gestaltung Jesu ist stets auch eine zeitabhängige;

[1] Vgl. z.B. Kuschels Dissertation: *Jesus in der deutschsprachigen Gegenwartsliteratur*, Gütersloh 1978; ferner auch *Im Spiegel der Dichter. Mensch, Gott und Jesus in der Literatur des 20. Jahrhunderts*, Düsseldorf 1997, sowie *Jesus im Spiegel der Weltliteratur. Die Bilanz eines Jahrhunderts*, Düsseldorf 2010.

sie ist immer eine subjektiv geprägte (kollektiv wie individuell) und eine selektive. Die Beiträge des Bandes legen dar, wie unterschiedlich und in welch vielgestaltigen Aspekten Jesus vom Mittelalter bis heute rezipiert wurde. Dabei fungiert die Literatur als *Spiegel* für diese diversen, versatilen Zugänge; so dass denn die literarische Ausformung des Jesus-Stoffes auch und nicht zuletzt als Zeugnis einer ‚kulturellen Anthropologie' verstanden werden kann, die weniger über Jesus an sich denn mehr über die *Interpretation* aussagt, mit der Jesus konzeptionell jeweils versehen wurde (und weiterhin versehen wird). Jesus als Dispositiv menschlichen Selbstverständnisses, als Erweis der eigenen Identität: Wie wurde Jesus/Christus über die Jahrhunderte hinweg gedeutet? Als Hinweis auf welches Selbstbild begreifen wir ihn in der Gegenwart? Die Literatur vermag – in dichterischer Freiheit – auf diese Fragen Antworten zu geben.

Einen gewissen Schwerpunkt dieses Bandes stellt die literarische Darstellung Jesu auch aus jüdischer Sicht dar. Sie ist ein wichtiger Gesichtspunkt, der das Sujet des Sammelbands im Dialog der Weltreligionen und Kulturen exemplarisch ausweiten, im jeweiligen Kontext situieren und würdigend erörtern soll. Auch hier möchte zu einer vertieften Untersuchung der Thematik angeregt und eingeladen werden, indem der diskursiven Spannweite, der Vielfalt und der (herausfordernden) Wirkungsmächtigkeit des Themas Raum gegeben wird.

Jesus als literarische Figur – zunächst als Christus-, später gleichfalls als historische Gestalt – begegnet uns in den unterschiedlichsten Variationen, vom mittelalterlichen Oster- über das Passionsspiel und andere Dramatisierungen, lyrische Formen (Hymnen, Gebete, Volkslieder, Kirchenlieder), Messiaden (als Weiterentwicklung der Evangelienharmonien, vgl. Klopstocks Epos usw.) bis hin zum Roman der Postmoderne. Nicht minder mannigfaltig sind die Modi dichterischer Anverwandlung: Die literarische Ausgestaltung dogmatischer Hintergründe, der mit Aufklärung und Bibelkritik einsetzende Prozess der Säkularisierung (Jesus als Tugendlehrer bzw. mythisierte literarische Figur, Jesus als Sozialrevolutionär, Jesus als pathologische Gestalt etc.), Resakralisierungsversuche, thematische wie mediale Pluralisierungstendenzen (u.a. auch in Film, (Rock-) Oper, Musical, Science-Fiction) sind ebenso bezeichnend wie indirekte Annäherungen, in denen Jesus aus der Perspektive anderer literarischer Figuren in Erscheinung tritt (Jünger, Maria Magdalena, Barabbas, Ahasver, Römer usw.). Auch moderne Jesus-Charaktere gehören in diesen Kontext, wobei Jesus hier entweder in die fiktionale Gegenwart versetzt oder aber auf eine andere literarische Gestalt übertragen und aktualisierend in dieser gespiegelt wird (*Imitatio*-Darstellungen).[2]

Die folgenden beispielhaften Untersuchungen setzen im Hochmittelalter ein, wo Konrad von Fußesbrunnen um 1200 das „Kind im Heiland“ profiliert (Stefan Tomasek). In der *Kindheit Jesu* wird die ‚Leerstelle’ zwischen Jesu Geburt und dem Beginn der Predigttätigkeit literarisch ausgestaltet: Jesus als Säugling, Kleinkind und Knabe treten in den Fokus. Von einem ganz anders gearteten Jesusbild zeugt der zweite Beitrag, der die aus dem Spätmittelalter (1400-1404) datierende deutsche Dorotheen-Vita des Johannes Marienwerder in den Blick nimmt (Lydia Wegener). Das Bestreben, die offizielle Heiligsprechung der Dorothea von Montau zu erwirken, führt hier zur Darstellung eines diffizilen Dreiecksverhältnisses zwischen Dorothea, ihrem Gemahl und Christus. Der daran anschließende Beitrag gilt der Kurzfassung einer Evangelienharmonie des Hans Sachs über das Passionsgeschehen (1557): Die Akzentverschiebung von der ursprünglich juristischen auf die theologische Ebene, d.h. die Abwendung von irdischen Belangen hin zur himmlischen Gerichtsbarkeit, kennzeichnet die Darstellung Christi (Heiko Ullrich). Im Anschluss werden die Christus-Kontrafakturen in der Schäferdichtung des Barock analysiert (Yvonne Nilges): Anhand der *Trutz-Nachtigall* (1649) des Friedrich Spee von Langenfeld und der *Heiligen Seelen-Lust* (1657) des Johannes Scheffler, genannt Angelus Silesius, geht dieser Beitrag den *Sponsus-Christus-*, den *Pastor-bonus-* und den *Agnus-Dei-*Bezügen in der Bukolik des 17. Jahrhunderts nach.

Das 18. Jahrhundert markiert mit der Aufklärung eine Zäsur der Jesus-Rezeption. Diese beleuchtet zunächst ein Beitrag über zwei divergierende Modelle der Nachfolge als Weg zur interreligiösen Toleranz (Monika Fick): Während bei Lessing Jesus als Tugendlehrer verstanden und die religiöse Bedeutung depotenziert wird, hält sein Zeitgenosse Christian Felix Weiße an der dezidiert christlich orientierten Idee der *Imitatio* fest. Die religionskritische Vorstellung von Jesus als zumal moralischem Vorbild (vgl. den Fragmentenstreit) nehmen auch die anschließenden Beiträge auf: Gianluca Paolucci untersucht Carl Friedrich Bahrdts *Briefe über die Bibel im Volkston* (1782) und den ersten Leben-Jesu-Roman (desselben Autors), *Ausführung des Plans und Zwecks Jesu* (1784-1792) – als Bil-

2 Für eine konzise Einführung in die Thematik vgl. Elisabeth Frenzel: *Stoffe der Weltliteratur. Ein Lexikon dichtungsgeschichtlicher Längsschnitte*, Stuttgart [10]2005, S. 437-444 (s.v. „Jesus“).

dungs-und Geheimbundroman, in dem Jesus als Volksaufklärer im Sinne des Geheimbundes der „Deutschen Union" erscheint. Ebenfalls als Tugendlehrer wird Jesus in Wielands Roman *Agathodämon* (1799) unter Kritik des traditionellen Wunderglaubens und der institutionalisierten Kirche geschildert (Miriam Seidler); hier steht Jesus einem seiner Zeitgenossen, dem Apollonios von Tyana, vergleichend gegenüber.

Aus jüdischer Sicht behandeln im 19. Jahrhundert die Werke Heinrich Heines den Untersuchungsgegenstand (Lukas Pallitsch): Die Christus-Figur wird ironisch poetisiert und politisch aktualisierend gebrochen. Unter dem Eindruck des Vormärz thematisiert Richard Wagners Opernentwurf *Jesus von Nazareth* (1849) sodann Jesus als Mensch und als Sozialrevolutionär (Sven Friedrich); *Das Leben Jesu* von David Friedrich Strauß (1835/1836) war Wagner damals noch nicht bekannt, wohl aber der damit verbundene Materialismus und die Projektionstheorie Ludwig Feuerbachs. Die exemplarischen Analysen zum 19. Jahrhundert beschließt ein Beitrag zu Gerhart Hauptmanns Novelle *Der Apostel* (1890): Im Zuge der modernen Subjektkrise veranschaulicht die *Imitatio Christi* hier einen pathologischen Fall völligen Realitätsverlustes, der mit scharfer Moderne- und Kulturkritik einhergeht (Tim Lörke).

Um die Jahrhundertwende angesiedelt ist nachfolgend ein Beitrag zur Christus-Figur in Rilkes Lyrik (Erich Unglaub). Rilkes Poetik des Vorwands tritt auch hier hervor: Christus als Mittler zwischen Gott und Mensch vermag Gott nunmehr selbst nicht mehr zu finden. Die „transzendentale Obdachlosigkeit", mit Georg Lukács zu sprechen, tritt hier deutlich hervor. Eine jüdische Messias-Parodie stellt im Anschluss daran Kafkas Erzählung *Ein Landarzt* (1919) dar. Der Arzt aktualisiert den Topos des *Christus medicus*, eines medizinisch und religiös lesbaren Heilers. Doch hat auch das Judentum den Glauben verloren – und der Messias keine rechte Lust auf die Vollbringung der Heilstat: Er schreckt vor dem Opfertod zurück (Marcel Krings). Der folgende Beitrag führt die jüdische Sichtweise in der zweiten Hälfte des 20. Jahrhunderts fort – nun anhand dreier Dichterphilosophen, deren Essays zu Jesus durchaus literarischen Charakter haben: Martin Buber, Schalom Ben-Chorin und Pinchas Lapide (Christoph Bartscherer). Hier wird ein inneres Verwandtschaftsverhältnis – Jesus als Bruder – von jüdischer Seite artikuliert, das Grundlage für interreligiöse Verständigung sein kann.

Ein Beispiel für die Aktualisierung des Stoffs nach der Jahrtausendwende gibt uns Martin Walsers Roman *Muttersohn* (2011): Abundante Christus-Reminiszenzen, dargestellt an einer Sonderling-Figur, verweisen auf einen nachdrücklich individuellen, idiosynkratischen ‚Willen zum

Glauben', in dem Immanenz und Transzendenz, das Profane und das Heilige miteinander verquickt und neu semantisiert werden (Martina Trombiková).

Der letzte Beitrag dieses Bandes beleuchtet das literarische Jesusbild aus der Sicht des Judas (Hans Richard Brittnacher). Von Klopstocks *Messias* (1773) über Schalom Aschs Roman *Der Nazarener* (1939), den daran anknüpfenden Roman *Judas* von Amos Oz (2014) bis hin zu Uwe Saegers Roman *Die gehäutete Zeit* (2008) werden literarische Neubewertungen des Judas exemplarisch nachvollzogen – und damit auch des Jesusbildes. Charakteristisch ist hier die Tendenz, Judas als *Alter Ego* Jesu zu gestalten.

Mein Dank gilt dem Verlag, namentlich Herrn Dr. Andreas Barth, für die gute und fruchtbare Zusammenarbeit; der Maximilian-Bickhoff-Universitätsstiftung und der Eichstätter Universitätsgesellschaft möchte ich an dieser Stelle sehr herzlichen Dank für die Förderung des Sammelbandes aussprechen.

So mag der vorliegende Band mit seinen 15 beispielhaften Studien denn dazu einladen, Jesus in der Literatur neu zu entdecken und – vom Mittelalter bis zur Gegenwart – immer besser zu verstehen.

Yvonne Nilges

STEFAN TOMASEK

Das Kind im Heiland: Konrads von Fußesbrunnen *Kindheit Jesu*

Konrad von Fußesbrunnen, sehr wahrscheinlich identisch mit einem 1182 urkundlich belegten niederösterreichischen Edelfreien, verfasste (vermutlich um 1200) für ein höfisches Publikum[1] ein mittelhochdeutsches apokryphes Kindheitsevangelium, das heute unter dem Namen *Die Kindheit Jesu*[2] geführt wird. Der Text bietet eine geraffte, in einigen Handschriften nahezu vollständig gekürzte Vorgeschichte Mariens bis zur Geburt in Bethlehem und die Kindheitsgeschichte Jesu auf der Flucht nach Ägypten bzw. in Nazareth. Wie bei allen Texten, die diesen Teil der Lebensgeschichte Jesu literarisch verarbeiten, unterliegt die Jesusfigur einer besonderen Spannung, da sie gleichzeitig hilfloses Kind und allmächtiger Gott ist. Welcher Aspekt mit welchen sprachlichen Mitteln in der jeweiligen Erzählung akzentuiert wird, ist bereits in der handschriftlichen Überlieferung der *Kindheit Jesu* selbst uneinheitlich.[3]

1 Vgl. Norbert Voorwinden: *Die Heilige Familie in einigen Kindheit-Jesu-Dichtungen des 13. Jahrhunderts*, in: *Queste* 4 (1997), S. 27-41, bes. S. 28-31 und S. 38ff.

2 Der Text der *Kindheit Jesu* wird im Folgenden nach der Edition von Fromm/Grubmüller zitiert: Konrad von Fußesbrunnen: *Die Kindheit Jesu*, hg. von Hans Fromm und Klaus Grubmüller, Berlin [u.a.] 1973. Alle Angaben beziehen sich daher auf die hier zitierte Leithandschrift B; innerhalb der Überlieferung gibt es jedoch z.T. deutliche Abweichungen, die hier aus pragmatischen Gründen ausgeklammert bleiben (vgl. hierzu das Beispiel in Anm. 3).

3 So variiert beispielsweise die *Inquit*-Formulierung zu einem Fluch, den das Jesuskind mit tödlichen Folgen gegen ein anderes Kind ausspricht (V. 2752),

Was man im Mittelalter mit dem mittelhochdeutschen Begriff „chint" verband, wurde in den letzten Jahren seitens der Sozialhistoriker vielfach herausgearbeitet.[4] Dass Kinder und ihre Bedürfnisse als gegenüber der Erwachsenenwelt spezifisch anders verstanden und keineswegs als verkleinerte Erwachsene gesehen wurden,[5] ist heute *Communis opinio*.[6] Die Kindheit endete allerdings früh, d.h. ungefähr im siebten Lebensjahr mit dem Eintritt in das Berufsleben, in die Erziehung außerhalb der Familie oder mit der Übergabe an eine Schule.[7] Genau mit diesem Übertritt aus der Kinder- in die Erwachsenenwelt endet auch die Darstellung Konrads von Fußesbrunnen. Die Beschreibung der Jesusfigur in der *Kindheit Jesu* ist also (zumindest anteilig) eine Beschreibung von Kindheit. Wie viel Kindliches die Erzählung ihrer Figur hierbei zuschreibt und welche Verfahren sie einsetzt, um die Spannung zwischen Heiland und Kind zu beschreiben, ist die Fragestellung der folgenden Analysen. Da sich Konrads Text an einer (sehr sicher lateinischen) Vorlage orientierte, wird für die

zwischen der Formulierung „daz chint sprach" (HS B), „[d]az hêre chint sprach" (HS A) und „unser herre sprach" (HS C). Kind, heiliges Kind, Herr – wie viel Kindlichkeit man dem Heiland in dieser heiklen Szene zubilligen wollte, war also offenbar keineswegs invariant durch den Stoff vorgegeben.

4 Vgl. den forschungsgeschichtlichen Überblick bei Klaus Arnold: *Kind und Gesellschaft in Mittelalter und Renaissance*, Paderborn 1980, S. 9-16.

5 Vgl. Shulamith Shahar: *Kindheit im Mittelalter*, deutsch von Barbara Brumm, Düsseldorf 1991, S. 111-114.

6 Vgl. Arnold: *Kind und Gesellschaft* (Anm. 4), S. 17-27; vgl. für den zeitgenössischen medizinischen Diskurs William F. Maclehose: *Health and Science*, in: *A Cultural History of Childhood and Family in the Middle Ages*, hg. von Louise J. Wilkinson, Oxford 2010, S. 161-178, hier S. 168: „Although a necessary stage in the creation of a normative adult, childhood (including infancy) is differentiated almost entirely from what comes after, the line between puerile and adult bodies is drawn extremely carefully and definitively. The medical sources stress the exceptional nature of the child and seek to explain the difficulties encountered in the early years of life".

7 Vgl. Arnold: *Kind und Gesellschaft* (Anm. 4), S. 20-23; Robert Fossier: *Die Epoche des Feudalismus (11.-13. Jahrhundert)*, in: *Geschichte der Familie. Mittelalter*, hg. von André Burguière, Christiane Klapisch-Zuber [u.a.], Frankfurt a.M. 1995, S. 125-158, hier S. 136f.; Louise J. Wilkinson: *Education*, in: *A Cultural History of Childhood and Family in the Middle Ages*, hg. von ders., Oxford 2010, S. 91-108, hier S. 92: „boys from the rural and urban elites were [...] sent away to school by the age of seven".

Beurteilung der Kindheitsdarstellung in der *Kindheit Jesu* vergleichend auf die zeitgenössisch wichtigste lateinische Erzähltradition dieses Stoffes, die heute unter dem Namen Pseudo-Matthäus-Evangelium bekannt ist, zurückgegriffen.

Bei den heute unter diesem Namen geführten Texten handelt es sich jedoch nicht um die Quelle Konrads. Die Vorlagenfrage ist bisher ungeklärt. Im Epilog der *Kindheit Jesu* gibt das Autor-Ich in der Lesart der HSS AB lediglich an, „ein buoch" (V. 3006) als Quelle verwendet zu haben.[8] Konrads Vorlage dürfte zwar ein Text aus der lateinischen Pseudo-Matthäus-Familie gewesen sein, der aber entscheidend von den heute bekannten Versionen abgewichen sein muss. Während sich das erste Drittel der Erzählung der *Kindheit Jesu*[9] recht gut mit der lateinischen Tradition in Einklang bringen lässt, ist die Ägyptenreise um eine doppelte Räuber-Episode erweitert (vgl. V. 1503-1926 und 2105-2530), die sich bei Pseudo-Matthäus nicht findet. In vergleichbarer Form liegt diese Episode in der sogenannten Compilation J (Arundel-Handschrift) vor, die ihrerseits eine Kompilation aus einer lateinischen Übersetzung des Protevangeliums des Jakobus, einer Pseudo-Matthäus-Quelle und einer weiteren, unbekannten Quelle darstellt.[10] Dieser Text kommt als Vorlage der *Kindheit Jesu* jedoch nicht in Frage, die Quelle der Konrad'schen Räuber-Episode ist daher noch völlig ungeklärt.[11] Die zweite Abweichung gegenüber der Pseudo-Matthäus-Tradition stellt die (nach der Edition Tischendorfs benannte[12]) *Pars altera* dar, in der die Jugendgeschichte im Anschluss an die Rückkehr nach Nazareth beschrieben wird. Konrads

8 HS C verzeichnet „In latine als ich si las" (vgl. fol. 117^{v}).

9 Marien-Vorgeschichte und Geburt Jesu bis zum Einsetzen der Ägyptenreise ab V. 1325ff.

10 Vgl. Oliver Ehlen: *Das Evangelium der Arundel-Handschrift. Einleitung*, in: *Antike christliche Apokryphen in deutscher Übersetzung*, hg. von Christoph Markschies und Jens Schröter, Tübingen 2012, S. 1003f.

11 Vgl. Achim Masser: *Bibel, Apokryphen und Legenden. Geburt und Kindheit Jesu in der religiösen Epik des deutschen Mittelalters*, Berlin 1969, S. 70-105. Masser, der noch mit der mittlerweile überholten Pseudo-Matthäus-Edition Tischendorfs arbeiten musste, beurteilt Details anders, kommt aber zum gleichen Schluss.

12 *Evangelia apocrypha. Adhibitis plurimis codicibus graecis et latinis maximam partem nunc primum consultis atque ineditorum copia insignibus*, hg. von Konstantin von Tischendorf, Leipzig 1853, S. 50-105.

Text enthält, episodenhaft aneinandergereiht, einige dieser Geschichten (ab V. 2531ff.), aber „[t]hese chapters are absent in most manuscripts“[13] der Pseudo-Matthäus-Überlieferung. Sie entsprechen einer Fassung des elften Jahrhunderts (Textfassung Q[14]), in der „dem Pseudo-Matthäus eine Version der sehr alten Miracula Iesu beigefügt wurde“.[15] Weder die Reihenfolge noch die Darstellung in der mittelhochdeutschen *Kindheit Jesu* passen aber zu den lateinischen Pseudo-Matthäus-Versionen, welche die Nazareth-Handlung enthalten.[16]

Wenn daher im Folgenden die Kindheitsdarstellungen in der *Kindheit Jesu* mit den entsprechenden Passagen der Pseudo-Matthäus-Tradition verglichen werden, handelt es sich bei dieser Gegenüberstellung um Möglichkeiten, vom Kind Jesus um 1200 zu erzählen, nicht um die Darstellung eines Abhängigkeitsverhältnisses, wobei die Pseudo-Matthäus-Tradition „nicht die einzige, aber die wichtigste und am weitesten verbreitete [...] im Abendland“[17] war und Konrads Vorlage, wie gesagt, nahestand.[18] Da die Pseudo-Matthäus-Texte bei der Vermittlung des Kindheitsstoffes im Mittelalter eine entscheidende Rolle spielten und diverse mittelalterliche

13 James K. Elliott: *The Apocryphal New Testament. A Collection of Apocryphal Christian Literature in an English Translation Based on M. R. James*, Oxford 1993, S. 85.

14 Vgl. Jan Gijsel: *Zu welcher Textfamilie des Pseudo-Matthäus gehört die Quelle von Hrotsvits Maria?*, in: *Classica et mediaevalia* 32 (1979/1980), S. 279-288, hier S. 282.

15 Ebd.

16 Die acht Nazareth-Episoden bei Konrad (1. Holzlängungswunder, 2. Wasserholen, 3. Erweckung des toten Josephs, 4. Sturz eines Kindes von der Mauer, 5. Fischfang, 6. Jesus und die Löwen, 7. Lehmvögel, 8. Schule) stehen in der bei Tischendorf edierten Pseudo-Matthäus-Fassung in den Büchern 25-42 in der Reihenfolge 5, 7, 8, 8, 4, 2, 6, 1, 8, 8, 3. Die Bücher 28f. (Tötung eines Kindes) und 34 (Jesus im Weizenfeld) fehlen bei Konrad ebenso wie die beiden letzten Bücher (Rückkehr nach Bethlehem) dieser Pseudo-Matthäus-Version. Besonders die Schulszene ist deutlich anders gestaltet, Buch 39 hat hierbei keine Entsprechung in der *Kindheit Jesu*.

17 Masser: *Bibel, Apokryphen und Legenden* (Anm. 11), S. 72.

18 Für den Vergleich wird auf die Edition Gijsels zurückgegriffen (*Libri de nativitate Mariae. Pseudo-Matthaei Evangelium. Textus et commentarius*, hg. von Jan Gijsel, Brepols 1997). Da diese die *Pars altera* nicht enthält, muss hierfür auf die Edition Tischendorfs zurückgegriffen werden.

Darstellungen maßgeblich beeinflussten, liegt hier das lateinische Fundament, auf dem Konrads *Kindheit Jesu* fußte.[19] Der Vergleich verliert aber für die beiden Schächer-Episoden und ab der Nazareth-Handlung in doppelter Hinsicht an Schärfe. Zum einen fehlt uns offenbar die hier zugrunde liegende lateinische Tradition (eine Kombination aus der J- und Q-Tradition). Zum anderen gehören die Episoden der *Pars altera* gerade nicht zu der bevorzugten Erzähltradition des Pseudo-Matthäus-Stoffs, wodurch das Argument, man vergleiche Konrads *Kindheit Jesu* mit dem wichtigsten lateinischen Pendant, hinfällig wird.[20] Dementsprechend konzentrieren sich die folgenden Untersuchungen v.a. auf den Stoffbereich vor der *Pars altera* und deuten, wo sie hierüber hinausgehen, das Verhältnis zur lateinischen Tradition nur an.

Das Alter der in der *Kindheit Jesu* dargestellten Jesusfigur lässt sich bis zum 40. Tag nach der Geburt recht genau bestimmen.[21] Hieran anschließend wird die Erzählung gerafft; Jesus ist zweijährig, als die Heiligen Drei Könige zu ihm reisen (vgl. V. 1207) und der Bethlehemitische Kindermord durch Herodes befohlen wird (vgl. V. 1304-1313), worauf die Flucht nach Ägypten anschließt (ab V. 1325). Diese Altersangaben entsprechen weitgehend denen im Pseudo-Matthäus-Evangelium.[22]

19 Vgl. Elliott: *The Apocryphal New Testament* (Anm. 13), S. 84: „It was very influential in the Middle Ages and was the main vehicle for popularizing the Protevangelium Jacobi [...] and the Infancy Gospel of Thomas. Much medieval art is indecipherable without reference to books such as Pseudo-Matthew".

20 Vgl. aber für den Vergleich mit der Arundel-Fassung Elke Ukena-Best: *Domine, memento mei – herre, nû erbarme dich. Die Lebensgeschichte des rechten Schächers in Konrads von Fußesbrunnen „Kindheit Jesu" zwischen lateinischer Quelle, lateinischer Adaptation und deutscher Prosaauflösung*, in: *Scripturus vitam. Festgabe für Walther Berschin zum 65. Geburtstag*, hg. von Dorothea Walz, Heidelberg 2002, S. 185-206.

21 Bis zum dritten Tag nach der Geburt bleibt Maria mit ihrem Sohn in der Höhle (vgl. V. 1050ff.), bis zum siebten Tag an der Geburtsstätte, dann Aufbruch nach Bethlehem (vgl. V. 1127ff.). Achter Tag: Beschneidung Jesu (vgl. V. 1135-1139), 40. Tag: Tempelbesuch (vgl. V. 1151-1157).

22 Vgl. 14,1: Am dritten Tag verlässt Maria die Höhle; 15,1: sechster bis siebter Tag in Bethlehem, Beschneidung am achten Tag; 16,1: „Transacto autem secundo anno uenerunt magi ab Oriente". Hieran schließt sich der Kindermord (17,1) und der Aufbruch nach Ägypten an (17,2). Zu Beginn der Ägyptenreise wird Jesus

Ab hier bietet Konrads Text keine genauen Altersangaben mehr. Die Nazareth-Handlung selbst lässt keine weiteren Schlüsse zu. Diese wird, ganz der lateinischen Pseudo-Matthäus-Version entsprechend, zeitlich unspezifisch und episodenhaft strukturiert.[23] Indem der zeitliche Fortgang in Tagen angegeben wird, scheint es sich zwar um einen kürzeren Zeitraum zu handeln, was aber nicht völlig gesichert ist. Einen Anhaltspunkt auf das Alter des Jungen bietet jedoch die Schluss-Episode, in welcher der kurze Schulbesuch Jesu beschrieben wird. Die Jesus betreffende Ermahnung des Lehrers an Joseph, „nu wer imz [den Umgang mit Zauberei], ê der tumbe / volle werde ze man" (V. 2948f.), verweist auf einen noch nicht volljährigen (das mittelhochdeutsche Lexem „man" bezeichnet in der Regel eine Person ab ca. 14 Jahren[24]) und noch jugendlich unerfahrenen Menschen („tump"). Der Vorschlag des Schulmeisters, „heiz in, daz er ze schuole gê, / [...] / sô altet er mit êren" (V. 2951-2955), der ein den Sitten entsprechendes Heranwachsen gewährleisten soll, wäre zeitgenössisch im ca. siebten Lebensjahr zu erwarten. Ein etwa sechsjähriges Kind fügt sich in die Eckdaten älter als zwei und jünger als 14 Jahre gut ein und passt auch recht genau zum Verhalten Jesu in den Nazareth-Episoden.[25]

Die Kindheitsdarstellung in der *Kindheit Jesu* ist damit in einen Säuglingsteil (*infantia*, Geburt bis zum Beginn der Ägyptenreise), eine Kleinkind-Episode (*dentium plantativa*, Ägyptenreise und Exil) und eine Jungenpassage (*pueritia*, Jesus in Nazareth) unterteilt.[26] Während zwei Drittel der Erzählung der Vorgeschichte bzw. den ersten beiden Kindheitsphasen gewidmet sind und der Jungenteil nur auf ca. 500 Versen

allerdings in der A-Tradition als noch nicht zwei Jahre alt bezeichnet (vgl. Pseudo-Matthäus 18,1).

23 Vgl. V. 2612: „Eines andern tages"; V. 2663: „eines tages"; V. 2695: „an einem samztage"; V. 2819: „eines tages"; V. 2910: „Des andern morgens".

24 Vgl. Fossier: *Die Epoche des Feudalismus* (Anm. 7), S. 137f.

25 In der lateinischen Pseudo-Matthäus-Tradition wird die erste Spielszene der Nazareth-Handlung mit dem Hinweis, „Et factum est quod post regressionem Iesu de Egypto, cum esset in Galilaea, iam inchoante quarto aetatis anno [...]" (Pseudo-Matthäus 26,1) versehen, was aber in der *Kindheit Jesu* keinen Gegenpart hat.

26 Vgl. zu dieser zeitgenössischen Begrifflichkeit Arnold: *Kind und Gesellschaft* (Anm. 4), S. 17-27, bes. S. 18ff.; Shahar: *Kindheit im Mittelalter* (Anm. 5), S. 28-40.

dargestellt wird (ab V. 2531), verschiebt sich genau umgekehrt die Figurenbeschreibung, die erst ab der Nazareth-Episode die Jesusfigur deutlich profiliert und zuvor ihren Schwerpunkt auf die Darstellung der Eltern Jesu legt.[27]

Hinweise auf die Hilfsbedürftigkeit des Säuglings, pflegerische Maßnahmen, Aussehen oder Verhalten eines Neugeborenen etc. fehlen zunächst, ohne dass dies durch den Text aber ausgeschlossen ist. Der Verweis auf die Stillfähigkeit Mariens[28] und die gemeinsame Lagerung von Mutter und Kind in der Krippe[29] deuten dies im Gegenteil an, ohne die Motive weiter auszuerzählen.[30] Auch die metaphorische Beschreibung, dass die Engel bei der Geburt „der ammen reht begiengen" (V. 795), hält auf der Ebene des Bildspenders den Säuglingsstatus präsent. Bis zum Einsetzen der Ägyptenreise (ab V. 1325) kommen einige Hinweise hinzu: Jesus wird getragen, in eine Wiege gebettet und umsorgt.[31] Durch die Fokussierung auf die Eltern Jesu (v.a. auf Maria) gewinnt die Jesusfigur erst mit der Ägyptenreise figurale Tiefe. Jesus als Säugling bleibt nur angedeutet, wird aber keineswegs negiert. Letztlich ist auch diese passive, im öffentlichen Kontext hinter die Rolle der Eltern zurücktretende Figur eine dem Säuglingsalter entsprechende Darstellung.

[27] Besonders die Geburtspassage selbst zeigt, wie sehr der Fokus der Erzählung zunächst v.a. auf Maria liegt: Die Beschreibung (V. 789-964) erwähnt in weniger als einem Viertel ihrer Verse das Neugeborene.

[28] Vgl. V. 857-860: „die bruste [...] / die vant si [Salome] ze rîcher chuste / mit milche berâten harte wol, / als von rehte chindes muoter sol". Das Motiv Maria Lactans kennt Konrads *Kindheit Jesu* über diesen Hinweis hinaus allerdings nicht.

[29] Vgl. V. 1104f.: „dâ [in die Krippe] geruoht mit ir chinde / diu reine muoter inne ligen".

[30] Hierzu passt auch, dass Mutter und Kind stets aufeinander bezogen verstanden werden, vgl. V. 828f.: „nâch wîbes sit si [Zeloni] enphie / die frouwen unt ir chindelîn".

[31] Vgl. V. 1148f.: „ez enwart ûf der erde / nie deheines chindes baz gephlegen"; V. 1156f.: „sô gie diu frouwe unt wart getragen / mit ir ze munster ir chint"; V. 1168: „[Simeon] truoc daz chint"; V. 1193-1202: „daz chint man do ze hûse truoc, / die vriunt volgten mit, / unt ez nâch der chinde sit / in die wiegen wart geleit. / uber unt under wart gebreit / gewaete rein unde wîz. / diu muoter hêt sîn grôzen vlîz. / wie si sîn sô phlaege, / daz ez schôn unt sanfte laege"; V. 1269: „daz chint in sîner wiegen".

Wenn man die vorsichtige Darstellung in der *Kindheit Jesu* mit der Pseudo-Matthäus-Tradition vergleicht, zeigt sich überdies, dass sich Konrads Text der pädagogisch adäquaten Beschreibung eines Neugeborenen annähert. Im Pseudo-Matthäus-Evangelium fehlt die Metapher der Engel als Ammen Jesu. Im Gegenteil wird das Neugeborene sofort nach der Geburt gleichberechtigt im Kreis der Engel aufgenommen (in der Lesart der Textfamilie P ist das Jesuskind sogar als bei den Engeln stehend beschrieben).[32] In der Pseudo-Matthäus-Darstellung legt Maria das Jesuskind am dritten Tag nach der Geburt alleine in die Krippe („Maria [...] posuit puerum in praesepio“[33]), während sich in der *Kindheit Jesu*, die enge Beziehung zwischen Mutter und neugeborenem Kind betonend, Maria und Jesus gemeinsam in die Krippe legen.[34] Das gemeinsame Schlafen von Mutter und Kind entspricht der zeitgenössischen sozialen Praxis, auch wenn mittelalterliche Traktate stets davor warnten.[35] Am deutlichsten manifestiert sich der Unterschied zwischen den beiden Erzählungen in der an die Geburtspassage anschließenden Darstellung, in welcher bei Pseudo-Matthäus die Verba des Tragens, Bettens und Pflegens, die Konrads Text immer wieder einstreut (vgl. Anm. 32), fehlen. Die Konrad'sche Darstellung des neugeborenen Jesuskindes zeigt sich demgegenüber insgesamt altersadäquater, wenngleich eine detaillierte Beschreibung der Figur, wie gesagt, zunächst fehlt.[36]

Als aktiv handelnde und sprechende Figur erscheint Jesus in der *Kindheit Jesu* ab dem Alter von zwei Jahren. Dies entspricht aus der zeitgenös-

32 Vgl. Pseudo-Matthäus 13,2: „ibi Maria peperit masculum, quem circumdederunt nascentem angeli, et natum super pedes suos statim [P: stantem] adorauerunt eum dicentes: Gloria in excelsis deo et in terra pax hominibus bonae uoluntatis“.

33 Pseudo-Matthäus 14,1.

34 Vgl. V. 1103ff.: „ez [das Jesuskind] was gebarnet fur den stein / dem esel unt dem rinde. / da geruoht mit ir chinde / diu reine muoter inne ligen“. Vgl. für die Darstellungen der Mutter-Kind-Beziehung Masser: *Bibel, Apokryphen und Legenden* (Anm. 11), S. 186ff.

35 Vgl. Arnold: *Kind und Gesellschaft* (Anm. 4), S. 48-52; Shahar: *Kindheit im Mittelalter* (Anm. 5), S. 105f.

36 Lediglich bei der Heilung der Hebamme Salome lässt die Pseudo-Matthäus-Variante stärker als Konrads Text den Status des Neugeborenen erkennen, da sie die „fimbrias pannorum in quibus erat infans“ (13,5), welche die gelähmte Salome zu ihrer Heilung berührt, erwähnt. Dieser Hinweis fehlt in *der Kindheit Jesu*.

sischen Perspektive dem Übergang von dem durch Sprachlosigkeit und Stillen geprägten Säuglingsalter zum Kleinkind. Das Jesuskind tritt in der *Kindheit Jesu* also erst dann als sprechende und handelnde Figur in Erscheinung, wenn sein Alter aus zeitgenössischer pädagogischer Perspektive diesen Entwicklungsschritt auch zulässt – auch dies ist eine dem Alter der Figur entsprechende Darstellung.

Dennoch setzt sich auch bei der Ägyptenreise das Charakteristikum des Kleinkindteils, den Schwerpunkt der Erzählung auf die Darstellung der Elternfiguren (hier v.a. auf Joseph) zu legen, fort: Weniger als ein Sechstel der Reisebeschreibung (V. 1316-1966) berichtet vom Kind,[37] obwohl dieses hier die ersten aktiven Wunder bewirkt. In der (stark gerafften) Erzählung vom Ägyptenaufenthalt (V. 1967-2070)[38] und bei der Beschreibung der Rückreise (V. 2071-2530)[39] fehlt nahezu jede Erwähnung der Jesusfigur. Die Strapazen der Reise, die Konversion der Ägypter und die beiden Festmahlbeschreibungen der Schächer-Episoden sind in einem Erwachsenendiskurs verankert, und es ist dementsprechend folgerichtig, dass das Kind Jesus nur eine untergeordnete Rolle spielt. Erst mit dem Beginn der Nazareth-Handlung (Jungenteil) verlagert sich, wie gesagt, der Schwerpunkt der Erzählung endgültig auf die Jesusfigur. Dieser Schwenk der Figurendarstellung grenzt, ebenso wie der strukturelle Wechsel von einer kohäsiven Ereignisfolge zu konzisen, voneinander relativ unabhängigen Episoden, den Schlussteil deutlich ab, was sich zur eingangs beschriebenen Quellensituation fügt.

Dies stellt sich in der lateinischen Pseudo-Matthäus-Tradition prinzipiell anders dar, die auch im Ägyptenteil stets Jesus im Mittelpunkt der Geschehnisse schildert, so dass die Reise (in der A-Tradition) mit Recht als „[iter] domini nostri Iesu Christi“ (Pseudo-Matthäus 19,2) bezeichnet wird. Konrads Reisepassage stellt sich hingegen als Reise der Eltern Jesu dar und verliert das Kind in weiten Teilen aus dem Fokus, weil es in den Erwachsenendiskurs nicht hineingehört. Gegenüber der lateinischen Pseudo-Matthäus-Tradition ist dies erneut ein Anpassen des Stoffes an das Alter des Kleinkindes.

37 Jesus wird auf 102 von 650 Versen beschrieben, wobei hier das Baumwunder (29 Verse) und v.a. die Badeszene der ersten Räuber-Episode (31 Verse) den Schwerpunkt der Kindheitsdarstellung ausmachen.

38 Jesus wird nur in V. 2020f. und V. 2026 und nie als handelnde oder sprechende Figur dargestellt.

39 Jesus wird, nicht sprechend oder handelnd, nur in V. 2335 erwähnt.

Trotz dieser Zurücknahme leistet die Ägyptenreise von Anfang an einen wesentlichen Beitrag zur Kindheitsdarstellung der Jesusfigur. Das erste Ereignis der Reise, ein Zusammentreffen mit Drachen, bietet hierbei wenig Potential, das Kindliche der Jesusfigur herauszustellen: Das plötzliche Auftauchen der Untiere erschreckt die Reisegesellschaft, Jesus aber „gebôt den trachen, / daz si mit deheinen sachen / vih noch liute sêrten" (V. 1353ff.), und schickt sie fort. Hier wird die Jesusfigur als menschgewordener Gott und damit Herr über alle Kreaturen der Erde dargestellt; es ist die erste aktive Handlung der Figur überhaupt. Die Pseudo-Matthäus-Tradition kommentiert dementsprechend, „[t]unc adimpletum est quod dictum est per psalmographum prophetam dicentem: Laudate dominum de terra dracones et omnes abyssi" (Pseudo-Matthäus 18,1), ein Verweis auf Ps 148,7. Jesus, an dieser Stelle als „dominus", nie als Kind bezeichnet,[40] stellt dementsprechend auch heraus, „[n]olite me considerare quia infantulus sum; ego enim semper uir perfectus fui et sum" (Pseudo-Matthäus 18,2). Der Hinweis, es handele sich beim Kind Jesus um einen „vir perfectus", fehlt in der *Kindheit Jesu*. Die Konrad'sche Darstellung bezeichnet im Gegenteil die Jesusfigur stets als „chint" (V. 1349 und V. 1353), ja sogar im Diminutiv als „chindelîn" (V. 1359). Die „vir perfectus"-Formulierung lautet hier: „niht zwîfelt an der jugende mîn, / daz ich sô chranc ze sehen bin! gedenchet an mînen ganzen sin / unt entfurhtet iu niht!" Hier werden also Jugend und körperliche Schwäche des Kindes gerade betont, die natürlich im Gegensatz zum göttlichen Vermögen („sin") stehen. Generell ist zu konstatieren, dass Konrads Text weit häufiger markiert, dass es sich bei seiner Jesusfigur um ein „chint" handele, als dies bei Pseudo-Matthäus der Fall ist: Die *Kindheit Jesu* benennt Jeus in den ca. 2000 Versen, in denen er anwesend ist, ca. 60 Mal, also durchschnittlich alle 35 Verse, als „chint".[41]

40 Lediglich Maria und Joseph, die Jesus schützen wollen, bezeichnen ihn als „infans" (vgl. 18,2).

41 Gezählt sind hierbei die Verse ab der Geburt abzüglich der zweiten Schächer-Episode. Die namentliche Anrede („Iesus") wird hingegen nur fünfmal verwendet, als „herre" wird Jesus zwölfmal bezeichnet. Woelfert zählt 65 Erwähnungen im Gesamttext gegenüber 28 bei Pseudo-Matthäus. Vgl. Rosemarie Woelfert: *Wandel der religiösen Epik zwischen 1100 und 1200, dargestellt an Frau Avas „Leben Jesu" und der „Kindheit Jesu" des Konrad von Fussesbrunnen*, Tübingen 1963, S. 195ff.

Am deutlichsten stellt aber die Interaktion zwischen den Drachen und Jesus das Kindliche heraus: „dar ûz [aus der Höhle] trachen vreislîch / spilten gegen dem chinde“ (V. 1348f.). Das mittelhochdeutsche Verb „spiln“ ist in seiner Semantik etwas weiter gefasst, bezeichnet aber stets einen nicht ernsthaften, auf Freude zielenden oder aus Verlangen resultierenden Vorgang oder aber den Wettkampf.[42] Insofern kann man das „spil[...]n gegen dem chinde“ (ebd.) hier noch als „freudiges Annähern“ der Drachen verstehen. Die Konrad'sche Erzählung führt an dieser Stelle aber bei der, wie gesagt, ersten aktiven Handlung des Kindes bereits den Zentralbegriff ein, mit dem im Folgenden fast alle Tätigkeiten der Jesusfigur bezeichnet werden.[43] Jesus spielt mit den wilden Tieren auf der Ägyptenreise (vgl. V. 1396f.: „von der muoter lief daz chint / spiln, sô im geviel“), wobei die Phrase „sô im geviel“ (ebd.) das lustbetonte, nicht rational gesteuerte kindliche Verhalten erneut markiert. Am Ende der *Kindheit Jesu* wird in der Löwen-Episode auserzählt, wie man sich das Spiel zwischen Jesuskind und wilden Tieren vorzustellen hat:

> si liefen unt rungen, / vor vreuden si sprungen, / si wanhten fur unt wider. / nu saz er under si nider, / wan in ir spiles niht verdrôz. / er nam die jungen in die schôz, / die griffe wâren linde. / sich leiten dem chinde / die alten zuo den füezen. / sîn streichen unt sîn grüezen, / daz enphiengen si, als si solden
> (V. 2841-2851)

Auch hier charakterisieren „vreude“ und „spil“ die Passage, erneut wird das Lustvolle betont (V. 2845: „wan in ir spiles niht verdrôz“). Jesus spielt zudem in der ersten Schächer-Episode in der Badewanne (vgl. V. 1806f.: „nu begund ez chintlîche / gegen ir [der Ehefrau des Schächers] spiln in

42 Alle Angaben zur Bedeutung mittelhochdeutscher Lexeme beziehen sich auf Matthias Lexer: *Mittelhochdeutsches Handwörterbuch*, 3 Bände, Leipzig 1872-1878, sowie das *Mittelhochdeutsche Wörterbuch*, mit Benutzung des Nachlasses von Georg Friedrich Benecke ausgearbeitet von Wilhelm Müller und Friedrich Zarncke, 3 Bände, Leipzig 1854-1866.

43 Vgl. Woelfert: *Wandel der religiösen Epik* (Anm. 41), S. 59f.

dem bade"), explizit als „chintlîche", nach Art eines Kindes, bezeichnet.[44] In der Pseudo-Matthäus-Tradition fehlt bei der Beschreibung der Ägyptenreise das Spiel-Motiv hingegen gänzlich. Drachen und Tiere beten Jesus lediglich an,[45] die wilden Tiere machen sich überdies als Lasttiere nützlich. Dem kindlich-lustbetonten Verhalten in der *Kindheit Jesu* steht also im Gegenteil der Aspekt der Verehrung und des Gehorsams der Tiere gegenüber dem Heiland entgegen. Gerade weil auch in der Pseudo-Matthäus-Variante durchaus betont wird, dass es sich bei der Jesusfigur um ein Kind handele,[46] fallen Alter und Handlung der Figur auseinander. Wenn das Jesuskind seine angesichts der wilden Tiere erschrockene Mutter tröstet (Pseudo-Matthäus 19,1: „In cuius faciem [das erschrockene Gesicht Mariens] infans Iesu subrisit, et consolationis eam uoce alloquens dixit: Noli timere, mater"), haben sich Eltern- und Kinderrolle vertauscht, was sich genau zur „vir perfectus"-Formulierung fügt. Das mit den Tieren spielende Kind der Konrad'schen Darstellung ist hiervon deutlich abgegrenzt, indem ein kohärent kindliches Verhalten beschrieben wird.

Im Anschluss an die drei einleitenden Episoden der Nazareth-Handlung in der *Kindheit Jesu*, die Jesus noch im Kontext des elterlichen Hauses beschreiben,[47] stellt das Spiel-Motiv schließlich das Leitmotiv dar.[48] Von Anfang an betont der Text hierbei, dass es sich beim spielenden

44 Kohärent erscheint die Formulierung hier auch, da bereits zuvor der Blick des Kindes als „spilnd" (hier aber: „strahlend") bezeichnet wurde, vgl. V. 1684f.: „mit lachundem munde / unt mit spilnden ougen".

45 Vgl. Pseudo-Matthäus 18,1: „Illi autem dracones adorauerunt eum et cum adorassent eum abierunt" und 19,1: „Similiter autem et leones et pardi adorabant et comitabantur eum in deserto quocumque ibat Maria cum Ioseph, atque antecedebant eos ostendentes uiam et obsequium exhibentes, inclinantes capita sua immani cum reuerentia seruitium caudis adulantibus exhibebant".

46 Vgl. Pseudo-Matthäus 18,1: „dominus cum esset nondum bimulus"; 18,2: „Ipse autem dominus Iesus Christus infantulus deambulabat cum eis"; 19,1: „infans Iesu".

47 Längung eines Holzstücks im väterlichen Zimmermannbetrieb und Wasserholen für die Mutter sowie die Erweckung des anderen Josephs: In diesen Episoden fehlt das Spiel-Motiv.

48 Von den acht bei Konrad enthaltenen Nazareth-Episoden (Holzlängung; Wasserholen; Erweckung des anderen Josephs; Spielen auf der Stadtmauer; Fischfang-Episode; Löwen-Episode; Lehmvögel; Schulbesuch) sind drei un-

Jesus um den kindlichen Normalfall handelt: „Nu cham ez eines tages alsus, / daz aber daz chint Jêsus / mit andern chinden spiln gie, / wan des enbetrâgt in nie; / ouch was er gerne bî in“ (V. 2663-2667). Betont wird das wiederholte Spielen (mittelhochdeutsch „aber“ bedeutet hier „abermals“), obwohl die Erzählung zuvor in der Konrad'schen Reihenfolge keine Spielszene enthält. Dieses habe ihn nie (wiederkehrendes Verhalten) gelangweilt (V. 2666: „wan des enbetrâgt in nie“). Erneut findet sich der Hinweis auf das lustbetonte Verhalten (mittelhochdeutsch „betrâgen“ bedeutet „keine Lust auf etwas haben“; das mittelhochdeutsche Adverb „gerne“ bedeutet „begierig, mit Freude“). Auch in der letzten Spielszene wird das Graben und Kneten im Lehm explizit als „spil“ bezeichnet und das sich wiederholende Spielverhalten doppelt betont (V. 2912: „ein niuwez spil er aber huop“).

Indem das Spielen innerhalb einer Gruppe von Kindern wiederkehrend als kindliches Normalverhalten beschrieben wird, lässt die Konrad'sche Darstellung wenig Raum für eine allegorische Lesart der Episoden. Jesus wird (in der Brunnen-Episode) als Trendsetter beschrieben[49] und erscheint als ein Kind mit guten Spielideen, die aber stets im kindlichen Diskurs verankert bleiben: „der rât [Kanäle zu graben, um hierin Fische zu fangen] geviel den chinden wol, / so von rehte chinden

mittelbare Spiel-Episoden (Jesus spielt mit anderen Kindern auf der Stadtmauer, Jesus gräbt mit seinen Spielkameraden Kanäle und leitet Fische hinein, Jesus und die anderen Kinder formen Vögel aus Lehm). Die Löwen-Episode wird ebenfalls kindlich-spielerisch inszeniert (s. o.) und die abschließende Schulszene entstammt dem pädagogischen Diskurs, wenngleich das Jesuskind hier wenig kindgerecht mit seinem Lehrer disputiert. Da auch die zweite Nazareth-Episode dem Kindheitsdiskurs entstammt (das Jesuskind holt für seine Mutter Wasser am Brunnen), ein kindliches Missgeschick beschreibt (V. 2612f.: „Eines andern tages er zebrach / ze einem brunnen sîner muoter chruoc“) und überdies bereits Jesus im Kontext der anderen Kinder zeigt (vgl. V. 2616f.: „dô wolden diu andren chint alsam [d. h. ebenfalls in ihren Mänteln] / ir muoter wazzer haben getragen“), dienen nur zwei Episoden der Nazareth-Handlung nicht der Beschreibung von kindlichem Verhalten und das Kinderspiel dominiert die gesamte Passage.

49 Nach dem offenbar versehentlichen [!] Zerschlagen des Wasserkrugs trägt das Jesuskind das Wasser in der „vaele“ (Mantel), was die anderen Kinder, einschließlich des nun absichtlichen Zerschlagens aller Wasserkrüge, sofort (erfolglos) nachzuahmen versuchen, vgl. V. 2612-2630.

chintheit sol" (V. 2713f.) – das Spiel ist so, wie es Kinder den guten Sitten entsprechend („rehte") in ihrer Kindheit tun sollen.[50] Die beschriebenen Kinderspiele lassen sich überdies, kaum überraschend, alle für das Mittelalter belegen: Das Klettern auf dem „terraz" (Festungs-Bollwerk) ist schon erwähnt bei Gregor von Tours. Aus Ton geformte Spielzeugfiguren sind in diversen archäologischen Funden vielfach vertreten und stellten offenbar ein Standardspielzeug dieser Zeit dar; auch ein Tonvogel ist nachweisbar.[51] Sogar das eifrige Graben im Sand (vgl. V. 2715-2718) ist beispielsweise im *Renner* Hugos von Trimberg belegt.[52] „Ein zeitloses Spielzeug der Kinder sind schließlich Tiere [...]. Nicht selten sind Kinder damit porträtiert worden".[53] Dass auch die Jesusfigur selbst ihre Ideen als Spiel versteht, zeigt sich in der reichlich trotzigen Antwort auf die Frage Mariens an ihren Sohn, warum dieser den Jungen, der ihm seinen Kanal kaputt gemacht hatte, durch eine Verwünschung getötet habe: „dâ zebrach er mir mîn spil" (V. 2799). Die Sabbat-Frage, die der Auslöser für den Streit gewesen war und die viel Potential für eine allegorische Lesart der Episode böte, erwähnt weder Jesus noch der Erzähler an dieser Stelle, sie tritt so hinter den Trotz des Kindes als Handlungsantrieb zurück (vgl. unten).

Ebenfalls bereits in der ersten Spielszene wird zudem die *Peergroup* der Spielkameraden Jesu eingeführt. Jesus erscheint als Kind unter Kindern (V. 2664f.: „daz chint Jêsus / mit andern chinden"), die direkt im Anschluss als „spilgenôzen" (V. 2675) und zu Beginn der Folge-Episode als „spilgesellen" (V. 2702) bezeichnet werden. „genôze" und „geselle" kennzeichnen den innerhalb einer sozialen Gruppe Gleichgestellten, was in der letzten Spielszene durch die Bezeichnung der anderen Kinder als „geverten" Jesu (V. 2913) erneut aufgegriffen wird.

Neben dem für die Frage nach der Kindheitsdarstellung zentralen Spiel-Motiv enthält Konrads *Kindheit Jesu* weitere Motive, die das Kind

[50] Vgl. Woelfert: *Wandel der religiösen Epik* (Anm. 41), S. 60: „So entwirft Jesus – aus echt kindlicher Phantasie heraus – einen Plan für das Spiel des Fischfanges, der seine Spielgenossen begeistert".

[51] Auf der Burg Wartenberg wurde ein Schwan ausgegraben, zeitnah zur Entstehung der *Kindheit Jesu* zu datieren auf 1220 bis 1265.

[52] Vgl. zum Kinderspiel im Mittelalter Arnold: *Kind und Gesellschaft* (Anm. 4), S. 67-77.

[53] Arnold: *Kind und Gesellschaft* (Anm. 4), S. 76.

im Heiland profilieren. So räumt beispielsweise die erste Schächer-Episode viel Platz für die Beschreibung der Interaktion zwischen der Ehefrau des Schächers und dem Jesuskind ein: „si enphie der frouwen chindelîn / unt druht ez an ir bruste, / si halst ez unt chuste." (V. 1788ff.). Der liebevolle Umgang mit dem Jesuskind wird im Folgenden weiter betont (V. 1796f.: „sine gunde niemen dâ, / der iz trûte wan si eine"; V. 1805: „si gruozte ez minneclîche"). Hier wird die profane Interaktion zwischen einer Frau und einem Kleinkind beschrieben,[54] während der Aspekt des Heils, der dieser Passage durchaus inhärent ist, ausgeklammert bleibt.[55] Dass der Konrad'sche Erzähler betont, „ouch enwas des niht vergezzen, / sine [die Ehefrau des Schächers] hête chindes ezzen, / sô nie chint bezzers enbeiz" (V. 1801ff.), führt dies weiter aus; offenbar muss sich auch die Verdauung des Heilands erst noch vollständig entwickeln. Dies entspricht den zeitgenössischen pädagogischen Schriften, die immer wieder zur kindgerechten Ernährung mahnen.[56] Ebenso ein Gemeinplatz mittelalterlicher Erziehungslehren ist das bereits erwähnte Baden des Kindes:[57] Hier verweist nicht nur die pflegerische Fürsorge für das Kind auf den pädagogischen Diskurs; das kindliche Verhalten der Jesusfigur, die sofort beginnt, im Badewasser zu planschen, passt hierzu ebenso. Auch wenn so ein heilender Schaum entsteht, der dem Gastgeber später das Leben retten wird, legt die Erzählung an keiner Stelle intentionales Verhalten des Kindes nahe. Im Gegenteil wird das kindliche Spiel betont: „nu begund ez chintlîche / gegen ir spiln in dem bade, / die hende wâren

54 Der liebevolle und pflegerische Umgang mit Kindern lässt sich zeitgenössisch vielfach belegen, vgl. Arnold: *Kind und Gesellschaft* (Anm. 4), S. 82-86.

55 Anders versteht es Ukena Best, die die liebevolle Reaktion als „Ahnung von seiner [Christi] Göttlichkeit" interpretiert: Ukena-Best: *Domine, memento mei* (Anm. 20), S. 193.

56 So z.B. Bartholomaeus Anglicus: *Über die Natur der Dinge* (um 1250), 6,4; Bellino Bissolo: *Spiegel des Lebens und der Gesundheit* (2. Hälfte des 13. Jahrhunderts), cap. 4; Aegidius Romanus: *Fürstenspiegel* (1277-1279), 2,2; Ramon Llull: *Kindererziehung* (1275-1283). Vgl. hierzu die Literaturangaben und Übersetzungen bei Arnold: *Kind und Gesellschaft* (Anm. 4), S. 112-125.

57 So z.B. Bartholomaeus Anglicus: *Über die Natur der Dinge* (um 1250), 6,4; Vinzenz von Beauvais: *Spiegel des Wissens* (um 1250), 12,27 und 12,31. Vgl. hierzu die Literaturangaben und Übersetzungen bei Arnold: *Kind und Gesellschaft* (Anm. 4), S. 111-116. Vgl. ferner Shahar: *Kindheit im Mittelalter* (Anm. 5), S. 98ff.

im gerade – / unz ez schûmen began“ (V. 1806-1809); es ist die erwachsene Ehefrau des Schächers, die die potentielle Heilkraft vorhersieht (V. 1811f.: „nu dûht si, daz ez waere / guot unt heilbaere“). Diese kümmert sich um das Kleinkind (V. 1804: „Ûf sîn gemach si sich vleiz“) und legt es schließlich schlafen, wodurch es, wie gesagt, aus der Festmahlsbeschreibung (d.h. aus dem Erwachsenendiskurs) ausscheidet (V. 1819f.: „Daz chint wart slâfen geleit / unt was daz ezzen bereit“).

Die Badeszene greift damit die Andeutungen des Säuglingsteils und die Spiel-Motive der Drachen- bzw. der ersten Tierszene auf: Das Jesuskind der Konrad'schen Darstellung ist (zumindest auch) ein Kind im pädagogischen Sinne. In der Figurenentwicklung der *Kindheit Jesu* stellt das jedoch einen Rückschritt dar, der mit der plötzlichen Sprachlosigkeit korrespondiert. Unmittelbar vor der ersten Schächer-Episode hatte Jesus in der Baumwunderszene als souveräne, wundertätige und mit dem göttlichen Heilsplan vollständig vertraute Figur agiert. Hier übernimmt das Kind qua seiner göttlichen Allmacht die fürsorgliche Position innerhalb der Heiligen Familie. Damit ist eine neue Stufe der kindlichen Entwicklung beschrieben. Denn während in der Drachen- und Tier-Episode das eigentliche Wunder darin besteht, dass alle Kreaturen den Heiland erkennen und die Jesusfigur dies lediglich erklärt, beurteilt das Kind hier eigenständig die Situation der Eltern, erdenkt selbst einen Lösungsweg und setzt seine Fähigkeiten zielorientiert ein.[58] Diesen Reifegrad wird es in keiner der folgenden Episoden erneut an den Tag legen. Zwar wird die Jesusfigur immer wieder als „chint“ bezeichnet, alle kindlichen Attribute fehlen der Baumwunderszene jedoch. Stattdessen betont der Erzähler „des chindes gotlîch gewalt“ (V. 1466) und bezeichnet die hier beschriebene Figur „als ein gewizzen man“ (V. 1477). Das Partizipialadjektiv „gewizzen“ bedeutet „verständig, wissend, was sich schickt“. Zur göttlichen Allmacht von Geburt an kommt hier also das Wissen um soziale Normen hinzu. Dieses Kind steht dem „vir perfectus“ der Pseudo-Matthäus-Tradition nahe. Folgerichtig zeigt Konrads Text in der Baumwunderszene auch kaum Abweichungen. Der Kontrast zum in der Folgeszene wieder verstummten und pflegebedürftigen Kind ist dementsprechend groß; die Schächer-Episode fügt sich hinsichtlich der

[58] Vgl. V. 1472f.: „si [Joseph und Maria] wurden maniger sorgen / ergezzet von dem chinde“.

Figurenentwicklung innerhalb der *Kindheit Jesu* ebenso wenig zur Baumwunderszene wie die in der Badeszene und in den Spiel-Episoden der Nazareth-Handlung entwickelte Kinderfigur zum Jesusbild der Pseudo-Matthäus-Tradition.[59]

Die Konrad'schen Episoden, die sich in der *Pars altera* der Pseudo-Matthäus-Tradition, wie gesagt, nur vereinzelt finden, knüpfen hingegen an die Badeszene an. Dass die Jesusfigur offenbar kindlich ungeschickt den mütterlichen Wasserkrug zerbricht, wurde bereits erwähnt. Dieses Versehen fügt sich kaum zum „vir perfectus" der Pseudo-Matthäus-Tradition, es entspricht aber der kindlichen Entwicklung, dass manuelle Tätigkeiten durch Einüben und Fehler erlernt werden müssen. Ebenso kindlich ist die nicht anlassadäquate Reaktion der Jesusfigur in der Fischfangszene. Jesus reagiert zunächst sehr gelassen auf den theologisch relevanten Disput über das Arbeitsverbot am Sabbat, das die spielenden Kinder nicht eingehalten hatten.[60] Der Konflikt, der für die Frage nach der Abgrenzung des Christentums vom Judentum relevant und daher höherwertig einzuschätzen wäre, ist damit deeskaliert, die Jesusfigur spielt „alebenst fur sich" (V. 2748), ganz gleichmäßig vor sich hin. Erst das profane, kindliche Zertreten des gegrabenen Kanals führt zur Sanktion durch das Jesuskind: „er spranc in allen gâhen / unt trat im sîne furhe zuo. / daz chint sprach: »sit dû mir nuo / mîn schoene werch zebrochen hâst / [...], / du belîbest sîn ân buoze niht. [...]«" (V. 2750-2755). Das zerstörte, aber eben eigentlich ganz irrelevante „schoene werch" (V. 2751) des Kindes ist der Anlass für die Eskalation des Streits, nicht der (aus christlicher Perspektive) falsche Feiertag.[61] Auch die Heftigkeit der Strafe ist textimmanent als unverhältnismäßig markiert. Neben der Reaktion der Spielkameraden und der Verwandten zeigt sich dies v.a. in der Ermahnung Mariens (V. 2800: „ôwê, der zuhte was ze vil"). Der Konrad'sche Text bietet keinerlei Anhaltspunkt, dass diese Einschätzung der Mutter nicht zutreffe. Das Jesuskind selbst aber hat kein Unrechts-

59 Vgl. hierzu auch Ukena-Best: *Domine, memento mei* (Anm. 20), S. 187f.

60 Vgl. V. 2740-2746: „zuo dem chnappen er sprach: / »nu wis ân angest umbe mich! / ginc niuwan hin unt hüete dich, / daz du rehte gevarst / unt dînen samztac bewarst! / ich phlige mîn selbes harte wol / unt weiz wol, wenne ich vîren sol.«".

61 Woelfert spricht der *Kindheit Jesu* daher generell eine „Profanisierung und Anthropomorphisierung der Christusgeschichte" zu, durch die „das Erdenleben Jesu in einen menschlichen, irdischen Raum biographisierend hineingezeichnet wird". Woelfert: *Wandel der religiösen Epik* (Anm. 41), S. 57.

bewusstsein: „nu gie er müeziclîche nâch, / wan er envorht im niht" (V. 2764f.). Erst Mariens Intervention (V. 2801: „herre sun, erbarme dich, / wis im genaedic durch mich!") bewirkt die Wiederbelebung, aber zunächst keine Einsicht in den eigenen Fehler. Denn die Wiedergutmachung erfolgt nur um der Mutter Willen: „mit dem fuoze er in [den toten Jungen] stiez, / den tôten er uf stên hiez, / er sprach: »ich wil dir dîn leben / durch mîne muoter wider geben [...]«" (V. 2803-2806). Die Einsicht, andere Kinder aufgrund eines Kinderspiels nicht töten zu dürfen, folgt erst in der letzten Spiel-Episode. Diese ist parallel zur Fischfangszene gestaltet,[62] die Lösungsstrategie weicht aber deutlich ab. Hier klatscht Jesus in die Hände, erweckt die Vögel und lässt sie unversehrt davonfliegen; eine Sanktion gegen den Angreifer gibt es nicht. Jesus hat durch die Ermahnung seiner Mutter offenbar den adäquaten Einsatz seiner Kräfte in Konfliktsituationen erlernt; er ist erzogen worden. Dieser Effekt ergibt sich (auch in Abgrenzung gegenüber der *Pars altera* der Pseudo-Matthäus-Tradition) primär aus der Reihung der Episoden: Während in der lateinischen Tradition, so sie den Nazareth-Teil enthält, Fischfang- und Lehmvögel-Episode zu Beginn stehen, bilden sie in der *Kindheit Jesu* das Ende der Nazareth-Handlung, unterbrochen nur von der Löwen-Episode. Als letzte Episode schließt hieran die Schul-Episode an. So entsteht eine pädagogisch plausible Reihung, welche die Entwicklung vom affektgesteuerten Kind, das erzogen wird, zu einem an gesellschaftliche Normen angepassten Kind skizziert und die *Kindheit Jesu* mit dem Schulbesuch enden lässt (auch dies ist gänzlich anders in der Pseudo-Matthäus-Tradition angelegt). Dass sich Jesus in der Schul-Episode als nicht beschulbar erweist, da er natürlich allwissend ist, steht auf einem anderen Blatt und gehört, nach zeitgenössischer Ansicht, nicht mehr in den Bereich der Kindesentwicklung.

Auch wenn wir die Quelle der *Kindheit Jesu* nicht kennen, ist doch die Diskrepanz zwischen dem Jesuskind der Konrad'schen Erzählung und dem der Pseudo-Matthäus-Tradition offensichtlich. Letztere entwirft das Kind als einen „vir perfectus", die *Kindheit Jesu* hingegen tendiert dazu, Jesus als „chint" den zeitgenössischen Vorstellungen von Kindheit anzugleichen. Da sich die Säuglings- und Ägyptenpassagen bei Konrad und Pseudo-Matthäus hinsichtlich des Stoffarrangements nahezu entsprechen,

[62] Lehmvögel werden von den Kindern geformt, das Sabbat-Problem ist Handlungsauslöser, ein Fremder versucht, die Vögel zu zertreten.

dürfte einem Rezipienten, der mit dem lateinischen Standard des Stoffes vertraut war, die Naturalisierung des Jesuskindes in der *Kindheit Jesu* aufgefallen und für ihn durch die Nazareth-Episoden bekräftigt worden sein. Die altersadäquate Charakterisierung der Figur bewirkt so einen Ausgleich zwischen den Stofftraditionen. Der Konrad'sche Text (oder ggf. seine Vorlage) scheint die Jesusfigur insgesamt an die Kinderfigur der ersten Schächer-Episode und v.a. an die Nazareth-Episoden angepasst zu haben. Es wird eine relativ kohärente Figur entwickelt, die sich von der Geburt bis zum Schulbesuch den beschriebenen Lebensaltern entsprechend weiterentwickelt und sich jeweils zu den zeitgenössischen Vorstellungen von Kindheit fügt.

Bemerkenswert ist hierbei die Gelenkstelle zwischen den Stofftraditionen: Vor der ersten eindeutigen Kinderszene (Jesus im Bad) steht bei Konrad die Passage, in der das Kindheitsbild gegenüber der Pseudo-Matthäus-Tradition nicht abweicht, sondern das Kind als „gewizzen man" vorführt. Die hieran unmittelbar anschließende Darstellung der ersten Schächer-Episode, die ein wehrloses, pflegebedürftiges und spielendes „chint" beschreibt, scheint hiermit eigentlich unvereinbar. Der Kontrast betont das kindliche Verhalten der folgenden Episoden, markiert aber auch die Ambivalenz der Figur. Dies aber hatte Konrad bereits in seinem Prolog angekündigt: Bei aller Naturalisierung bleibt seine Jesusfigur beides, „gotes unt des menschen kint" (V. 12).

LYDIA WEGENER

Jesus, seine Braut und ihr Ehemann: Zu den Komplikationen eines weltimmanent-transzendenten Dreiecksverhältnisses

Der Lebensweg der Dorothea von Montau, wie er in der deutschen Dorotheen-Vita des Johannes Marienwerder dargestellt wird,[1] ist v.a.

[1] Die kommenden Ausführungen beziehen sich ausschließlich auf das zwischen 1400 und 1404 entstandene *Leben der zeligen frawen Dorothee Clewsenerynne in der thumkyrchen czu Marienwerdir des landes czu Prewszen* (im Folgenden: Vita), hg. von Max Toeppen, in: *Scriptores Rerum Prussicarum* 2 (1863), S. 179-350 (ohne die Beilagen). Daneben verfasste Johannes Marienwerder zahlreiche lateinische Versionen der Dorotheen-Vita, die das Heiligkeitsideal jeweils anders akzentuieren. S. dazu Cordelia Heß: *Heilige machen im spätmittelalterlichen Ostseeraum. Die Kanonisationsprozesse von Birgitta von Schweden, Nikolaus von Linköping und Dorothea von Montau*, Berlin 2008, bes. S. 232-264.
Bereits 1395 entstand außerdem die knappe deutsche Vita des Nürnberger Weltgeistlichen Nikolaus Humilis. S. Werner Williams-Krapp: *Kultpropaganda für eine Mystikerin. Das Leben der Dorothea von Montau im Sendbrief des Nikolaus von Nürnberg*, in: *Literatur – Geschichte – Literaturgeschichte. Beiträge zur mediävistischen Literaturwissenschaft*, hg. von Nine Miedema und Rudolf Suntrup, Frankfurt a.M. 2003, S. 711-720 (inkl. Edition).
Problematisch ist es, die verschiedenen Dorotheen-Schriften miteinander zu kombinieren, um eine kohärente Lebensdarstellung zu gewinnen. Auf diese Weise verfährt John W. Coakley: *Men, and Spiritual Power. Female Saints and Their Male Collaborators*, New York 2006, S. 193-210.

durch drastische physische wie psychische Leiderfahrungen gekennzeichnet.[2] Dass diese in ihrer plastischen Schilderung für den Rezipienten nur schwer zu ertragen sind, wird in der Vita bei der Beschreibung von Dorotheas selbstverletzenden Askesepraktiken ausdrücklich hervorgehoben:

> Sy phlag, das grusam zcu horin ist, und noch vil grusamir zcu liden, zcu stosen in ire wunden nesseln, herte strumpe von besemen und spitze notzschaln, bittir crutecht adir andir herbe ding, uf das ire wunden vornuwet wurden und offin gehalden, und ir liden und lon von gote worde gemeret.
> (S. 211)

Dennoch steht die Vita mit ihrer Schilderung extremer Selbstkasteiungen der Protagonistin im Spätmittelalter nicht alleine da. Vielmehr zelebriert sie das seit dem 13. Jahrhundert in literarischen Texten auftretende, im 15. Jahrhundert allerdings zunehmend in Misskredit geratende Weiblichkeitsideal der *Sancta moderna*, das u.a. durch selbstzugefügte Verletzungen im Dienste einer Angleichung an den leidenden Körper des Passions-Christus gekennzeichnet ist.[3] Auch die Zusammenarbeit zwischen Dorothea als einer mystisch begabten, aber illiteraten Frau und ihrem gelehrten, dafür jedoch in spiritueller Hinsicht unterlegenen Beichtvater – in der Vita wird er mit dem Kürzel „b“ bezeichnet – ist kein Novum, sondern greift auf ein in der frauenmystischen Literatur etabliertes

2 David Wallace wählt für seine Ausführungen zu Dorothea daher den doppeldeutigen Titel *Borderline Sanctity*. Dieser rekurriert sowohl auf die „psychopathologies“ (S. 53), welche die Vita durchziehen, als auch auf die Lage des Deutschordensstaates, dessen erste und einzige einheimische Heilige Dorothea ist. S. David Wallace: *Strong Women. Life, Text, and Territory 1347-1645*, Oxford 2011, S. 1-60 (Kap. *Borderline Sanctity: Dorothea of Montau, 1347-1394*).

3 S. zum Ideal der *Sancta moderna* Susanne Bürkle: *Weibliche Spiritualität und imaginierte Weiblichkeit. Deutungsmuster und -perspektiven frauenmystischer Literatur im Blick auf die Thesen Caroline Walker Bynums*, in: *Zeitschrift für deutsche Philologie* 113 (1994), Sonderheft, S. 116-143. Zur Abweisung dieses Ideals im Zuge der monastischen Observanzbewegungen des 15. Jahrhunderts s. Werner Williams-Krapp: *Observanzbewegungen, monastische Spiritualität und geistliche Literatur im 15. Jahrhundert*, in: *Internationales Archiv für Sozialgeschichte der deutschen Literatur* 20/1 (1995), S. 1-15.

literarisches Konzept zurück.[4] Dementsprechend hebt die Vita zwar die außergewöhnliche Strenge von Dorotheas körperlichen Übungen hervor, integriert diese in ihrer Zielsetzung jedoch zugleich in gängige Frömmigkeitskategorien: Dorotheas Leiderfahrungen dienen in erster Linie der *Imitatio Christi*, darüber hinaus aber auch der seelischen Läuterung zur Vermeidung von Fegefeuer-Strafen und der Vorbereitung auf die *Vita contemplativa*, der sie sich allerdings erst zu einem späten Zeitpunkt ihres Lebens, als Klausnerin, in Gänze widmen kann.[5]

Denn zuvor ist ihr Leben – und damit hebt sich die Dorotheen-Vita von der ebenfalls im Zuge von Kanonisierungsbestrebungen entstandenen und etwa zeitgleichen Lebensbeschreibung der Katharina von Siena ab[6] – durch eine komplexe, Transzendenz wie Immanenz umfassende Dreiecksbeziehung gekennzeichnet. Die dominante, da aufgrund ihrer transzendenten Position unangreifbare und jeder Kritik entzogene Figur innerhalb dieses Dreiecksverhältnisses ist Jesus Christus. In der Darstellung der Vita kommt ihm eine absolute Verfügungsgewalt über Dorothea zu, die er dazu ausnutzt, seine „erwelte brut“ (S. 199) mit nicht erfüllbaren Anforderungen zu konfrontieren und dadurch ihr Leiden zu potenzieren.

4 Dieses Konzept existiert allerdings je nach Entstehungszeit und -kontext in sehr unterschiedlichen Ausformungen. S. dazu Ursula Peters: *Religiöse Erfahrung als literarisches Faktum. Zur Vorgeschichte und Genese frauenmystischer Texte des 13. und 14. Jahrhunderts*, Tübingen 1988, S. 101-188.

5 Zum Sinn der Selbstverstümmelungen Dorotheas s. Simone Haeberli: *„Manchirley groz bitter und lang liden“. Herkunft, Zweck und theologische Rechtfertigung der Leiden Dorotheas von Montau in der deutschen Vita des Johannes Marienwerder*, in: *Oxford German Studies* 39/2 (2010), S. 124-137, bes. S. 126f.

6 Die *Legenda maior* des Raymund von Capua wurde 1395 fertiggestellt. Ihre erfolgreichste deutsche Übersetzung mit dem Titel *Ein Geistlicher Rosengarten* entstand zwischen 1400 und 1410 vermutlich in Nürnberg. Vgl. Thomas Brakmann: *Ein Geistlicher Rosengarten. Die Vita der heiligen Katharina von Siena zwischen Ordensreform und Laienfrömmigkeit im 15. Jahrhundert. Untersuchungen und Edition*, Frankfurt a.M. 2011, S. 347. Im Falle Dorotheas fehlt eine eigens verfasste Prozessvita. Vgl. Heß: *Heilige machen* (Anm. 1), S. 251. Dennoch steht das gesamte Dorotheen-Schrifttum Johannes Marienwerders im Dienst seiner (vergeblich bleibenden) Kanonisierungsbemühungen. Für einen Vergleich der Dorotheen-Vita mit den Viten der ebenfalls verheirateten Heiligen Elisabeth von Thüringen und Hedwig von Schlesien, welche das Dorotheen-Leben als Vorbilder geltend macht (vgl. S. 218), s. Petra Hörner: *Dorothea von Montau*, Frankfurt a.M. [u.a.] 1993, S. 414-465.

Keine Zuwendung dagegen bringt Christus gegenüber Dorotheas irdischem Gatten, dem „erbarn witzegin hantwerksmanne“ (S. 219) Adalbertus, auf. Diesem kommt aufgrund der exklusiven Liebesbindung zwischen Jesus Christus und Dorothea die schwächste Position innerhalb des Beziehungsdreiecks zu. Denn weder kann er auf die Unterstützung seiner Ehefrau in weltlichen Angelegenheiten zählen – so dass ein rein irdisches Prosperieren für ihn ausgeschlossen erscheint –, noch darf er sich seines jenseitigen Seelenheiles sicher sein. Das Dorotheen-Leben konzipiert ihn v.a., allerdings nicht ausschließlich als gewalttätigen Widersacher Dorotheas, der ihren geistlichen Aspirationen unablässig im Wege steht. Dadurch manifestiert sich einmal mehr die Dominanz Christi, ist Adalbertus doch letzten Endes nichts anderes als ein vom Höchsten eingesetztes Werkzeug, um Dorotheas Leiden zu intensivieren und damit zugleich ihre Vollkommenheit zu steigern.

Dorothea ihrerseits ist als Schwellenfigur entworfen: Während Jesus Christus als ‚himmlischer Bräutigam‘ innerhalb der Dreiecksbeziehung die vertikale, transzendente Achse einnimmt, ist die horizontale, immanente Achse von Adalbertus besetzt. Am Schnittpunkt zwischen beiden befindet sich Dorothea: Sie ist doppelt codiert als Braut Christi *und* als Ehefrau Adalberts und allein aufgrund dieser Hybridität einer unablässigen Spannung ausgesetzt. Denn sie muss versuchen, den Erwartungen ihres irdischen Gatten ebenso gerecht zu werden wie jenen ihres himmlischen Geliebten. Erschwert wird diese Zwischenposition zusätzlich dadurch, dass Jesus Christus von Dorothea absolute Unterwerfung unter seinen Willen verlangt. Damit aber wird sie in eine Opposition hineingedrängt (Jesus Christus/Dorothea vs. Adalbertus), die ihrer – ebenfalls von Christus gewollten – Lebenssituation als Ehefrau und Mutter widerspricht.

Die folgenden Ausführungen werden zunächst das Verhältnis von Jesus Christus, seiner erwählten Braut Dorothea und ihrem irdischen Gatten Adalbertus in Hinblick auf Dorotheas Konzeption als Schwellenfigur analysieren, die zugleich von Christus auf eine eindeutige Positionierung innerhalb der Opposition von ‚Welt‘ und ‚Gott‘ verpflichtet wird. Anschließend soll gezeigt werden, dass das Beziehungsdreieck der Vita eine durchaus instabile Formation darstellt, insofern es ungeachtet der dominanten Negativzeichnung Adalberts zugunsten der Liebesbeziehung von Jesus und Dorothea dem Rezipienten zumindest unterschwellig die Möglichkeit einer affektiven Umbesetzung belässt. Die Erörterungen konzentrieren sich auf Buch I und II der Vita, da nur in diesen beiden Büchern Dorotheas Weltleben thematisiert wird.[7]

Im Sinne Turners befindet sich Dorothea in einem Zustand der Liminalität, in dem sie „weder das eine noch das andere" ist.[8] Weder verkörpert sie die Ehefrau und Mutter, die sich Adalbertus zur Aufrechterhaltung seines sozialen Status wünscht, noch hat sie den Rang einer Heiligen inne, die als vollkommene Braut Christi alle weltlichen Verpflichtungen hinter sich gelassen hat. Dieser Statuslosigkeit entsprechend ist Dorotheas signifikantestes Merkmal ihre absolute Demut, die sie nicht nur gegenüber Christus erweist, sondern auch gegenüber ihren weltlichen Kontaktpersonen: „Wen vor der ee was sy den eldiren, in der ee dem manne, noch der ee und och in der ee iren beichtigeren undirtenig." (S. 305)

Als Schwellenfigur, die einen Raum zwischen Immanenz und Transzendenz besetzt, ohne dem einen oder anderen wirklich zuzugehören, ist Dorothea zudem durch die Zurückdrängung ihrer sinnlichen Bedürfnisse und die Aufgabe ihres Anspruchs auf körperliche Unversehrtheit gekennzeichnet, ohne dadurch doch eine vollkommene Vergeistigung erreichen zu können. Vielmehr bleibt ihre Angewiesenheit auf ein Minimum an Nahrung ebenso erhalten[9] wie das leibliche Schmerzempfinden, das durch die bewusste Malträtierung ihres Körpers bis an die äußerste Grenze des Ertragbaren getrieben wird.

Signifikant für Dorotheas liminalen Status ist zudem ihre soziale Bindungslosigkeit. Diese wird bereits dadurch signalisiert, dass die Vita abgesehen von Jesus Christus, Dorothea und Adalbertus nur wenige Figuren

7 Buch III handelt von Dorotheas letzter Lebensspanne in der Klause; Buch IV widmet sich den 37 Liebesgraden, die in Dorothea wirksam wurden, der Sendung des Heiligen Geistes und dem Eucharistie-Sakrament.

8 Victor Turner: *Das Ritual. Struktur und Anti-Struktur.* Aus dem Englischen und mit einem Nachwort von Sylvia M. Schomburg-Scherff, Frankfurt/New York 2000, S. 95.

9 Diese Aufrechterhaltung des Nahrungsbedürfnisses wird von Christus als Prüfung ausgelegt, insofern Dorothea ihre Begierde zügeln muss. Dementsprechend schwer fällt ihre Strafe aus, als sie – bereits als Klausnerin – für einen Moment ein Fischgericht begehrlich betrachtet (vgl. S. 257-260).

namentlich nennt[10] und diese stets nur als Statisten in die Lebensbeschreibung eintreten. Dies gilt selbst für Dorotheas geistliche Betreuer in ihrer Zeit als Klausnerin, b und p.[11] Die Interaktion zwischen der Protagonistin und ihrer Umgebung ist in der Regel durch innere Distanzierung vonseiten Dorotheas und Verständnislosigkeit vonseiten ihrer Mitmenschen gekennzeichnet. So erscheint Dorotheas geistliche Trunkenheit, die über die inneren Sinne in ihren Körper hinausströmt, ihren Begleiterinnen mit einer Ausnahme als rein physischer Zustand: „Ir swestern wundirten sich irre trunkenheit, und das sy irrete und struchilte, und sprochin, von wannen mag das syn? Doch was eyne undir yn irkentlichir, den dy andirn, di lobite den herren um syne gnode groslich." (S. 250)

Auch Dorotheas Schönheit, die aus ihrer Überflutung mit der göttlichen Liebe resultiert, wird von anderen Frauen als unzüchtige Jugendlichkeit fehlinterpretiert (S. 242f.). Nicht einmal Adalbertus versteht es, ihre körperlichen Signale richtig zu deuten: „Wen sy also entzuckit wart, und ir zcuwilen ir ewert ryf, dem so getan ding unkundig warn, und sy ym nicht antworte, so gab hers scholt erim welmute und nicht der wirkunge gots gnoden." (S. 225) Dorothea ihrerseits erklärt sich nicht, fühlt sie sich in ihrem Tun und Lassen doch nur „erme eynigen libhaber" Jesus Christus gegenüber verpflichtet (S. 227). Dementsprechend kann sie auch ihre Kinder nur als Hindernis für ihre eigentliche Bestimmung wahrnehmen (vgl. S. 222f.).

10 Erwähnt werden z.B. Dorotheas Vater Wilhelmus und ihre Mutter Agatha (S. 202) sowie ihr langjähriger Beichtvater *Her Nicklos* [Nikolaus von Hohenstein] (S. 268).

11 S. zu diesen Kürzeln S. 271. „b" steht für Dorotheas geistlichen Hauptbetreuer Johannes Marienwerder, „p" für den „praepositus" Johannes Reyman. Vgl. Annette Volfing: *„Du bist selben eyn himmel". Textualization and Transformation in the Life of Dorothea von Montau*, in: *Oxford German Studies* 39/2 (2010), S. 147-159, hier S. 147. Volfing befasst sich mit der Darstellung des Schreibprozesses in der Vita, der keineswegs als durchweg erfolgreiche Zusammenarbeit zwischen der *Mulier religiosa* Dorothea und ihren die Gnadenerlebnisse verschriftlichenden männlichen Betreuern erscheint. Zur Kollaboration von Johannes Marienwerder und Dorothea von Montau s. auch Dyan Elliott: *Authorizing a Life. The Collaboration of Dorothea of Montau and John Marienwerder*, in: *Gendered Voices. Medieval Saints and Their Interpreters*, hg. von Catherine M. Mooney, Pennsylvania 1999, S. 168-191.

Dorotheas einziges Interesse, ihr Sehnen und Streben gilt also der Gemeinschaft mit ihrem himmlischen Bräutigam und zielt damit auf die Überwindung ihres liminalen Status.[12] Diese intendierte Überschreitung der Grenze wird durch Jesus Christus jedoch nicht etwa gefördert, sondern verhindert. Er ist derjenige, der Dorotheas absolute Bindungsbereitschaft ihm gegenüber einerseits zwar gezielt aufrechterhält – regelmäßig gewährt er ihr im Raptus einen Vorgeschmack der göttlichen Süßigkeit –, ihr andererseits aber in aller Deutlichkeit vorführt, dass das ‚Nicht mehr' ihrer weltlichen Beziehungen keine Verpflichtung seinerseits beinhaltet, ihr geistliches Begehren zu erfüllen.

Stattdessen demonstriert Jesus Christus seiner Braut immer wieder das ‚Noch nicht' und lässt dabei im Unklaren, ob sie nach ihrem nahezu lebenslangen Verharren im ‚Unten' der demütigen Selbstverleugnung jemals das ‚Oben' der ewigen Vereinigung mit ihm erreichen wird.[13] Jede winzige Unachtsamkeit wird Dorothea unerbittlich von ihrem göttlichen Liebhaber vorgehalten, und selbst die der Bestrafung folgende Entzückung dient nicht allein ihrem Trost, sondern zugleich ihrer Warnung:

> Hinoch der allir gutegiste Jhesus irbarmete sich, und sach an di smertzen siner brut, und zcoch sy also gekrenkit in eyne grose suzikeit, und ummegab sy mit eyme claren lichte und erluchte sy ynnewendig und och auswendig, und sprach zcu ir: Nu sich dich umme und merke, du bist noch nicht als verre komen von der werlt, du macht noch diner vryen willekur zcurucke geen und dich nygen zcur rechten hant oder zcur linken, wi du wilt!
> (S. 239)

Selbst die Erhebung Dorotheas in einen höheren spirituellen Status durch die Verleihung eines neuen Herzens, das ihr Jesus eigenhändig einsetzt (S. 231ff.),[14] führt nicht nur zu einer neuen Qualität der *Cognitio Dei experimentalis*, sondern auch zu einem noch deutlicheren Ausweis ihrer

12 Vgl. S. 234: „und begerte ouch gar hitzeclich zcu komen in den hymel zcu Cristo Jhesu, irme libhabir."

13 Turner zufolge ist der Schwellenzustand eine Erfahrung des ‚Unten', bevor die Erhebung in einen höheren Status erfolgt. Vgl. ders.: *Das Ritual* (Anm. 8), S. 96f.

14 Für eine vergleichende Analyse s. Undine Brückner und Regula Forster: *Die Herzenserneuerung bei Dorothea von Montau, Katharina von Siena und Muḥammad*, in: *Oxford German Studies* 39/2 (2010), S. 198-212.

Sündhaftigkeit. Erhellend ist hier ein Vergleich mit der im Spätmittelalter ungeheuer populären Vita Heinrich Seuses. Sie schildert im fünften Kapitel, wie der Leib des ‚Dieners' oberhalb seines Herzens in einer Vision durchsichtig wie ein Kristall wird, so dass er das „minnespil" zwischen seiner Seele und Christus als der ‚ewigen Weisheit' beobachten kann.[15] Dieselbe kristalline Durchsichtigkeit wird auch Dorothea während einer ihrer göttlichen Erleuchtungen geschenkt, doch keineswegs als Erweis ihrer Gottesnähe, sondern als Aufforderung zur Reinigung von ihren Makeln:

> Von der uzrockunge des herzcen zcwei jor an dem nehisten sontage vor vastnacht waz sy also grozlich irlucht, das sy sich mochte dorchseen als luttirlich, als man eyne cristalle dorchseet mit gesunden ougin, und do irkante sie sich und dorchsach sich zcum irsten, wenne sy sach do alle ere sunde, wi kleyne sy woren, und irkante etzliche, di sie vor nicht hatte irkant.
> (S. 234)

Die Verweigerung Christi, Dorothea aus ihrem Schwellendasein zu befreien, bleibt auch während ihres letzten Lebensabschnittes als Klausnerin erhalten. Zwar gestattet er ihr die Überwindung ihrer Sündhaftigkeit (vgl. S. 272), jedoch nicht den Status der Heiligkeit. Aus diesem Grund versagt er ihr, sie ohne Nahrungsaufnahme am Leben zu erhalten (S. 294). Diesem göttlichen Verdikt entsprechend dringt der Ruf von ihrem „strengen lebin" erst nach ihrem Tod nach außen.[16] Im Leben bleibt Dorothea dem Willen ihres göttlichen Bräutigams unterworfen, der für sie eine Existenz im ‚Dazwischen' vorgesehen hat, aus der sie sich nicht aus eigener Kraft befreien kann.

15 Heinrich Seuse: *Deutsche Schriften*, im Auftrag der Württembergischen Kommission für Landesgeschichte hg. von Dr. Karl Bihlmeyer, Frankfurt a.M. 1961 [Nachdruck der Ausg. Stuttgart 1907], S. 20.

16 Bei Dorotheas Begräbnis predigt ihr geistlicher Betreuer und Beichtvater b über ihre Askese-Praktiken und Offenbarungen und stößt damit auf ungläubiges Staunen: „Do sy das horten, do wundirten sy sich der groszen heilikeyt bey iren geczeytin ungehort" (S. 330).

Anders als in der Vita der Katharina von Siena gestattet der Christus des Dorotheen-Lebens seiner Braut keine Öffentlichkeit, in der sie als Auserwählte auftritt.[17] Deshalb bleibt sie gefangen zwischen der Forderung einer möglichst normgerechten und unauffälligen Entsprechung ihrer sozialen Rollen als Ehefrau und Mutter und der Verpflichtung auf eine rigide Form der Christusnachfolge. Jesus Christus selbst ist es, der sie diesem Zwiespalt aussetzt: Er ist derjenige, der seine Hinneigung von ihrer rigiden Selbstkasteiung abhängig macht[18] und ihre kompromisslose Zuwendung verlangt,[19] sie zugleich aber in die damit eigentlich unvereinbare gesellschaftliche Position als Handwerkergattin hineindrängt.[20] Christus ist zudem derjenige, des es goutiert, Adalbertus durch seine omnipotente Verfügungsgewalt über Dorothea zu hintergehen. Entsprechend äußert er sich nach dem Dahinscheiden ihres irdischen Mannes gegenüber seiner Braut: „Du macht mich wol groslichin lib haben, wen ich habe gefach dich geczockit von dyme manne; di wile her noch lebete und wente, her hette dich, so zcockte ich dich, und hatte dich.“ (S. 249)

Durch die Verpflichtung Dorotheas auf eine verborgene Form der Christusnachfolge wird sie nicht nur im Schwellenraum zwischen Immanenz und Transzendenz festgehalten, sondern zugleich zur Komplizin Jesu Christi, die ihrem Gemahl Adalbertus die Treue bricht. Die heimliche Kooperation zwischen ihr und ihrem himmlischen Bräutigam, durch die dem Dreiecksverhältnis die Opposition von Weltverhaftung (Adalbertus) und Jenseitsbezogenheit (Jesus Christus/Dorothea) eingeschrieben wird, formuliert die Vita als ‚Wunden-Versteckspiel‘ aus. Mehrfach wird erwähnt, mit welcher Akribie Dorothea darauf achtet, dass ihre selbstzugefügten Verletzungen – welche sie als Braut Christi ausweisen – vor ihrer Umwelt verborgen bleiben:

17 Während Katharina von einer großen Gefolgschaft umgeben ist und aufgrund ihrer göttlichen Erleuchtung vom Papst höchstpersönlich um Rat gebeten wird. Vgl. *Ein Geistlicher Rosengarten* (Anm. 6), Kap. 78 (*Das der babst nach ir sante*), S. 501-504.

18 Vgl. die Vorrede auf S. 197f.: „Von irme liden so sprach dy worheit, unsir herre: Du salt nicht uzsagen noch uf dem ertriche lozsen dine grozste discipline und castyunge, mit der du mich host gewunnen“.

19 Vgl. S. 239 (Christus zu Dorothea): „Ist daz du den [Weg zu Gott] irwelist, und in dem unbeweglich wandirst vor dich von eynir tugunt zcu der andirn, so wil ich dich getruwelichin helfen, abir du salt veste und unbewegelichin steen of mir, und dich nyrgen nygen von mir.“

20 Zur Gottgewolltheit von Dorotheas Ehe s. S. 218f.

> Czu stunden mit sedinder vettikeit vorserete und wunte sy sich an manchirley gledin als an scholdirn, armen, huften, dyen, lendin, knyn, waden und vuzin, und machte mit den vorgenanten gezcoyen eyne wunde bi der andirn von den scholdirn bis da di ermil wantin, und von der huf ufwert, als is di kleyder bedackten, eyne wunde bi der andirn, und glichir wys tate sy daz vorne czu an ire brust [.]
> (S. 211)

Doch nicht nur Dorothea zeichnet sich in dieser Weise; auch Christus markiert seinen Besitzanspruch auf sie durch eine drastische Versehrung ihres Körpers:

> Got, schepper allir dinge, eyn herre allir herren, des eygin was die sele Dorothee, wolde ouch bewisen an ir, waz rechtis her zcu ir hatte. Wen so sie irn zertlichin lichnam so mechteclich dem geiste mit sogetaner castyunge undirtenig gemachte, vorwund mit dem swerte gots libe und synir bittirn martir, do wolde ouch der libe herre Jhesus, ir brutegam, an sy druckin syn gemerke zcu eyme zceichin eynir unscheydelichin libe zcwischin yn, und vorwunte sy ouch an irn scholdirn, an armen, an der brust und uf dem rucke, achsiln, dyen, wadin und knyn, und das geschach gar snellich, so sy entslomte, daz her ir eyne, zcwu, vyer, sechse odir achte undir eyns indruckte, daz sy selbin nicht sagen mochte, wilchs di groste zcal ir wundin wer, mit der sy Crist ir lib begobit hette.
> (S. 212)

Auch diese Wunden versteckt Dorothea sorgfältig vor ihren Mitmenschen. Dabei erfährt sie Unterstützung durch ihren himmlischen Bräutigam, der nicht nur Sorge dafür trägt, dass ihre verschiedenen Verbergungsmaßnahmen keine Aufmerksamkeit erregen,[21] sondern ihr auch offensichtliche Krankheiten schickt, damit sie die durch die heimlichen Wunden verursachten Schmerzen auf diese schieben kann.[22]

21 So heißt es im Anschluss an die Bemerkung, dass Dorothea ihre blutbefleckte Kleidung immer nachts wäscht: „Wer is ouch nicht von sundirlichir vorsichtikeit gots zcukomen, sy hette nicht so getane ding habin mocht vorhelin bi namen kegin mutir, swestir und husgesinde“ (S. 213).

22 So verursacht er, „das ir der hals vol kleynir druse wart, domite sie beschonin mochte die smertze der wundin“ (S. 214).

Durch die zahlreichen körperlichen Verletzungen verwandelt sich Dorothea in ein lebendes Buch, in dem sie die Liebe und das Leiden Christi lesen kann.[23] Gedacht ist dieses Buch allerdings nur zur privaten Lektüre. Adalbertus bleibt aus der Intimität zwischen seiner Ehefrau und ihrem himmlischen Geliebten ausgeschlossen.

Wie oben gezeigt, ist Dorothea in der Vita als Schwellenfigur konzipiert, welche die ,Welt' bereits verlassen hat, ohne die Grenze zur Heiligkeit überschreiten zu können. Gefangen in dieser liminalen Position erträgt sie alle ihr zugefügten Leiden – egal ob diese von ihrem Ehemann oder von Jesus Christus verursacht werden – in demütigem Gehorsam. Dieses Modell eines Schwellenraumes, der von der ,Welt' und damit von Adalbertus deutlich abgegrenzt ist, wird ergänzt und zugleich unterlaufen von einer Schwellenraum-Konzeption, die auf Verhandlung und Kommunikation ausgerichtet ist und in der sich Dorothea und Adalbertus begegnen. Damit ergibt sich eine Verwandtschaft zu Homi Bhabhas Konzept des ,Dritten Raumes', der anders als Turners Schwellenraum nicht von einem ,Davor' und ,Danach' abgegrenzt ist, sondern auf eine Begegnung von Opponenten zielt, die zu einer wechselseitigen partiellen Identifikation und damit zur Auflösung von Grenzen bereit sind.[24] Ein solches Gegenseitigkeitsmodell, das eine Hybridisierung beider Opponenten vorsieht, kommt in der Vita immer dann zum Tragen, wenn Dorothea und Adalbertus ohne Aufgabe ihrer Welt- bzw. Christusbezogenheit doch die Bereitschaft zeigen, Merkmale des jeweils anderen anzunehmen. So kommen Dorothea und ihr Ehemann nach der Geburt ihres letzten Kindes darin überein, fortan eine Josephsehe zu führen (vgl. S. 221). Auch darüber hinaus ist Adalbertus zumindest sporadisch dazu geneigt, die religiösen Extravaganzen seiner Ehefrau zu tolerieren und ihre häuslichen Pflichten mit zu übernehmen:

> Diwile sine ewirtynne, di selige Dorothea, sines willen romen mochte, so gonde her ir wol, daz sy vor essenzcit gote dinte mit vlize, als sy wolde

[23] S. zur Verschränkung von Körper und Schrift Urban Küsters: *Auf den fleischernen Tafeln des Herzens. Körpersignatur und Schrift in der Visionsliteratur des 13. und 14. Jahrhunderts*, in: *Körperinszenierungen in mittelalterlicher Literatur*, hg. von Klaus Ridder und Otto Langer, Berlin 2002, S. 251-273.

[24] Vgl. Homi K. Bhabha: *Über kulturelle Hybridität. Tradition und Übersetzung*. Aus dem Englischen von Kathrina Menke, hg. und eingeleitet von Anna Babka und Gerald Posselt, mit einem Nachwort von Wolfgang Müller-Funk, Wien/ Berlin 2012.

> und mochte, und daz doran der kinder pfloge nicht hinderte, so bleib her selbe zcu huse di zcit und vorwesete ire stat mit flyse.
> (S. 226)

Besonders deutlich zeigt sich Adalbertus' Neigung, seine Weltbezogenheit aufzubrechen, in seinem Beschluss, Danzig zu verlassen, um gemeinsam mit Dorothea zunächst nach Aachen zu pilgern und sich dann in Finsterwalde dauerhaft niederzulassen:

> Do dy selige Dorothea in dem nununddrytzigisten jore irs aldirs was und in deme XXII irer e, do nam zcu hertzen ir man, das is nicht sicher wer mit den zcu bliben, mit den her vor phlag syne zcit und syne habe unnutzlich zcu vorzcern, und ab her bi yn blebe, das her sich kummerlich mochte von yn zcyn und von der gewonheit, die her hoth gehat. Und dorumme schickte her syn ding und bestalte syn gut und zcog by dem fest sente Laurencii mit siner husvrouwen Dorothee und mit syner eynigen jungisten tochtir, dy ym blebin was, zcu Oche und meynete zcu bliben, als her tet, an eyner stat, di heyst Vinstirwalt, das her mochte gerulichir gote dienen.
> (S. 240)

Umgekehrt macht auch Dorothea Konzessionen, um bei aller bestehenbleibenden Distanz ihr dauerhaftes Zusammenleben mit Adalbertus zu ermöglichen. So verzichtet sie nach der Eheschließung auf ihre Jungfräulichkeit, um ihrem „fleischlichim brutegam syn recht zcu tun" (S. 221).[25] Zudem bemüht sie sich um eine gewissenhafte Erfüllung ihrer häuslichen Pflichten, auch wenn diese Versuche durch die Intervention Jesu Christi – der sie mit seiner göttlichen Süßigkeit erfüllt und dadurch alle irdischen Notwendigkeiten vergessen lässt – regelmäßig zum Scheitern verurteilt sind.[26]

[25] Allerdings wird zugleich betont, dass Dorothea im Geiste Jungfrau bleibt. Niemals fordert sie ihr ‚Eherecht' ein, sondern die Initiative zum Geschlechtsverkehr geht stets von Adalbertus aus.

[26] S. z.B. S. 225: „Ouch etwenne, so sy in eyn gemach geen solde, und etwas tun von iris ewirtes geheise, so oberquam sy di suze gnode gots, und sank nider sitzende bliben an eyner stat des gadems und wart unachtig des gebotis iris ewirtis. Also geschach is ouch, so sy ire ewirt hys koufin fleysch oder fyssche, so koufte sy eyer oder andir habe. Von sulchin sachin irrete sy ouch yn hant an den wegestigen; so sy zcu markte solde geen, so ging sy zcur kirchen adir andir wege."

Auch nimmt Dorothea das geistliche Streben ihres Mannes zur Kenntnis und unterstützt seine Aspiration auf ein gottesfürchtiges Dasein in Finsterwalde: „Des wandirns was Dorothea eyne grose sache, di irn wirt dozcu gehalden hatte, das her mit ir an di vorgenante stat zcoge, wen sy hatte des eyne hoffenunge, das sy en do mochte gote bas zcu dienste gewynnen.“ (S. 240f.)

Überhaupt tritt in jenen Episoden der Vita, in denen sich Dorothea und Adalbertus auf diversen Pilgerfahrten befinden, die Verbundenheit der erwählten Gottesbraut mit ihrem irdischen Mann am deutlichsten zutage. Erzählerisch gelingt dies v.a. durch eine Umkehrung der Gender-Relationen.[27] Während Adalbertus in seiner Aversion gegen Dorotheas geistliche Bestrebungen stets als brutaler Peiniger dargestellt wird, der vor schweren körperlichen Verletzungen seiner unterwürfigen Frau nicht zurückschreckt, ist diese Gegenüberstellung von maskuliner Körperstärke und weiblicher Passivität während der Pilgerreisen aufgehoben. Hier erscheint Adalbertus als ‚alter schwacher Mann‘ (vgl. S. 241), der von anderen Menschen als greiser ‚Joseph‘ verlacht wird (vgl. S. 243) und auf die Hilfe seiner Frau angewiesen ist. Mehrfach muss Dorothea ihren Gatten vor dem sicheren Tod bewahren, indem sie ihn etwa tatkräftig vor dem Ertrinken rettet (vgl. S. 246ff.).

Alle Versuche von Dorothea und Adalbertus, in gegenseitiger Anerkennung ihrer Differenzen eine dauerhafte Möglichkeit des respektvollen Miteinanders auszuhandeln, scheitern letztlich jedoch an der Dominanz Jesu Christi, der seine Verfügungsgewalt über Dorothea ohne Rücksicht auf Adalbertus durchsetzt. Dessen geistliches Streben, das keineswegs heuchlerisch ist, sondern „us synes herzcen ynnikeit“ (S. 219) erwächst, wird von Christus ignoriert.

Das Beziehungsdreieck, das Johannes Marienwerder in seiner deutschen Dorotheen-Vita entwirft, impliziert gemäß der Ausrichtung der

[27] S. zu dieser Fluktuation der Gender-Rollen auch Almut Suerbaum: *„O wie gar wundirbar ist dis wibes sterke!“ Discourses of Sex, Gender, and Desire in Johannes Marienwerder's Life of Dorothea von Montau*, in: *Oxford German Studies* 39/2 (2010), S. 181-197.

Schrift auf die Propagierung des Dorotheen-Kultes[28] eine eindeutige Wertung: Auf der ‚richtigen' Seite stehen der ‚himmlische Bräutigam' Jesus Christus und seine erwählte Braut Dorothea, während Adalbertus vorrangig als Störfaktor in den Blick tritt. Er wird gebraucht, um das „hagiographische Konstrukt der ‚Ehe als Martyrium'"[29] zu entwickeln und so der Verehrung Dorotheas eine breitere Legitimationsbasis zu verleihen. Doch gerade weil die Vita Adalbertus nicht als teuflischen Widerpart Dorotheas zeichnet, sondern als zwar jähzornigen, aber auch nach Heilsvergewisserung strebenden und Dorotheas religiöse Exzentrik zumindest teilweise akzeptierenden Menschen, lässt sie dem Leser die Möglichkeit, die verschiedenen Positionen des Beziehungsdreiecks affektiv neu zu besetzen.[30] Sowohl Dorothea als auch Adalbertus werden als Figuren konzipiert, die – wenn auch in qualitativ unterschiedlicher Weise – sündenbelastet sind und nach der Zuwendung Gottes streben. Beide sind außerdem durch die Ehe und ihre neun Kinder (von denen allerdings nur eine Tochter überlebt) miteinander verbunden. Zudem gehören beide derselben sozialen Schicht an. Damit sind eigentlich wesentliche Voraussetzungen für ein gelungenes Zusammenleben erfüllt. Dass dieses dennoch nicht eintritt, liegt an Jesus Christus als ‚störendem Dritten'.

Jesus Christus ist für das ‚spirituelle Ungleichgewicht' verantwortlich, das die Ehe von Dorothea und Adalbertus bestimmt und beide voneinander separiert. Denn er hat ausschließlich Dorothea auserwählt, Adalbertus dagegen bleibt in seinem Streben nach Heilssicherheit ohne göttlichen Beistand. Signifikanterweise verfehlen die Pilgerreisen, die Dorothea und Adalbertus gemeinsam unternehmen, deshalb für beide in unterschiedlicher Weise ihr Ziel: Dorothea bedarf ihrer nicht, da ihr Leben ohnehin von der Präsenz ihres göttlichen Geliebten bestimmt wird. Adalbertus aber erreicht die von ihm angestrebte Gnadenvergewisserung nicht, da er sich zwar auf Gott zubewegt, dieser jedoch nicht auf ihn. Dementsprechend erlebt Adalbertus die in Buch II der Vita geschilderte Pilgerreise nach Aachen und Finsterwalde als Aneinanderreihung von Kalamitäten:

[28] Vgl. zu dieser Funktion der volkssprachlichen Vita Heß: *Heilige machen* (Anm. 1), S. 256.

[29] Heß: *Heilige machen* (Anm. 1), S. 259.

[30] S. zur ‚Unruhe' von Beziehungsdreiecken Albrecht Koschorke: *Ein neues Paradigma der Kulturwissenschaften*, in: *Die Figur des Dritten. Ein kulturwissenschaftliches Paradigma*, hg. von Eva Eßlinger [u.a.], Berlin 201S. 9-31, bes. S. 17f.

Er muss Raub und körperliche Verletzung ertragen (vgl. S. 240ff.), Hunger erleiden (S. 244f.) und ertrinkt schließlich fast (vgl. S. 246ff.). Dorothea dagegen wird von der Härte der Ereignisse gar nicht erreicht. Während des Raubüberfalls etwa befindet sie sich im Status der Verzückung, so dass das Verbrechen ihrem Erleben vollkommen entgeht. In einem der seltenen Ich-Berichte der Vita blickt sie auf das Geschehnis zurück:

> Do dy rouber quomen, do sas ich of dem wayne groslich begobit von gote. Ich was hohe ufgezcogen in eyner luttern schoylichkeit, gefryet von aller einbildunge der creaturen, und sach an den spigel der heiligen dryvaldikeit. In dem gesichte wart ich so myldiclich irfullit mit gotlicher suzikeit und froyden, das ich aller uzsern dinge vorgas, und hatte nirkeyn achte zcu den zcitlichin dingen. (S. 241f.)

Doch auch wenn die Schwierigkeiten der Reise ihr ‚Alltagsbewusstsein' erreichen, empfindet Dorothea sie abweichend von Adalbertus als Beglückung. So erweckt der Raubüberfall in ihr den dringenden Wunsch, fortan als mittellose Bettlerin zu leben (vgl. S. 242).

Die Vita lässt indessen keinen Zweifel daran, dass Dorotheas Leben ganz unter der Regie Christi steht. Nur wenige Kapitel später – die Eheleute sind inzwischen nach Danzig zurückgekehrt – heißt es daher: „Unsir herre, der sy regirte und meisterte, larte sy arbeyt, libe und vorsmenis durch seynen willen gerne leyden, und his sy geen vor dy kirche Unsir Frawen czu Dantczk sich seczen undir dy betteler und das almosen nemen." (S. 255)

Diese Formung von Dorotheas Geist durch ihren himmlischen Geliebten wird von der Vita facettenreich vorgeführt. Für Adalbertus bedeutet dies allerdings, dass er mit seiner Ehefrau niemals wirklich allein ist. Stets steht Jesus Christus als ‚störender Dritter' zwischen seinen Ansprüchen, Wünschen und Hoffnungen und dem Entgegenkommen seiner Frau. Wann immer Dorothea sich um eine Erfüllung ihrer sozialen Rollen als Ehefrau und Mutter bemüht, wird sie durch ihren göttlichen Bräutigam daran gehindert. Allein zurück bleibt ein einfacher Handwerker, der im geistlichen Bereich auf die göttliche Zuwendung, im weltlichen auf die Intimität und Unterstützung seiner Gattin verzichten muss.

Heiko Ullrich

Reden über Recht und Religion: Der Prozess gegen Jesus in Hans Sachsens *Der passion unsers Heylands Jesu Christi*

Gerichtsszenen bilden einen deutlichen Schwerpunkt in Hans Sachsens auf den 22. April 1557 datierter Bibeldichtung *Der passion unsers Heylands Jesu Christi*,[1] die unter Verweis auf die „[n]ach leng" beschriebenen Fassungen der „vier evangelisten"[2] als „mit kürtz" verfasste Evangelienharmonie präsentiert wird (S. 305): Ausführlich werden die Auftritte des Messias vor dem jüdischen Hohepriester (S. 306), vor dem Rat (S. 307), vor dem römischen Statthalter Pilatus (S. 308f.) und vor dem König Herodes (S. 309) geschildert, während die extrem verkürzte Vorgeschichte um das Abendmahl, die Wache im Garten Gethsemane und die Verhaftung (S. 305), die Verleugnung des Petrus (S. 307), aber auch die Kreuzigung, die noch relativ viel Raum einnimmt (S. 311), weniger sorg-

1 Hans Sachs: *Erster Band*, hg. von Adelbert von Keller, Tübingen 1870, S. 305-315; im Folgenden wird der *Passion* nach dieser Ausgabe unter Nennung der Seitenzahl zitiert.

2 Zur direkten Abhängigkeit der Passionsspiele von der Heiligen Schrift, von der auch im *Passion* auszugehen ist, vgl. Karl Konrad Polheim: *Das Admonter Passionsspiel. Bd. 3: Untersuchungen zur Passionshandlung, Aufführung und Eigenart. Studien zu Hans Sachs und einer kritischen Ausgabe seines Passionsspiels*, München 1980, S. 234, und Dorothea Klein: *Bildung und Belehrung. Untersuchungen zum Dramenwerk des Hans Sachs*, Stuttgart 1988, S. 114.

fältig durchgestaltet sind.[3] Dagegen besteht die Beschreibung des Prozesses nicht nur aus einer einfachen Zusammenführung der in den einzelnen Evangelien dargebotenen Versionen, sondern bietet elaborierte Dialoge des Protagonisten mit Hannas, dem Rat, Herodes und Pilatus, die erkennbar auf eine dramatische Wirkung abzielen.[4]

Im Rahmen dieser dramatisch ausgestalteten Szenen entwickelt Hans Sachs mithilfe der Reden, aber auch des kommentierenden Erzählers eine Figurenpsychologie, die in der biblischen Vorlage so nicht zu finden ist,[5] indem er Jesus als Angeklagten, der aufgrund des ausbleibenden Erfolgs seiner anfangs noch engagiert betriebenen Verteidigung nach und nach resigniert, und Pilatus als zunächst souveränen Politiker, dem die Situation nach und nach entgleitet, im Rahmen einer für den Leser nachvollziehbaren Entwicklung darstellt.[6] Eine besondere Rolle spielt in diesem Zusammenhang der im Verlauf der Handlung vollzogene Wechsel von einer juristischen auf eine theologische Ebene, der zunächst im Verhör mit dem jüdischen Rat von diesem erzwungen wird. Gegenüber Pilatus allerdings behält Jesus diese neue Argumentationsebene nun bei, bevor er – zunächst vor Herodes und schließlich auch vor dem römischen Statthalter – völlig verstummt und dem von den Hohepriestern aufgehetzten jüdischen Volk letztlich genauso hilflos gegenüberzustehen scheint wie dieser, woraufhin die Heilsgeschichte ihren Lauf nehmen kann.

Hans Sachs folgt zunächst bei der Vorstellung der Ankläger dem Evangelium nach Johannes, wo auf das Verwandtschaftsverhältnis zwi-

3 Zur Verlagerung des Schwerpunkts der frühneuzeitlichen Bibeldichtung vom Dogma zur Erzählung vgl. auch Horst Brunner: *Meistergesang und Reformation. Die Meistergesangbücher 1 und 2 des Hans Sachs*, in: *Literatur und Laienbildung im Spätmittelalter und in der Reformationszeit*, hg. von Ludger Grenzmann und Karl Stackmann, Stuttgart 1984, S. 732-742, hier S. 740.

4 Zur Zeitökonomie in den Dramen des Hans Sachs vgl. Maria E. Müller: *Der Poet der Moralität. Untersuchungen zu Hans Sachs*, Bern [u.a.] 1985, S. 127f.

5 Ein ähnliches Verfahren beim Umgang mit einem biblischen Stoff stellt Christine Baro vor: *Exempel und Parabel. Der Jona-Stoff im Werk von Hans Sachs*, in: *Der problematische Prophet. Die biblische Jona-Figur in Exegese, Theologie, Literatur und Bildender Kunst*, hg. von Johann Anselm Steiger und Wilhelm Kühlmann, Berlin/Boston 2011, S. 89-106, hier S. 99.

6 Zur Darstellung der Entwicklung von Figuren bei Hans Sachs vgl. auch Brigitte Stuplich: *Zur Dramentechnik des Hans Sachs*, Stuttgart-Bad Cannstatt 1998, S. 211f.

schen Kaiphas und Hannas verwiesen wird, sowie darauf, dass Kaiphas im Rahmen der Verschwörung gegen Jesus gesagt habe, es sei besser, dass ein Mensch anstelle des ganzen Volkes sterbe (S. 306; vgl. Joh 18, 13f.). Anders als in der biblischen Vorlage, wo an dieser Stelle zum ersten Mal zu Petrus im Hof geblendet wird, fügt Hans Sachs sofort die Fragen des Hannas „umb sein junger […] / Und umb sein lehr" an (S. 306) und marginalisiert die Petrus-Episode so zugunsten einer stärkeren Konzentration auf die Verhandlung sowie einer Betonung der Voreingenommenheit der Richter, deren Charakterisierung als Verschwörer gegen den Angeklagten so unmittelbar vor dem Beginn der Befragung platziert ist.

In der Verteidigung Jesu, die in dem Versuch besteht, die eigene Lehre nicht als die einer geheimen Sekte, sondern eines öffentlich auftretenden Philosophen zu kennzeichnen, stellt Hans Sachs dem „tempel" als Wirkungsstätte des Messias (S. 306; vgl. Joh 18,20) die – anschaulicher als Luthers „im verborgen" (Joh 18,20) formulierte – Ortsangabe „im winckel heymelich" gegenüber (S. 306).[7] Auch die anschließende Aufforderung an den Ankläger, die zahlreichen Zeugen für das öffentliche Auftreten Jesu zu befragen, wird durch die Darstellung des *Passion* im Vergleich zur biblischen Vorlage drastischer formuliert, indem Luthers „Sihe / dieselbigen wissen was ich gesagt habe" zur siegesgewissen Prophezeiung „Die werden dir wol zeygen an, / Was ich alda gelehret han" (S. 306) umfunktioniert wird. Dazu passt auch, dass Jesus bei Hans Sachs noch einmal in einer Tautologie betont, er habe sich bei seinen öffentlichen Auftritten stets „lauter klar" ausgedrückt (S. 306) – in der zeugmatischen Wortstellung könnten die beiden Adverbialen sich sogar auf die Aufforderung beziehen, ebenso „lauter klar" möge nun auch die Befragung dieser Zeugen vor sich gehen.

Verstärkt wird dabei insbesondere der Eindruck, Jesus wolle die Ankläger bewusst provozieren, was zum einen die relative Hochstimmung

[7] Zur Anpassung überlieferter Stoffe an die eigene Lebenswirklichkeit bei Hans Sachs vgl. neben Sonja Zöller: *Die Ringparabel des Hans Sachs*, in: *Zeitschrift für deutsches Altertum und deutsche Literatur* 136 (2007), S. 29-47, hier S. 36, auch Julia Weitbrecht: *Vergegenwärtigung der Antike. Lucretia in der „Kaiserchronik" und in den Römerdramen von Hans Sachs und Jacob Ayrer*, in: *Antikes Erzählen. Narrative Transformationen von Antike in Mittelalter und Früher Neuzeit*, hg. von Anna Heinze, Albert Schirrmeister und Julia Weitbrecht, Berlin/Boston 2013, S. 243-261, hier S. 252.

des ersteren, zum anderen aber auch die Reaktion der letzteren besser motiviert. Der folgende „backenstreich“ des Tempeldieners wird denn auch von dem Vorwurf begleitet, der Angeklagte habe dem Hohepriester „schmehlich“ geantwortet (S. 306), wo sich der Evangelist in Luthers Übersetzung auf ein „also“ beschränkt (Joh 18,22). Auch in der Reaktion des Geschlagenen verändert Hans Sachs die Vorlage im Sinne einer Verschärfung der Konfrontation, indem er die Aufforderung „Hab ich vbel geredt / so beweise es / das böse sey“ (Joh 18,23) knapper und schroffer formuliert: „Hab ich übel geredt, / Beweiß das!“ (S. 307), während die folgende rhetorische Frage durch die Interjektion „Ey“ einen höhnischen Klang erhält und die Überlegenheit des Angeklagten über seine weder der Aufgabe noch dem Prozessgegner rhetorisch gewachsenen Ankläger demonstriert.

Wie im Johannesevangelium wird Jesus zwar auch im *Passion* von Hannas zu Kaiphas geführt (S. 307; vgl. Joh 18,24); während der Angeklagte in der Vorlage von diesem aber nicht verhört, sondern direkt weiter zu Pilatus gebracht wird (Joh 18,28), schließt Hans Sachs sich für die folgende Darstellung an Lukas an, wo zunächst die Knechte den Angeklagten misshandeln (S. 307; vgl. Lk 22,63-65) und daraufhin „der gantz rat gar“ (S. 307) diesen befragt. Diese zweite Befragung folgt dem Wortlaut bei Lukas ziemlich genau; lediglich in den Redeeinleitungen der Ankläger führt Hans Sachs zweimal die Adverbiale „mit geferd“ bzw. „mit gefehr“ ein (S. 308), die anzeigen soll, dass es sich – wie bei den Fragen der Pharisäer Jesus gegenüber üblich – um hinterhältige Fangfragen handelt.[8] Indem der Erzähler die Voreingenommenheit der Ankläger nach dem von Johannes übernommenen Verweis auf den Plan des Kaiphas so bereits zum zweiten Mal betont, entlarvt er die folgende, nur bei Matthäus und Markus überlieferte Reaktion des Hohepriesters (vgl. Mt 26,65 und Mk 14,63) durch einen Erzählerkommentar als Schauspielerei: „Und der hoch priester, sam in leyd, / Zuriß darob sein

[8] Ähnlich wie die Hohepriester des Passion stellt Hans Sachs in seinen Bearbeitungen des Atridenmythos auch die Figur des Egisto (Aigistos) dar; vgl. dazu auch Martin Langner: *Zum Bild der Klytaimnestra in Historien und Fastnachtsspielen von Hans Sachs*, in: *Die Atriden. Literarische Präsenz eines Mythos*, hg. von Marion George, Andrea Rudolph und Reinhard Witte, Dettelbach 2009, S. 79-96, hier S. 85f.

eygen kleyd" (S. 308); er färbt so das Bild der jüdischen Priester gegenüber der Vorlage noch etwas negativer.[9]

Dass Hans Sachs das bei Johannes nicht überlieferte zweite Verhör in seinem Wortlaut weitgehend nach Lukas gestaltet und aus Matthäus und Markus nur das Zerreißen der eigenen Kleider durch den Hohepriester übernimmt, während die falschen Zeugen, die etwa behaupten, Jesus habe damit geprahlt, den Tempel abreißen und innerhalb von drei Tagen wieder aufbauen zu können (Mt 26,59-62 bzw. Mk 14,55-60), ausgespart werden, hat v.a. dramaturgische Gründe, da diese Anschuldigungen bei Matthäus und Markus in eine Sackgasse führen. Noch wichtiger ist, dass Jesus auf diese Vorwürfe mit Schweigen reagiert (Mt 26,63 bzw. Mk 14, 61); dieses Verstummen des Angeklagten jedoch wird im *Passion* für ein späteres Stadium der Entwicklung aufgespart.

Vorerst steht in der Verhandlung eine theologische Frage im Vordergrund, nämlich die, „Ob er doch selber Christus wer" (S. 307), bzw. die Variation: „Bist Gotes sun auff erd?" (S. 308) Die Wahl dieser doppelten Frage, wie sie bei Lukas überliefert ist (Lk 22,67 bzw. 70), gegenüber der einzelnen Frage bei Matthäus und Markus (Mt 26,63 bzw. Mk 14,61) erlaubt es Hans Sachs, seinen Protagonisten gegenüber den religiös motivierten Vorwürfen des Rates allmählich verstummen zu lassen. Die erste Antwort des Angeklagten ist zwar noch relativ ausführlich, weicht aber einer inhaltlichen Auseinandersetzung mit der Frage aus: „So ichs euch bericht, / So glaubet ir mir dennoch nicht. / Frag ich euch denn, ir antwort nit, / Last mich auch nit ledig darmit." (S. 307; vgl. Lk 22,67f.) Ausgehend von dieser Vertauschung der Rollen von fragendem Richter und befragtem Angeklagten wechselt der Angeklagte auf die Ebene einer theologischen Argumentation, wo diese Vertauschung der Rollen manifest wird: „Von nun an wirt des menschen sun / Zu der rechten hand sitzen thun / Der Gottes krafft." (S. 308; vgl. Lk 22,69)[10]

Die beinahe wörtlich aus dem Lukasevangelium übernommenen Worte Jesu, denen die noch enger an die Vorlage angelegte Antwort auf die

[9] Zu den antisemitischen Tendenzen der frühneuzeitlichen Passionsspiele vgl. auch Klaus Wolf: *Passionsspiele*, in: *Handbuch des Antisemitismus. Judenfeindschaft in Geschichte und Gegenwart. Band 7: Literatur, Film, Theater und Kunst*, hg. von Wolfgang Benz, Berlin/München/Boston 2015, S. 377-380, hier S. 379.

[10] Für den Leser am deutlichsten an den Parallelen zum Wortlaut des *Credo* erkennbar.

zweite Frage folgt: „Ihr sagts und ich bin der“ (S. 308; vgl. Lk 22,70: „Jr sagets / denn ich bins“), gewinnen erst aus der Verbindung mit der von Johannes übernommenen ersten Befragung durch Hannas ihre spezifische Funktion innerhalb des *Passion*, denn nun benötigen die triumphierenden Hohepriester das vom Angeklagten gegenüber Hannas eingeforderte „zeugnus“ nicht mehr (S. 308; vgl. Lk 22,71). Stattdessen geht das Ende der Befragung im gespielten Entsetzen der Ankläger unter, das seinen Zweck offenbar nicht verfehlt, denn der nun gänzlich gegen den Angeklagten aufgebrachte Mob („der gantz hauff“) schleppt diesen sogleich zu „dem Richter Pilato“ (S. 308; vgl. Lk 23,1). Aus dem selbstbewussten Verteidiger der eigenen Unschuld gegen ein voreingenommenes und inhaltlich wenig überzeugendes Gericht ist (durch einen simplen Trick) ein überführter Frevler gegen die Religion geworden, dessen Schicksal besiegelt scheint.

Für die Darstellung des Verhörs vor Pilatus kombiniert Hans Sachs die Überlieferung des Lukas- und des Johannesevangeliums, während die recht knappen Ausführungen bei Matthäus und Markus, bei denen Jesus jeweils die Frage, ob er der König der Juden sei, bejaht und dann zur Verwunderung des Statthalters schweigt (Mt 27,11-14 bzw. Mk 15,2-5), im *Passion* nicht berücksichtigt werden, um das Verstummen des Angeklagten noch weiter hinauszuzögern. Mit Johannes lässt auch Hans Sachs Pilatus aus dem Haus treten, das die Juden nicht betreten wollen, um die Riten des Passah-Festes einzuhalten (S. 308; vgl. Joh 18,28f.);[11] auf die Frage des römischen Statthalters jedoch antworten die Ankläger mit Lukas in einer rein politisch-juristischen Argumentation: „Dieser mensch der hat falsch gelert / Und schier das gantze volck verkert. / Darzu hat er verbotten eben, / Den keyser seynen zinst zu geben, / Sich auch der Juden künig nent.“ (S. 308; vgl. Lk 23,2) Wenn Hans Sachs anstelle der ausweichenden Antwort der Juden bei Johannes, wo man Jesus nur unspezifisch als „Vbeltheter“ bezeichnet und damit der römischen Gerichtsbarkeit überantwortet, da man selbst keine Todesurteile verhängen dürfe (Joh 18,30f.), die weltlichen Anschuldigungen bei Lukas verwendet, die er zudem noch als Aussage der „falsch zeugen“ deklariert (S. 308), lenkt

[11] Zur Bedeutung der Reproduktion selbst so marginaler Details aus der biblischen Vorlage in den Passionsdichtungen des Hans Sachs vgl. auch Wolfgang F. Michael: *Das deutsche Drama der Reformationszeit*, Bern [u.a.] 1984, S. 348.

er den Blick des Lesers noch stärker als bei der Betrachtung des jeweils einzelnen Evangeliums auf die moralisch fragwürdige Taktik der Ankläger, die auf die anfänglichen objektiven Fragen des Hannas die hinterhältigen Fangfragen des Rates folgen lassen, bevor sie nun zu offensichtlichen Falschaussagen übergehen.

Dass Hans Sachs direkt nach diesen Anschuldigungen wieder zu Johannes zurückschwenkt, ist vor dem Hintergrund der im *Passion* so deutlich herausgearbeiteten Unterschiede zwischen juristisch-politischer und religiös-theologischer Argumentation nur konsequent, denn die Version des Lukas, wo Jesus nun die Frage des Pilatus, ob er der König der Juden sei, bejaht, woraufhin der Statthalter feststellt, er finde keine Schuld an diesem Menschen (Lk 23,3-5), lässt diesen von den Anklägern geschickt eingefädelten erneuten Wechsel der Argumentationsebene ins Leere laufen. Die wesentlich ausführlichere Antwort des Messias auf dieselbe Frage bei Johannes dagegen stellt einen Neuanfang dar, der paradoxerweise eine Rückführung der Argumentation auf den Ausgangspunkt unter umgekehrten Vorzeichen darstellt: Hatte Jesus zu Beginn versucht, den religiös argumentierenden Juden mit juristischen Argumenten entgegenzutreten, begegnet er nun dem rechtlich-politische Fragen stellenden römischen Statthalter mit einer rein theologischen Argumentation.

Hier sorgt Hans Sachs durch eine im Vergleich zur Vorlage wesentlich vagere Formulierung dafür, dass die bei Johannes deutlicher auf den politisch-juristischen Kontext bezogenen Worte: „meine Diener würden drob kempffen / das ich den Jüden nicht vberantwortet würde“ (Joh 18,36) trotz der beinahe wörtlichen Wiederholung im *Passion* einen anderen Sinn erhalten: „mich wurden fein / Erretten sunst die diener mein“ (S. 308). Während der Verweis darauf, dass die eigenen Anhänger ja gerade nicht für ihn „kempffen“, eine Verteidigung gegen den Vorwurf des Aufstandes gegen die römische Oberherrschaft darstellt, kann die Aussage im *Passion* durch das heilsgeschichtliche Schlüsselwort „Erretten“ auch so gedeutet werden, dass hier nicht die Diener den Meister retten sollen, sondern der Meister (durch seinen Tod) die Diener retten wird – in einer Logik, die eben „[n]icht von der Welt“ ist (S. 308; vgl. Joh 18,36). So setzt Jesus das Verhör vor dem römischen Statthalter genau an der Stelle fort, an der er es vor dem Rat beendet hatte – die Verlegung auf die religiöse Ebene aber, die vor dem Rat zum Schuldspruch geführt hatte, hilft nun dabei, Pilatus von der Ungefährlichkeit dieses politisch unbedarften und rein religiös motivierten Angeklagten zu überzeugen.

Dass der Pilatus des Hans Sachs im Gegensatz zu dem des Johannesevangeliums sich auf diese theologische Argumentation erst gar nicht einlässt, zeigt sich daran, dass die Frage des römischen Statthalters: „Was ist warheit?" (Joh 18,38) im *Passion* fehlt. Stattdessen folgt hier die bei Johannes fehlende und auch bei Hans Sachs völlig unmotivierte Entscheidung, Jesus zu Herodes zu schicken (S. 309), während Lukas einfach den gewieften Taktiker Pilatus sofort die Gelegenheit ergreifen lässt, den Fall in einen anderen Zuständigkeitsbereich zu verlegen, als man ihm von Jesu Wirken in Galiläa berichtet: „Da aber Pilatus Galilean höret / fraget er / Ob er aus Galilea were? Vnd als er vernam / das er vnter Herodes öberkeit gehöret / vbersandte er jn zu Herodes" (Lk 23,6f.). Im *Passion* jedoch erscheint Pilatus sogar noch berechnender, denn Hans Sachs interpretiert die Aktion des römischen Statthalters vom abschließenden Kommentar der Vorlage her – „Auff den tag wurden Pilatus vnd Herodes freunde mit einander / Denn zuvor waren sie einander feind" (Lk 23,12) –, den er am Ende der Herodes-Episode reproduziert: „Nach dem wurden sie beyd vereint, / Die vor waren gewesen feind." (S. 309) Offensichtlich macht Pilatus dem politischen Verbündeten hier durch die Überstellung des Angeklagten eine Art Geschenk, und anders als der zu diesem Zeitpunkt schon panisch nach Auswegen aus der prekären Situation suchende Pilatus des Lukas glaubt sein Pendant bei Hans Sachs vorerst noch, die ganze Angelegenheit im Griff zu haben – diese Haltung ist die Voraussetzung dafür, dass Pilatus nun glaubt, die Causa Jesus zu Gefälligkeitsdiensten gegenüber Herodes missbrauchen zu können.[12]

Dass der Angeklagte seine Lage durch die neue – aus der inhaltlichen Umkehrung der alten entwickelte – Strategie nicht unbedingt verbessert hat, erkennt er indes schnell und reagiert in einer Weise, die in den Evangelien meist schon früher eingesetzt, von Hans Sachs aber erst an dieser Stelle übernommen wird: „Jesus wolt aber kein wort jehen." (S. 309) Bei Hans Sachs wirkt dieses Schweigen des Messias noch wesentlich brüsker als in der Vorlage, da hier keine Fragen des Herodes erwähnt werden, auf

[12] Zur Kritik an willkürlicher Herrschaftsausübung bei Hans Sachs vgl. auch Wilhelm Kühlmann: *Weiser oder Narr? Zur Topik der Diogenes-Darstellungen in der deutschen Literatur der Frühen Neuzeit, besonders bei Hans Sachs*, in: *Fortunatus, Melusine, Genovefa. Internationale Erzählstoffe in der deutschen und ungarischen Literatur der Frühen Neuzeit*, hg. von Dieter Breuer und Gabor Tüskes, Bern [u.a.] 2010, S. 53-68, hier S. 65ff.

die Jesus die Antwort verweigern könnte – anders als im Lukasevangelium: „Vnd er fraget jn mancherley. Er antwortet jm aber nichts.“ (Lk 23,9) Entsprechend stellt der *Passion* bereits zuvor den Voyeurismus des Herodes durch eine simple Umstellung in den Vordergrund: Anders als das Lukasevangelium, das die Freude des Herodes über Jesu Erscheinen folgendermaßen begründet: „denn er hette jn langest gerne gesehen / Denn er hatte viel von jm gehöret / vnd hoffet er würde ein Zeichen von jm sehen“ (Lk 23,8), schließt Hans Sachs diese Begründungen lediglich durch die beiordnende Konjunktion an die Freude des jüdischen Königs an: „Der war fro und hofft, an der stat / Von ihm zu sehen ein wunderthat / Und het in lengst geren gesehen.“ (S. 309) Während der Text des Lukasevangeliums in der Übersetzung Luthers ein echtes Interesse des Herodes dokumentiert, das sich von der Freude über das lange ersehnte Zusammentreffen über eine Begründung für diese Sehnsucht langsam hin zu einem verborgenen Wunsch des Judenkönigs entwickelt, fällt der Herodes des Hans Sachs dadurch, dass die voyeuristische Hoffnung auf eine „wunderthat“ als erste Begründung für die eigene Freude genannt und der schon länger bestehende Wunsch nach einer Begegnung lediglich – nun weitgehend wirkungslos – nachgeschoben wird, gleichsam mit der Tür ins Haus und macht so das Schweigen Jesu für den Leser nachvollziehbarer.

Die Reaktion des Herodes auf dieses Schweigen wiederum wird durch den *Passion* insofern hervorgehoben, als Hans Sachs die Schriftgelehrten, die bei Lukas auch vor Herodes Anklage gegen Jesus erheben (Lk 23,10) und so die folgende Verspottung wohl mit provozieren, vollkommen ausspart. Stattdessen betont er den Umschwung der Stimmung am Hof als direkte Reaktion auf das Schweigen Jesu durch die Einfügung einer temporalen Adverbialen sowie der inkohativen Sinnrichtung des Prädikats gegenüber der Vorlage: „Da ward Jesus veracht geschwind“ (S. 309). Auch die folgende Demütigung des Gefangenen durch Herodes und seinen Hofstaat wird im *Passion* massiv amplifiziert: Das von Lukas übernommene Verb „verspotte[n]“ wird durch ein zusätzliches Adverb „schmehlich“ verstärkt (S. 309), der Vers „Sie hielten ihn für einen thoren“ (S. 309) ist ebenso eingefügt wie die Erklärung, das Anlegen des weißen Gewandes sei „[s]am zu schmach und zu hertzenleyd“ erfolgt

(S. 309).[13] Die Konfrontation mit Herodes wird so nicht nur zu einem neuen Tiefpunkt für den Angeklagten, sondern bereitet auch die öffentliche Demütigung vor, die nun in einer erneuten Wendung vom Lukas- zum Johannesevangelium erfolgt, wenn Pilatus das Volk vor die Wahl stellt, ob er Jesus oder den Mörder Barrabas freigeben solle, und diese Entscheidung zugunsten des Letzteren ausfällt (S. 309; vgl. Joh 18,39f.).

Dass Hans Sachs die Barrabas-Episode für weniger erklärungsbedürftig hält als die in allen Evangelien folgende Geißelung und Verspottung (Mt 27,26-31; Mk 15,6-20; Lk 23,13-25, Joh 19,1-5), zeigt die Tatsache, dass er nicht der Version bei Matthäus und Markus folgt, wo besonders betont wird, dass Pilatus – allerdings vergeblich – versucht, das Volk gegen die Hohepriester auszuspielen: „Denn er wuste / das jn die Hohepriester aus Neid vberantwortet hatten. Aber die Hohepriester reitzeten das volck / das er jnen viel lieber den Barrabas los gebe." (Mk 15,11; vgl. auch Mt 27,18) Vielmehr gibt der *Passion* die Barrabas-Frage unkommentiert wieder, um stattdessen die folgende Geißelung – ein Entschluss, der bei Matthäus und Johannes lediglich konstatiert wird (vgl. Mt 27,26; Joh 19,1), während Markus ihn als populistische Anbiederung deutet: „Pilatus aber gedachte dem Volck gnug zu thun" (Mk 15,15) – als Versuch einer Rettung des Angeklagten zu motivieren: „Pilatus aber dacht dermassen, Er wolt Jesum züchtigen lassen / Und in darnach auch ledig geben, / Auff das er ihn erhielt bey leben" (S. 309). Dieser Gedankengang ist bei Lukas mit der erneuten Feststellung der Unschuld verknüpft, wenn Pilatus ausführt:

> Jr habt diesen Menschen zu mir bracht / als der das Volck abwende / Vnd sihe / Jch hab jn fur euch verhöret / vnd finde an dem Menschen der Sache keine / der jr jn beschüldiget / Herodes auch nicht / Denn ich euch zu jm gesand / vnd sihe / man hat nichts auff jn bracht / das des todes wird sey. Darumb wil ich jn züchtigen und los lassen / Denn er musste jnen einen nach gewonheit des Festes los geben.
> (Lk 23,14-17)

[13] Zur drastischen Ausgestaltung von Konflikten in der Bearbeitung biblischer Stoffe durch Hans Sachs vgl. auch Delia Esian: *Jakob als Chiffre: Hans Sachs und Christian Weise*, in: *Zeitschrift der Germanisten Rumäniens* 22 (2013), S. 34-47, hier S. 40.

Dass Hans Sachs den Hinweis auf Herodes tilgt, der ebenfalls die Unschuld des Angeklagten festgestellt habe, ist insofern konsequent, als der Herodes des *Passion* anders als derjenige des Lukasevangeliums ja gar keine Befragung durchgeführt hat und folglich auch kaum zu einem Urteil gekommen sein kann.

Das Bild, das Hans Sachs hier von Pilatus und Herodes zeichnet, ist stärker als das aller Evangelien von einer gewissen Sorglosigkeit der beiden Repräsentanten weltlicher Macht gekennzeichnet, die erkennbar kein Todesurteil wünschen, aber die auf eben dieses Ziel zusteuernden Kräfte völlig unterschätzen, bis Pilatus durch den für ihn offenbar überraschenden Ausgang der Barrabas-Frage seinen Irrtum (zu spät) erkennt. Alle Versuche, den Angeklagten nun noch zu retten, scheitern jedoch nicht nur am fanatisch die Kreuzigung fordernden Volk, sondern insbesondere auch an der fehlenden Kooperation des Angeklagten, der auf die öffentliche Demütigung durch Herodes mit Schweigen reagiert. Dieses wird zwar gegenüber Pilatus noch einmal gebrochen, eine konstruktive und zielführende Verständigung zwischen dem gezüchtigten Messias und dem nun auch bei Hans Sachs von der aufgehetzten Stimmung des Volkes, der Verpflichtung gegenüber dem Kaiser, der Ermahnung seiner Frau und nicht zuletzt von einem halsstarrigen Angeklagten getriebenen und in dieser Situation völlig überforderten römischen Statthalter kommt allerdings nicht mehr zustande.

Der Misshandlung Jesu durch die Soldaten, deren Darstellung im *Passion* (S. 309) weitgehend der des Johannesevangeliums folgt (Joh 19, 1-7), folgt eine bezeichnende Reaktion des römischen Statthalters auf die letzte Forderung des Volkes: „Creutzig ihn! er muß sterben nun. / Er hat sich genent Gottes sun. / Als Pilatus hört diese wort, / Förcht er sich noch mehr an dem ort“ (S. 310; vgl. Joh 19,7f.). Diese Panik des Pilatus steigert Hans Sachs, indem er den aus dem Johannesevangelium übernommenen Handlungselementen einer erneuten ergebnislosen Befragung, auf die der Angeklagte zunächst mit Schweigen und dann mit einer missverständlichen Aussage reagiert, worauf das Volk unter Verweis auf die Autorität des Kaisers seine Forderung nach der Kreuzigung wiederholt (S. 310; vgl. Joh 19,9-15), die beiden Episoden aus dem Matthäusevangelium anhängt, in denen die Frau des Pilatus von ihrem Traum berichtet und der Statthalter selbst vor dem Urteil seine Hände in Unschuld wäscht (S. 311; vgl. Mt 27,19f. und 24f.).

Im ersten Teil der Szene, die dem Johannesevangelium folgt, hebt Hans Sachs insbesondere das verlockende Angebot der Freilassung hervor, indem er Pilatus das eher variierende als steigernde Trikolon „quit ledig loß“ (S. 310) verwenden lässt. Umso brüsker erscheint erneut die Ablehnung des Angeklagten, die durch den Indikativ „Kein gewalt hast du“ (S. 309) im Vergleich zum konsequent durchgeführten Irrealis der Vorlage – „Du hettest keine macht vber mich“ (Joh 19,11) – noch verstärkt wird. Auch die Berufung des Volkes auf die Autorität des Kaisers wird im *Passion* noch deutlicher in juristische Termini gefasst als im Johannesevangelium, wenn aus dem „wider den Keiser“ (Joh 19,12) ein „in deß keysers acht“ (S. 310) wird oder die Juden nachdrücklicher als in der Vorlage versichern: „Allein dem keyser sein verpflicht / Wir beyde mit gut unde leib.“ (S. 311; vgl. Joh 19,15) So scheint der eigentlich wohlwollende Pilatus bereits zu diesem Zeitpunkt in einer aussichtslosen Position zwischen dem aufgehetzten Volk, dessen Äußerungen wie bei Johannes durchgängig als Geschrei bezeichnet werden,[14] und einem Angeklagten, der sich offensichtlich mit dem Schuldspruch bereits abgefunden hat und nun seinerseits den Richter über diese Tatsache hinwegtrösten will, indem er ihn von einem Großteil der Schuld freispricht: „Der mich dir hie hat übergeben, / Der hat viel groser sünd gethan.“ (S. 310; vgl. Joh 19,11)

Bevor er jedoch das Handtuch werfen kann wie sein Pendant im Johannesevangelium, ereilt den Pilatus des *Passion* die nächste, nur bei Matthäus überlieferte Hiobsbotschaft: „Nach dem entpot Pilati weib, / Er solt nicht richten in ungut / Hie uber das unschuldig blut, / Mit dem gerechten sein zu frieden; / Im traum het sie von ihm erlieden / Gar vil; derhalb in warnen ließ.“ (S. 311) Den Charakter dieser Nachricht als Warnung unterstreicht Hans Sachs, indem er zum einen das Verb „warnen“ gegen die Vorlage einfügt und zum anderen aus der recht unspezifischen Aufforderung: „Habe du nichts zu schaffen mit diesem Gerechten“ (Mt 27,19) eine Anweisung macht, die eher einen Freispruch als den folgenden Versuch, die eigenen Hände in Unschuld zu waschen, zu meinen scheint. So wirkt der römische Statthalter durch die Handwaschung, die im Gegensatz zur Vorlage, wo zwischen der Nachricht der

14 Nämlich durch die Prädikate „schryen“ (S. 311), „schryeren“ (ebd.) und „schrier“ (ebd.; vgl. Joh 19,6;12;15).

Frau und Handwaschung die Barrabas-Frage eingeschoben wird (Mt 27, 20-23), als direkte Reaktion auf diese konkrete Handlungsanweisung erfolgt, noch hilfloser, was auch durch die Einfügung des Modalverbs zum Ausdruck gebracht wird, die aus der klaren Feststellung: „Ich bin unschüldig“ (Mt 27,24) eine vage Hoffnung: „Ich will sein an dem end / Unschuldig“ (S. 311) macht und den „bescheyd“ des Pilatus (S. 311) als Kapitulation vor der „auß neydigem mut“ erhobenen Forderung des Volkes (S. 311) erscheinen lässt.

Wenn Hans Sachs im „beschluß“ seines *Passion* insbesondere die Heilsnotwendigkeit des Todes Christi unter Verweis auf Jes 53 sowie 1. Kor 1 betont,[15] wobei er den Messias als aktiv handelnden Erlöser preist und diesen Lobpreis der in der narrativen Wiedergabe nicht nur der Gerichtsverhandlung, sondern auch der Kreuzigung erfolgten Darstellung des passiven Leidens, dem Jesus unterworfen ist, ohne Übergang anschließt (S. 314),[16] wird ein Bruch deutlich. Zwischen der didaktisch motivierten Verkündigung der Heilsbotschaft und der Ermahnung zur Dankbarkeit für die Erlösung der Gläubigen durch den Kreuzestod Christi und der Darstellung, die sowohl auf psychologische Plausibilität als auch auf die Erfüllung narrativer Schemata abzielt, ist auf den ersten Blick kein innerer Zusammenhang erkennbar.[17] Tatsächlich jedoch vermittelt die zunehmende Resignation Jesu im Zusammenspiel mit dem fortschrei-

15 Zur Konventionalität der Lehren, die Hans Sachs seinen dramatischen und narrativen Bearbeitungen biblischer Stoffe anhängt, vgl. auch Ralf Georg Bogner: *Ein Bibeltext im Gattungs- und Medienwechsel. Deutschsprachige Abraham-und-Isaak-Schauspiele der Frühen Neuzeit von Hans Sachs, Christian Weise und Johann Kaspar Lavater*, in: *Isaaks Opferung (Gen 22) in den Konfessionen und Medien der Frühen Neuzeit*, hg. von Johann Anselm Steiger und Ulrich Heinen, Berlin/New York 2006, S. 435-447, hier S. 442.

16 Zur Problematik einer auf Mitleiden abzielenden Darstellung der Passion im Kontext der lutherischen Lehre vgl. auch Glenn Ehrstine: *Theater, Culture, and Community in Reformation, 1523-1555*, Leiden [u.a.] 2002, S. 26.

17 Zu diesen Brüchen zwischen dramatischer oder erzählerischer Darstellung und angehängter Moral vgl. auch Michael Dallapiazza: *Hans Sachsens „comedi: die gedultig und gehorsam marggräfin Griselda“*, in: *Die deutsche Griselda. Transformationen einer literarischen Figuration von Boccaccio bis zur Moderne*, hg. von Achim Aurnhammer und Hans-Jochen Schiewers, Berlin/New York 2010, S. 143-152, hier S. 146f.

tenden Kontrollverlust des Pilatus den Eindruck eines übergeordneten Heilsplans, der auf das von allen Beteiligten außer den negativ gezeichneten Pharisäern und dem von ihnen aufgehetzten Volk gefürchtete Ziel zusteuert, dem aber auch die beiden individuell gezeichneten Protagonisten unterworfen scheinen und ebenso unbewusst wie widerstrebend folgen.[18]

Auf den zweiten Blick jedoch bildet das Verhältnis von Erzählung und didaktischem Anhang genau das zwischen den reinen Fakten und ihren heilsgeschichtlichen Implikationen ab, wenn abschließend betont wird, dass der Gekreuzigte derjenige ist, „[d]urch den auß gnaden uns wirt geben / Nach dem elend ein ewigs leben. / Das ewig freud uns aufferwachs / Durch Jesum Christum, wünscht Hans Sachs.“ (S. 315) Gerade indem die Passion als „elend“ dargestellt wird, erscheint die „erlösung“ (S. 315) als reiner Gnadenakt, der sich nicht wie die einzelnen Handlungsschritte logisch entwickeln oder auch nur nachvollziehen lässt. Der Bruch zwischen der Tragödie eines der irdischen Gerichtsbarkeit erlegenen und schließlich hingerichteten Verbrechers und dem Lobgesang auf den Erretter der Menschheit ist das Geheimnis der Passion, das Hans Sachs seinem Leser vor Augen stellen will. Insofern ist der „beschluß“ ein integraler Bestandteil der Darstellung, nicht obwohl, sondern gerade weil er wie ein Fremdkörper wirkt. Dass er aber einen so deutlichen Kontrast zu der Erzählung von Gefangennahme, Prozess und Kreuzigung Jesu bilden kann, verdankt die Gesamtkomposition des *Passion* nicht zuletzt der ebenso narrativ logischen wie psychologisch plausiblen Darstellungsweise.

[18] Zu diesen über strukturelle Parallelen hergestellten Zusammenhängen zwischen Handlung und Lehre bei Hans Sachs vgl. auch Niklas Holzberg: *Das Verhältnis der Spielhandlung zu der „angehenckten lehr“ in der Lucretia-Tragödie des Hans Sachs*, in: *„Der Buchstab tödt – der Geist macht lebendig“. Festschrift für Hans-Gert Roloff*, hg. von James Hardin und Jörg Jungmayr, Bern [u.a.] 1992, S. 553-552, hier S. 545f., sowie Christoph Marz: *Die Destille des Hans Sachs. Boccaccios Falkennovelle im Meisterlied*, in: *Poetica* 27 (1995), S. 254-272, hier S. 265f.

Yvonne Nilges

Sponsus Christus, *Pastor bonus*: *Agnus-Dei*-Kontrafakturen in der Schäferdichtung des Barock

Die Hirten- oder Schäferdichtung, auch Pastorale oder Bukolik genannt, ist eine Spätform der alteuropäischen Literatur. Ihre bedeutendsten antiken Vertreter sind Theokrit und Vergil, welch Letzterer mit seinen zehn *Eklogen* den Grundstein für diese – dem heutigen Leser meist fernliegende – Gattung legte. Von der Frührenaissance bis zur Aufklärung jedoch stellte die Schäferdichtung, deren Erbe im 18. Jahrhundert die Idylle werden sollte, eine der verbreitetsten literarischen Gattungen dar; sie wurde ebenso intensiv rezipiert, wie sie (re)produziert wurde.

Der vorliegende Beitrag behandelt die *geistliche* Schäferdichtung des Barock – und damit, dem Thema des Sammelbands entsprechend, bukolische Kontrafakturen Jesu Christi im Besonderen. Bereits seit Vergil hatte es kein Sujet gegeben, dem die Pastorale sich nicht hätte akkommodieren lassen; stets ins schäferliche Umfeld transponiert und mithin allegorisiert, hatte sich prinzipiell jedweder Gegenstand dem kunstvollen, gelehrten Spiel empfohlen, das traditionell auf geistreich-ästhetischer (De-) Codierung beruhte. Gleichwohl war es nicht etwa die mittelalterliche, sondern die barocke Literatur, welche die ursprünglich heidnisch geprägte Pastoraldichtung in die christliche Literaturpraxis des deutschen Sprachraums überführte. Zwei Beispiele, die *Trutz-Nachtigall* (1649) des Friedrich Spee von Langenfeld – das erste und zugleich das Meisterwerk geistlicher deutscher Schäferdichtung – sowie die *Heilige Seelen-Lust* (1657) des Johannes Scheffler, genannt Angelus Silesius, wollen wir im Folgenden im Hinblick darauf näher untersuchen.

Kennzeichnend für die geistliche Pastorale – und konstitutiv für ihre Allegorese – ist der reichhaltige Fundus, aus dem sie systematisch schöpft.

Zum einen (*erstens*) ist sie eine Kontrafaktur weltlich-erotischer Liebesdichtung. Hier lässt sich genauer differenzieren zwischen petrarkistischen Topoi einerseits und, zeitlich noch weiter zurückgehend, Elementen der schäferlichen Liebesdichtung andererseits (die schon bei Theokrit und bei Vergil bedeutsam wurden). Exemplarisch – und für unseren Zusammenhang zentral – sei in dieser Hinsicht der Hirt Daphnis angeführt, welcher als (heidnischer) Hirten-Heros in der antiken Pastoraldichtung sein Leben opfert, vom Sänger Orpheus wie von der Natur betrauert.[1]

Bereits aus dieser knappen Rekapitulation wird fassbar, wie der weltlich ausgerichtete Petrarkismus mit seinem klagend-sehnsüchtigen Grundton und seinen festen Schemata folgenden Tropen sowie die ebenfalls profane schäferliche Liebesdichtung – als eine spezifizierte Unterform der Pastorale – für die Ausbildung der geistlichen Bukolik prägend zu werden vermochten: Beide Traditionslinien erlaubten eine kontrafaktische Gestaltung der Christus-Figur, die insofern, diese Reminiszenzen aufnehmend, als eindringlich ersehnter Geliebter und als (guter) Hirt zugleich erscheinen konnte.

Sponsus Christus, Pastor bonus: Dieser Deutung sekundieren zum anderen und nicht zuletzt (*zweitens*) aber auch komplementäre substantielle Rückgriffe auf die *geistlich*-erotische Liebessprache. Das Hohelied Salomos, welches Bernhard von Clairvaux im 12. Jahrhundert als die Liebe zwischen Christus und der Seele ausgelegt hatte,[2] bot vielfältige Anregungen zur literarischen Weiterbearbeitung. Die innige Einheit zwi-

[1] Vgl. Vergils fünfte Ekloge, die sich an Theokrits erstem Eidyllion *Thyrsis* orientiert: Publius Vergilius Maro: *Eclogae, Georgica et Aeneis*, hg. von Christian Juncker und Jan Minell, Leipzig 1703, S. 22-27, sowie *Theokrits Idyllen*, mit deutscher Erklärung hg. von Adolf Theodor Hermann Fritzsche, Leipzig ²1869, S. 37-55.
Vor dem Hintergrund des Jesus-Themas s. im Übrigen auch Vergils vierte Ekloge, die auf die Geburt eines besonderen Kindes weist: Publius Vergilius Maro: *Eclogae […]*, S. 18-22.

[2] Vgl. hierzu Ulrich Köpf: *Hoheliedauslegung als Quelle einer Theologie der Mystik*, in: *Grundfragen christlicher Mystik*, hg. von Margot Schmidt und Dieter R. Bauer, Stuttgart-Bad Cannstatt 1987, S. 50-72.

schen Braut und Bräutigam, das Verlangen nach der *Unio mystica* und nach dem Ineinander-Aufgehen im Kusse, die Suche nach dem, „den meine Seele liebt“ (Hld 3,1) und das Bekenntnis, „dass ich vor Liebe krank bin“ (Hld 5,8): Neben der Hirten-Motivik, die auch im Hohenlied präsent ist, finden wir all diese Themen in der geistlichen barocken Schäferdichtung wieder.

Diese Bezüge vermengen sich *drittens* mit den zahlreichen anderen Hirten-Bezügen aus der Bibel, die im Alten Testament auf Gott rekurrieren (vgl. z.B. Ps 23,1: „Der Herr ist mein Hirte“), während sie im Neuen Testament, besonders in den johanneischen Gleichnissen, sodann auf Christus im Speziellen übertragen wurden (vgl. zumal Joh 10,1ff.: Der gute Hirte).

Zuletzt (*viertens*) tritt noch die *Agnus-Dei*-Symbolik hinzu. Hier konnte auf das Lamm als Opfertier im Alten Testament zurückgegriffen werden – eine Praxis, welche die christliche Auslegung auf den Opfertod des Heilandes bezog (vgl. z.B. Joh 1,29: „Siehe, das ist Gottes Lamm, das der Welt Sünde trägt!“, 1 Kor 5,7 und Offb 5,6ff.). In der Apokalypse wird zudem der Heiland als Lamm Gottes ebenfalls als Bräutigam apostrophiert: „denn die Hochzeit des Lammes ist gekommen, und seine Braut hat sich bereitet“ (Offb 19,7).

All diese Motive, wirksam ineinander verschlungen, macht die religiöse Schäferdichtung des Barock in einer gefühlsmystischen Übersteigerung des Ausdruckes nun für sich fruchtbar.

Die geistliche Pastorale hat ihren Ursprung derweil nicht in der deutschen, sondern in der spanischen Literatur. Im Hinblick auf Spees *Trutz-Nachtigall*, der wir uns sogleich zuwenden wollen, war Juan de la Cruz (d.i. Johannes vom Kreuz, 1542-1591) mit seinen *Canciones entre el Alma y el Esposo* (*Gesänge zwischen der Seele und dem Bräutigam*) von grundlegendem Einfluss. Dabei fällt auf, dass die geistliche Bukolik auch im deutschen Sprachraum ihre eigentliche Verbreitung im *katholischen Kulturkreis* fand. Friedrich Spee (1591-1635) war Jesuit, seine *Trutz-Nachtigall*, erschienen posthum, wurde im Jahre 1817 vom (seinerseits katholischen) Clemens Brentano neu herausgegeben. (Spee wirkte an, Brentano stammte von der Mosel.) Johannes Scheffler (1624-1677) aus Breslau indessen, dessen *Heilige Seelen-Lust* unser zweiter Untersuchungsgegenstand sein soll, konvertierte zum Katholizismus; sein seit der Firmung bezeugter Name „Angelus Silesius" („schlesischer Glaubensbote") verweist zudem auch auf den spanischen Mystiker Juan de los Ángeles (1536-1609).

Die Theorie der Pastorale beruhte im 17. Jahrhundert zumal auf Julius Caesar Scaligers *Poetices libri septem* (1561): auf einem Regelwerk mithin, in dem die spanischen Mystiker noch nicht thematisiert wurden.[3] Bezeichnend für die Entwicklung einer deutschen religiösen Schäferdichtung war demnach eine regelpoetische ‚Leerstelle', die, indem sie sich vom spanischen Vorbild inspirieren ließ, eigene, innovative Möglichkeiten für die literarische Gestaltung bot.[4]

Der vollständige Titel von Spees religiöser Schäferlyrik lautet *Trvtz Nachtigal, oder Geistlichs-Poetisch Lvst-Waldlein, Deßgleichen noch nie zuvor in Teutscher Sprach gesehen.*[5] In der Vorrede des Autors, einer selbstbewussten *Captatio benevolentiae*, erfahren wir, inwieweit das Werk die deutsche Literatur als religiöse Pastorale novelliert:

> TRVTZ NACHTIGAL wird diß Büchlein genandt / weiln es trutz [d.h. ebenso wie] allen Nachtigalen süß / vnnd lieblich singet / vnnd zwar auffrichtig Poetisch: also daß es sich auch wol bey sehr guten Lateinischen vnnd anderen Poeten dörfft hören lassen.
> (*TN*, ohne Paginierung)

Bereits durch den Neologismus des Titels tritt Spees *Trutz-Nachtigall* also dezidiert in Wettstreit. Die Nachtigall als Sinnbild religiöser Dichtung

3 Martina Eicheldinger: *Friedrich Spees geistliches Arkadien. Funktion und Gestaltung der schäferlichen Motivik in der „Trutz-Nachtigall"*, in: *Spee-Jahrbuch* 1 (1994), S. 21-43, S. 21ff.

4 Vgl. z.B. ebd., S. 32: „Scaliger fordert, dass alle Gegenstände der Schäferdichtung so behandelt werden, wie es der ländliche Schauplatz erfordert; auch das Personal muß dieser Umgebung angemessen sein. Mit diesem allgemein anerkannten Grundsatz der zeitgenössischen Dichtungstheorie hängt es zusammen, daß in der Hirtendichtung hochgestellte Persönlichkeiten im Kostüm ‚niederer' Hirten auftreten. Entsprechend tritt in der geistlichen Schäferdichtung der *Trutz-Nachtigall* der Mensch gewordene Gottessohn im biblisch legitimierten Hirtengewand, als *Pastor bonus*, auf."

5 Köln 1649. Alle folgenden Belege sind mit der Sigle *TN* versehen und beziehen sich auf diesen Erstdruck.

verweist auf eine lange - zunächst weltliche, später ins Geistliche transponierte – Tradition, die Spee bei seinem Leserkreis als selbstverständlich voraussetzt:

> Schon in der Literatur der Antike als vorbildliche Sängerin gelobt, entwickelt sich die Nachtigall in der mittelalterlichen Lyrik zu einer vielschichtigen poetologischen Figur und gelangt mit den Nachtigallengedichten John Hovedens und John Peckhams spätestens im 13. Jahrhundert in die geistliche Dichtung. Dabei gewinnt sie in der lateinischen christlichen Poesie so große Bedeutung, daß etwa Hieronymus Lauretus sie in sein Kompendium biblischer Allegorien aufnimmt, obwohl sie in der Heiligen Schrift gar nicht erwähnt wird. [... Die Nachtigall bezeichnet] das Handeln der tugendreichen, gottliebenden Seele, die zu allen Stunden der *beneficia Dei* gedenkt, von der Schöpfung über die Menschwerdung bis zur Passion.[6]

Spees *Trutz-Nachtigall* besteht aus drei komplexen Zyklen, deren erster die *Sponsa*-Lieder darstellen; elaborierte Gedichte zum Lob Gottes (*Laudes*) folgen, ehe der dritte Zyklus Christi Geburt, Leben und Tod weitläufig ausgestaltet. Die Zyklen gehen durch Verbindungsgedichte fließend ineinander über. Sie sind klimaktisch konzipiert, indem sie die Entwicklung von begehrender zu uneigennütziger Liebe in drei den Zyklen entsprechenden Reifungsstufen darlegen (Anfang, Vertiefung und Vollendung).[7]

Die Nachtigall des Titels begegnet uns im ersten Zyklus, der die Suche der „gesponß Iesu“ – der einzelnen christlichen Seele, d.h. potentiell des Lesers selbst – nach ihrem Bräutigam im Walde in den Fokus rückt.[8] Hier spricht die *Sponsa*: Sie rühmt ihren Geliebten und dessen Schönheit (dies v.a. in der Tradition des Hohenliedes).[9] Indessen seufzt und klagt sie

6 Cornelia Rémi. *Philomela mediatrix. Friedrich Spees „Trutznachtigall“ zwischen poetischer Theologie und geistlicher Poetik*, Frankfurt a.M. 2006, S. 46f.

7 Vgl. Karl Heinz Weiers: *Gliederung und Aufbau von Friedrich Spees „Trutz-Nachtigall“*, in: *Spee*-Jahrbuch 11 (2004), S. 55-70, S. 60.

8 Im Gedicht Nr. 11 (*Spiegel der Liebe*) führt Spee mit Maria Magdalena zudem eine konkrete (büßende) *Sponsa*-Figur ein.

9 Michael Fischer verfolgt den – konfessionsübergreifend verbreiteten – christologischen Schönheitsdiskurs des 17. Jahrhunderts detailliert und zeichnet nach, wie das Konzept der körperlichen, ethischen und metaphysischen Schönheit Christi neben dem Hohenlied auch die platonische Tradition, das Buch der Psalmen und den sogenannten Lentulus-Brief als Quellen einbe-

auch, weil ihr ersehntes Ziel, die sinnlich wahrnehmbare Vereinigung mit Christus, für sie nicht erreichbar ist: Die petrarkistische Liebessituation wird der geistlichen Bukolik angepasst. In kennzeichnender Antithetik, im folgenden Beispiel intensiviert durch einen Chiasmus, veranschaulicht Spee im ersten Zyklus somit zunächst noch das dringende Liebesverlangen der *Sponsa*:

> O süssigkeit in schmerzen!
> O schmerz in süssigkeit!
> Ach bleibe doch im Herzen /
> Bleib doch in Ewigkeit.
> (*TN*, S. 8 [Nr: 3: *Die gesponß Iesu klaget jhren hertzenbrand*])

Nach Bußgesängen muntert die Braut Christi sich unterdessen wieder auf und überführt mit einem Gotteslob die *Sponsa*- in die *Laudes*-Lieder. In diesen spricht nunmehr der Dichter: Er adressiert unmittelbar den Leser und ermahnt auch darüber hinausgehend alle Geschöpfe, Gott zu preisen.

So, wie die *Sponsa*-Figur mithin als Verbindungsglied zwischen dem ersten und dem zweiten Zyklus der *Trutz-Nachtigall* fungiert, so gestaltet Spee auch analog den Übergang vom zweiten in den dritten (d.h. den Leben-Jesu-) Zyklus. Denn die *Laudes* beschließen solcherlei Gedichte zum Lob Gottes, in denen jetzt auch erstmals Hirten auftreten: Figuren, die den dritten Zyklus in sich steigernder Anzahl und Intensität grundieren. Die Hirtengesänge erweitern die bisherige Sprechsituation, die somit hier zu einer polyphonen avanciert. Mit dem Erscheinen der Hirten wird zur geistlichen Schäferdichtung im engeren Sinn übergeleitet; folglich

zieht: In der christlichen Auslegungstradition wurden die platonische Philosophie wie auch das Alte Testament – Letzteres typologisch gemäß dem mehrfachen Schriftsinn – auf Christus bezogen. „So konnte [z.B.] der Psalmvers 45,3 ‚Du bist der Schönste unter den Menschenkindern‘ mit Christus und seiner Schönheit in Verbindung gebracht werden.“ Hinzu kam aber auch noch eine „sehr spezielle Quelle, die den Schönheitsdiskurs des ausgehenden Mittelalters und der Frühen Neuzeit befruchtet hat. Man glaubte nämlich damals, einen Augenzeugenbericht von der menschlichen Gestalt Jesu vorliegen zu haben: Die Rede ist vom so genannten ‚Lentulus-Brief‘, der von einem in Jerusalem lebenden Zeitgenossen Christi stammen sollte, in Wahrheit aber erst im späten Mittelalter entstanden ist.“ – Michael Fischer: *O JESV mein du schöner Held. Das Motiv von der Schönheit Christi im 17. Jahrhundert*, in: *Spee-Jahrbuch* 13 (2006), S. 144-158, hier S. 154 und S. 156.

nennt Spee das Gedicht Nr. 30 denn auch erstmals dezidiert – in Anlehnung an das Vorbild Vergils – eine „Ecloga“ (*TN*, S. 178).

Namentlich als solche gekennzeichnete Eklogen sind charakteristisch für den sich anschließenden dritten und zugleich auch letzten Zyklus, der die Geburt Christi, seine Passion und seine Kreuzigung zum Thema hat. Die christliche Liebe stellt sich in diesem kunstvollen Vollendungs-Zyklus nach den durchlaufenen Stadien von Anfang (*Sponsa*-Lieder) und Vertiefung (*Laude*s) als eine gereifte, geläuterte dar; und auch die Sprechsituation steigert sich in ihrer Komplexität noch weiter, bis sie ihren Höhepunkt erreicht. Als Sprecher treten nun die Hirten Damon, Halton, Palaemon und Phidaemon sowie der Dichter selbst – und Christus auf: dies u.a. in einem Dialog mit Gott sowie (am Kreuz) in einem Dialog mit Gott, Erzengel Gabriel, verschiedenen Personen und auch Gegenständen.

Die *Trutz-Nachtigall* endet mit einem Ostergedicht, einem Fronleichnamsgedicht und einem finalen Gotteslob der *Anima Sponsa*, in dem nun auch die Nachtigall des Titels und des ersten Zyklus wieder aufgegriffen wird. Die leibliche Gegenwart Jesu Christi wird im Sakrament der Eucharistie gefeiert: Hier wird (für den katholischen Rezipienten)

> die göttliche Liebe in ihrem ganzen Umfang und in ihrer vollen Stärke sichtbar. Indem man den Leib Christi im verwandelten Brot isst und sein Blut im verwandelten Wein trinkt, nutzt man die einzige Möglichkeit in diesem Leben, mit Christus und damit mit Gott eins zu werden. Durch dieses letzte Geschenk, das Christus den Menschen während seines Lebens auf der Erde hinterlassen hat, wird die Sehnsucht der Sponsa erfüllt, wenn auch anders, als diese es ursprünglich ersehnt hat. Damit aber kehrt die Gedichtsammlung [... auf höherer Ebene] wieder zu ihrem Ausgangspunkt zurück.[10]

Bereits im ersten (*Sponsa*-) Zyklus hatte Spee Christus als Hirten eingeführt:

> O liebster mein auff Erden /
> O JESV schöner hirt!
> Ach wie nun / was geberden?
> Sag an / waß immer wird?
> (*TN*, S. 43 [Nr. 9: *Die gespons Iesu sucht jhren geliebten [...]*])

10 Karl Heinz Weiers: *Gliederung und Aufbau von Friedrich Spees „Trutz-Nachtigall“* (Anm. 7), S. 63.

Im dritten Zyklus nun wird dieses Motiv erweiternd aufgenommen. Hier ist Christus allerdings nicht nur (und rekursiv) der gute/schöne Hirte – und, als Kulmination zum Schluss des Werkes, superlativisch auch der „Hirt der hirten" (*TN*, S. 331 [Nr. 50: Ostergedicht]); denn explizit erscheint dem Leser die Gestalt des Heilands im finalen dritten Zyklus nunmehr auch als „Daphnis". Wir erinnern uns, dass in der antiken schäferlichen Liebesdichtung der Hirt Daphnis sein Leben opferte. Die Daphnis-Anspielung der *Trutz-Nachtigall* baut eine „Brücke zwischen dem Hirtengleichnis des NT [dem Gleichnis vom verlorenen Schaf: vgl. Mt 18,10-14 sowie Lk 15,1-7] und dem Hohenlied".[11] Im Heiland als Daphnis schwingt aber auch die Opfersymbolik vom Lamm Gottes mit; so dass in der Figur des Hirten Daphnis denn tatsächlich sämtliche Kontrafakturen Christi kulminieren. *Sponsus Christus*, *Pastor bonus*, *Agnus Dei* – sie alle kommen hier in einer Klimax motivisch zusammen.

> *Daphnis* / o du cron der hirten!
> *Daphnis* / du so schönes blut!
> Dich die beste sitten zierten /
> Warest voller tugent gut.
>
> […]
>
> *Daphnis* mercket nur ein eintzig
> Schäfflein dorten irrend gahn /
> Gleich verließ er neun- vnd neuntzig /
> Nam sich nur deß einen an [.]
> (*TN*, S. 284 und S. 287 [Nr. 45: *Ecloga oder klägliches hirten-gespräch, darin zvveen hirten […] den todt Christi, vnder der person des hirten Daphnis, vveitläuffig betravvren*])

Das Gleichnis vom verlorenen Schaf gestaltet Spee in diesem dritten, letzten Zyklus auch ausführlich – ohne Rückgriff auf den Daphnis-Mythos – im Gedicht der Nummer 37 (*Der Euangelisch gute hirt sucht das verlohren Schäfflein*).[12] Hier wird die klagende, typisierte Formen-

[11] Martina Eicheldinger: *Friedrich Spee – Seelsorger und poeta doctus. Die Tradition des Hohenliedes und Einflüsse der ignatianischen Andacht in seinem Werk*, Tübingen 1991, S. 292.

[12] Spee hat dieses Gleichnis in seinem Gesamtwerk dreimal literarisch adaptiert: Neben der *Trutz-Nachtigall* begegnet es uns noch zweimal in seinem *Gülde-*

sprache des Petrarkismus der Suche Christi nach dem verlorenen, geliebten „Schäfflein“ anverwandelt,[13] indem die Suche sich analog zum Passionsgeschehen darstellt: Die Birkenruten des Dickichts, in das Christus sich auf der Suche nach dem verlorenen Schaf begibt, schlagen seinen Körper und entsprechen so der Geißelung; das Dornengestrüpp, welches den guten Hirten zumal schwer an seinem Haupt verletzt, korrespondiert der Dornenkrone. Christi Bemühung, das geliebte „Schäfflein“ wiederzufinden und sicher nach Hause zu geleiten, führt schließlich zu seinem Opfertod, der Kreuzigung auf Golgatha:

Ey dorten doch / dort oben
Auff jener schedel-statt /
Ein Creutz-baum frisch erhoben
Die näst ersträcket hat.
Da düncket mich gar eben
Dörffts haben seinen gang /
Jhm da denck nach zu streben /
Hoff dort ichs endlich fang.

Doch müd mich auff den beinen
Ich mehr mag halten kaum:
An dich dan muß ich leinen /
O starcker Eichen-baum.
Ach Schäfflein außerkohren /
Ach kämest / kämest noch!
Mit mir dochs ist verlohren /
Muß ich wol sterben doch.

Mit armen außgestrecket /

nen Tugend-Buch, einem Andachtsbuch über die drei göttlichen Tugenden Glaube, Hoffnung und Liebe (vgl. 1 Kor 13,13). Das *Güldene Tugend-Buch* erschien ebenso wie die *Trutz-Nachtigall* posthum, im selben Jahre 1649. S. dazu Karl Heinz Weiers: *Der gute Hirt sucht das verlorene Schaf. Interpretation des Liedes Nr. 37 „Der Euangelisch Gute Hirt sucht das verlohren Schäfflein“ in Friedrich Spees „Trutz-Nachtigall“*, in: *Spee-Jahrbuch* 13 (2006), S. 159-168.

13 Vgl. Christiane Schäfer: *„Liebe führet Jhn ins Leyd“. Das Motiv des Guten Hirten in der „Trvtz-Nachtigal“ von Friedrich Spee*, in: *Das Motiv des Guten Hirten in Theologie, Literatur und Musik*, hg. von Michael Fischer und Diana Rothaug, Tübingen/Basel 2002, S. 99-116, S. 104.

Wil deiner warten hie;
Mirs leben mehr nit schmecket /
Alweil noch seumest je.
O Vatter dir zun händen
Mein Seel von hinnen reist;
Zu dir wol muß ich senden /
Schaw da dan / meinen Geist.
(*TN*, S. 223f. [Nr. 37: *Der Euangelisch gute hirt sucht das verlohren Schäfflein*])

Ein besonderer Stellenwert kommt in Spees geistlicher Schäferdichtung der Naturgestaltung zu. Natursympathie, d.h. Mitempfindung der Natur, kennzeichnet alle drei Zyklen vom *Locus amoenus* bis hin zur *Passio mundi* der Passionseklogen, die das Heilsgeschehen unterlegt. So wird denn auch der Mond zum „Himmlisch Sternen-Hirt" (*TN*, S. 228 [Nr. 39: *Eine Ecloga oder Hirtengesang, von Christo dem Herren im Garten [...]*]); die gesamte Natur steht in beseelter, sympathetischer Beziehung zum menschlichen Schicksal, frohlockt über und trauert mit den Menschen um den guten Hirten Jesus Christus (anders als Judas, der als „gar ein falscher hirt" bezeichnet wird: *TN*, S. 239 [Nr. 40: *Andere Ecloga oder Hirten-gespräch [...]*]). Die Natursympathie der *Trutz-Nachtigall* ist somit die geistlich-ambitionierte Variante jener Sympathie vonseiten der Natur, die gleichfalls die schäferliche Liebesdichtung der Antike ausgezeichnet hatte (die Natur betrauerte dort Daphnis).[14]

Wenden wir uns nun noch unserem zweiten Untersuchungsgegenstand, der *Heiligen Seelen-Lust* des Angelus Silesius, zu. Der vollständige Titel dieser religiösen Schäferlyrik lautet *Heilige Seelen-Lust / Oder Geistliche Hirten-Lieder / Der in ihren JESUM verliebten Psyche. Allen liebhabenden Seelen zur Ergetzligkeit und Vermehrung ihrer heiligen Liebe / zu Lob und Ehren Gottes an Tag gegeben.*[15] Als *Anima Sponsa* figuriert in diesem Falle die zur Schäferin gewordene Psyche:

[14] Vgl. Ernst Ulrich Grosse: *Sympathie der Natur. Geschichte eines Topos*, München 1968.
Es ist anzunehmen, dass Spee die Gedichte seiner *Trutz-Nachtigall* mit Abbildungen illustrieren wollte, d.h. dass das Werk ursprünglich auch als religiös-poetisches Emblembuch intendiert war. Vgl. hierzu u.a. G. Richard Dimler: *Friedrich Spee und die frühe jesuitische Emblem-Tradition*, in: *Friedrich Spee zum 400. Geburtstag. Kolloquium der Friedrich-Spee-Gesellschaft Trier*, hg. von Gunther Franz, Paderborn 1995, S. 151-158.

[15] Breslau 1657. Alle folgenden Belege sind mit der Sigle *HSL* versehen und beziehen sich auf diesen Erstdruck.

Sinnbild der menschlichen Seele, steht sie hier entgegen der klassischen Mythologie jedoch in keiner Liebesbeziehung zu Eros (Amor/Cupido) – den sie im Werk ausdrücklich zurückweist –, sondern zu Christus, ihrem Seelenbräutigam. In seiner Vorrede spielt Angelus Silesius auf Spees wenige Jahre zuvor erschienene *Trutz-Nachtigall* an: Christus sei „Daphnis [...], der Preiß und die Krone aller tugendhafftten [...] Schäfer und Schäferinnen" (*HSL*, ohne Paginierung). Freilich wird der Daphnis-Mythos in der *Heiligen Seelen-Lust* nicht wieder aufgenommen: Der Heiland erscheint zwar als Hirte – und Psyche, die *Sponsa*-Figur, als seine „verliebte Schäferin" (*HSL*, S. 332 [Nr. 106: *Sie jubiliret über ihm [sic] mit den Hirten*]); doch geschieht dies ohne den Bezug zu Daphnis. Hirten als Sprecher thematisiert die *Heilige Seelen-Lust* nur ein einziges Mal (im oben genannten Gedicht der Nummer 106, die Hirten bleiben an dieser Stelle namenlos). Das schäferliche Ambiente reduziert sich daher im Vergleich zu Spee ausschließlich auf die Psyche (welche auch die Sprechsituation bestimmt) und ihren himmlischen Geliebten. Entsprechend finden wir im Gegensatz zu Spee auch keine explizite Nennung von Eklogen.

Im Erstdruck des Jahres 1657 zeichnen die Bücher der *Heiligen Seelen-Lust* den am Kirchenjahr orientierten Weg des Brautpaares nach. Anders als bei Spee sind die Gedichte derweil so konzipiert, dass keine wirkliche Progression, kein kunstvoll manifest werdender Reifungsprozess der Psyche erfolgt: Das Begehren der Psyche nach Vereinigung mit ihrem Seelenbräutigam bleibt dominant, auch die Preisgedichte und Gedichte, die das Heilsgeschehen anbetreffen, stehen unter diesem Vorzeichen. So sucht der gute Hirte in Abwandlung zu Spees Gestaltung des Gleichnisses vom verlorenen Schaf denn auch bei Angelus Silesius nicht namentlich ein solches, sondern v.a. seine (erotisch konnotierte) Braut. Die *Sponsa* Psyche bleibt bis zuletzt von qualvoller Sehnsucht und dem leidenschaftlichen, vergeblichen Verlangen nach der *Unio* erfüllt:

DU wonnigliches Gutt das alle Geister speiset /
Und allen Creaturn Genad und Huld erweiset:
Wann wirst du dich in mich begeben /
Und überflüssiglich erfülln?
Wann wirst du selber seyn mein Leben /
Und alle mein Begehren stilln?

Du wahres Paradeiß / du ewger Frühlings-Garten /
Du breites Blumen-Feld von unerhörten Arten;
Wann werd' ich von der wüsten Erden
In deine Lustbarkeit versetzt?

Wann werd' ich deiner würdig werden /
Und ewig seyn von dir ergötzt?

Du freudenreicher Strahl wenn wirst du mich verzucken /
Und ganz und gar in dich / und deinen Blitz einschlucken?
Wann fällt das Fünklein meine Seele
Ins Feuer deiner Gottheit ein?
Wann soll's samt ihrer Leibes-Höle
Mit dir ein einge Flamme seyn?

Du ewges Wollust-Meer wann wirst du mich recht tränken /
Wann wirst du mich in dich mit Leib und Seel versenken?
Wann wird mein Geist in dich zerfließen /
Und seiner Liebe Lauff vollführn?
Wann werd' ich mich auch selbst nicht wissen /
Und ewiglich in dich verliehrn?

Du hochgewünschte Ruh / du Zielstadt der Verliebten /
Du End' und Mittel-Punct der wallenden Betrübten:
Wann werd' ich JEsu zu dir kommen /
Und unabscheidlich bey dir seyn?
Wann werd' ich in dich auffgenommen?
Wann wann JESU mein Einges Ein?
(*HSL*, S. 401f. [Nr. 123: *Sie sehnt sich in den lieblichen Abgrund Gottes zu versenken*])

Das mystische Fundament tritt bei Angelus Silesius noch deutlicher hervor als schon bei Spee: Christus ist im Herzen der Psyche, das Herz der Psyche ist in Christus. Die emphatische, verzehrende Sehnsucht nach Einswerdung und nach Verschmelzung zeigt sich hier besonders auch am Beispiel der Eucharistie, wo die verliebte Schäferin in der Oblate sich den Leib Christi erotisch einzuverleiben wünscht (*Sie begehrt ihn im Heiligen Sacrament zu empfahen*: *HSL*, S. 279 [Nr. 91]). Damit akzentuiert die *Heilige Seelen-Lust* die Transsubstantiation anders als die *Trutz-Nachtigall* (s.o.). Der Katholizismus insgesamt ist in der geistlichen Bukolik des Konvertiten Angelus Silesius ebenfalls noch stärker ausgeprägt, als dies bei Spee der Fall gewesen war; zumal die Marien-Verehrung nimmt in der *Heiligen Seelen-Lust* eine markante Stellung ein.

Während also die elaborierten pastoralen Motive gegenüber Spee zurücktreten, die mystischen, erotischen und katholischen Elemente sich jedoch intensivieren, bleiben auch bei Angelus Silesius die oben erörterten Christus-Kontrafakturen grundlegend (wenngleich in verminderter

Komplexität). Als geistliche Schäferdichtung ist die *Heilige Seelen-Lust* – auch stilistisch – weniger (form)vollendet als die *Trutz-Nachtigall.* Angedeutet wird die Nachtigall als Sinnbild religiöser Dichtung allerdings auch hier. Die Gestaltung der Natursympathie, für die *Heilige Seelen-Lust* ebenfalls bezeichnend, bleibt qualitativ gleichfalls hinter der *Trutz-Nachtigall* zurück.

Hier wie dort konstitutiv und gleich stark manifest ist derweilen das Motiv der Schönheit Christi. Der christologische Schönheitsdiskurs des 17. Jahrhunderts[16] wird bei Angelus Silesius gegenüber Spee nun jedoch noch erweitert:

> Im Zweiten Buch der „Heiligen Seelen-Lust", die sich der Passion Jesu zuwendet, geht der „Schlesische Bote" auf die Dialektik zwischen Schönheit und Hässlichkeit Christi ein. Dabei greift er die alte Tradition der „membra Christi" auf, einer Form der Passionsfrömmigkeit, welche die einzelnen verwundeten Gliedmaßen Jesu intensiv betrachtet. Vorbild [...] war sicherlich die mittelalterliche Dichtung „Rhythmica oratio ad unum quodlibet membrorum Christi patiens et a cruce pependentis". Paul Gerhardts bekannte Übertragung dieser *oratio*, das [lutherische] Lied *O Haupt voll Blut und Wunden*, ist erstmals 1656, also ein Jahr vor der Erstauflage der „Heiligen Seelen-Lust" gedruckt worden.[17]

Hier wird deutlich, dass die geistliche Schäferdichtung des Barock zwar durchaus katholisch ausgerichtet war, das (darin behandelte) Motiv von Christi Schönheit – und ggf. ergänzend: auch von Christi Entstellung – jedoch allgemein Verbreitung fand und über Konfessionsgrenzen hinausging. (Vgl. vor diesem Hintergrund z.B. auch Bachs spätere *Matthäus-Passion* des Jahres 1727, ein Höhepunkt protestantischer Kirchenmusik.) Das Weiterwirken insbesondere der *Heiligen Seelen-Lust* ist in diesem Punkt besonders denkwürdig, denn ungeachtet aller Konfessionspolemik des 17. Jahrhunderts – die gerade vonseiten des zum Katholizismus übergetretenen Angelus Silesius sehr scharf ausfiel – erlangten die geistlichen

[16] Vgl. Anm. 9.

[17] Michael Fischer: *„DU bist gantz schön". Das Motiv von der Schönheit Christi bei Angelus Silesius und seinen Zeitgenossen*, in: *Jahrbuch für Liturgik und Hymnologie* 45 (2006), S. 193-213, S. 203.

Hirtenlieder einen Einfluss, der über den katholischen Kulturkreis weit hinausreichte.[18]

Die Gedichte der *Heiligen Seelen-Lust* waren ursprünglich zur Erbauung, nicht für den Gemeindegesang gedacht gewesen. Eine gewichtige Nachwirkung lässt sich gleichwohl im Hinblick auf *Gesangbücher* ausmachen, und hier zunächst und zumal, was *protestantische* Liedersammlungen betrifft.[19] Bemerkenswert, dass sofort nach dem Erscheinen der Erstauflage von 1657 eine lutherische Rezeption einsetzte: Das vielleicht bekannteste Beispiel, das sich heute sowohl im katholischen *Gotteslob* als auch im *Evangelischen Gesangbuch* findet, ist das zum Kirchenlied gewordene „Ich will dich lieben, meine Stärke". Die *Heilige Seelen-Lust* verzeichnet dies im Ersten Buch unter der Nummer 10 (*Sie [die Psyche] verspricht sich Jhn [Christus] biß in Tod zulieben*):

> ICh wil dich lieben meine Stärke /
> Ich wil dich lieben meine Ziehr /
> Ich wil dich lieben mit dem Werke /
> Und immerwehrender Begihr:
> Ich wil dich lieben schönstes Licht
> Biß mir das Herze bricht.
>
> Ich wil dich lieben O mein Leben
> Als meinen allerbesten Freind;
> Ich wil dich lieben und erheben /
> So lange mich dein Glantz bescheint.
> Ich wil dich lieben Gottes Lamm
> Als meinen Bräutigam.

[18] Michael Fischer: *Konfessionalisierung als Paradigma hymnologischer Forschung. Johann Schefflers „Heilige Seelen-Lust" und ihr historischer Hintergrund*, in: *Jahrbuch für Liturgik und Hymnologie* 43 (2004), S. 180-204.

[19] Vgl. Irmgard Scheitler: *Angelus Silesius: „Heilige Seelen-Lust". Die Rezeption der „Geistlichen Hirten-Lieder" vom 17. bis zum Anfang des 19. Jahrhunderts*, in: *Liturgie und Dichtung. Ein interdisziplinäres Kompendium*, hg. von Hansjakob Becker und Reiner Kaczynski, 2 Bde., St. Ottilien 1983, Bd. 1, S. 711-753. S. daran anknüpfend auch Anna Mańko-Matysiak: *Interkonfessionelles Singen. Zum Verbreitungsradius der Schefflerschen Hirtenlieder*, in: *Breslau und die Welt*, hg. von Wojciech Kunicki, Jacek Rzeszotnik und Eugeniusz Tomiczek, Warschau/Dresden 2009, S. 381-396.

Ach daß ich dich so spät erkennet /
Du Hochgelobte Schönheit du!
Und dich nicht eher mein genennet /
Du höchstes Gut und wahre Ruh!
Es ist mir leit und bin betrübt /
Daß ich so spät geliebt.

[…]
(*HSL*, S. 31)

Hier wird die „Hochgelobte Schönheit“ Christi besungen, und „[d]ie Psyche macht sich dabei die Klage Augustins“ aus dessen *Bekenntnissen* „zu eigen: ‚Spät hab ich Dich geliebt, Du Schönheit, ewig alt und ewig neu, spät hab ich Dich geliebt.‘“[20]

Der Konnex zur geistlichen *Schäfer*-Dichtung erschließt sich, dem Zusammenhang entzogen, unterdessen nun nur noch in Andeutungen. Die Motive des „Bräutigam[s]“, verdeutlicht durch den auf das Hohelied anspielenden Preisgesang auf Christus, sowie des Heilandes als „Gottes Lamm“ kommen, vom Kontext separiert, an dieser Stelle nur rudimentär zum Ausdruck; der *Pastor bonus* fehlt an dieser Stelle. Die geistliche Schäferdichtung, wie wir sie auf den vorstehenden Seiten nachvollzogen haben, war ein spezifisches und zeitlich begrenztes Phänomen. Und doch verweisen heutige Gesangbücher, verweist die Gegenwart (wiewohl sehr indirekt) auf sie zurück, wenn wir danach Ausschau halten.

20 Michael Fischer: *„DU bist gantz schön“* (Anm. 17), S. 203.

Monika Fick

Imitatio Christi als Weg zur Toleranz: Christian Felix Weiße contra Gotthold Ephraim Lessing

Die Begründung religiöser Toleranz ist eine der wichtigsten Aufgaben und größten Erfolge der Aufklärung. Welche Rolle spielt dabei die Berufung auf Jesus Christus, und was bedeutet die Erforschung der ‚dunklen' Seite des Menschen, des Unbewussten und der Übermacht der Triebe, für die Auffassung von Jesu Mittleramt einer erlösungsbedürftigen Menschheit gegenüber, welche Erforschung ja ebenfalls zur Agenda der Aufklärung gehört? Ich möchte im Folgenden zwei Modelle, wie interreligiöse Toleranz praktiziert werden kann, unterscheiden, und zwar anhand des prominentesten und eines nur noch Spezialisten bekannten Vertreters der deutschen Aufklärung: Lessings und Christian Felix Weißes. Im Fokus wird die Konfrontation zweier Toleranzdramen, *Nathan der Weise* (1779) contra *Der Fanatismus, oder Jean Calas* (1780; von Weiße) stehen. Zugleich werde ich nach dem Menschenbild, der Anthropologie, beider Autoren fragen und ihre gegensätzliche Interpretation des Bösen, die Lessing zu seiner berühmten Polemik gegen Weißes Trauerspiel *Richard III.* in der *Hamburgischen Dramaturgie* veranlasste, als Subtext ihrer konträren Beziehung der Toleranzforderung auf die menschliche ‚Natur' kenntlich machen. Zur Disposition steht hier die Rolle Jesu als Identifikationsfigur – wird er verehrt als Tugendlehrer oder als ‚Mittler' göttlicher Gnade, die vom Unbewussten her die ‚Natur' verändert?

Dem ersten Modell, für das Lessing repräsentativ ist, liegt die Depotenzierung der religiösen Bedeutung Jesu bei gleichzeitiger Betonung seiner moralischen Vorbildfunktion zugrunde. Wichtige Impulse gibt Pierre

Bayle mit seinen großen Toleranztraktaten, die Lessing nachweislich gut kannte.[1] Den *Commentaire philosophique* (1686) durchzieht wie ein roter Faden der Verweis auf das Ethos der Bergpredigt, an dem gemessen das Unchristliche der Verfolgung Andersgläubiger evident wird. Nur ein Beispiel unter vielen, wie Bayle den Charakter Jesu schildert:

> [...] ist [...] die Haupteigenschaft seiner Person, Demuth, Gedult, Sanftmuth gewesen. [...]. Er wird einem Lamme verglichen, welches zur Schlachtbank geführet worden, ohne seinen Mund aufzuthun. Er preiset die Sanftmüthigen, die Friedfertigen, die Barmherzigen selig. Er schalt nicht wieder, da er gescholten ward, er stellete es aber dem heim, der da recht richtet. Er will, daß wir diejenigen segnen, die uns fluchen, und für die bitten sollen, die uns verfolgen; und weit gefehlt, daß er seinen Verehrern erlauben sollte, die Ungläubigen zu verfolgen, daß er vielmehr verlangt, ihrer Verfolgung nichts anders entgegen zu setzen, als die Flucht.[2]

Die philosophische Begründung nicht nur für die Notwendigkeit, für das unter ethischen Gesichtspunkten Gebotene, sondern auch für die Möglichkeit, das gesellschaftlich Praktikable, von interreligiöser Toleranz besteht dabei in der Voraussetzung der allen Menschen gemeinsamen Vernunfteinsicht und moralischen Kompetenz, die der Offenbarung und

1 Zu Pierre Bayles Toleranzphilosophie s. Yves Bizeul: *Pierre Bayles Kritik des Aberglaubens und Plädoyer für die Toleranz*, in: *Toleranzdiskurse in der Frühen Neuzeit*, hg. von Friedrich Vollhardt unter Mitarbeit von Oliver Bach und Michael Multhammer, Berlin/Boston 2015, S. 177-216; Rainer Forst: *Toleranz im Konflikt. Geschichte, Gehalt und Gegenwart eines umstrittenen Begriffs*. Frankfurt a. M. ³2012, S. 312-352; zur Bayle-Rezeption in Deutschland und bei Lessing s. Hugh Barr Nisbet: *Lessing and Pierre Bayle*, in: *Tradition and Creation. Essays in Honour of Elizabeth Mary Wilkinson*, hg. von Charles Philip Magill, Leeds 1978, S. 13-29; Gerhard Sauder: *Bayle-Rezeption in der deutschen Aufklärung*, in: *Deutsche Vierteljahrsschrift für Literaturwissenschaft und Geistesgeschichte* 49 (1975), Sonderheft *18. Jahrhundert*, S. 83-104.

2 Zitiert nach der folgenden Übersetzung: *Tractat von der allgemeinen Toleranz oder Philosophischer Commentar über die Worte Christi: „Nöthige sie herein zu kommen"*. Aus dem Französischen übersetzt mit Anmerkungen [von Daniel Semerau], Th. 1–3, Wittenberg 1771, Nd. Hildesheim/Zürich/New York 2010, hier: Erster Theil, S. 231f.

dem Glauben vorgeschaltet sind. So ist es für Bayle das „natürliche Licht" der Vernunft, welches den Christen den moralischen Sinn des Neuen Testaments erschließt und dessen „Sittenlehre" gutheißt; das gleiche natürliche Licht führt die ‚Heiden' und alle anderen Menschen zu demselben moralischen Wissen, denselben ethischen Grundsätzen.[3]

Etwas anders gelagert ist die Argumentation in der Kometenschrift, in der Bayle zu dem epochalen Gedanken vorstößt, dass auch Atheisten gute Bürger eines Staates sein können.[4] Im Hintergrund zeichnen sich die Konturen der Zwei-Reiche-Lehre ab. Bayle differenziert zwischen den strengen Forderungen des Evangeliums, gipfelnd im Gebot der Feindesliebe und der ‚Kreuzigung des Fleisches', und den Regulativen der Gesellschaft, die das Zusammenleben in einem Staat ermöglichen. Hinsichtlich der Forderungen des Evangeliums gelte zwar, dass nur die wenigsten Menschen sie erfüllten und die entsprechende ‚Reinigkeit des Herzens' ein Geschenk der Gnade sei; im gesellschaftlichen Miteinander jedoch griffen ganz andere Regeln. Über die Lauterkeit des Herzens lasse sich von außen nichts ausmachen und die meisten Menschen handelten sowieso nicht nach ihren moralischen Grundsätzen und Prinzipien, sondern nach ihren Neigungen und Leidenschaften; innerhalb eines Gemeinwesens aber sei die Ehrbegierde der mächtige Antrieb, der über alle weltanschaulichen Differenzen hinweg gleichförmig und stabilisierend wirke.[5] So ist auch in dieser von einer ‚realistischen' Auffassungsweise geprägten Schrift, in der Bayle von einer ‚erbsündlichen' Bosheit der Menschen ausgeht,[6] die religiöse Bedeutung Jesu insofern depotenziert, als sie ins Private, in einen undurchdringlichen Bereich des Herzens, verlegt wird. Darüber hinaus steht für Bayle niemals in Frage, dass der ‚Ist-Zustand' kein Gegenargument gegen das ‚Licht der Vernunft' ist. Wenn auch die

[3] Ebd., S. 199-218.

[4] Pierre Bayle: *Pensée diverses ecrites à un Docteur de Sorbonne*, in der Übersetzung von 1741: *Verschiedene einem Doktor der Sorbonne mitgeteilte Gedanken über den Kometen, der im Monat Dezember 1680 erschienen ist.* Aus dem Französischen von Gottsched 1741 herausgegebene Übersetzung von Johann Christoph Faber. Einleitung von Rolf Geissler. Leipzig 1975, hier Abschnitte Nr. 172, 178f. u. passim.

[5] *Gedanken über den Kometen*, z.B. Abschnitte Nr. 161–172 (S. 345-368).

[6] Ebd., z.B. S. 378 (Abschnitt Nr. 176).

meisten Menschen von ihren Leidenschaften beherrscht und nicht von ihren Grundsätzen geleitet werden, so habe Gott doch einem jeden die Vernunft gegeben, mittels derer das Gute (zumindest) erkannt werden könne. So seien es die „Weisen des Altertums“ gewesen, die das Prinzip aufgestellt hätten, man „müsse das Gute aus Liebe zum Guten tun“,[7] wie auch die heidnische Antike bezeuge, „daß die Vernunft ohne Beihilfe der Religion den Begriff derjenigen Frömmigkeit gefunden hat, welche die Kirchenlehrer so sehr gerühmt haben“;[8] kurz: Gott ‚unterlasse‘ es nicht, im „Verstand“ sogar des „Gottesleugner[s]“ zu „wirken, und erhält ihm die Vernunft und den Verstand, durch den alle Menschen die Wahrheit der ersten Gründe von der Grundlehre und Sittenlehre begreifen.“[9]

Eng verflochten mit der Depotenzierung der religiösen Bedeutung Jesu hinsichtlich des sozialen Zusammenhalts der Menschen – die Sittenlehre des Evangeliums wird zum Gegenstand der Vernunfteinsicht – ist die erkenntniskritische Differenzierung zwischen Glauben und Wissen, zu deren maßgeblichen Vordenkern Bayle gehört.[10] Im Glauben erfahre der Mensch eine absolute Wahrheit, die er jedoch dem Andersgläubigen nicht als eine allgemeine Wahrheit demonstrieren und beweisen könne; allgemeine Gültigkeit dürften nur die Gegenstände der Vernunfterkenntnis beanspruchen, zu denen Bayle die moralischen Grundwahrheiten und das Naturrecht zählt. Dass daraus die Forderung nach Toleranz, Respekt

[7] Ebd., S. 381 (Abschnitt Nr. 178).

[8] Ebd., S. 382 (Abschnitt Nr. 178).

[9] Ebd., S. 383 (Abschnitt Nr. 178).

[10] Zum erkenntniskritischen Argument vgl. Rainer Forst: *Toleranz im Konflikt* (Anm. 1), hier S. 312-351; die Parallelen zu Lessing macht v.a. Forsts Bayle-Zitat aus dem *Dictionnaire historique et critique* deutlich: „Der Glaube wird ihn [den wahren Christen] über alle Wirbel wegsetzen, wo die Stürme der Disputierkunst herrschen. Er wird in einem Posten stehen, von da er unter sich den Donner der Schlußreden und Unterscheidungen wird poltern hören, ohne daß er dadurch erschüttert wird. Dieser Posten wird für ihn ein wahrer poetischer Olympus, und der Tempel der Weisen seyn, von da er in einer vollkommenen Gemütssstille die Schwachheiten der Vernunft […] sehen wird. […] Ein jeder Christ, der sich durch die Einwürfe der Ungläubigen wankend machen läßt, und sich daran ärgert, hat einen Fuß in eben derselben Grube mit ihnen.“ (S. 347)

und Anerkennung nicht-christlicher Religionen (und atheistischer Weltanschauungen) entspringt, ist geradezu selbsterklärend.

„*Die Religion ist nicht wahr, weil die Evangelisten und Apostel sie lehrten: sondern sie lehrten sie, weil sie wahr ist*“: Dieses Axiom Lessings aus dem Fragmentenstreit (*Axiomata*, Bd. 9, S. 77[11]) bringt die religiöse Depotenzierung der Person Jesu bei gleichzeitiger Hochachtung seiner Lehre und Unterweisung auf den Punkt. Mit ‚Wahrheit‘ meint Lessing die „innere Wahrheit“ der Religion, die sich geschichtlich in den unterschiedlichen Religionen entfaltet und die Liebe Gottes (im Sinne Spinozas) zum Ziel hat: die Liebe Gottes als Gegenstand der Vernunfterkenntnis (Verwandlung der Glaubenswahrheit in eine Vernunftwahrheit[12]) und als Gemütszustand, der dazu führt, dass man das Gute tut, weil es das Gute ist.[13] Eine (auch theologisch) wegweisende Leistung Lessings, der allerdings deistische Denker wie Hermann Samuel Reimarus und jüdische wie Moses Mendelssohn vorgearbeitet haben, ist die Unterscheidung zwischen der christlichen Religion und der Religion Jesu. Lessing rekontextualisiert Jesus im Judentum. Die Worte: ‚Ich bin gekommen, nicht um das Gesetz und die Propheten aufzulösen, sondern um sie zu erfüllen‘ (Mt 5, 17-20) liest er als Bestätigung von Jesu Judesein und widerspricht damit der orthodox-lutherischen Auslegung (er folgt der Auslegung Mendelssohns und des Babylonischen Talmuds).[14] Das Urchristentum ist ihm eine jüdische Sekte;[15] dass Jesus das Gottesbild aufgeklärt, die Sittenlehre geläutert und die Lehre von der Unsterblichkeit der Seele befestigt habe, habe im Horizont der jüdischen Religion gelegen, sei eine Weiterentwicklung oder Erneuerung, keine grundsätzliche Änderung gewesen (*Die Erziehung des Menschengeschlechts*, Bd. 10,

11 Lessings Werke werden nach der Ausgabe zitiert: *Werke und Briefe in zwölf Bänden*, hg. von Wilfried Barner zusammen mit Klaus Bohnen [u.a.], Frankfurt a. M. 1989-2003; die Nachweise im Fließtext folgen dem Schema: Titel, Band- und Seitenzahl.

12 *Die Erziehung des Menschengeschlechts*, Bd. 10, S. 94.

13 Ebd., S. 95f.

14 Vgl. Monika Fick: *Königreiche von dieser und jener Welt. Mendelssohn und Lessing über die Unsterblichkeit der Seele*, in: *Lessing Yearbook/Jahrbuch* 39 (2010/2011 [2012]), S. 285-310, hier S. 300.

15 Zum Beispiel: *Neue Hypothese über die Evangelisten als bloß menschliche Geschichtsschreiber betrachtet*, Bd. 8, S. 630 und S. 651ff.

S. 89ff.). Erst mit der Erhöhung Jesu zum Gottmenschen im Johannesevangelium habe die christliche Religion ihre „wahre Consistenz" gewonnen (*Neue Hypothese über die Evangelisten*, Bd. 8, S. 653). In vielfachen Anläufen sucht Lessing diesen ‚qualitativen' Sprung, den er selbst aus Vernunftgründen ablehnt, entweder religionspsychologisch zu erklären – Schwärmerei, Frauenliebe und Massenhysterie spielen dann eine Rolle[16] – oder ihm einen geschichtsphilosophischen Sinn zu geben: Nur durch den Glauben an das Wunder der Auferstehung habe die Unsterblichkeitslehre, die den Menschen auf einen übersinnlichen Bereich lenke und so seine Motive läutere, populär werden können, welche Popularität wiederum die Voraussetzung dafür sei, dass die Verwandlung der Glaubens- in eine Vernunftwahrheit ebenfalls zum Allgemeingut werde.[17]

Im Unterschied zu Reimarus (und vielen anderen Deisten, etwa Voltaire) dient Lessing die Zuordnung Jesu zum Judentum als ein Argument, mit dem er Wohlwollen und Respekt für die Juden, politisch: ihre bürgerliche Gleichstellung, einfordert und im Gegenzug die Judenfeindlichkeit wenn nicht des Christentums, so doch der (meisten?) Christen anklagt. Diese Konkretisierung macht den besonderen Rang von

16 Zum Beispiel: *Von der Art und Weise der Fortpflanzung und Ausbreitung der christlichen Religion*, Bd. 5/1, S. 426–445, bes. S. 439-443; *Neue Hypothese über die Evangelisten als bloß menschliche Geschichtsschreiber betrachtet*, Bd. 8, S. 631 und S. 633. Zu Lessings Reflexionen darüber, wie eine Religion zum Massenphänomen werden kann, vgl. Monika Fick: *Mehrheit der Welten, Vielfalt der Kulturen und der eine Gott? Lessing, Leibniz und die „anthropozentrische Wende"*, in: *Das Geheimnis der Wirklichkeit. Kurt Hübner zum 90. Geburtstag*, hg. von Volker Kapp und Werner Theobald, Freiburg/München 2011, S. 49-71, hier S. 65ff.

17 Mecklenburg hingegen beleuchtet Lessings geradezu obsessive Beschäftigung mit der Abspaltung des Christentums vom Judentum vor der Folie seiner These, dass die Erhöhung Jesu zum Gottmenschen dessen Judesein vergessen machen sollte und somit Symptom und zugleich Antriebskraft des prinzipiellen Judenhasses der Christen sei. Vgl. Norbert Mecklenburg: *Fingerzeige zur Erklärung christlicher Judenfeindschaft. Christen und Juden im Lichte von Lessings letzten theologiekritischen Arbeiten*, in: *Lessing Yearbook/Jahrbuch* 39 (2010/2011 [2012]), S. 263-283.

Lessings Eintreten für Toleranz aus.[18] Bereits in der Komödie *Die Juden* (1749) lässt er den edlen (jüdischen) Reisenden konsterniert fragen, ob die Verfolgung der Juden den Christen etwa ein „Religionspunkt" und „beinahe ein verdienstliches Werk" sei (Bd. 1, S. 454). In der Vorrede zum dritten und vierten Band seiner *Schrifften* (1754) stellt Lessing klar, wie das Verhältnis zwischen den beiden Religionen sein sollte: Die „schimpfliche Unterdrückung", unter der das jüdische Volk in der christlichen Mehrheitsgesellschaft „seufzen" müsse, sei ein Skandal v.a. auch deshalb, weil gerade die Christen dieses Volk mit einer besonderen „Ehrerbietung" betrachten müssten (Bd. 3, S. 156f.). Es handelt sich um die gleiche Begründung, die Lessing in *Nathan dem Weisen* dem Klosterbruder in den Mund legt. Das Christentum sei auf das Judentum gebaut, so der Klosterbruder, und weiter: Es habe ihn schon der Tränen genug gekostet, wenn Christen so sehr vergessen konnten, dass „unser Herr ja selbst ein Jude war" (Bd. 9, S. 595). Zugleich tritt im *Nathan*-Drama die Schwächung der religiösen Bedeutung der Person Jesu deutlich hervor; ganz im Sinne des (oben zitierten) 9. Axioms, dass die (christliche) Religion nicht deshalb wahr sei, weil die Evangelisten und Apostel sie lehrten, sondern umgekehrt: Jesus, die Evangelisten und die Apostel lehrten sie, weil sie wahr sei. Die Reichweite dieser ‚Umkehrung' zeigt sich am Verständnis des Inbegriffs christlicher Lebenspraxis, der *Imitatio Christi*. Sittah kritisiert die Christen dafür, dass sie sich an der Person ihres Heilandes orientierten (weil sie, so wäre allerdings hinzuzufügen, an die Selbstoffenbarung Gottes in Jesus glauben); dass sie ‚das Gute' um Christi willen statt um der Tugend willen täten. In ihren Augen handelt es sich um eine Fixierung auf etwas äußerlich Gewordenes, auf einen bloßen Namen, die, weil nicht von der Einsicht in die ewige und universelle Wahrheit der Sittenlehre begleitet bzw. getragen, zu Intoleranz und

[18] Aus der Sekundärliteratur nur drei Titel: Klaus L. Berghahn: *Grenzen der Toleranz. Juden und Christen im Zeitalter der Aufklärung*, Köln/Weimar/Wien 2000; *Lessing und die jüdische Aufklärung. Beiträge der internationalen Konferenz in Aachen 2012*, hg. von Stephan Braese und Monika Fick, Göttingen 2012 (= *Lessing Yearbook/Jahrbuch* 39 [2010/2011]); Gunnar Och: *Imago judaica. Juden und Judentum im Spiegel der deutschen Literatur 1750–1812*, Würzburg 1995. Zur Einführung in das Thema mit einem Überblick über den Forschungsstand s. Monika Fick: *Lessing und die jüdische Aufklärung*, in: dies: *Lessing-Handbuch. Leben – Werk – Wirkung*, Stuttgart/Weimar [4]2016, S. 490-518.

Fanatismus führe. Sittah: „Ihr Stolz ist: Christen sein; nicht Menschen. Denn / Selbst das, was, noch von ihrem Stifter her, / Mit Menschlichkeit den Aberglauben wirzt, / Das lieben sie, nicht weil es menschlich ist: / Weils Christus lehrt; weils Christus hat getan. – / […] Wohl ihnen, daß sie seine Tugend / Auf Treu und Glaube nehmen können! – Doch / Was Tugend? – Seine Tugend nicht; sein Name / Soll überall verbreitet werden" (Bd. 9, S. 517).

Offensiver, eindeutiger als Bayle stützt Lessing die Aufwertung der moralischen und Depotenzierung der religiösen Bedeutung Jesu auf eine optimistische Anthropologie. Bereits im 49. „Literaturbrief", in dem er gegen des Hofpredigers Cramer Behauptung polemisiert, nur die (christliche) Religion gewährleiste (bürgerliches) Wohlverhalten und Moral, stellt er den ‚Gegensatz' auf: Nicht *erst* die Religion mache den Menschen rechtschaffen, sondern sie *setze* ihn als rechtschaffen *voraus* (um ihn zu höheren Einsichten zu erheben: Bd. 4, S. 606). Ein emphatischer Begriff vom Menschen gehört zu Nathans vornehmsten Argumenten, mit denen er den Tempelherrn auf dem einmal eingeschlagenen Weg interreligiöser Toleranz zu bestärken sucht: „Sind Christ und Jude eher Christ und Jude, / Als Mensch? Ah! Wenn ich einen mehr in Euch / Gefunden hätte, dem es gnügt, ein Mensch / Zu heißen!" (Bd. 9, S. 533) Desgleichen ordnet der Richter der Ringparabel den ‚rechtschaffenen Mann' den unterschiedlichen Religionen vor. Denn was soll die „von Vorurteilen freie Liebe" (Bd. 9, S. 559), die in einem jeden wohne, anderes bedeuten? Diskursiv lässt sie sich so wenig erklären, wie eine unmittelbare oder ‚authentische' menschliche ‚Natur' bestimmt werden kann. Vielmehr setzt Lessing auf ein intuitives Wissen, eine intuitive Erkenntnis, zu der jeder befähigt sei; einem jeden leuchtet sozusagen vorreflexiv ein, was es heißt, eine ‚vorurteilsfreie Liebe' zur Richtschnur des Handelns zu nehmen. Nathan lebt diese Liebe vor, wenn er nach der Ermordung seiner Familie durch die Kreuzritter das Christenkind adoptiert. Zugleich ist in Lessings Handlungskonstruktion dies *Opus supererogatum*,[19] das außergewöhnliche Werk, auf frappierende Weise das ‚Allernatürlichste', handelt es sich bei Recha doch um das verwaiste Kind eben des Freundes, der Nathan mehrmals vor der Wut der Christen gerettet hat. Die Gegenprobe: Obgleich Jerusalem in dem Stück ein Ort der Gewalt ist und die Drohung

[19] Vgl. *Ernst und Falk, Zweites Gespräch* (Bd. 10, S. 32) sowie Arno Schilsons Kommentar (Bd. 10, S. 769, Anm. zu S. 32, Z. 31).

des wieder aufflammenden Religionskrieges über der Handlung samt ihrem utopischen Schlusstableau schwebt, klammert Lessing die ‚Innenansicht' des Bösen, des Egoismus und der Grausamkeit, aus. Denn welche Antwort gibt das Drama auf die Frage, woher der Hass und die Intoleranz des Patriarchen wohl stammen und was dagegen mit Fug zu unternehmen wäre? Die Figur des Patriarchen ist ohne Psychologie angelegt; sie verkörpert die Intoleranz einer *Lehre*, insbesondere des Dogmas der ewigen Verdammnis, des Korrelats zu der Rechtfertigungslehre (Erlangung des Heils allein durch den Glauben an den Gekreuzigten). Die Dämonie des Urteils: „Tut nichts! der Jude wird verbrannt!" (Bd. 9, S. 578f.) stellt also ein kognitives Problem und Phänomen dar. Der Kopf des Patriarchen widersetzt sich der Aufklärung; die Frage nach dem ‚Warum' – stehen dahinter Machtgier und Herrschsucht? Angst um die eigene Position? Neid? – lässt das Stück erst gar nicht zu. Auch für Dajas unsolidarisches Verhalten gegenüber Nathan (und Recha) ist die Trübung ihres Verstandes verantwortlich zu machen, ihr Irrglaube nämlich, dass das ewige Seelenheil nur im Christentum zu finden sei; an ihrer Gutherzigkeit jedoch gibt es keinen Zweifel – „aus Liebe", so Recha, müsse Daja, die Schwärmerin, quälen (Bd. 9, S. 617).

Wenn Lessing also das Judesein Jesu als ein gewichtiges Argument für die Achtung der jüdischen Religion bei gleichzeitiger Anklage des christlichen Antisemitismus einsetzt, folgt er – entschiedener als Bayle – dem Modell, dass Tugend ‚Wissen' ist und aus der Berichtigung von Begriffen resultiert – Religion setze den ‚rechtschaffenen Mann' voraus. Eine Anthropologie wie diejenige, die Weißes *Richard III.* zugrunde liegt,[20] würde die Konstruktion, nach welcher die zwischenmenschlichen Beziehungen im *Nathan*-Drama funktionieren, zum Einsturz bringen. Der Bösewicht, dessen Machtgier und Selbstbehauptungswillen keine Grenzen kennen, zerstört nicht nur den emphatischen Begriff vom Menschen,

20 Peter-André Alt: *Der zerstückte Souverain. Zur Dekonstruktion der politischen Theologie im Drama des 18. Jahrhunderts (Gottsched, Weiße, Buri)*, in: *Deutsche Vierteljahrsschrift für Literaturwissenschaft und Geistesgeschichte* 84 (2010), S. 74-104; ders.: *Kein Drama der Theodizee. Lessings Wirkungspoetik und die Psychologie des Bösen in Weißes „Richard der Dritte" (1759)*, in: *Lessings „Hamburgische Dramaturgie" im Kontext des europäischen Theaters im 18. Jahrhundert*, hg. von Monika Fick, Göttingen 2014 (= *Lessing Yearbook/Jahrbuch* 41), S. 87-107.

sondern lässt auch Zweifel an der Reinheit der Liebe Gottes aufkommen – denn fordert ein solcher Bösewicht nicht Gottes vernichtenden Zorn heraus?[21] Immer wieder polemisiert Lessing gegen die (lutherische) Auffassung vom ‚Verderbnis' der menschlichen Natur, die besagt, dass der Mensch von sich aus unverbesserlich ichzentriert sei, in allen seinen Bestrebungen letztlich nur das eigene Wohl, das eigene Glück im Sinn (und Gefühl) haben könne, was im Konfliktfall zur grenzenlosen ‚Wut' der Selbstbehauptung, der Rache etc. führe.[22] Der Angriff auf Weiße in der *Hamburgischen Dramaturgie* ist deshalb nicht lediglich durch ein gattungstheoretisches Problem provoziert. Vielmehr steht die Prämisse des Lessing'schen Konzepts von Aufklärung, Religion, Vorsehung und Toleranz auf dem Spiel. Niemals gingen die „Grundneigungen" des menschlichen Herzens „auf das Böse, als auf das Böse", wendet er in der *Hamburgischen Dramaturgie* gegen Corneilles erhabene Verbrecher ein (Bd. 6, S. 332), sondern, so wäre zu ergänzen, es lasse sich vom Schein des Guten irreleiten. Desgleichen bestreitet Lessing in der Goeze-Kontroverse mit Vehemenz das ‚voluntaristische' Prinzip, dass der Mensch aus bösem Willen irre, d.h., dass er aufgrund seines ichsüchtigen Begehrens die Botschaft des Evangeliums nicht (an-) erkennen wolle. Eben dies, so Lessing, sei anthropologisch unmöglich; noch nie habe ein Mensch ab-

[21] Zur Problematik der Rachetragödien, zu deren Nemesis-Struktur das Bild vom zornigen und die Bösewichter bestrafenden Gott gehört, s. Anke-Marie Lohmeier: *Tragödie und Theodizee. Neues Altes über Lessings Trauerspielpoetik*, in: *Resonanzen. Festschrift für Hans Joachim Kreutzer zum 65. Geburtstag*, hg. von Sabine Doering, Waltraud Maierhofer und Peter Philipp Riedl, Würzburg 2000, S. 83-98; Frank Fischer: *Triumph der Rache. Joachim Wilhelm von Brawe und die Ästhetik der Aufklärung*, Heidelberg 2013; Gisbert Ter-Nedden: *Lessings dramatisierte Religionsphilosophie. Ein philologischer Kommentar zu „Emilia Galotti" und „Nathan der Weise"*, in: *Hamburger „Fragmente" und Wolfenbütteler „Axiomata"*, hg. von Christoph Bultmann und Friedrich Vollhardt, Berlin/Boston 2011, S. 283-335; neuerdings liegt auch das Lessing-Buch vor, das Ter-Nedden nicht mehr vollenden konnte: *Der fremde Lessing. Eine Revision des dramatischen Werks*, hg. von Robert Vellusig, Göttingen 2016 (im Druck).

[22] Martin Luther: *De servo arbitrio 1525. Vom unfreien Willensvermögen*, in: *Lateinisch-Deutsche Studienausgabe*, Bd. 1: *Der Mensch vor Gott*, hg. von Wilfried Härle, Leipzig 2006, S. 219-661, hier S. 465 und S. 467.

sichtlich sich verblendet und dasjenige, was ihn sein Verstand habe als wahr erkennen lassen, aus Leidenschaft als Irrtum abgelehnt.[23]

Neben *Nathan dem Weisen* ist Christian Felix Weißes „historisches Schauspiel" *Der Fanatismus, oder Jean Calas* weitgehend in Vergessenheit geraten.[24] Zu Unrecht. Denn wenn es auch an intellektueller Schärfe und sprachlicher Brillanz deutlich hinter Lessings Stück zurückfällt – beachtenswert in unserem Zusammenhang ist es v.a. deshalb, weil Weiße die Toleranzforderung auf einem Weg vorantreibt, den Lessing als potentielle Quelle von Intoleranz verschlossen hatte, nämlich auf dem Weg der Nachfolge Jesu nicht als eines Tugendlehrers, sondern des leidenden Gottmenschen, des Gekreuzigten. Was Sittah als ‚unaufgeklärt' ablehnt, ist für Jean Calas der Kompass, der ihn zur höchsten Stufe der Friedfertigkeit sogar seinen intoleranten Verfolgern gegenüber führt. Er willigt in sein furchtbares Schicksal und in Gottes Ratschluss, nicht weil es vernünftig, einsichtig und moralisch richtig wäre, sondern ‚weil Christus es getan'. Im Kontext der Toleranzforderung, die Überwindung des Verfolgungsgeistes im Blick, kontert Weiße die religiöse Depotenzierung Jesu und präsentiert ein Gegenmodell. An die Stelle des ‚Wissens' rückt Weiße den Glauben; die Quellen von Intoleranz und Fanatismus sind bei ihm nicht Irrtum und Dogmatismus, sondern menschliche Bosheit, Neid, Egoismus und Hartherzigkeit – die fanatischen Richter in seinem Stück verharren aus bösem Willen, aus Angst um ihre Karriere, in ihrem Irrtum –; und er dramatisiert keinen fiktiven Stoff aus einer weit

23 Auf seinen eigenen guten Willen zur Wahrheitssuche beruft sich Lessing in seinem Kommentar zur Fragmenten-Publikation: „Wann *sie* [die ungeschickten Verteidiger der Religion] nicht ihre Absichten schützen sollen, was wird *mich* schützen, wenn ich das Ziel eben so weit verfehle?" (Bd. 8, S. 315); in der *Duplik* streitet er gegen den Vorwurf „mutwilliger Verstockung": „daß es schlechterdings nicht wahr ist, daß jemals ein Mensch wissentlich und vorsätzlich sich selbst verblendet habe" (Bd. 8, S. 509).

24 Die bislang maßgebliche Deutung stammt von Katrin Löffler: *Aufklärung und Konfessionspolitik. Weißes Trauerspiel „Der Fanatismus, oder: Jean Calas"*, in: *Christian Felix Weiße und die Leipziger Aufklärung*, hg. von ders. und Ludwig Stockinger, Hildesheim 2006, S. 95-127; vgl. auch Peter-Henning Haischer: *Der Justizmord als schöne Kunst betrachtet. Christian Felix Weißes Drama „Der Fanatismus, oder: Jean Calas"*, in: *Kriminalfallgeschichten*, hg. von Alexander Košenina, München 2014, S. 22-41.

zurückliegenden Vergangenheit, dem er ein Gedankenexperiment einschriebe (wie Lessing das tut), sondern greift ein tatsächliches Ereignis aus der unmittelbaren Zeitgeschichte auf, das in Europa Furore gemacht hat. Statt auf Erkenntniskritik und Religionsphilosophie (Ringparabel), so könnte man sagen, setzt er auf Existentialismus und religiöse Erfahrung.

Zweifelsohne sucht Weiße mit seiner dramatischen Bearbeitung des Justizmordes an Jean Calas die Avantgarde der Aufklärung in Sachen Toleranz einzuholen. Signalwirkung haben bereits die ersten Sätze der Vorrede: Weiße will von vornherein eine antikatholische Rezeption seines Stücks unterbinden, indem er davor warnt, aus dem dargestellten Fall allgemeine Schlüsse über Katholiken zu ziehen. Vielmehr differenziert er zwischen der katholischen Religion und dem „Fanatismus", verweist auf die Ausbreitung der Aufklärung im katholischen Frankreich (S. 5[25]) sowie auf die „redlichen" *katholischen* „Sachwalter des Calas" (S. 3), die auch in dem Stück wichtige Handlungsträger sind und ausführlich zu Wort kommen. Signalwirkung hat darüber hinaus die historische Einführung: Weiße stellt der Buchveröffentlichung seines Stücks die Übersetzung von Voltaires kämpferischer Darstellung der Ereignisse in Toulouse voran, mit welcher dieser maßgeblich zur Rehabilitation der unglücklichen Familie beigetragen hatte. Weißes Kommentar führt vor, wie Toleranz funktioniert. Er lobt den Franzosen ausdrücklich für dessen kirchenkritisches Engagement, obgleich dessen Philosophie einer Religiosität, wie sie im Stück propagiert wird, wenn nicht direkt abträglich ist, so doch konflikthaft gegenübersteht. Voltaire, schreibt Weiße, habe sich „durch seinen Eifer für die Unschuld des guten Calas und seiner leidenden Familie noch einen wesentlichern und dauerhaftern Ruhm, als selbst durch seine geistvollen Schriften bey der Nachwelt erworben" (S. 6). Des Weiteren werden alle Grundsätze der zeitgenössischen Toleranzphilosophie von den Figuren vorgetragen: die gleichartige moralische Urteilsfähigkeit aller Menschen unabhängig von ihrem Glauben (S. 129), der Vorrang des ‚gut Handelns' vor dem Wahrheitsanspruch einzelner Glaubenslehren. In der

25 Zitate im Text beziehen sich auf die folgende Ausgabe: Christian Felix Weiße: *Der Fanatismus, oder Jean Calas. Ein historisches Schauspiel in fünf Aufzügen. Sammt einer kurzen Geschichte von seinem Tode*, Frankfurt a.M./Leipzig 1785 (Münchner Digitalisierungszentrum: urn:nbn:de:bvb:12-bsb10129682-1).

Vorrede rekurriert Weiße auf den Praxistest der Liebe, der allein die ‚Echtheit' oder Wahrheit einer Religion erweise: „weil der Duldungsgeist, das ist, der Geist der Sanftmuth und Liebe, allezeit der Geist der wahren Religion seyn, und jeder wahrer Verehrer der seinigen sich freuen muß, diesem Geiste darinnen zur Herrschaft zu verhelfen" (S. 4); sodann auf das Gebot eines brüderlichen Verhältnisses zu den nicht-christlichen Religionen – Juden und Türken (Muslime) werden ausdrücklich genannt (S. 120) – und auf die Anerkennung von deren je eigenem Heilsweg: „CALAS. Wir hassen keinen, der anders denkt und glaubt, als wir, überzeugt, daß jeder bloß nach seinen Grundsätzen und seinem damit überein stimmenden Leben gerichtet wird." (S. 85) Schließlich fehlt sogar das erkenntniskritische Argument nicht, dass keine Religion vor Irrtum gefeit sei. Jean Calas ermahnt seine Familie zur Toleranz: „Laßt Euch [...] nie einen blinden Eifer gegen andere Glaubensgenossen, von welchem sie auch seyn mögen, hinreissen; Ihr könnt irren, wie sie." (S. 180)

Dass Jean Calas diese Stufe der Toleranz auf dem Weg des Christusglaubens erreicht, macht die Pointe des Stücks aus, das dadurch das Profil eines präzise kalkulierten Gegenentwurfs zu *Nathan dem Weisen* gewinnt. Als Opfer von Intoleranz bewähren sich Nathan wie Jean Calas, indem sie auf Hass und Vergeltung ihren Peinigern, den christlichen Fanatikern, gegenüber verzichten. Doch wo Lessing die Handlung so modelliert, dass von den Figuren nur das ‚Natürliche' verlangt wird (s.o.), ist bei Weiße die Situation auf die Konfrontation des Märtyrers mit seinen Verfolgern zugespitzt und damit die Erfüllung des Gebots der Feindesliebe gefordert. Jean Calas vergibt den ungerechten Richtern und schließt sie in sein Gebet ein – eine Haltung, die dem Patriarchen oder den mörderischen Kreuzrittern gegenüber einzunehmen durch Lessings Figurenzeichnung, Handlungsführung und Argumentationsweise gänzlich abgeblockt wird, buchstäblich nicht ‚zur Diskussion' steht. Dass Jean Calas dazu fähig wird, für seine eigenen Mörder zu beten, wird dabei von Weiße als Ausfluss göttlicher Gnade kenntlich gemacht, wie Katrin Löffler zu Recht anhand des Traumes herausgearbeitet hat, in welchem dem Verurteilten die tröstende und stärkende Offenbarung ewigen Lebens in der Herrlichkeit Gottes zuteil wird (S. 165f.).[26]

26 Katrin Löffler: *Aufklärung und Konfessionspolitik* (Anm. 24), hier S. 123-127. Darüber hinaus arbeiten wir die Anklänge an die biblische Passion, Calas'

Feindesliebe als *Opus supererogatum* im Zusammenleben mit nicht immer toleranzfähigen Andersdenkenden: Die *Imitatio Christi* ist in Weißes Stück mit der Transzendierung der menschlichen Natur durch die Gnade Gottes verbunden. Zahlreiche Anspielungen auf die Passion weisen den Leidensweg des Jean Calas als Nachfolge im Zeichen des Kreuzes aus. Devertu und De la Salle, die Gerechten unter den katholischen Richtern, warnen ihre Amtskollegen davor, unschuldiges Blut zu vergießen, indem sie Analogien zu dem Prozeß gegen Jesus herstellen: Die Blutschuld werde die „Häuser und Kinder" der Stadt Toulouse „drücken" (S. 159; vgl. S. 133); De la Salle zitiert, um sich von dem Verfahren zu distanzieren, den Satz des Pilatus: „Ich wasche meine Hände in Unschuld" (S. 132). Auch Madame Calas droht David, dem Hauptankläger, damit, dass Gott die Missetat noch an den Kindeskindern „heimsuchen" könne (S. 177). Ihr Gatte hingegen verweist ihr den Fluch, indem er sich auf das Beispiel Jesu beruft, der am Kreuz seinen Feinden vergeben habe: „Nein, meine Kinder! der für uns starb, gab uns ein ander Beyspiel!" (S. 178) Seine Reden sind voller Anklänge an Jesusworte. Er fühlt sich „matt zum Tode" (S. 165); ‚befiehlt' seine Seele in Gottes Hand (S. 176), wendet sich an Gott mit der Bitte: „vergieb Ihnen" (S. 177). Das Prinzip der inneren Verwandlung, von der seine Abschiedsworte zeugen, ist die ‚Umwertung der Werte', die traditionell mit dem Evangelium Jesu assoziiert wurde. Gottes Kraft, so Madame Calas in Anlehnung an den Apostel Paulus (2 Kor 12, 9), erweise sich „mächtig in der Schwachheit" (S. 166). Weiße hat diese ‚Drehung' sorgfältig durch die Handlung vorbereitet. Mittels einer perfiden psychischen Manipulation (vgl. S. 156) ist es den ungerechten Richtern gelungen, die Widerstandskraft Jean Calas' so zu lähmen, dass er in der Hauptverhandlung, während der ein Freispruch durchaus in Reichweite gelegen hätte, unfähig war, sich selbst wirkungsvoll zu verteidigen und so das Todesurteil abzuwenden. Nach dem Urteilsspruch fließen ihm dann in seinem Traum, „wie Balsam von oben herab" (S. 170), diejenigen Kräfte zu, die ihm, den wohlhabenden Kaufmann, „die Welt überwinden helfen" (S. 166). Diese Selbst- und Weltüberwindung in der Nachfolge Jesu führt Jean Calas schließlich zu einem letzten, letztmöglichen Schritt. Er nimmt das ihm zugefügte Unrecht als

Weg der *Imitatio Christi*, heraus. Zur Differenz zu Löfflers Sichtweise s. Anm. 27.

stellvertretendes Leiden für seinen Sohn auf sich, dessen Selbstmord das unheilvolle Geschehen in Gang gebracht hat, und stirbt somit mit dem Trost, dass sein Kind im Jenseits nicht verloren ist: „ich weiß alles. Gott hat es so gewollt. Er straft an mir das Verbrechen des Unglücklichen, der sich das Leben geraubt, und sein Werk mit frevelnder Hand zerstört hat.“ (S. 171)

An dieser Stelle jedoch blitzt die abgründige Kehrseite des Passions- und Opfergedankens auf, wie sie in der Rechtfertigungslehre ihren Ausdruck findet (bzw. gefunden hat). Jesu Kreuzestod zeugt ihr zufolge ja nicht nur von Gottes Liebe, sondern auch von seinem Zorn (über die Sünde). „Gott straft“, bekennt Jean Calas: Was für ihn die Barmherzigkeit Gottes bekräftigt, mag, ‚von außen‘ bzw. mit irreligiösen Augen betrachtet, ein Beispiel für dessen Grausamkeit sein (bzw. ein grausames Gottesbild dokumentieren). Toleranz und Nachfolge Jesu fußen bei Weiße nicht auf dem Vertrauen in eine ursprüngliche ‚Güte‘ der Menschennatur, sondern haben eine skeptische Anthropologie zur Voraussetzung. Die bestätigenden Stichworte liefert Marc Antoine, der Sohn des Jean Calas, in seinem Entscheidungsmonolog vor seinem Selbstmord. Er zitiert aus dem Römerbrief (des Apostels Paulus) diejenigen Formeln, welche, von Augustinus über Luther bis zu Calvin, die Doktrin von der Prädestination begründen halfen: jene Auffassung, nach welcher die Menschen, von sich aus verloren an ihr selbstsüchtiges Begehren, nach dem undurchdringlichen Willen eines verborgenen Gottes entweder gerettet oder verdammt werden, ohne dass sie selbst etwas dazu tun könnten. Ihrem So-Sein, der ihnen selbst unbewussten Grundrichtung ihres Herzens, können sie nicht entfliehen. Sich mit jedem Argument tiefer in seine Verzweiflung verstrickend, sinniert Marc Antoine darüber, ob er zu einem „Gefäß des Zorns“ (S. 38; vgl. Röm 9,21f.) geboren sei, ob Gott ihn „zum Glück, oder zum Unglück“ bestimmt habe (S. 39) – ändern oder beeinflussen könne er sein zeitliches und ewiges Schicksal in keinem Falle, weswegen er so zusagen gefahrlos sein Leben, das ihm nur noch zur Last sei, beenden dürfe. Und dass die ungerechten Richter sich aus Eigennutz, Hass und Neid in ihren religiösen Wahn hineinsteigern, haben wir bereits erwähnt. Deutlicher noch zeigen seine Trauerspiele, dass Weiße mit der Bosheit (dem Egoismus, der Selbstsucht) der Menschen rechnet – Richard III. zum Beispiel erscheint fast harmlos, verglichen mit Atreus (aus *Atreus und Thyest*). In dieser Skepsis sehen wir den Grund, warum Weiße, trotz seiner Befürwortung von Pluralismus, die Religionen nur in unterschiedlichen Graden für geeignet hält, Toleranz zu befördern (Vorrede, S. 3f.), und warum in seinen Augen die christlich-lutherische den Preis davonträgt:[27] Sie zeichnet sich nicht nur durch Liberalität aus, sondern auch dadurch, dass sie das ‚radikal Böse' nicht ausblendet, sondern mit der Passionsgeschichte und der Konzeptualisierung von Sünde und Erlösung affektiv-therapeutisch darauf eingeht.

Sollte es ein bloßer Zufall sein, dass Marc Antoine in seiner Gottverlassenheit sich im Schicksal des Tantalus, des Ahnherrn der Atriden, spiegelt (S. 54)? Ich betrachte im Folgenden *Atreus und Thyest* (1766), ein wahrhaftes *Drame noir* und das ‚böseste' von Weißes Trauerspielen, unter dem Gesichtspunkt, dass hier der dunkle Grund der Versöhnung sich öffnet, wie sie in *Der Fanatismus, oder Jean Calas* errungen wird; dass Weiße zugleich tief in die Bereiche des Unbewussten vorstößt, indem er die Psyche seiner Figuren nach dem Prinzip des erbsündlichen Begehrens, der Konkupiszenz, modelliert. Am Schluss werde ich nochmals zu Weißes Toleranzdrama und dessen elaborierten anthropologischen Diskurs zurückkehren.

Weiße wählt aus dem Atridenmythos den vergleichsweise unbekannten Abschnitt, den Hygin in der 88. Fabel überliefert.[28] Die Vor-

[27] Katrin Löffler (Anm. 24) sieht in dieser Präferenz Weißes die Grenzen seines Toleranzdenkens; auf die anthropologische Begründung, dass nämlich die Toleranz*fähigkeit* des Menschen begrenzt sein könnte (wofür der ‚Erbsündenkomplex' steht), geht sie nicht ein. Die Erbsündendoktrin wird allerdings von den meisten Intellektuellen und fortschrittlichen Theologen der Aufklärung als eine ursächliche Quelle für Verdammungslust und Intoleranz kritisiert; auch dem Pastor der reformierten Leipziger Kirchengemeinde, Georg Joachim Zollikofer, mit dem Weiße befreundet war (vgl. Löffler), war dieses ‚dunkle Dogma' des christlichen Glaubens fremd. Welcher Zusammenhang zwischen der pessimistischen Anthropologie der Rachetragödien Weißes und seinen eigenen weltanschaulichen, religiösen und philosophischen Positionen besteht, bedarf noch der Klärung.

[28] Vgl. Weißes *Vorrede* zur 2. Auflage des 4. Teils des *Beytrags zum deutschen Theater* (Leipzig 1769, unpaginiert; Münchner Digitalisierungszentrum: urn:nbn:de:bvb:12-bsb10122921-2). Seitenangaben im Fließtext beziehen sich auf die folgende Ausgabe: Christian Felix Weiße: *Atreus und Thyest ein Trauerspiel in fünf Aufzügen*. Leipzig ²1769. (Digitalisat der Universitäts-

geschichte: unwissentlich begangener Inzest des Thyestes mit seiner Tochter Pelopia, die kurz nach ihrer Vergewaltigung von Atreus geehelicht wird, dem sie das Kind, von dem sie bereits schwanger ist, als eigenen Sohn unterschieben kann; dieser wächst unter dem Namen Aegisth am Königshof in Mykene auf. Wegen der Freveltaten des Atreus wird Argos von Hungersnot und Pest heimgesucht; der König sendet den herangewachsenen Aegisth nach Delphi, um von den Göttern zu erfahren, wodurch das Übel abgewendet werden könne. Dort trifft Aegisth den Thyestes, mit dem zusammen er, angeleitet durch den erhaltenen Orakelspruch, nach Mykene zurückkehrt. Weißes Trauerspiel behandelt die Ereignisse vom Eintreffen der beiden in Mykene bis zum Tod des Atreus von Aegisths Hand, nachdem in der Anagnorisis die Verwandtschaftsverhältnisse, der Vater-Tochter-Inzest, enthüllt worden sind.

Die Bestrafung des Tantalus durch die Verfluchung seines gesamten Geschlechts scheint im 18. Jahrhundert generell als antik-heidnische Parallele zur biblischen Erzählung vom Sündenfall, dem der Brudermord (Kain und Abel) auf dem Fuße folgt, verstanden worden zu sein: Der Fluch pflanzt sich wie ‚vererbt' unter den Atriden fort; er *besteht* in der

und Landesbibliothek Sachsen-Anhalt: urn:nbn:de:gbv:3:1-341782). Forschungsliteratur zu Weiße und zu *Atreus und Thyest*: Günter Dammann: *Christian Felix Weiße, Atreus und Thyest (1766) – die Aktualisierung Senecas im Trauerspiel der deutschen Aufklärung*, in: *Die griechische Tragödie und ihre Aktualisierung in der Moderne. Zweites Bruno-Snell-Symposium*, hg. von Gerhard Lohse und Solveig Malatrait, München/Leipzig 2006, S. 67-100 (mit einer kommentierten Übersicht zur Weiße-Literatur: S. 68, Anm. 2); Jan-Oliver Decker: *Die Atriden. Zur Meta-Metaphorik eines Mythos in der Literatur der Goethezeit*, in: *Das diskursive Erbe Europas. Antike und Antikenrezeption*, hg. von Dorothea Klein [u.a.], Frankfurt a.M. [u.a.] 2008, S. 63-99, zu Weiße S. 68-84; Robert R. Heitner: *Christian Felix Weisse and the Attraction of Evil* in: *German Tragedy in The Age of Enlightenment*, Berkeley/Los Angeles 1963, S. 232-278 und S. 429-432; *Christian Felix Weiße und die Leipziger Aufklärung* (Anm. 24); Jakob Minor: *Christian Felix Weiße und seine Beziehungen zur deutschen Literatur des achtzehnten Jahrhunderts*, Innsbruck 1880 (zu *Atreus und Thyest* S. 230-233); Walter Pape: *„Ein billet-doux an die ganze Menschheit". Christian Felix Weiße und die Aufklärung*, in: *Zentren der Aufklärung* 17 (1990), S. 267-295; Georg-Michael Schulz: *Tugend, Gewalt und Tod. Das Trauerspiel der Aufklärung und die Dramaturgie des Pathetischen und des Erhabenen*, Tübingen 1988, S. 263-271.

Verkettung von Freveltaten, die ‚fortzeugend Böses gebären', indem sie unfehlbar neue, schuldhafte Rachehandlungen provozieren, die wiederum den Zorn der Götter herausfordern – eine unendliche Geschichte. Goethe interpretiert den Atridenmythos in diesem Sinn im *Iphigenie*-Drama;[29] und auch in Weißes Stück liegt die Analogie von Erbsünde und ‚Erbfluch' auf der Hand. Die Schlussworte des Priesters formulieren das Gesetz der Sünde: „Ein Laster knüpft sich stets dem zweyten an: / Die Kette wird so lang und schwer, / Daß keine Macht ihr unser Herz entwindet, / Bis ihre Last uns in den Abgrund zieht." (S. 112). Sein für uns interessantes Profil erhält *Atreus und Thyest* nun dadurch, dass Weiße die frevlerischen Rachetaten und das Opfer, das mit den Göttern versöhnen und Gerechtigkeit wiederherstellen soll, in eins setzt. Er thematisiert die ‚Leerstelle' der heidnischen Welt, zeigt sie als eine Welt ohne die christliche Offenbarung, ohne die erlösende Passion, ohne den ‚Mittler' zwischen Mensch und Gott; er zeigt das perverse Opfer, das die Menschen nur noch tiefer in ihre eigene, aus dem selbstbezogenen Begehren geborene Schuld verstrickt und ihre Welt ins Chaos, in die Hölle stürzt: Satans Reich.

Strukturiert wird die Handlung von dem – wie üblich mehrdeutigen – Orakelspruch, der Auskunft darüber gibt, durch welches Opfer die Schuld getilgt und Mykene von der Pest befreit werden kann. Der Spruch, den Aegisth aus Delphi mitbringt, lautet: „So bald der Bruder des Thyest mit Blut / Den Bruder ausgesöhnt; das Blut durch Blut / Von dem entweihten Altar wäscht; das Reich / Nicht mehr die Brüder trennt - - -" (S. 13). Den Maßstab für das rechte Handeln setzt der Apollo-Priester Kalchas; er formuliert die Gebote der natürlichen Religion. Er legt den Götterspruch als Aufforderung zur Versöhnung aus; ein Tieropfer solle den Friedens-

[29] Vgl. den Hinweis von Wolfdietrich Rasch: *Goethes „Iphigenie auf Tauris" als Drama der Autonomie*, München 1979, S. 103. – Die Forschung hat das Thema ‚Atridenmythos im Drama der europäischen Aufklärung' noch nicht entdeckt; eine erste Erschließung präsentiert Monika Fick: *Goethes „Iphigenie auf Tauris" und der Stoff von Atreus und Thyest*, in: *Literatur als praktische Vernunft. Festschrift für Friedrich Vollhardt*, hg. von Frieder von Ammon, Cornelia Rémi und Gideon Stiening, Berlin/Boston 2016 (im Druck). Leitend ist dabei der Gedanke, dass mit der Adaption der biblischen Erbsündenerzählung im Gewand der Atridengeschichte eine Reflexion modernen anthropologischen Wissens über die menschliche Triebstruktur und die Macht des Unbewussten einhergeht.

schluss zwischen den verfeindeten Brüdern feierlich besiegeln. Kalchas besitzt wahre Gottesfurcht: Er ermahnt Thyest zum Vertrauen in die Güte der Götter auch da, wo sie strafen (S. 63); er erinnert Atreus an die ethische Verpflichtung, die aus der ,Gottesebenbildlichkeit' erwächst (terminologisch exakt: S. 60); er fordert den Aegisth dazu auf, die Stimme des Gewissens höher zu achten als die Gehorsamspflicht den Eltern gegenüber, sobald diese Unrecht – gar den Mord – befehlen (S. 51). Aufgrund der schuldhaften Verstrickung der Königsfamilie jedoch wird das Opfer zur teuflischen Farce. Die Versöhnung zwischen den Brüdern erweist sich als unmöglich. Alle Figuren versagen vor den ethischen Anforderungen des Priesters bzw. der natürlichen Religion, weil, so Weißes Arrangement, sie sind, wie sie sein *müssen*: determiniert durch ihre Triebnatur, gefesselt an ihre Begierden. Ihr Streben nach Herrschergewalt, Reichtum, Schönheit und Liebe, den höchsten irdischen Gütern, hat Atreus und Thyest zu unversöhnlichen Rivalen gemacht, da es sich auf die gleichen Frauen (Aerope; unwissentlich: Pelopia) und das gleiche Königreich richtete; jetzt verharren sie monomanisch in ihrer Rachsucht. Der Unterschied zwischen ihnen ist ein gradueller, kein prinzipieller: Den Atreus treibt ein ,rasender' Hass voran, Thyest ein verzweifelter und resignierter. Um den Bruder nicht mehr sehen zu müssen, willigt er in den Verzicht auf den Thron ein; seine Antwort auf die Mahnung des Priesters zur Versöhnung lautet: „Was sagst Du? Haß, Haß bis ins Höllenreich!" (S. 68) In dem Augenblick, in dem er in Aegisth den eigenen Sohn erkennt, ihm also wieder eine Zukunftshoffnung winkt, kehrt auch der ,Wille zur Macht' zurück: „O! wär itzt Argos mein! (das erstemal! / Daß mir der Wunsch, den ich verflucht, aufs neu / Ins Herze schleicht!)" (S. 100)[30] Unfrei in ihrem Willen agieren aber auch Pelopia und Aegisth – diejenigen Charaktere, die, innerlich zerrissen, zwischen ihren ,natürlichen' Impulsen und den grausamen Befehlen des Königs schwanken. Beide fühlen sich zwanghaft, wie durch einen Zauber gebannt, zu Thyest hingezogen, der sich als ihr Vater entpuppen wird. Weiße zeichnet die Sympathie, die sie füreinander empfinden, ohne sich noch erkannt zu haben, als naturgegebene ,Magie', *Vis attractiva* der Blutsverwandtschaft.

[30] In der Forschung nimmt man gemeinhin den Thyestes als Beispiel für einen Menschen, der eine Wandlung zum Besseren vollzogen habe: z.B. Jan-Oliver Decker: *Die Atriden* (Anm. 28), S. 75-78. Dabei übersieht man die Signale, die zeigen, dass im Grundsätzlichen, an der Wurzel der *Begierde*, sich Thyestes von Atreus nicht unterscheidet.

Weder dieser Zug des Herzens noch der ebenso elementare Abscheu gegen seinen vermeintlichen Vater Atreus *können* dem Aegisth jedoch die Kraft zu der sittlichen Entscheidung geben, sich furchtlos gegen den Tyrannen und die Mutter Pelopia zu stellen, die ihn auf unredliche Weise zur Einwilligung in den Mord an dem wehrlosen Thyest zu erpressen sucht.[31] In der Schlussszene (V, 6) tötet er dann den Atreus im Affekt, was der Priester sofort als ‚Sündenfall' erkennt: „Aegisth! Aegisth!/ Du thatst nicht recht!" (S. 110) Damit betritt der empfindsame junge Mann die Laufbahn, die ihn zum Mörder Agamemnons und Buhlen der Klytämnestra machen wird. Die Versöhnung ist misslungen, die Rachetaten setzen sich fort, die strafende Gerechtigkeit fordert das nächste Blutopfer... Pelopia hinwiederum ist bestimmt durch das inzestuöse Begehren, das sie an ihren Vergewaltiger fesselt: So artikuliert es ihr Traum, in dem ihr Vater „buhlerisch" in ihren Armen liegt (II, 2), und so drückt es ihre körperliche Reaktion auf Thyestes aus:

> Es bebt die kleinste Nerv' in mir
> Bey seinem Namen! – Ah! sein Angesicht! –
> [...] Ein jedes Wort von ihm
> Ward eine Flamm' in meiner Brust und fuhr
> Empor in mir, erstickte mir die Sprache! –
> [...] Sog ich ein Gift aus seinen Augen ein?
> Ist er ein Sohn des Erebus, der uns
> Durch Zauberey ein andres Auge giebt?
> [...] Er muß es seyn! – Aerope – trank sie nicht
> Auch dieses Zaubergift?
> (S. 46f)

Den Eindruck der Notwendigkeit verstärkt Weiße durch weissagende Träume. Ein Höllentraum des Priesters von den Greueltaten des Atreus sagt dessen Untergang voraus (S. 9f.), in ihrer finalen Ekstase vor ihrem Tod verkündet Pelopia, ihren Sohn verfluchend, dessen zukünftiges Schicksal (S. 105f.); sterbend schließlich imaginiert Atreus seine eigene Höllenfahrt (S. 110f.). Wie diese Horrorvisionen von dem verwüsteten

[31] Exemplarisch für die Forschung ist dagegen die Sichtweise von z.B. Günter Dammann, der Aegisth als Prototyp des empfindsamen Menschen versteht, der zwar tugendhaft, aber schwach sei: *Weiße, Atreus und Thyest* (Anm. 28).

Inneren der Figuren zeugen, so erfüllen sich die bösen Prophezeiungen, wie erläutert, allein durch das, was die Figuren sein *müssen*, durch ihre Selbstauslieferung an ihre herrschende Leidenschaft; eine Alternative freier Willensentscheidung kommt in dem Stück nicht zu Gesicht. Indem er diesen Mechanismus von den Verwandtschaftsverhältnissen, dem Erbfluch, her motiviert, verleiht Weiße dabei der Notwendigkeit den modernen Aspekt psychophysischer Determination, die tief in das Unbewusste hinabreicht.

Eine entsetzliche Phantasmagorie also ist Weißes Trauerspiel mit seiner auf Horroreffekte setzenden Rhetorik, Simulation der ‚Verstockung' der Herzen, die zur Hölle bereitet. Das Perfideste liegt dabei im Doppelsinn des Orakelspruchs. Dass die Versöhnung ein blutiges Menschenopfer erfordert, scheint durchaus impliziert („Sobald der Bruder des Thyest mit Blut / Den Bruder ausgesöhnt") – erst mit dem Tod des Atreus, des kannibalischen Mörders seiner Neffen, ist bzw. scheint der Gerechtigkeit Genüge getan. Zugleich ist das Blutvergießen, die Hinrichtung des Atreus durch Aegisth, eine weitere Freveltat (ebenso wie der Inzest und Pelopias Selbstentleibung, mit der sie sich als Sühneopfer darbieten möchte: S. 106), die den „Zorn" der Götter (S. 15) neu entflammt und somit den Vergeltungsmechanismus und den Erbfluch fortsetzt: Rache statt Gerechtigkeit.

Blut kann nur durch Blut versöhnt werden; die Menschen jedoch opfern ‚unreinen Herzens', aus Eigeninteresse oder Rachbegier – so die satanische Logik des Stücks. Ein kleines Detail vermag zu beleuchten, was notwendig wäre und doch nicht möglich ist. Thyest sieht sich von Aegisth, der ihn nach Mykene gelockt hat, verraten; gleichwohl fühlt er sich zu dem unerkannten Sohn wie durch einen Zwang hingezogen. Fassungslos fragt er sich selbst, wie ihm dies Absurde widerfahren könne, seinen Feind zu lieben (S. 35).

Wir können nun resümieren, inwiefern die Opferhandlung in *Atreus und Thyest* den dunklen Grund, die abgewendete Kehrseite zu der *Imitatio Christi* des Jean Calas darstellt.[32] In dem Trauerspiel demonstriert Weiße sozusagen *ex negativo*, am Gegenbeispiel, wie die Selbstüberwindung

[32] Es wäre spannend, die Wechselbezüglichkeit beider Stücke im Licht der Opfer- und Sündenbocktheorie von René Girard zu lesen. Vgl. René Girard: *Das Heilige und die Gewalt*. Aus dem Französischen übers. von Elisabeth Mainberger-Ruh, Zürich 1987; ders.: *Der Sündenbock*. Aus dem Französischen übers. von Elisabeth Mainberger-Ruh, Zürich 1988.

und Aufopferung des ‚radikal Bösen', das als ‚Erbteil' in jedem Menschen steckt, letztlich nur in der gläubigen Nachfolge Jesu möglich werden. Spuren des ambivalenten Gottesbildes, das der Rechtfertigungslehre eingeschrieben ist und das der religionskritischen Aufklärung als eine ursächliche Quelle von Intoleranz galt, finden sich dabei, wir haben bereits darauf hingewiesen, auch in Weißes „historischem Schauspiel": Als Strafe für den Selbstmord seines Kindes versteht Jean Calas sein stellvertretendes Leiden – Jesus bezeugt die Liebe Gottes, indem er als unschuldiges Opfer die *Strafe* für die Sünde trägt.[33] Entscheidend ist allerdings, dass es in Weißes Antifanatismus-Drama um die grundsätzliche und universelle Aufhebung des Rache- und Vergeltungsdenkens geht. Zwar fürchten die gerechten Richter die Folgen, welche die Blutschuld über das Gemeinwesen bringen könne, und droht Madame Calas den Mördern mit der Rache Gottes; doch angesichts der *Imitatio Christi* ihres Mannes – „der für uns starb, gab uns ein ander Beyspiel" – zeigt sich das Verkehrte, noch Ungeläuterte dieser Reaktionen. Aus innerchristlicher Perspektive heraus ist Weiße in seinem „historischen Schauspiel" um die Ausweitung der Toleranzgrenzen bemüht. Dies gilt schließlich auch für die soziale Toleranz dem Selbstmörder gegenüber. Zum einen erinnert Caseing, ein Freund der Familie Calas, den über den Verlust seines Sohnes trostlosen Vater daran, dass Gottes Barmherzigkeit keine Schranken kenne (S. 75); zum anderen werden Zweifel an der Prädestinationslehre geweckt. Die Vorstellung, er könne ein „Gefäß des Zorns" (S. 38; s.o.) sein, trägt zur Verdüsterung von Marc Antoines Gemüt bei und wird so, metaphysisch entschärft, zum Ausdruck einer seelischen Erkrankung (auf die Diagnose ‚Depression' statt ‚gottlose Verzweiflung' setzt auch Caseing: S. 75f.).

Nathan der Weise und Jean Calas: Lessings ethischer Humanismus, dem er den Juden Jesus zuordnet, ist heute sicherlich leichter verständlich als Weißes Plädoyer für eine brüderliche Liebe zwischen den Religionen, deren Ausübung er mit Kreuzesnachfolge und stellvertretendem Leiden motiviert. Dass man Weißes Stücke dennoch nicht vergessen sollte, suchten wir mit dieser Studie zu zeigen. Die Worte, mit denen *Der Fanatismus, oder Jean Calas* schließt, könnten auch Nathan in den Mund

[33] Selbstverständlich hat die Rechtfertigungslehre in der (protestantischen wie katholischen) Theologie einen enormen Wandel durchgemacht; die heutige Auslegung ist weit von dem Bestrafungsdenken entfernt.

gelegt werden: „Dieß ist dein Werk, schrecklicher Fanatismus! O daß es doch das letzte Beyspiel seiner traurigen Folgen wäre, und alle Sterbliche auf Erden ohne Unterschied der Religionen den süßen Einfluß der brüderlichen Liebe in ihren Herzen fühlten!“ (S. 184)

Gianluca Paolucci

Das Leben Jesu als Bildungs- und Geheimbundroman: Carl Friedrich Bahrdts *Briefe über die Bibel im Volkston* und *Ausführung des Plans und Zwecks Jesu*

Um die Figur Jesu versammeln sich im 18. Jahrhundert verschiedene Diskurse, die nicht nur mit der Theologie, sondern auch mit der Ästhetik, mit der Erziehung, mit der Politik zu tun haben. Die Leben-Jesu-Forschung,[1] die sich – wie Albert Schweitzer bewiesen hat – im Aufklärungszeitalter durchgesetzt hat, führte nicht nur zu Versuchen, „das Leben Jesu historisch zu erfassen",[2] was z.B. der Fall des Fragments *Von dem Zwecke Jesu und seiner Jünger* von Hermann Samuel Reimarus war, sondern auch zu fiktionalen Darstellungen des Lebens Christi, die das Bedürfnis des Jahrhunderts befriedigten, nach dem eigentlichen Sinn der Evangelien zu fragen, das Leben Jesu als Erzählung zu erleben und die christliche Botschaft in der Gegenwart umzudeuten. Das wird in Carl Friedrich Bahrdts *Briefen über die Bibel im Volkston* (1782) und in seinem späteren Roman *Ausführung des Plans und Zwecks Jesu* (1784-1792) deutlich, wo die Figur Jesu Wunschprojektionen ästhetischer, pädagogischer und politischer Projekte der deutschen Spätaufklärung verkörpert, die nicht zuletzt im Kontext der damaligen Geheimgesellschaften entstanden sind.

1 Albert Schweitzer: *Geschichte der Leben-Jesu-Forschung*, Tübingen [6]1951, S. V.

2 Ebd., S. 13.

Obwohl Albert Schweitzer in seiner *Geschichte der Leben-Jesu-Forschung* der „ersten romanhaften" Schilderung des Lebens Christi von Carl Friedrich Bahrdt einige Seiten widmete,[3] ist die Figur des Aufklärungstheologen, Pädagogen und Literaten Bahrdt heute noch wenig erforscht.[4] Das gleiche Schicksal betrifft seine theologischen und literarischen Schriften, obwohl sie im 18. Jahrhundert viel gelesen wurden und ihre Erforschung bedeutende Dynamiken des Aufklärungszeitalters erhellen könnte. In der Geschichte der Theologie und der Literatur erinnert man sich an Bahrdt meistens wegen der Debatte, die seine Verdeutschung des Neuen Testaments in den *Neuesten Offenbarungen Gottes in Briefen und Erzählungen* auslöste, sowie wegen seines Engagements als Gründer der Geheimgesellschaft der „Deutschen Union".[5] Die *Briefe über die Bibel im Volkston* und die *Ausführung des Plans und Zwecks Jesu*, in denen die ‚philosophische' Bildung Christi geschildert wird und wo Jesus selbst als Stifter eines Geheimbunds zur Verbreitung der Aufklärung unter der Maske des Christentums auftaucht, sind im Zusammenhang mit dem Disput über den evangelischen Kanon sowie angesichts der Tätigkeit Bahrdts als Geheimbündler zu lesen. In der Tat verschränken sich beide

3 Ebd., S. 38-44.

4 Eine Übersicht über Bahrdts Leben und Werk geben Baldur Schyra: *Carl Friedrich Bahrdt. Sein Leben und Werk, seine Bedeutung. Ein Beitrag zur Kulturgeschichte im 18. Jahrhundert*, Leipzig 1962; der Sammelband *Carl Friedrich Bahrdt (1740-1792)*, hg. von Gerhard Sauder und Christoph Weiß, St. Ingbert 1992, und der Aufsatz von Thomas Kuhn: *Carl Friedrich Bahrdt. Provokativer Aufklärer und philanthropischer Pädagoge*, in: *Theologen des 17. und 18. Jahrhunderts. Konfessionelles Zeitalter – Pietismus – Aufklärung*, hg. von Martin H. Jung und Peter Walter, Darmstadt 2003, S. 204-225.

5 Vgl. Günter Mühlpfordt: *Radikale Aufklärung und nationale Leserorganisation. Die Deutsche Union von Karl Friedrich Bahrdt*, in: *Lesegesellschaften und bürgerliche Emanzipation. Ein europäischer Vergleich*, hg. von Otto Dann, München 1981, S. 103-122; ders.: *Europarepublik im Duodezformat. Die internationale Geheimgesellschaft „Union" – ein radikalaufklärerischer Bund der Intelligenz (1786-1796)*, in: *Freimaurer und Geheimbünde im 18. Jahrhundert in Mitteleuropa*, hg. von Helmut Reinalter, Frankfurt a.M. [2]1993, S. 319-364; Helmut Reinalter: *Bahrdt und die Geheimgesellschaften*, in: *Carl Friedrich Bahrdt (1740-1792)* (Anm. 4), S. 258-274.

Themen in diesen Werken. Eine kritische Lektüre der *Briefe über die Bibel im Volkston* und der *Ausführung des Plans und Zwecks Jesu* bietet uns die Möglichkeit, die verschiedenen theologischen, ästhetischen, pädagogischen und politischen Diskurse zu behandeln, die sich um die fiktionale Figur Jesu in der Spätaufklärung rankten.

Der Anfang der literarischen Tätigkeit Bahrdts fällt mit seiner Auseinandersetzung mit der lutherischen Orthodoxie zusammen. Bahrdt, der als ordentlicher Professor für geistliche Philologie und biblische Altertümer zuerst in Erfurt und dann in Gießen tätig war und der schon seit langem angefangen hatte, für eine Anwendung der Vernunft zum Verständnis der kirchlichen Dogmen zu plädieren, wurde 1779 wegen seiner Bearbeitung des Neuen Testaments, der *Neuesten Offenbarungen Gottes in Briefen und Erzählungen*, vom Kaiser mit Berufsverbot bedroht und aus dem Reich verbannt. Die Veröffentlichung der *Offenbarungen*, in denen der Autor die Evangelien in die Sprache der Aufklärung und der Empfindsamkeit übertrug und die Evangelisten als Popularphilosophen reden ließ,[6] hatte schon 1774 einen publizistischen Disput provoziert, an dem sich Goethe, Herder, Goeze und Lessing beteiligten. 1779 wandte sich Bahrdt mit einem *Glaubensbekenntnis* an Joseph II., in dem er „frey und ohne alle Zurückhaltung offenherzig“[7] die Gründe seiner Heterodoxie erklärte. Diese bestand in der Ablehnung der Hauptdogmen der protestantischen Lehre:

> Ich gestehe also, daß ich schon seit einiger Zeit überzeugt gewesen, es enthalte unser protestantisches Religionssystem Lehrsätze, welche weder in der Schrift noch in der Vernunft einigen Grund haben. [...] Unter diese Lehrsätze rechne ich: Die – von der Erbsünde – von der Zurechnung der Sünde Adams – von der Nothwendigkeit einer Genugthuung – von der bloß und allein durch den heiligen Geist in dem sich leidend verhaltenden Menschen zu bewirkenden Bekehrung – von der ohne alle Rücksicht auf unsere Besserung und Tugend geschehen sollenden Rechtfertigung des

6 Vgl. Michael Heymel: *Die Bibel mit Geschmack und Vergnügen lesen. Bahrdt als Bibelausleger*, in: *Carl Friedrich Bahrdt (1740-1792)* (Anm. 4), S. 227-257.

7 [Carl Friedrich Bahrdt:] *D. Carl Friedrich Bahrdts Glaubensbekenntnis, veranlaßt durch ein kaiserliches Reichshofraths Conclusum*, Berlin 1779, S. 9.

> Sünders vor Gott – von der Gottheit Christi und des heiligen Christi in Athaniasischem Sinn – von der Ewigkeit der Höllenstrafen – und einige andre.[8]

Bahrdt sah sogar diese dogmatischen Postulate der lutherischen Orthodoxie, die die ansonsten emanzipativen Aspekte der Religion verdrängten,

> als den Hauptgrund des überall einreißenden Unglaubens, welcher sich von den Höfen bis in den Hütten des ärmsten Volks ausbreitet, und bald alle Religion in der Welt verdrängen wird, wenn dem Uebel durch keine andern als gewaltsame und freiheitskränkende Mittel gesteuert wird.[9]

Der Aufklärungstheologe vertrat dagegen die Auffassung, dass das Christentum zur irdischen Glückseligkeit des Menschen beitragen müsse. Daher drückte Bahrdt den Wunsch aus, diesem Verfallprozess entgegenzuarbeiten und das Christentum in einer aktualisierten Form auch „unter den aufgeklärtesten Menschen" zu verbreiten:

> Ach, allergnädigster Kaiser, König und Herr! wie blutet mir das Herz, wenn ich denke, wie werth, wie hochgeachtet das Evangelium Jesu Christi unter den aufgeklärtesten Menschen in allen Weltteilen seyn könnte, was für Siege es über Unglauben und Laster erringen, wie ganz anders als bisher es auf die Besserung und Heiligung der Menschen wirken, und was für die in die Augen fallende Einflüsse auf Moralität und Glückseligkeit dasselbe zeigen würde, wenn es von allem Unrath menschlicher Hypothesen und Meinungen gereinigt und zu seiner ursprünglichen Lauterkeit und Einfalt zurückgeführt würde.[10]

Trotz oder gerade wegen seiner Offenherzigkeit wurde Bahrdt gezwungen, das Deutsche Reich zu verlassen und nach Halle, d.h. nach Preußen unter die liberale Regierung des Königs Friedrichs II., umzuziehen. Von

8 Ebd., S. 9f.
9 Ebd., S. 12f.
10 Ebd., S. 14f.

seinen Mitbewohnern als ‚Ketzer' angesehen, lebte er in Halle ganz isoliert: „Mein Barbier war […] der einzige Sterbliche, den ich zu sprechen bekam".[11]

Jedoch fand sich Bahrdt in Halle nicht mit dem Schweigen ab, er schrieb die *Briefe über die Bibel im Volkston*, um die heterodoxen Überzeugungen, die er im *Glaubensbekenntnis* niedergelegt hatte, indirekt durch das Lesepublikum auszubreiten. In diesem Sinne stellen die *Briefe* den Versuch des Autors dar, das Predigtamt und die Professur, die er in Gießen verlassen musste, durch literarische und rhetorische Mittel fortzusetzen. In den *Briefen* fragt sich Bahrdt nach dem ethischen und philosophischen Kern des Christentums und schildert Jesus als Sozialreformer der moralischen Sitten des jüdischen Volks, d.h. als Populärphilosophen, der sich um die Ausbreitung der Aufklärung, aber unter der Maske einer Religion, bemüht. In der Rekonstruktion Bahrdts geht es Jesus darum, den vorherrschenden jüdischen Kult gründlich zu reformieren, der nur auf äußerlichen Zeremonien und Opfern basiert, die nicht imstande sind, die Gewissen der Einzelnen mit neuen Werten zu erleuchten. Jesus fordert dagegen eine totale Umformung der Persönlichkeit der Subjekte und die Verinnerlichung der Wahrheiten seiner neuen Religion. Durch die christliche Morallehre führt er Praktiken ein, die zur geistigen Befreiung, zur Autonomisierung des Selbst der Gläubigen dienen sollen.

Im Zentrum der Auffassung Jesu in den *Briefen über die Bibel im Volkston* steht ein philosophischer, heidnischer Begriff Gottes, der mit der Natur und einer entsprechenden Tugendlehre zusammenfällt. Als Verehrer des Sokrates ist Jesus in „die Philosophie" eingeweiht, „das heist [sic], [in] die Kunst die Natur zu beobachten und aus Beobachtungen der Natur den geheimen Zusammenhang der Ursachen und Wirkungen und ihre Verhältnisse gegen einander zu entdecken".[12] Diese philosophische Idee der Gottheit verwirklicht sich später im Projekt Jesu, die jüdische Gesell-

[11] [Carl Friedrich Bahrdt:] *Carl Friedrich Bahrdts Geschichte seines Lebens, seiner Meinungen und Schicksale. Von ihm selbst geschrieben*, 4 Bde., Bd. 4, Berlin 1791, S. 26.

[12] [Carl Friedrich Bahrdt:] *Briefe über die Bibel im Volkston. Eine Wochenschrift von einem Prediger auf dem Lande*, 2 Bde., Bd. 1, Halle 1782, 27. Brief, S. 417f. Im Folgenden werden Zitate aus den *Briefen über die Bibel im Volkston* mit der Sigle *B* sowie der Band- und Seitenzahl im Fließtext nachgewiesen.

schaft gründlich zu reformieren. Aber wie ist dieses Programm durchzusetzen? Wie ist die philosophische und erhabene Wahrheit, die nach Bahrdt den ‚esoterischen‘ Kern der christlichen Lehre bildet, einem Volk zu vermitteln, das roh, ungebildet und unfähig ist, einen abstrakten Gottesbegriff zu verstehen? Es handelt sich zugleich um ein epistemologisches und ein politisches Problem. Wie Bahrdt selbst, ist auch Jesus von der Gefährlichkeit der Wahrheit überzeugt, wenn sie unmittelbar in aller Blöße öffentlich kommuniziert wird:

> Wahrheit, welche verjährten Vorurtheilen widerspricht, laut zu sagen, dazu gehört nicht blos Muth […] zur Wahrheit, sondern es gehören auch solche Umstände dazu, bei denen man mit Wahrscheinlichkeit vorhersehn kann, daß man durchdringen und der Wahrheit Eingang schaffen werde. (*B*, Bd. 1, S. 341)

Andererseits fürchtet Jesus die jüdische Nomenklatur der Pharisäer, die seine neue liberale Lehre unterdrücken könnte. Er muss daher eine eigene Taktik entwickeln und stufenweise – durch kleine Schritte – und vorsichtig handeln. Jesus muss die Lehre, die er verkündigen will, den intellektuellen Fähigkeiten des jüdischen Volks anpassen, und bei der Planung seiner Strategie die anthropologische und kognitive Konstitution derer berücksichtigen, die die neuen Wahrheiten annehmen werden. Das bedeutet, dass die ‚esoterische‘ Wahrheit, die Jesus auch ‚exoterisch‘ durch das Volk vermitteln will, durch den Kult der Wunder, die er mit den Evangelisten künstlich veranstaltet, untermauert werden und in die Gewissen der Einzelnen eindringen soll. Diese ‚ästhetische‘ Strategie Jesu gipfelt in der *Ausführung des Plans und Zwecks Jesu* in der Inszenierung seines Todes, die imstande sein soll, die Sinne des Volks zu beeindrucken und ihm ein sinnliches Beispiel seiner Tugend anzubieten: „Sein Geglaubter Tod […] soll der moralischen Religion den Eingang in die Herzen der Menschen möglich machen“.[13]

[13] [Carl Friedrich Bahrdt:] *Ausführung des Plans und Zwecks Jesu. In Briefen an Wahrheit suchende Leser*, 12 Bde., Bd. 3, Berlin 1784, 23. Brief, S. 493. Im Folgenden werden Zitate aus der *Ausführung des Plans und Zwecks Jesu* mit der Sigle *A* sowie der Band- und Seitenzahl im Fließtext nachgewiesen.

Bahrdt übernimmt die Doppellogik, die den Plan Jesu kennzeichnet, aus der Struktur der heidnischen Mysterien, mit denen er sich durch die Lektüre des Buchs *Ueber die alten und neuen Mysterien* (1782) von Johann August Starck beschäftigt hatte.[14] In diesem Buch, das „auf der Höhe der zeitgenössischen Forschung" über die Mysterien der Alten stand,[15] hatte der mit Bahrdt befreundete Orientalist, protestantische Geistliche und Freimaurer Starck die Struktur und die esoterischen Lehren geschildert, die die Mysterien der Alten geprägt hätten. In der Rekonstruktion Starcks werden die griechischen, ägyptischen, eleusinischen Mysterien als Weisheitsschulen dargestellt, in denen die ursprüngliche, natürliche und philosophische Religion eines einzigen Gottes, die nur den Weisen zugänglich war, im Geheimen aufbewahrt war. Wenn das Innere des Heiligtums dem gemeinen Volk verschlossen und nur den Besten, d.h. den Tugendhaften zugänglich war, hatten jedoch die Mysterien auch ‚eine öffentliche Seite', bei der „gewisse Ceremonien und Umgänge"[16] dem Volk nicht verborgen blieben. Die sogenannten „kleinen" Mysterien bestanden aus Feiern, Reinigungsritualen sowie aus dramatischen Vorstellungen, die die Götter der gemeinen Religion in dichterischer und fabelhafter Weise versinnlichten. Diese theatralischen *Performances*, die mit rituellen Praktiken und Vorschriften verbunden waren, sollten dazu beitragen, dem Volk die Werte der Gemeinschaft und des Staats sowie die Lehren der Unsterblichkeit der Seele und der künftigen Belohnung des Guten und Bestrafung des Bösen im Jenseits in einer sinnlichen und spielerischen Weise zu vermitteln. Starck schrieb, dass diese Vorstellungen „einen tiefen Eindruck auf den Einzuweihenden machen" sollten, damit „auf solche Weise gewisse Wahrheiten dem ungebildeten Zuschauer empfänglich und eindrücklich gemacht werden".[17] Nach Starck war das Institut der Mysterien imstande, die dem Staat und der Religion nützlichen Werte, Tugenden und Wahrheiten auf einer indirekten, natürlichen, sinnlichen und ästhetischen Weise, mittels der Praktiken, der Bilder und der Symbole der gemeinen Religion, durch das Volk zu verbreiten.

[14] [Bahrdt:] *Carl Friedrich Bahrdts Geschichte seines Lebens* (Anm. 11), S. 126.

[15] Jan Assmann: *Religio duplex. Ägyptische Mysterien und europäische Aufklärung*, Berlin 2010, S. 237.

[16] Ebd., S. 25.

[17] Ebd., S. 78f.

Wir wollen hier beweisen, dass diese Doppellogik, die die Mysterien der Alten kennzeichnete, nicht nur inhaltlich den Plan Christi in den *Briefen über die Bibel* und der *Ausführung des Plans und Zwecks Jesu*, sondern auch die literarische Operation Bahrdts prägt, indem er die Schrift als Vehikel, d.h. als ‚Medium' zu einer stufenweisen Verbreitung seiner im *Glaubensbekenntnis* unmittelbarer enthüllten Überzeugungen benutzt. Wenn Jesus dem Einbildungsvermögen des jüdischen Volks seine esoterische Lehre anpassen muss, will der Autor auf ähnliche Weise die ‚Wahrheit' seines heterodoxen Denkens durch die romanhafte Schilderung des Lebens Jesu indirekt vermitteln und sie dem Geschmack eines aufgeklärten Lesers des 18. Jahrhunderts ‚akkomodieren'.[18]

[18] Bahrdts *Briefe über die Bibel im Volkston* können auch angesichts des Fragmentenstreits gelesen werden, d.h. des theologischen Disputs, der sich nach Lessings Herausgabe der Fragmente des Wolfenbütteler Ungenannten, d.h. des Hamburger Gymnasialprofessors Reimarus, zwischen den 70er und den 80er Jahren des 18. Jahrhunderts in Deutschland entzündet hatte. Insbesondere hatte das 1778 herausgegebene Fragment *Vom Zweck Jesu und seiner Jünger* eine große Resonanz ausgelöst. Reimarus vertrat hier die These, dass Jesus ein politischer Messias gewesen sei und nur die Absicht gehabt habe, das jüdische Volk vom dem römischen Joch politisch zu befreien. Die Dogmen der christlichen Lehre von der Heilsbedeutung der Kreuzigung und der Auferstehung Jesu seien eine Erfindung und eine spätere Verfälschung der Evangelisten. Viele Kritiken an Reimarus kamen aus dem Feld der aufgeklärten und liberalen Intelligenz. Sogar die Neologen ergriffen das Wort in der Debatte, um die moralischen Grundlagen des Christentums gegen Reimarus zu verteidigen und um Jesus und die Evangelisten zu rehabilitieren. Johann Salomo Semlers *Beantwortung der „Fragmente eines Ungenannten", insbesondere „Vom Zweck Jesu und seiner Jünger"* (1779) war die bedeutendste unter den Repliken. Wenn Reimarus den Unterschied zwischen dem politischen Charakter des Plans Jesu und den von den Evangelisten eingeführten Dogmen durch eine Verfälschungsoperation dieser Letzten erklärte, sah Semler den Grund für diese Verschiedenheit in der „Akkomodationslehre" an, die nach ihm das Christentum seit seinen Anfängen geprägt habe. Semler schrieb, dass man zwischen einem moralischen Kern des Christentums, der universeller und spiritueller Natur sei und der durch die Jahrhunderte unverändert bleibe, und einer äußeren, sinnlichen Seite unterscheiden solle, die sich dem geschichtlichen Kontext anpasse und mit der Zeit ändern könne. Bahrdt, der in seiner *Geschichte seines Lebens* angibt, das Fragment

In den *Briefen über die Bibel* stellt Bahrdt zuerst die phantasievolle Sprache der Evangelien sowie die übernatürlichen und wunderbaren Elemente in Frage, die sich in den biblischen Erzählungen finden und die für die damaligen jüdischen Gläubigen, aber nicht für die des 18. Jahrhunderts, geeignet seien. Gleichzeitig geht es dem Autor darum, das Christentum in seiner Gegenwart wieder zu beleben, indem er Jesus als Volksaufklärer beschreibt und sich einer literarischen Form bedient, die sich dem geistigen Kontext seiner Zeit anpassen kann. Bahrdt bietet mit den *Briefen* eine ‚romanhafte' Lektüre der Evangelien, in der die Wunder und die übernatürlichen Elemente ganz ausgeschlossen sind:

> Denn ihr sollt, lieben Brüder, euren Jesum nicht so wohl anstaunen, als vielmehr lieben und nachahmen lernen. Ihr sollt ihn nicht sowohl als eine ausserordentliche Person bewundern, sondern vielmehr als euren grössten Wohltäter kennen und seinen Belehrungen euch anvertrauen lernen. [...] Alles wunderbare und übernatürliche also, wird aus dem Bezirk unserer Betrachtungen ausgeschlossen seyn.
> (*B*, Bd. 1, S. 21f.)

Die Aufmerksamkeit Bahrdts – und die des Lesers – wendet sich entschieden auf das philosophische Leben Jesu, d.h. auf seine Bildung,

von Reimarus und die Beantwortung Semlers gelesen zu haben ([Bahrdt:] *Geschichte seines Lebens* [Anm. 11], S. 111), folgt der Interpretation des Neologen und schlägt einen anderen Weg als Reimarus ein. Bahrdt will die Figur Jesu in seiner eigenen Zeit rehabilitieren, obwohl er Reimarus' Zweifel über die dogmatischen Lehren des Christentums teilt. Der Unterschied zwischen Reimarus und Bahrdt besteht v.a. in der Auswahl der Mittel, die Wahrheit ihrer Bibelkritik zu kommunizieren. Während Reimarus sich der kalten Sprache der Philologie für seine gelehrte historische Rekonstruktion, d.h. für seine radikale Destruktion der christlichen Dogmen bedient hatte, wollte Bahrdt dagegen als erfahrener Redner und Prediger seine wahren Überzeugungen verhüllen und gleichzeitig denselben kritischen Prozess, aber mittelbarer, bei seinen Lesern in Gang setzen, indem er an ihr „Herz" und ihren „Verstand" zugleich appellierte: „Die Geschichte unseres Jesu ist an sich selbst schon durch die Mannigfaltigkeit und Schönheit ihrer Theile, reizend und unterhaltend: und ich werde, was an mir ist, keinen Fleiß sparen, euch diese Geschichte auch so vorzutragen, daß euer Verstand und euer Herz eine angenehme Beschäftigung dabei finden soll". (*A*, Bd. 1, S. 479)

die ganz natürlich, als eine regelmäßige Kette von Ursachen und Wirkungen, verläuft. Obwohl die *Briefe über die Bibel* einen geringen ästhetischen Wert besitzen, kein eigentlicher Roman, sondern vielmehr eine Mischung aus Bibelkommentaren, sokratischen Gesprächen und Gedichten sind, scheint Bahrdt dem biblischen Stoff die Theorie des Romans zu applizieren, die Christian Friedrich von Blanckenburg in seinem *Versuch über den Roman* (1774) formuliert hatte. Indem Blanckenburg sich nach den ästhetischen „Mitteln" fragte, „wodurch die Endzwecke des Romans [d.h. Ausbreitung des guten Geschmacks und Verbesserung der Sitten] erreicht werden können",[19] betonte er v.a. die Rolle des Mitleidsgefühls. Damit die Lektüre Mitleid bei den Lesern erregen kann, soll der Roman die wichtigsten Begebenheiten der moralischen Entwicklung der Hauptfigur, als eine natürliche Reihe von Ursachen und Wirkungen, darstellen. Nur unter diesen Bedingungen kann sich der Leser mit den geschilderten Charakteren identifizieren und aus ihren Lebenserfahrungen indirekt lernen, d.h. ein moralisches Vorbild aus dem Stoff gewinnen. Bei dem Aufbau seines Werks soll daher der Autor auf phantastische Elemente verzichten, dem Plan der Natur folgen und diese in seiner ansonsten während unseres Alltags verschleierten Totalität sichtbar machen. Das Medium Roman macht damit die verschiedenen Elemente wahrnehmbar, die zum großen Plan der moralischen Vervollkommnung des Hauptcharakters und der Menschheit beitragen.

Auf eine ähnliche Weise stellt Bahrdt seinen Jesus in den *Briefen* als ganz ‚menschlich' dar, indem er die Hauptetappen seiner geistigen Entwicklung als „eine Kette von Ursachen und Wirkungen" ohne übernatürliche, göttliche Interventionen durchgeht:

> so könnte in der Welt für einen wahren Verehrer Jesus nichts anziehenderes und wichtigers seyn, als wenn man ihm gleichsam den Gang seiner Seele sichtbar machte: wenn man ihm zeigte, wie er nach und nach der grosse und über alle Sterbliche erhabne Mann geworden ist, der er war: kurz, wenn man ihm die ganze Reihe der Umstände, die ganze Kette der Ursachen und Wirkungen sehen liesse, welche den Karakter, die Einsichten, Entschlüssungen, und Unternehmungen Jesu, unter der beständigen Leitung Gottes, bestimmt haben.
> (*B*, Bd. 1, S. 211f.)

[19] Christian Friedrich von Blanckenburg: *Versuch über den Roman*, Leipzig/ Halle 1774, S. 6f.

Wie Blanckenburg, so fragt sich auch Bahrdt nach der möglichen Wirkungsästhetik seines Werkes, das ein „hinreißendes Vergnügen“ (ebd.) verursachen und das Einfühlungsvermögen des Lesers erregen soll:

> Unendlich wird auch eure Hochhaltung gegen Jesum und seine Liebe zu ihm gewinnen, wenn ihr mit mir den angezeigten Weg betreten wollet. Denn je mehr ihr bei dem natürlichen Gange seiner Geschichte sehen werdet, wie alles was er that, Wirkung seiner ausserordentlichen Einsichten, und Ausbruch seines vortreflichen Herzens war, desto mehr werdet ihr zur Bewunderung und Verehrung dieses eures Wohltäters hingerissen werden: desto theurer wird euch seine Liebe, desto schätzbarer seine Tugend, desto rührender sein Beispiel, desto annehmungswürdiger seine Lehre werden. (Ebd.)

Neben dieser ästhetischen Funktion schreibt Bahrdt den *Briefen* auch eine heuristische Aufgabe zu, d.h. die Möglichkeit, die wirklichen Umstände sichtbar zu machen, die zur Bildung Jesu beigetragen haben, und den Lesern damit ein ethisches Modell zu zeigen:

> Eine recht vollständige Jugendgeschichte Jesu müsste das lehrreichste Buch seyn, was jemals geschrieben worden ist. Denn ich setzte dabei voraus, dass es nicht blos einzelne Erzählungen von Begebenheiten und Verrichtungen Jesu enthielte, sondern daß es die ganze Art seiner Erziehung und die allmählige Entwicklung seiner Seelenkräfte uns darstelle: so, daß wir recht deutlich sehen könnten, wie sein Karakter sich gebildet habe; wie seine Begriffe und Einsichten nach und nach in ihm entstanden wären; was für Umstände zur Erzeugung derselben wirksam gewesen; was Unterricht, Beispiel, häußliche Umstände, Umgang mit Menschen, Lesung damaliger Schriften auf seinen Verstand und sein Herz für Einfluss gehabt.
> (*B*, Bd. 1, S. 209)

Im 18. Jahrhundert bemühte sich Bahrdt um eine ‚Umfunktionierung‘ des Mediums Bibel, um bürgerliche Verhaltensmuster und philosophische Wahrheiten durch die Habitualisierung des Lesens zu verbreiten und den Prozess einer allgemeinen Aufklärung zu beschleunigen.

Bahrdts Versuch, die Wahrheit seiner Heterodoxie ‚ästhetisch‘ zu vermitteln, hat noch eine tiefere Bedeutung. Laut Autor liegt die freie Entfaltung der natürlichen Anlagen der Menschen Gott am Herzen: „Gott liebt seine Menschen und findet in ihrer stufenweisen Beseligung seine eigne Seligkeit".[20] Bahrdts mediale Strategie dient demselben Zweck, indem die Praxis der Lektüre eine stufenweise Entwicklung der innerlichen Kräfte und Energien des Lesers in Gang setzen soll. Indem sie an das Herz und zugleich den Verstand des Lesepublikums appelliert, damit es die tradierten theologischen Dogmen in Frage stellen könne, soll die Leseübung einen kognitiven Prozess befördern, der nach Bahrdt mit dem eigentlichen Kern der Aufklärung zusammenfällt. In der Schrift *Über Aufklärung und die Beförderungsmittel derselben* (1789) schreibt der Autor, dass „Aufklärung den menschlichen Geist" bildet, „indem sie die edlen Kräfte der Seele in Wirksamkeit setzt und durch Übung stärkt und erhöhet".[21] Das ist genau das Ziel der vielen sokratischen Gespräche, die in den *Briefen* zu finden sind und die nicht nur die Protagonisten, sondern auch die Leser über den wahren Sinn des Christentums ‚erleuchten' und sie in einen Prozess der autonomen Wahrheitsfindung einbeziehen sollen. In der Schrift *Ueber Pressefreiheit* behauptet Bahrdt:

> Selbsterkannte Wahrheit [...] ist sicher und ausdaurend wirksam [...]. Blinder Glaube ist zwar zuweilen auch wirksam, aber er hat keine Sicherheit des Gegenstandes und der Dauer. [...] Hingegen die Wahrheit, die meine Vernunft selbst fand, hat starke, sichere, ausdauernde Wirksamkeit; sie giebt mir hinlänglichen Antrieb zur unverkennbar echten Tugend und eben so hinreichende Tröstungen in meinen Leiden und Bekümmernissen.[22]

Nach Bahrdt dient dieser kognitive Prozess einer Verbesserung der Gesellschaftsstrukturen. Die vom Subjekt durch die Praxis des Lesens erlangten richtigeren Begriffe und moralischen Vorstellungen, die die romanhafte Schilderung des philosophischen Lebens Jesu im Fall der *Briefe* und der *Ausführung* vermittelt, sollen zu persönlichen Über-

[20] [Carl Friedrich Bahrdt:] *Geschichte des Prinzen Yhakanpol, lustig und zugleich orthodox erbaulich geschrieben von dem Magister Wromschewsky, mit einer Vorrede von D. Hoffsted*, Adrianopel [Halle] 1790, S. 437.

[21] *Über Aufklärung und die Beförderungsmittel derselben. Von einer Gesellschaft*, Leipzig 1789, S. 92.

[22] [Carl Friedrich Bahrdt:] *Ueber Preßfreyheit und deren Gränzen. Zur Beherzigung für Regenten, Censoren und Schriftsteller*, Züllichau 1787, S. 16f.

zeugungen werden, die die üblichen, alltäglichen Handlungen regeln. Das soll dazu führen, dass das Gesetz ohne äußerlichen Zwang und Gewalt aus dem Inneren des Individuums wirkt: „Der aufgeklärte Untertan ist ja offenbar darum sicherer und leichter zu regieren, weil er aus eigner Überzeugung den Gesetzen folgt".[23]

Obwohl Jesus in den *Briefen über die Bibel* nicht als Politiker geschildert wird (wie dies z.B. in Reimarus' Fragment der Fall war), ist seine Seelsorge der Inbegriff einer modernen Pastoralpolitik, die sich um die Seelen der Einzelnen bekümmert, deren Energien sie nicht unterdrückt, sondern stimuliert.[24] Der Lehrsatz des Plans Christi lautet: „Dieser Zweck wird durch [...] Duldung befördert, und kann anders nicht befördert werden" (*B*, Bd. 1, S. 739). Die Geduld steht im Zentrum der Sendung Jesu, der sich um die stufenweise Anhebung der Individuen bemüht, deren natürliche Anlagen er befördert. In Einklang mit den Ideen, die Bahrdt im seinem *Glaubensbekenntnis* äußerte, suggeriert Jesus in den *Briefen* und dann in der *Ausführung des Plans und Zwecks Jesu* einen anderen Begriff Gottes, der eine allgemeine und unbedingte Liebe fordert und die Ausübung von Gewalt verabscheut:

23 *Über Aufklärung und die Beförderungsmittel derselben* (Anm. 21), S. 223f. In *Rechte und Obliegenheiten der Regenten und Unterthanen in Beziehung auf Staat und Religion* (1792) behauptet Bahrdt: „Positive Gesetze und Zwang sind nicht im Stande, den Mensch und den Staat glücklich zu machen" (Carl Friedrich Bahrdt: *Rechte und Obliegenheiten der Regenten und Unterthanen in Beziehung auf Staat und Religion*, Riga 1792, S. 239). Nach dem Pädagogen Bahrdt soll das Individuum „nach eigenen Vorstellungen" und durch „eignes Nachdenken" handeln: „Alle andere Mittel, um Einsicht und Tugend zu befördern, welche auf eine gewaltsame Art wirken, sind widerrechtlich und offenbare Missbräuche der gesetzgebenden Macht. Weisheit und Tugend lassen sich nicht mit Execution einführen" (ebd., S. 251).

24 Über die Wiederbelebung der christlichen Pastoraltechnik angesichts der Suche nach neuen Formen von Gouvernementalität im 18. Jahrhundert vgl. Michel Foucault: *Sicherheit, Territorium, Bevölkerung – Geschichte der Gouvernementalität I. Vorlesungen am Collège de France 1977/1978*, Frankfurt a.M. 2006, und Joseph Vogl: *Staatsbegehren. Zur Epoche der Policey*, in: *Deutsche Vierteljahrsschrift für Literaturwissenschaft und Geistesgeschichte* 74/4 (2000), S. 600-626.

> Sie denken sich ganz offenbar ihren Gott, wie ihn die Juden sich dachten: wie einen menschlichen Regenten, der willkürliche (positive) Strafen an seine Gesetze gebunden hat […]. Die gesunde Vernunft hingegen so wie die christliche Philosophie, erkennt einen Gott, dessen weise Menschenregierung keiner positiven Gesetze und Strafen bedürftig ist. Sie erkennt einen Gott, welcher unsern Willen durch keine äuserlichen Gesetze eingeschränkt, sondern denselben den Leitungen seines Verstandes übergeben hat.
> (*A*, Bd. 2, S. 437)

Die christliche pastorale Seelsorge, die in den *Briefen über die Bibel im Volkston* skizziert wird, gilt bei Bahrdt als Basis für eine moderne Regierung, die die Rechte der Menschen achtet. Im Bahrdt'schen Roman *Die Geschichte des Prinzen Yhakanpol* (1790), wo die Utopie einer aufgeklärten Nation und die Bildung eines weisen Regenten geschildert wird, verspricht sich der Prinz, als künftiger König „der Natur allein zu folgen, d.h. seine Nation so zu behandeln, wie es ihren Fähigkeiten, ihrem Karakter, ihren Kräften […] angemessen wäre".[25]

Befürworter eines solchen Modernisierungsprozesses der deutschen Länder, der auf eine Moralisierung und Spiritualisierung der Politik abzielte, waren im späten 18. Jahrhundert die Geheimgesellschaften. Es ist bedeutsam, dass Bahrdt sich mit der Geburt der christlichen Pastoraltechnik in den *Briefen über die Bibel im Volkston* und der *Ausführung des Plans und Zwecks Jesu* beschäftigte, die die Form eines Bildungs- und dann die eines Geheimbundromans annehmen. In den *Briefen* entwirft Jesus den Plan, eine Geheimgesellschaft zu errichten, die aus den Evangelisten besteht und ihm bei der öffentlichen Ausbreitung seiner geheimen Lehre helfen soll. Zweck dieses Geheimordens ist,

> die Menschheit nach und nach von dem Joche des Aberglaubens und des Priesterbetrugs zu befreien und durch Ausbreitung der reinern Vernunftkenntnisse, die Welt zu bilden, die Sitten zu verfeinern, die Herzen sanfter und wohlwollender zu machen und durch die vermehrte Summe des moralischen Guten die allgemeine Glückseligkeit zu vergrössern.
> (*B*, Bd. 2, S. 38)

[25] [Bahrdt:] *Geschichte des Prinzen Yhakanpol* (Anm. 20), S. 459.

In diesem Sinne können Bahrdts *Briefe über die Bibel im Volkston* im Licht der zeitgenössischen Debatte über die Tätigkeit der Geheimbünde gedeutet werden. Hochbedeutend in jenen Tagen war das Experiment des Illuminatenordens.[26] Insbesondere bemühten sich die Mitglieder dieser Geheimgesellschaft im arkanen Raum ihrer Minervalkirchen um neue Formen von Gouvernementalität (Foucault), die ihre reformistischen Interventionen in der profanen Welt prägen sollten.[27] Die Illuminaten wollten durch die Einnahme der politischen, pädagogischen und kulturellen Anstalten einen allgemeinen Moralisierungsprozess der deutschen Gesellschaft befördern.

Wie die 1782 von Adam Weishaupt verfasste *Anrede an die neu aufzunehmenden Illuminatos dirigentes* beweist, stand die Figur Jesu auch im Zentrum der Reflexionen der Illuminaten.[28] Wie bei Bahrdt, so hatte auch Jesus in der Rekonstruktion der Illuminaten verstanden, dass eine dauerhafte Reform der Gesellschaft sich nur mittelbar, d.h. durch eine entsprechende Sittenlehre durchsetzen könnte, die die Körper und die Gewissen der Einzelnen stufenweise modellieren könne:

> Dieser unser großer und unvergesslicher Meister Jesus von Nazareth erschien zu einer Zeit in der Welt, wo solche in allgemeinem Verderbnis lag, unter einem Volk, das den Druck der Knechtschaft von undenklichen Zeiten am nachdrücklichsten fühlte […]. Dieses Volk lehrte er die Lehre der Vernunft, und um sie desto wirksamer zu machen, machte er sie zur Religion, benutzte die Sage, die unter dem Volk ging und verband solche auf eine kluge Art mit der damals herrschenden Volksreligion und den Gebräuchen, in welche er das innerliche und wesentliche seiner Lehre verborgen. Die ersten Anhänger seiner Lehre sind keine weisen, sondern einfältigen, aus der untersten Klasse des Volks herausgewählte Männer, um

26 Vgl. Richard van Dulmen: *Der Geheimbund der Illuminaten. Darstellung, Analyse, Dokumentation*, Stuttgart-Bad Cannstatt 1975; Manfred Agethen: *Geheimbund und Utopie. Illuminaten, Freimaurer und deutsche Spätaufklärung*, München 1984; Stephan Gregory: *Wissen und Geheimnis. Das Experiment des Illuminatenordens*, Frankfurt a.M. 2009.

27 Vgl. Martin Mulsow: *Diskussionskultur im Illuminatenorden. Schack Hermann Ewald und die Gothaer Minervalkirche*, in: *Aufklärung* 26 (2016), S. 153-204.

28 Vgl. Florian Maurice: *Freimaurerei um 1800. Ignaz Aurelius Fessler und die Reform der Großloge Royal York in Berlin*, Tübingen 1997, S. 377.

> zu zeigen, dass seine Lehre allgemeine für alle Klassen und Stände der Menschen möglich und begreiflich sei: und dass es kein ausschließendes Vorrecht der Vornehmeren sei, den Wahrheiten der Vernunft Beifall zu geben, er zeigte nicht den Juden allein, sondern dem ganzen menschlichen Geschlecht durch die Beobachtung seiner Gebote den Weg zu seiner Errettung [.][29]

Es ist kein Zufall, dass sich die *Briefe über die Bibel im Volkston* allmählich von einem Bildungsroman zu einem Geheimbundroman wandeln. Die ersten Bände der *Briefe*, in denen das Motiv der christlichen Geheimgesellschaft auftaucht, erschienen im September 1782: Das war genau die Zeit, in der Bahrdt sich mit dem Thema der Freimaurerei beschäftigte, wie der Briefwechsel zwischen ihm und dem Illuminaten Franz Friedrich von Ditfurth zeigt.[30] Für den Plan der *Briefe* wurde Bahrdt wahrscheinlich genau vom Inhalt der *Anrede* des Illuminatenordens angeregt, obwohl er selbst kein Illuminat war. 1782 beklagte sich Adolph Freiherr von Knigge in einem Brief an Weishaupt, dass Bahrdt die ihm wahrscheinlich von Ditfurth anvertrauten Motive der *Anrede*, die ansonsten innerhalb des Systems der Illuminaten nur einigen fortgeschrittenen Eingeweihten bestimmt waren, durch die *Briefe über die Bibel im Volkston* öffentlich gemacht hatte.[31] Bei den Illuminaten, im geheimen Raum der Minervalkirchen, ging es um die Bildung einer geistigen Elite, die die politische Sphäre des Staats beeinflussen sollte. Es ging sozusagen um eine ‚Erleuchtung‘ – nicht zuletzt durch literarische Praktiken – der politischen Eliten, die dann nicht ‚von unten‘ durch Volksaufklärung im Sinne

29 [Adam Weishaupt:] *Anrede an die neu aufzunehmenden Illuminatos dirigentes* [1782], in: *Die neuesten Arbeiten des Spartacus und Philo in dem Illuminaten-Orden*, hg. von Ludwig Adolf Christian von Grolman, Leipzig 2007, S. 13-37, hier S. 30.

30 *Briefe angesehener Gelehrter, Staatsmänner, und anderer, an den berühmten Märtyrer D. Karl Friedrich Bahrdt seit seinem Hinweggehen von Leipzig 1769 bis zu seiner Gefangenschaft 1789*, Bd. 3, Leipzig 1798, S. 47 und S. 56.

31 Vgl. Daniel W. Wilson: *Geheimräte gegen Geheimbünde. Ein unbekanntes Kapitel der klassisch-romantischen Geschichte Weimars*, Stuttgart 1991, S. 291.

Bahrdts, sondern ,von oben' für das Wohl der Nation durch die Einführung von progressiven und liberalen Reformen wirken sollten.[32]

Dagegen entsprach Bahrdts mediale Operation, die an die Öffentlichkeit gerichtet war, dem Plan Jesu, „die Wahrheit, welche seither nur höchstens in einigen Schulen der Philosophen gewohnt hatte", auch „in die Hütten des unwissenden Volks zu verbreiten" (*A*, Bd. 5, S. 127), sowie dem späteren Projekt der „Deutschen Union", deren Ziel es war, „den großen Zweck des erhabenen Stifters des Christentums, Aufklärung der Menschheit und Dethronisierung des Aberglaubens […] durch eine stille Verbrüderung aller, die Gottes Werk lieben, durchzusetzen".[33] Die 1786 von Bahrdt in Halle gegründete geheime Korrespondenzgesellschaft der Deutschen Union versuchte Verleger, Autoren und Leihbibliotheken für den Plan des Geheimbunds zu gewinnen, um den deutschen Buchhandel zu erobern und so die Leserwelt im Sinne einer allgemeinen Aufklärung zu beeinflussen. Aber schon 1782, d.h. im Jahr der Veröffentlichung der *Briefe über die Bibel im Volkston*, schrieb Bahrdt an Ditfurth:

> Die Maurerei muß, wenn sie für Gutes in der Welt vollkommen wirksam werden und in dem edelsten Sinne die Leiterin der Menschheit werden soll, gleichsam einen Faden haben, an welchen sie alle Menschen, an denen ihr etwas gelegen ist – alle in allen Weltteilen ziehen kann und zwar so ziehen kann, daß kein Mensch es weiß, daß dies der Faden der Maurerei ist. [...] Und dieser unsichtbare Faden, diese Maske, dieses unmerkbare Treiben ist das Bücherwesen.[34]

Im diesem Licht bedeutet es, „den ersten Leben-Jesu-Roman"[35] als eine Mischung zwischen einem Bildungs- und einem Geheimbundroman zu

32 Vgl. Gianluca Paolucci: *Moderne Mysterien. Carl Friedrich Bahrdts „Deutsche Union" zwischen Geheimnis und Öffentlichkeit (mit einigen Anmerkungen über Schillers „Don Karlos")*, in: *Monatshefte für deutschsprachige Literatur und Kultur* 107/1 (2015), S. 1-25.

33 [Johann Joachim Christoph Bode:] *Mehr Noten als Text oder die Deutsche Union der Zwey und Zwanziger, eines neuen geheimen Ordens zum Besten der Menschheit. Aus einem Packet gefundener Papiere zur öffentlichen Schau gestellt durch einen ehrlichen Buchhändler*, Leipzig 1789, S. 30.

34 StA Hamburg 614–1/72 Gr. Loge Nr. 1303. Ich danke Reinhard Markner für den Hinweis auf diesen Brief und für die Übermittlung seines Wortlauts.

35 Kuhn: *Carl Friedrich Bahrdt* (Anm. 4), S. 219.

lesen, dass Bahrdt nicht nur die Bildung Jesu und seinen Plan für die Errichtung einer Geheimgesellschaft auf einer inhaltlichen Ebene geschildert hat, sondern dass er die *Briefe über die Bibel im Volkston* und dann die *Ausführung des Plans und Zwecks Jesu* als ästhetische und literarische Medien ansah, um sein Lesepublikum in einer ‚unsichtbaren' und ‚unmerklichen' Weise nach denselben Grundsätzen der voraufklärerischen Seelsorge Jesu und denen des Illuminatentums zu erleuchten.

Damit beweist Bahrdts Werk, inwiefern sich um die ‚romanhafte' Figur Jesu und seine Pastoraltechnik theologische, ästhetische, pädagogische und politische Diskurse der Spätaufklärung ansammelten, die noch heute bemerkenswert sind.

MIRIAM SEIDLER

„er glaubte auch der zu seyn, für den er sich gab“: Jesus von Nazareth in Christoph Martin Wielands Roman *Agathodämon*

Wer war Jesus von Nazareth? Was können wir aufgrund der schriftlichen Überlieferung durch die Evangelisten über die historische Persönlichkeit aussagen? Mit dem Beginn der kritischen philologischen Betrachtung der Bibel und der intensiven Auseinandersetzung mit der Bibeledition spielten diese Fragen zunehmend eine Rolle. Neben der Bibelkritik von Spinoza sammelte in Deutschland beispielweise der Lehrer und Pastor Johann Albrecht Bengel zu Beginn des 18. Jahrhunderts Unstimmigkeiten in den hebräischen Textvorlagen und in der Überlieferung der vier Evangelisten. Ihn beschäftigte die Frage, wie er der Urfassung der Evangelien am nächsten kommen könnte. Er entwickelte ein ausgefeiltes System, nach welchen Kriterien er welche Fassung bevorzugte und wie er die Veränderung der Überlieferung in Form einer Genealogie nachvollziehen konnte. Eines seiner zentralen Kriterien bestand darin, die auf den ersten Blick schwierigere Lesart der einfacheren vorzuziehen, weil er davon ausging, dass beim Abschreiben versucht wurde, den Text verständlich wiederzugeben und ihn der eigenen Sprache anzunähern. Dies war lediglich eine der Fehlerquellen, die es galt, im Vergleich der verschiedenen Fassungen aufzufinden. Dabei legte er aber immer auch den Grundsatz zugrunde, dass der Editor die schwierigere Lesart auch plausibel erläutern können müsse, d.h. eine sinnvolle Interpretation der Fassung geben können müsse, für die er sich letztendlich entschieden hatte. Damit stand im Rahmen der Bibeleditionen immer auch die Frage im Raum, welche überlieferten Erzählungen als faktische historische Ereignisse angesehen werden konnten, welche Gleichnisse und Predigten Jesus tatsächlich zugeschrieben werden konnten und wo u.U. die mündliche und schriftliche Tradierung Lesarten entwickelt hatten, die als falsch angesehen werden konnten.[1]

Es waren aber nicht nur kleinere Unstimmigkeiten, die die Philologen zunehmend irritierten, sondern die Inkohärenz der verschiedenen Erzählungen, die kaum zu einer kohärenten Erzählung verbunden werden konnten. Die erste Publikation, die dieses Unbehagen explizit in deutscher Sprache formulierte, war die *Apologie oder Schutzschrift für die vernünftigen Verehrer Gottes* des Hamburger Altphilologen Hermann Samuel Reimarus. Auszüge daraus publizierte Gotthold Ephraim Lessing in den Jahren 1774 bis 1778 auf Veranlassung der Kinder von Reimarus posthum in der Zeitschrift der Wolfenbütteler Bibliothek als *Fragmente eines Ungenannten*.

In seiner Vorrede beschreibt Reimarus das zunehmende Unbehagen, das ihm im Abgleich des Lehrsystems der Kirche mit den Erzählungen der Evangelien kam. Die Unfähigkeit, die Dreieinigkeit zu begreifen, die Grausamkeit des biblischen Gottes und der fragwürdige Charakter zahlreicher biblischer Protagonisten veranlassten ihn dazu, den Text einer kritisch-hermeneutischen Lektüre zu unterziehen. Das Ergebnis seiner objektiven Analyse der Ergebnisse führte zur radikalen Ablehnung aller Wundererzählungen und zu einer kritischen Sichtweise auf die Jünger Jesu. Er formulierte die sogenannte Betrugshypothese, nach der die Jünger 40 Tage nach Jesu Tod und damit zu einem Zeitpunkt, zu dem sein Leichnam nicht mehr identifiziert werden konnte, seine Auferstehung verkündeten.[2]

Der sich an die Publikation dieser These anschließende Fragmentenstreit, der zwischen dem Herausgeber Gotthold Ephraim Lessing und dem Hamburger Hauptpastor Johann Melchior Goeze geführt wurde, machte deutlich, dass es in der Untersuchung von Reimarus um mehr ging als um

1 Vgl. zu Johann Albrecht Engel und der Bibeledition des 18. und frühen 19. Jahrhunderts das Kapitel *Ein neues Neues Testament. Textkritik und Edition* in der Untersuchung von Daniel Weidner: *Bibel und Literatur um 1800*, München 2011, S. 63-95.

2 Hermann Samuel Reimarus: *Apologie oder Schutzschrift für die vernünftigen Verehrer Gottes*, geschrieben 1735-1767/1768, als Gesamtwerk bekannt seit 1814, erstmals vollständig gedruckt im Insel-Verlag: Frankfurt a.M. 1972.

die kritische Auseinandersetzung mit einem Text. Es war das christlich-moralische Weltbild in Frage gestellt.

So verwundert es nicht, dass in der Folge nicht nur die philosophisch-theologische Frage, was Religion sei, sondern auch die Auseinandersetzung mit der Person Jesus von Nazareth ebenso wie die Suche nach Kriterien für die Glaubwürdigkeit der Evangelisten heftig diskutiert wurden. Neben explizit wissenschaftlichen Abhandlungen entstanden in der zweiten Hälfte des 18. Jahrhunderts Nacherzählungen des Lebens Jesu, die versuchten, seine außerordentliche Persönlichkeit, die ihm zugeschriebenen Wunder und v.a. die in den Evangelien beschriebene Auferstehung des am Kreuz Gestorbenen plausibel zu erklären. Diese literarischen Texte begründeten die Gattung der Leben-Jesu-Nacherzählung.[3] Als erstes Beispiel dafür gilt in der Forschung Carl Friedrich Bahrdts Roman *Ausführung des Plans und Zwecks Jesu*, aber auch Johann Gottfried Herders Abhandlung *Vom Erlöser der Menschen*[4] kann als Beitrag zu dieser Gattung gewertet werden.

> Ich kann es nicht bis nach der zweiten Lesung anstehen lassen, Liebste Freundin, Ihnen mein hertzlichstes Wohlgefallen an dem im eigentlichsten Verstand unvergleichlichen Buch unsers theuren Herders, *Über den Erlöser,* zu bezeugen, wiewohl ich noch zu voll davon bin, um was genugthuendes darüber sagen zu können.
> Für mich ist das große Problem durch diese Darstellung, und Solution seiner schwierigsten Knoten so rein aufgelöst, als es, meines Erachtens, 1800 Jahre nach den Ereignissen Selbst, nur immer möglich ist, und die bey der Rechnung unvermeidlich wegfallenden kleinen Brüche, wenn ichs so nennen kann, hindern mich nicht, überzeugt zu seyn, daß der reinste und gesundeste Menschenverstand sich an dieser Auflösung genügen lassen kann und muss.[5]

[3] Vgl. zur Gattungsgeschichte der Leben-Jesu-Forschung Albert Schweitzer: *Geschichte der Leben-Jesu-Forschung*, Tübingen ^{9}1984; Elisabeth Kurth: *Von der Evangelienparaphrase zum historischen Jesusroman,* Frankfurt a.M. 1993.

[4] Johann Gottfried Herder: *Vom Erlöser der Menschen. Nach unseren drei Evangelien*, Riga 1796.

[5] Christoph Martin Wieland an Maria Karoline Herder, Weimar, vermutlich Mitte September 1796, in: *Wielands Briefwechsel*, Bd. 13.1, hg. von der

Mit diesen enthusiastischen Worten bekundete Christoph Martin Wieland in einem Brief an Karoline Herder seine Begeisterung nach der Lektüre von Herders Abhandlung *Vom Erlöser der Menschen*. Zwar finden sich in den wenigen Briefen, die zwischen der Familie Herder und Wieland während der Zeit, die beide Familien in Weimar lebten, gewechselt wurden, immer wieder enthusiastische Reaktionen auf Arbeiten des Kollegen – so wurde Wieland beispielsweise überschwänglich für seine Rezension der *Xenien* von Goethe und Schiller gelobt[6] –, aber dennoch verwundert dieser Brief in seiner ausführlichen Begründung. Was hat Wieland an Herders Leben-Jesu-Beschreibung so sehr begeistert, dass er mit seinem Lob nicht bis zum nächsten Treffen warten konnte? Und welche Bedeutung hat es, dass er mit der Metapher der Lösung der schwierigsten Knoten eine Formulierung aufnimmt, die in der Vorrede seines Romans *Agathodämon*,[7] der ebenfalls eine Erzählung des Lebens Jesu enthält, eine zentrale Rolle spielt? Greift der Philosoph und Schriftsteller Christoph Martin Wieland die Jesus-Darstellung des Theologen Herder in seinem eigenen Werk auf oder setzt er andere Akzente in der Zeichnung der Person Jesus von Nazareth? Diesen Fragen soll im Folgenden nachgegangen werden, um damit einen Blick auf die literarische Antwort auf die Diskussion um die historische Person Jesus von Nazareth im Werk Wielands und im ausgehenden 18. Jahrhundert zu werfen.

Berlin-Brandenburgischen Akademie der Wissenschaften durch Siegfried Scheibe, unter Mitarbeit von Klaus Gerlach, Berlin 1999, S. 362.

6 Maria Karoline Herder an Christoph Martin Wieland, Weimar, 10. Januar 1797, in: *Wielands Briefwechsel*, Bd. 13.1 (Anm. 5), S. 485.

7 In der Vorrede schreibt Hegesias an seinen Freund: „Hier, lieber Timagenes, sende ich dir die verlangte Erzählung meines Abenteuers (wenn ich es anders so nennen kann) mit dem außerordentlichen Manne, den ich in einer beynahe unzugangbaren Einöde der weißen Berge kennen lernte. / Billig mußte die geheimnißvolle Art, wie ich dieser Begebenheit bey unsrer neulichen Unterredung erwähnte, deine Neugier um so viel höher spannen, da ich die Auflösung des verwickelten Knotens, der uns damahls beschäftigte, in ihr gefunden zu haben versicherte, ohne mich in eine nähere Erklärung einlassen zu wollen." – Christoph Martin Wieland: *Agathodämon in sieben Büchern. Est Deus in nobis, agitante calesciumus illo*, hg. von Jan Philipp Reemtsma, Hans und Johanna Radspieler, Frankfurt a.M./Leipzig 2008, S. 3. Aus dieser Ausgabe wird im Folgenden mit der Sigle *A* und Seitenzahl im Text zitiert.

Agathodämon – der gute Geist – heißt Wielands 1799 erschienener Roman. Als Agathodämon wird die historische Person Apollonius von Tyana (um 3 n. Chr. in Tyana - 97 n. Chr., vermutlich in Ephesos) bezeichnet. Dessen Biographie hat Wieland vermutlich in der 1774 publizierten französischen Übersetzung von Jean de Castillon – versehen mit einem Kommentar des Engländers Charles Blount aus dem Jahr 1680 und einem Vorwort von König Friedrich II. – gelesen, die sich in seiner Bibliothek befand.[8]

Besonders an Apollonius von Tyana ist die Überlieferungsgeschichte seiner Biographie. Apollonius war Zeitgenosse von Jesus von Nazareth. Mehr über die historische Persönlichkeit auszusagen, fällt heute schwer, da um seine Person ein Deutungsstreit entbrannt ist, dessen wahre Quellen nur schwer zu eruieren sind. Heute geht man zudem davon aus, dass die überlieferten Schriften des Apollonius selbst – seine Briefe, eine Lebensbeschreibung des Pythagoras, eine Schrift *Über das Opfer* und sein Testament – zum großen Teil Fälschungen sind.[9]

Die erste erhaltene Lebensbeschreibung des Apollonius verfasste Flavius Philostratos aus Lemnos (165/170-244/269 n. Chr., genannt auch Philostratos der Ältere oder Philostratos II.) um 220 n. Chr. im Auftrag der Kaiserin Julia Domna, der Gemahlin des Kaisers Septimius Severus.[10] Dabei beruft er sich wiederholt auf einen Schüler und Begleiter des Apollonius mit dem Namen Damis. Dieser habe die „Gedanken, Reden und Weissagungen“ seines Lehrers aufgezeichnet und bestätige damit als Augenzeuge die Authentizität des erzählten Lebensberichts. Allerdings hebt Philostrat hervor, dass diese Schriften nicht für die Lektüre geeignet

8 Yvonne Häfner: *Die Herder-Kant-Querelle im Spiegel von Wielands „Agathodämon“*, in: *Wieland-Studien* 7 (2012), S. 1-18, hier S. 8.

9 Vgl. Erikki Koskenniemi: *Apollonios von Tyana in der neutestamentlichen Exegese. Forschungsbricht und Weiterführung der Diskussion*, Turku 1992, S. 3ff.; Johannes Hahn: *Weiser, göttlicher Mensch oder Scharlatan? Das Bild des Apollonius von Tyana bei Heiden und Christen*, in: *Literarische Konstituierung von Identifikationsfiguren in der Antike*, hg. von Barbara Aland, Johannes Hahn und Christian Ronning, Tübingen 2003, S. 87-110, hier S. 90.

10 Julia Domna nennt Philostratos selbst als Auftraggeberin. Vgl. Philostratos: *Das Leben des Apollonios von Tyana. Griechisch-Deutsch*, hg., übersetzt und erläutert von Vroni Mumprecht, München/Zürich 1983, S. 17.

seien, denn „[d]er Mann von Ninive [d.h. Damis] war zwar in seiner Darstellung sehr genau, aber nicht gerade geschickt und gewandt in der Formulierung.“[11] Mit dieser Kritik der Schrift des Damis hebt Philostrat nicht in erster Linie seine eigene Kunstfertigkeit hervor, vielmehr weist Thomas Schirren darauf hin, dass hier eine Umkehrung der Eigenschaften für Philostrats eigenes Werk angenommen werden kann. Er schreibt einen guten Stil, ist dafür aber in der Rekonstruktion extratextueller Sachverhalte nicht korrekt,[12] weil er die Bedeutung der Biographie des Apollonius herausstellen möchte und sich dabei mehr an den inneren Notwendigkeiten der Darstellung der Persönlichkeit (und vermutlich auch an den Erwartungen seiner Auftraggeberin) orientiert. Heute ist sich die Forschung weitgehend einig, dass gerade in der Differenzierung zwischen Fakten und Fiktionen die Funktion der Figur des Damis besteht. Sie hebt einerseits den Kunstcharakter der Lebensbeschreibung hervor und dient zugleich entgegen der offensichtlichen Betonung der Augenzeugenschaft als Fiktionsmarker.[13] Damit berührt die Debatte um die Person des Apollonius immer auch Fragen der Glaubwürdigkeit der Quellen in Bezug auf die Darstellung der historischen Person, wie sie im Fragmentenstreit[14] im Hinblick auf die Glaubwürdigkeit der Evangelien in der Beschreibung von Jesus von Nazareth kontrovers diskutiert wurde.

11 Ebd.

12 Vgl. Thomas Schirren: *Philosophos Bios. Die antike Philosophenbiographie als symbolische Form. Studien zur „Vita Apllonii“ des Philostrat,* Heidelberg 2005, S. 47.

13 Ebd., S 44ff. Schirren weist an verschiedenen Textstellen nach, dass im Zusammenhang mit Damis von Philostrat Fiktionalitätsmarker eingesetzt werden. Bereits die narrative Einführung des Damis, statt lediglich auf die von ihm übernommenen Quellen zu verweisen, ist ein solcher Marker. Hinzu kommt das Alter des Damis, das bei der letzten Niederschrift weit über 80 Jahre gewesen sein müsste, und auch die genannten Täfelchen, die er während der Reisen beschrieben hat, müssten eine enorme Fülle haben, wenn sie die Erlebnisse von rund 60 Jahren dokumentieren sollten.

14 Vgl. Markus Buntfuß: *Briefe, das Studium der Theologie betreffend, Briefe an Theophron, Entwurf der Anwendung dreier Akademischer Jahre für einen jungen Theologen*, in: *Herder-Handbuch*, hg. von Stefan Greif, Marion Heinz und Heinrich Clairmont, Paderborn 2016, S. 351-360, hier S. 351.

Dass mit der Frage nach der Glaubwürdigkeit der Erzählung immer auch das Weltbild des Erzählers zur Disposition steht, zeigt sich in der Überlieferungsgeschichte der Biographie des Apollonius. Zu Beginn des 4. Jahrhunderts verfasste Hierokles, „ein hoher kaiserlicher Beamter und maßgeblicher Beteiligter der diokletianischen Christenverfolgung",[15] auf der Basis der Lebensbeschreibung von Philostrat eine Schrift mit dem Titel *Philaletes*, Freund der Wahrheit. Diese verfolgte das Ziel, die „Einzigartigkeit Christi als göttlichen Menschen"[16] in Frage zu stellen, indem beide Persönlichkeiten gegenübergestellt wurden. Vonseiten der Christen reagierten verschiedene Autoren, u.a. der Schriftsteller Eusebius mit seiner Schrift *Gegen die Lebensbeschreibung des Apollonius, verfaßt von Philostrat, anläßlich der von Hierokles gezogenen Parallele zwischen jenem und Christus*, auf diese Gegenüberstellung.[17] Ist die Schrift des Hierokles heute verschollen, so kann lediglich aus der Schrift des Eusebius deren Stoßrichtung vermutet werden.

Geht die Forschung davon aus, dass es sich bei *Agathodämon* wie auch bei dem 1791 erschienenen *Peregrinus Proteus* um eine „philologische ‚Rettung' einer historisch übel beleumdeten Person"[18] handelt, so lässt die Überlieferungsgeschichte[19] und v.a. die intensive Auseinan-

[15] Hahn: *Weiser, göttlicher Mensch oder Scharlatan* (Anm. 9), S. 88.

[16] Ebd.

[17] Vgl. Koskenniemi: *Apollonios von Tyana* (Anm. 9), S. 7.

[18] Jutta Heinz: *Peregrinus Proteus*, in: *Wieland-Handbuch. Leben – Werk – Wirkung*, hg. von Jutta Heinz, Stuttgart/Weimar 2008, S. 305-314, hier S. 305. So auch Horst Thomé (*Religion und Aufklärung in Wielands „Agathodämon". Zu Problemen der ‚kulturellen Semantik' um 1800,* in: *Internationales Archiv für Sozialgeschichte der deutschen Literatur* 15/1 (1990), S. 93-122, hier S. 93), der Wielands Roman als Revision der Biographie des Philostrat liest, und Wolfgang Albrecht (*Wielands „Agathodämon". Wege der Aufklärung in Glauben an Humanität und Fortschritt*, in: *Weimarer Beiträge* 33 (1987), S. 599-615, hier S. 599). Jüngst hat Marco Bunge-Wiechers im Hinblick auf Wielands gesamtes Spätwerk von „Rettungen" oder zumindest „Richtigstellungen" gesprochen (Marco Bunge-Wiechers: *Wielands „Agathodämon" als Apologie des Trugs*, in: *Verteidigung als Angriff. Apologie und ‚Vindicatio' als Möglichkeiten der Positionierung im gelehrten Diskurs*, hg. von Michael Multhammer, Berlin/Boston 2015, S. 201-228, hier S. 221).

[19] Pierre Bayle: *Apollonius, von Tyana*, in: Ders.: *Historisches und Critisches Wörterbuch*, nach der neuesten Auflage von 1740 ins Deutsche übersetzt,

dersetzung mit Jesus von Nazareth und der Urkirche vermuten, dass Apollonius aus einem anderen Grund für Wieland interessant war. Am Beispiel der als außergewöhnlich markierten Persönlichkeit – Apollonius galt als „einziger heidnischer Wundertäter seiner Zeit“[20] – konnte er die Bedingungen und Möglichkeiten des Weltbezugs seines Schreibens wie auch des biographischen Schreibens reflektieren, ohne dabei explizit auf zeitgenössische Themen eingehen zu müssen. Zugleich bot ihm die Gegenüberstellung von Jesus von Nazareth und Apollonius von Tyana die Möglichkeit, über das Verhältnis von Religion und Gesellschaft nachzudenken, ohne explizit auf aktuelle Ereignisse und Diskussionen Bezug zu nehmen. Wie sehr der Roman aber von den Diskursen des ausgehenden 18. Jahrhunderts geprägt ist und dass das von Wieland entworfene Jesusbild das Ringen mit der eigenen Gegenwart spiegelt, soll im Folgenden gezeigt werden.

Die Erzählung von Ziegenhirten über den geheimnisvollen Agathodämon veranlasst den neugierig gewordenen Arzt und Naturforscher Hegesias von Cydonia dazu, in den Bergen Kretas nach dieser wundersamen Gestalt zu suchen. Er trifft auf einen weisen alten Mann, der sich im Lauf der Erzählung als Apollonius von Tyana entpuppt. Besorgt um seinen Ruf in der Nachwelt, macht Apollonius Hegesias zu seinem Biographen und erzählt ihm seine Lebensgeschichte. Damit entwirft Wieland nicht nur ein Sittengemälde des untergehenden Römischen Reiches, sondern reflektiert zugleich (auto-) biographisches Erzählen, denn Hegesias kennt bereits die Biographie des Damis. So ist die Erzählung auch eine Aufdeckung der Täuschungen der Wahrnehmung des Biographen Damis wie auch der bewussten Selbstdarstellung und Täuschung durch Apollonius selbst.[21] Letztere zielten darauf ab, heidnische Kulte zu erneuern und das Ansehen

auch mit einer Vorrede und verschiedenen Anmerkungen versehen von Johann Christoph Gottsched, Band I: A-B, mit einem Vorwort von Erich Beyreuther, Nachdruck der Ausgabe von 1741, Hildesheim/New York 1974, S. 268-271. Bayle geht in Bezug auf die Überlieferungsgeschichte ausführlich auf die Aussagen des Philoktet selbst ein und nennt dann den Streit zwischen Eusebius und Hierokles vor allem in Bezug darauf, dass die Heiden die Wundertaten des Apollonius mit denen Jesu gleichgesetzt haben.

20 Koskenniemi: *Apollonios von Tyana* (Anm. 9), S. 10.

21 Vgl. zur Bedeutung der Täuschung für Struktur und Gehalt des Romans: Karl-Heinz Ihlenburg: *Wielands „Agathodämon“*, Greifswald 1957.

seiner Person zu stärken. Wird der antike Wundertäter einerseits entzaubert, zeigt auf der anderen Seite der von ihm entwickelte Orden Züge eines Geheimbundes, der das gesamte Reich umfasst: ein geheimes Netzwerk, das durchaus dem der Urkirche vergleichbar ist. Am Ende seines Berichts steht allerdings kein positiver Blick auf seine Lebensleistungen, sondern eine Bankrotterklärung des Sechsundneunzigjährigen: „Kann ich, wenn ich in mein ganzes langes Leben hinter mir zurück schaue, mit mir selbst zufrieden seyn?“ (*A*, S. 196) – so fragt er sich selbst im Gespräch mit Hegesias und beantwortet die Frage mit einem expliziten „Nein“. Zu diesem Urteil kommt er, weil es einen Zeitgenossen gibt, der die Maßstäbe erfüllen kann, die er selbst nicht erreicht hat,

> der das *war*, was ich schien, und der bloß durch das *was er war*, ohne alle Geheimanstalten, Kunstgriffe und Blendwerke, auf den geradesten Wege und durch die einfachsten Mittel, zum Heil der Menschheit zu Stande bringen wird, was ich vermutlich durch die meinigen verfehlte.
> (*A*, S. 199f.)

Die Figur, die hier als Kontrastfigur zu Apollonius eingeführt wird, ist Jesus von Nazareth. Damit nimmt der Roman eine bemerkenswerte Wende. Es geht nun nicht mehr ‚nur‘ um die Frage nach der Wahrheit einer biographischen Darstellung, sondern um die Gründungserzählung der christlichen Religion. Diese reflektiert auch insofern die Situation des ausgehenden 18. Jahrhunderts, als Apollonius diesem Jesus von Nazareth nie begegnet ist. Er hörte in Jerusalem kurz nach seiner Hinrichtung von ihm, interessierte sich aber wenig für diesen „jungen Rabbi“, dem das „Lesen der alten Seher und Weissager seines Volks den Kopf ein wenig verrückt habe“ (*A*, S. 207), wie ihm ein Römer aus dem Gefolge des Pilatus berichtete. Erst dreißig Jahre später, als die Bewegung der Christianer an Einfluss gewann, begann er sich mit deren Zielen und deren Gründer zu beschäftigen. Seine Kenntnisse bestehen neben den Augenzeugenberichten aus der Zeit der Hinrichtung aus den Schriften, die er über Jesus erhalten konnte:

> Ich wenigstens, nachdem ich die Geduld gehabt, mehr als funfzig dieser so genannten Evangelien zu durchlesen, fand, um mich an einem der besten Sterblichen, die je gelebt haben, nicht eben so schwer als an der Wahrheit überhaupt zu versündigen kein

> anderes Mittel, als alles Wunderbare, Übernatürliche und Unverständliche, zugleich mit den Widersprüchen und handgreiflichen Ungereimtheiten auf die Seite zu legen, und mich bloß an das rein Menschliche, Verständliche, Konsequente und unmittelbar zu meinem Wahrheitssinn und Herzen Sprechende zu halten. (*A*, S. 222f.)

Auf der Grundlage dieser methodischen Reflexion entwirft Apollonius von Tyana eine sehr eindrückliche Charakterbeschreibung von Jesus von Nazareth. Beschreibt er sich selbst als Schauspieler, der die Menschen zu verbessern suchte, indem er ihnen eine Religion anbot, an die er selbst nicht glaubte, so zeichnet sich Jesus in seiner Beschreibung v.a. durch Wahrhaftigkeit aus:

> Er hingegen trug den Gott, von welchem er sich gesandt glaubte, in seinem Busen. Nenn' es immerhin Enthusiasm, genug es war *kein geheuchelter*: sein Gott lebte und webte in ihm, sprach aus ihm, wirkte durch ihn, war der herrschende Gedanke seiner Seele, der Gegenstand seiner innigsten Anhänglichkeit, seines lebendigsten Zutrauens, sein Bewegungsgrund, sein Zweck, sein Mittel. Was er that, glaubte er *durch Gott bloß um Gottes willen* zu thun, und ich bin versichert, daß er eben dadurch viel *wunderbares* that [.]
> (*A*, S. 224)

Konsequenz aus diesem innigen Verhältnis zu Gott ist, dass er ihn „nicht anders als seinen Vater denken konnte; denn er fühlte sich selbst als seinen Sohn“ (*A*, S. 224). Aus dieser emotionalen Bindung leitet sich dann auch der unbedingte Gehorsam ab, den Jesus seinem ‚Vater‘ bis zum Tod am Kreuz entgegenbringt. Diese persönliche, emotionale Bindung an einen Vatergott reformierte zugleich das Bild des „strengen, eifersüchtigen, launenvollen […] Nazionalgott[es]“ (*A*, S. 225) der Juden zu einem allgemeinen Vater, dessen Reich allen offensteht, die ihm mit Liebe zugetan sind (vgl. *A*, S. 225).

Diese einfache Religionsformel, die die Menschen als freie Wesen definiert und sie nur darauf verpflichtet, Gutes zu tun, fasziniert nicht nur Apollonius. Sie beschäftigte auch die Zeitgenossen Wielands, denn sie entspricht der moralischen Begründung der natürlichen Religion, wie sie beispielsweise Kant in seiner Schrift *Die Religion innerhalb der Grenzen der bloßen Vernunft* beschreibt. Apollonius charakterisiert Jesus als die

„Person gewordene Idee des Guten".[22] Dies verkörpert er aus seinem Glauben heraus, für den er keinen Beweis außer seiner eigenen Gewissheit benötigt und durch den er das Böse besiegt.

Aus dieser unbedingten inneren Gewissheit heraus kann Jesus selbst nur von seiner eigenen Auferstehung durch einen Gnadenakt Gottes ausgehen. Wenn Apollonius selbst diese subjektive Wahrheit von einem psychologischen Standpunkt aus nachvollziehen kann, so erkennt er diese nicht als objektive Wahrheit an.[23] Er negiert das Auferstehungswunder als Scheintod und gibt verschiedene logische Erklärungen, wie dieser von Jüngern und Weggefährten ermöglicht und vertuscht wurde. Implizit formuliert der Text so die Betrugshypothese, ohne diese explizit zu benennen. Damit füllt Wieland eine entscheidende Lücke in der Interpretation Herders. Dieser beruft sich auf die Vorhersagen des Alten Testaments und folgt in seiner Darstellung des Leben Jesu den ersten drei Evangelien und zitiert diese, ohne eine Erklärung für die Auferstehung anzubieten. Jedoch erklärt er die Schriften der Evangelisten aus deren Glauben an die Weissagungen des Alten Testaments und ihre Prägungen durch die Form dieser Schriften. Die Evangelien – so die These Herders – können nur aus der jüdischen Tradition heraus verstanden werden und dürfen nicht mit zeitgleich verfassten lateinischen oder griechischen Schriften verglichen werden.[24]

Durch die Wahl der zeitgenössischen, in der griechischen Tradition verhafteten Erzählerfigur kann Wieland die mangelnde literarische Qualität der Schriften hervorheben, deren Wirklichkeitsbezug zur Diskussion stellen und damit eine Lesart anbieten, die Jesus als Ausnahmegestalt markiert, ohne an seinen Wundertaten festzuhalten. So schließt er auf sehr plausible Weise an den Ansatz, den Reimarus und Herder verfolgt hatten, in seiner fiktiven Erzählung an. Durch die textinterne Gegenüberstellung

22 Immanuel Kant: *Die Religion innerhalb der Grenzen der bloßen Vernunft*, Frankfurt/Leipzig 1793. Vgl. hierzu auch Otfried Höffe: *Einführung in Kants Religionsschrift*, in: *Immanuel Kant. Die Religion innerhalb der Grenzen der bloßen Vernunft*, hg. von dems., Berlin 2011, S. 1-28.

23 Neu an der Gestaltung der Jesus-Figur ist, dass es für seine Schwärmerei keine Anregung von außen gibt, sondern diese aus ihm heraus und aus seinen ureigensten Überzeugungen entsteht.

24 „Jeder Geschichtsschreiber gehört seiner Nation, Zeit und Sprache, und ein Biograph Dem selbst zu, dessen Leben er beschreibet." – Herder, *Vom Erlöser der Menschen* (Anm. 4), S. 149.

mit Apollonius und die kritischen Rückfragen des Dialogpartners Hegesias gewinnt der Roman seine Spannung, denn es werden Ereignisse verhandelt, die dem Leser aus seiner eigenen Bibellektüre bekannt sind. Die Verortung des historischen Jesus im jüdischen Glauben macht seine Rolle als „[j]üdische[r] Religions- und Sittenverbesserer“ (*A*, S. 223) glaubhaft. Als Kind seiner Zeit ist sein Antrieb nicht der von der Institution Kirche vertretene Anspruch, ihn als Religionsgründer zu beschreiben, sondern Ausgangspunkt seines Wirkens ist die moralische Verbesserung der Menschheit.

Hatte bereits die Auseinandersetzung mit dem Aberglauben, die in der Berührungsangst der Hirten mit dem ‚Agathodämon‘ einen bezeichnenden Ausdruck fand, die Nähe des historischen Hintergrunds zum ausgehenden 18. Jahrhundert vor Augen geführt, so ist die Zeitdiagnose, mit der Apollonius den Erfolg Jesu erklärt, auf das 18. Jahrhundert übertragbar:

> Daß die Verdorbenheit der Sitten, und ihre Quelle, das Verderbniß des Herzens, die Gleichgültigkeit gegen das, was wahr und recht ist, die Verachtung alles dessen, was unsern Vorfahren heilig war, die über alle Grenzen der Mäßigung und der Natur selbst getriebene Wuth nach thierischen Befriedigungen, der Egoism, der sich alles erlaubt und alles an sich zu ziehen sucht, und seine natürlichste Folge, ein durchgängiger Mangel an Humanität bey der größten Verfeinerung des Äußerlichen, unter den Großen und Reichen, und eine zu jedem Bubenstück bereitwillige Ruchlosigkeit bey dem größten Hang zum Aberglauben und Dämonism, unter dem gemeinen Volke – daß diese bis ins innerste Mark der Menschheit eingedrungene moralische Verdorbenheit zu unsern Zeiten in der ganzen civilisierten Welt auf einen fürchterlichen Grad gestiegen sey, ist eine traurige Thatsache, die kein verständiger Mensch zu läugnen begehren wird. Was soll endlich aus einem solchen Zustande werden? ist eine Frage, wobey jeden nicht ganz gefühllosen Menschen ein Schauder überfällt. Wie kann geholfen werden? ist eine andere Frage, die auch den weisesten Mann in Verlegenheit setzt.
> (*A*, S. 233f.)

Die konstatierte Verkommenheit seiner Zeitgenossen, die in den niederen Volksklassen durch mangelnde Bildung noch verschärft wird, ruft nach einer Persönlichkeit, die den Glauben erneuert, denn – so die Interpretation des alten Mannes – nur die Religion kann auf die „rohern, wenig gebildeten, unterdrückten, und, wenn sie ja noch fühlen, sich unglücklich fühlenden Klassen" (*A*, S. 235) einwirken. Allerdings muss auch die Religion zeitgemäß sein. Die Erneuerung der heidnischen Tradition, die Apollonius selbst vorangetrieben hat, musste scheitern, weil sich auch die Religion weiterentwickeln und sich der Entwicklung der Menschheit anpassen muss. Diese These entwickelt Wieland ebenfalls an anderem Ort. Veranschaulicht wird sie allerdings in diesem fiktiven Text in der Gegenüberstellung der beiden religiösen Führer Apollonius und Jesus, die nicht in erster Linie intellektuell, sondern emotional, im Mitgefühl für die Position des gescheiterten Apollonius, vom Leser nachvollzogen werden soll. Zwischen beiden Persönlichkeiten besteht ein fundamentaler Unterschied. Bereits in seiner Selbstcharakterisierung im ersten Buch beschreibt sich Apollonius als einen Menschen, der einerseits von einer Ruhmgier getrieben ist, andererseits Rollen übernimmt und diese perfekt spielt, ohne sein wahres Ich dabei zu erkennen zu geben. Das macht ihn nicht nur als Erzähler verdächtig, sondern stellt ihn auch in fundamentale Opposition zu Jesus von Nazareth. Dieser erfüllt alle Eigenschaften, die Apollonius dem Vertreter einer Religion zuschreibt, die alle Volksschichten anspricht. Er sollte nicht nur aus einer monotheistischen Religion kommen, sondern zugleich

> ein Mann von ungewöhnlichen Naturgaben, von sanftem und herzgewinnendem, aber zugleich unerschütterlich festem Karakter, und von untadeligem Wandel seyn. Er müßte von Jugend an einen so entschiedenen *Beruf* zu dem Werke, wozu er bestimmt wäre, in *sich fühlen*, daß *er selbst* in seine göttliche Sendung nicht den geringsten Zweifel setzte.
> (*A*, S. 237)

Logische Konsequenz ist, dass Jesus der religiöse Führer ist, den seine Zeit verlangt. Dabei ist seine Berufung keine rationale Entscheidung, die Welt zu verbessern, wie Apollonius sie in seiner Jugend getroffen hat, sondern aus dem Gefühl seiner göttlichen Sendung heraus erwachsen. Somit wird er unangreifbar in seinem Tun. Die Selbstzweifel, die Apollonius plagen, der als religiöser Führer politische Ziele verfolgte, sind daher aus seiner psychologischen Disposition heraus verständlich und für die Person Jesu undenkbar. Die Beeinflussung der Religion durch die Politik stellt einen der zentralen Kritikpunkte des Apollonius an der Urkirche und der weiteren Entwicklung des Christentums dar. Wenn der von Jesus verkündete Glaube durch eine Institution vereinnahmt wird, dann verändert sich die Lehre und richtet sich an den Bedürfnissen der Institution aus.[25]

Was ist die Absicht, die Wieland mit seinem Roman über Apollonius von Tyana verfolgt? Möchte er lediglich einen narrativen Beitrag zur aktuellen philosophisch-theologischen Diskussion liefern? Bearbeitet er – wie Sengle vermutet – seine eigenen Glaubenszweifel?[26]

Aufschluss darüber, in welche Richtung der Leser denken muss, gibt vielleicht Wielands Selbstkommentar, mit dem er das Manuskript an seinen Verleger Georg Joachim Göschen schickt:

> Ich habe das ganze Buch mehr als sechsmahl von neuem durch- und einige Hauptstellen ganz umgearbeitet, und des Feilens und Polierens wollte kein Ende werden. Nun ist es – wie es ist; ich bin mit mir selbst zufrieden, denn ich weiß daß ich als Mensch, als schriftstellerischer Volkslehrer und als Dichter mein bestes und also meine Schuldigkeit gethan habe. Mögen Sie, Mein Freund, nun eben so viel Freude daran haben können als ich selbst![27]

Wie um jeden seiner Romane, so hat auch Wieland lange um diesen Text gerungen. Interessanterweise versteht er sich nicht nur als Schriftsteller, sondern zugleich als „schriftstellerische[n] Volkslehrer". So verwundert es nicht, dass sein Roman zugleich psychologisierende Charakterstudie und Metabiographie ist. Die Absicht, die er damit verfolgt, ist weniger zu unterhalten als zu belehren. Diese didaktische Zielrichtung bezieht sich auf zweierlei: Zum einen ist die Metakritik des (auto-) biographischen Schreibens, die mit einer kritischen Bewertung des Wahrheitsgehalts jeder Wahrnehmung einhergeht, zentrales Thema des Romans. Damit gibt Wieland dem Leser einen Kriterienkatalog zur Bewertung von Narrativen

[25] Vgl. zur Trennung von Religion und Staat bei Wieland auch Carsten Jakobi: *Zwischen französischem Materialismus und funktionaler Rechtfertigung des Glaubens. Zur Religionskritik in Christoph Martin Wielands Romanen*, in: *Germanisch-Romanische Monatsschrift* 56/4 (2006), S. 405-428, v.a. S. 425.

[26] Friedrich Sengle: *Wieland. Mit 23 Bildern und Beilagen,* Stuttgart 1949, S. 479.

[27] Christoph Martin Wieland an Georg Joachim Göschen, Osmantinum, 28. Februar 1799, in: *Wielands Briefwechsel*, Bd. 14.1, hg. von der Berlin-Brandenburgischen Akademie der Wissenschaften durch Siegfried Scheibe und Hans Werner Seiffert, Berlin 1963, S. 461.

an die Hand, den er auch auf andere fiktive und v.a. faktuale Texte anwenden kann.

Zum anderen bezieht Wieland ausdrücklich Stellung in Bezug auf die aktuelle theologische Diskussion. Er wendet sich gegen die Vorschriften der Institution Kirche und tritt für eine am Deismus orientierte Vernunftreligion ein. Eine wichtige Schrift aus dieser Zeit trägt den Titel *Von der Freiheit des Gebrauchs der Vernunft in Glaubenssachen*. Hier setzt Wieland sich vehement für eine natürliche, auf Vernunft begründete Religion ein. Diese kennt nur zwei Glaubenswahrheiten:

> Der Glaube an Gott, nicht nur als an die erste Grundursache aller Dinge, sondern auch als unumschränkten und höchsten Gesetzgeber, Regenten und Richter der Menschen, macht, nebst dem Glauben an einen künftigen Zustand nach dem Tode, die ersten Grundartikel der Religion aus.[28]

Wie der freie Gebrauch „der Vernunft in Glaubenssachen“ konkret aussehen kann, führt Wieland am Beispiel der Figur Apollonius von Tyana vor. Dieser wird nicht nur als einer der führenden Denker seiner Zeit eingeführt, sondern zugleich als von einer „ziemlich ruhigen Neugier“ (*A*, S. 59) beherrscht, die ihn immun gegen jede Form der Emotion macht. Daher prüft er den Glauben Jesu und der Urkirche kritisch, ohne sich emotional beispielsweise von seiner eigenen Auseinandersetzung mit seinem Scheitern oder dem nahenden Tod beeinflussen zu lassen. Insofern stellt Wieland zwei symbolische Gestalten gegenüber. Jesus ist das moralische Vorbild, das eine Richtschnur im Kampf zwischen Gut und Böse bietet. Apollonius hingegen ist das intellektuelle Ideal. Er verkörpert den kritischen Umgang mit Wissen und Nicht-Wissen. Er stellt somit ein Leitbild der Aufklärung dar, das die intellektuelle Auswertung von Informationen auf unvoreingenommene Weise selbst bei schwierigen Themen vor Augen führt. Damit ist Wielands Roman mehr als eine Laborwirklichkeit,

[28] Christoph Martin Wieland: *Über den Freyen Gebrauch der Vernunft in Glaubenssachen sammt einer Beylage, 1788. Nimirum Sapere es abjectis utile nugis,* in: *C. M. Wielands Sämmtliche Werke*, 39 Bde. und sechs Supplement-Bde., Leipzig 1794-1811, Reprint der Kleinen Oktav-Ausgabe, Bd. 29, Leipzig 1797, hg. von der Hamburger Stiftung zur Förderung von Wissenschaft und Kultur in Zusammenarbeit mit dem Wieland-Archiv Biberach und Hans Radspieler, Bd. 9, Hamburg 1984, S. 7-139, hier S. 132.

wie in Anlehnung an Jan-Dirk Müllers Untersuchung zu Wielands Spätwerk immer wieder behauptet wurde,[29] und geht auch nicht in einer „Aufklärung über seine Gegenwart durch Aufklärung über die griechische Antike“,[30] wie Jan Cölln sie für den Briefroman *Aristipp* konstatiert, auf. Der *Agathodämon* betreibt vielmehr eine medienkritische, politisch-theologische Bildung in Form des Romans. Insofern ist er ein Aufklärungsprojekt, das über die Aufklärung hinausgeht.

Im Unterschied zur theologischen Literatur, wie sie z.B. die Streitschrift *Anti-Hierocles oder Jesus Christus und Apollonius von Thyana in ihrer großen Ungleichheit* (1793) von Johann Balthasar Lüderwald darstellt, die Jesus und Apollonius gegenüberstellt, um den Religionsstifter vom Scharlatan anhand von christlich geprägten Kriterien für den „wahren Weltverbesserer“ voneinander abzugrenzen,[31] entwirft Wieland zwei Vorbilder. Kombiniert man deren Eigenschaften dann, entsteht daraus die Utopie einer neuen Entwicklungsstufe in der Geschichte der Menschheit: Eine Spezies, die aus den eigenen moralischen Wertmaßstäben heraus und durch die sachlich-neugierige Analyse ihrer Zeit Handlungsmaximen entwickelt, die Religion und Politik auf ideale Weise zum Wohl der Gesellschaft verbindet.

Wer tatsächlich der ‚Agathodämon‘ ist, der gute Geist, der dem Roman den Namen gibt, lässt Wieland offen.

29 Vgl. Jan-Dirk Müller: *Wielands späte Romane. Untersuchungen zur Erzählweise und zur erzählten Wirklichkeit*, München 1971.

30 Jan Cölln: *Philologie und Roman. Zu Wielands erzählerischen Rekonstruktion griechischer Antike im „Aristipp“*, Göttingen 1998, S. 23.

31 *Anti-Hierocles oder Jesus Christus und Apollonius von Thyana in ihrer großen Ungleichheit*, vorgestellt von D. Johann Balthasar Lüderwald, Herzogl. Braunschweig. Superintendent und Pastor Pimarius zu Vorsfelde, Halle 1793, S. 35ff.

LUKAS PALLITSCH

„das Bild des Manns, / Der an das Kreuz geschlagen“: Heinrich Heines Poetik der Pathosformel

> – – Da gestern Sonntag war, und eine bleierne Langeweile über der ganzen Insel lag, und mir fast das Haupt eindrückt, griff ich aus Verzweiflung zur Bibel … und ich gestehe es dir, trotz dem, daß ich ein heimlicher Hellene bin, hat mich das Buch nicht bloß gut unterhalten, sondern auch weidlich erbaut. Welch ein Buch! groß und weit wie die Welt, wurzelnd in die Abgründe der Schöpfung und hinaufragend in die blauen Geheimnisse des Himmels … Sonnenaufgang und Sonnenuntergang, Verheißung und Erfüllung, Geburt und Tod, das ganze Drama der Menschheit, alles ist in diesem Buche ... Es ist das Buch der Bücher, Biblia.
> (IV, S. 39f.)[1]

Wenn Heinrich Heine im zweiten seiner *Helgoländer Briefe* der Börne-Denkschrift über die Bibel spricht, so trägt seine Lektüre ambivalente Züge. Es ist nicht nur ein Buch, zu dem er aus Erbauung und Verzweiflung greift, es ist ein Buch, das mit den unterbreiteten Gegensatzfiguren eine Dramatik umfasst, die dann auch erlaubt, vom „Buch der Bücher“ zu sprechen. Bemerkenswert an dieser Stelle über die „Biblia“ ist die Funktionalisierung der Bibel als Darlegung seiner Weltanschauung. Während die politisch-literarische Auseinandersetzung zwischen Heine und seinen

[1] Heinrich Heines Schriften werden, jeweils mit Angabe von Band- und Seitenzahl, nach folgender Ausgabe zitiert: Heinrich Heine: *Sämtliche Schriften*, 7 Bde, hg. von Klaus Briegleb, München 1968-1976 (jüngster identischer Nachdruck: München 2005).

Antipoden auf der Opposition von Hellenen und Nazarenern verläuft, bietet Heine nun überraschend Einblick in seine Weltanschauung und Bibellektüre. Aus dieser Passage über die Bibel lassen sich unterschiedliche Formen der Lektüre entziffern. Heines erste Gedanken kreisen zwar noch um die Bibel und Langeweile, also um ein lebenspraktisches Lektüreverfahren, das je nach Lebenslage gegen Zeitvertreib oder Ausweglosigkeit gelesen werden kann. Eine stärkere Kontextualisierung bieten hingegen die dichotomen Pole der Lektüre, zwischen denen sich dieses in zeitlicher (Sonnenaufgang und Sonnenuntergang), eschatologischer (Verheißung und Erfüllung) und existenzieller (Geburt und Tod) Hinsicht ausspannt. Schließlich fügt Heine, da er nachdenkt, wie er die Bibel liest, eine metatextuelle Ebene in die Denkschrift, was schließlich dazu führt, die später bei Erich Auerbach prominente Gegenüberstellung von Homer und Bibel zu apostrophieren. Diese Metaebene gibt Anlass, das Verständnis und die Perspektive auf die Christusfigur zu beleuchten. Die Lesarten konvergieren mithin in der identifikatorischen Lektüre. Es nimmt daher kaum Wunder, dass Heine in seine Texte zahlreiche Bibelzitate integriert, die unterschiedliche Motive, Formen und Figuren betreffen. Dass Jesus in den Blick seines Interesses gerät, gründet in einer beständigen Anziehungskraft, die sich wie ein Leitmotiv durch seine Schriften zieht.[2]

Für Heinrich Heine wurde die Bibel zu einem Buch,[3] das neben einer motiv- und formspendenden Lektüre eine Schreibweise formte, die sich als *jüdisch* bezeichnen lässt.[4] Kaum ein Autor des 19. Jahrhunderts fokussiert in seiner Schreibpraxis so facettenreich, kontinuierlich und dennoch

[2] Zu Heinrich Heines jüdischem Christusbild, das zudem sehr konstant („a constant attraction for Heine") in seinen Schriften begegnet, vgl. Siegbert Prawer: *Heine's Jewish Comedy*, Oxford 1983, hier S. 114, sowie als Überblick Beate Wirth-Ortmann: *Heinrich Heines Christusbild. Grundzüge seines religiösen Selbstverständnisses*, Paderborn 1995. Hier sei auf den profunden Basisartikel von Karl-Josef Kuschel und Georg Langenhorst: *Jesus*, in: *Die Bibel in der deutschsprachigen Literatur des 20. Jahrhunderts*. Bd. 2, hg. von Heinrich Schmidinger, Mainz [2]2000, S. 326-396, sowie die thematisch weiterführenden Bücher beider Autoren verwiesen.

[3] Vgl. als allgemeinen Überblick Günter Hartung: *Heinrich Heine und die Bibel*, in: *Bibel und Literatur*, hg. von Jürgen Ebach und Richard Faber, München 1998, S. 137-156.

[4] Zur jüdischen Schreibweise Heines vgl. Klaus Briegleb: *Bei den Wassern Babels. Heinrich Heine, jüdischer Schriftsteller der Moderne*, München 1997,

heterogen in verschiedenen Textgattungen die Figur des Jesus von Nazareth. Bemerkenswert ist die Auseinandersetzung an jenem Punkt, da die Figur ein konfessionsübergreifendes Potential ausübt. Dabei ist Jesus nicht nur eine beliebte Figur, die insbesondere im 20. Jahrhundert Einzug in die Rezeption gehalten hat, sei es als literarisierte Gestalt, der ganze Romanprojekte gewidmet werden, sei es als christologische Projektion oder in der wissenschaftlichen Rezeption und Auseinandersetzung; die Figur begegnet nicht nur über Gattungsgrenzen hinweg, sondern zeigt sich für den getauften Juden Heine als blinder Fleck in dessen Dichtung, an dem sich ein Maskenspiel entzündet, das sich bis zu einem gewissen Maße aufbrechen lässt – zumal: „Der Moment, da die Maske fällt, ist ein Augenblick der Wahrheit.“[5]

Damit gerät ein zweiter Untersuchungsgegenstand in den Blick, nämlich die Wechselbeziehung von politischer Theologie und Exegese, als deren wohl prominenteste Exponenten für Heine Georg Wilhelm Friedrich Hegel und David Friedrich Strauß Einfluss ausübten. Während Hegel um die Jahrhundertwende an seiner Schrift *Der Geist des Christentums und sein Schicksal* arbeitet, entsteht parallel 1795 mit dem Buch *Das Leben Jesu* eine Evangelien-Paraphrase, bei der Hegel die Lehrpredigten Jesu ins Zentrum stellt. Symptomatisch werden von Hegel die Wunder ausgeklammert, die Paraphrase endet mit der Grablegung, also vor dem eigentlichen Wunder der Auferstehung.[6] Heines Schrift *Zur Geschichte der Religion und Philosophie in Deutschland* widmet sich dem Versuch, die Hegel'sche Systematik in ihrer Bildlichkeit zu übertragen, um die Anschlussfähigkeit für aktuelle Diskurse zu gewähren. In den Christusdarstellungen bei Heine wurde bisher die einsetzende Trennungsge-

der diese als *marranische* Schreibweise nochmals präzisiert. Historisch sind die Marranen Juden, die nach ihrer Vertreibung aus Spanien 1391 die Taufe beanspruchen mussten, um die ständige Gewaltdiktion und Repression, der sie ausgesetzt waren, nicht zu vergrößern. Die Übertragung des Begriffs in die Moderne führt uns Juden mit christlicher Maske vor Augen, die ihre Erinnerungsweise nie ablegten.

5 Stephan Braese: *Heines Masken*, in: *Konterbande und Camouflage. Szenen aus der Vor- und Nachgeschichte von Heinrich Heines marranischer Schreibweise*, hg. von dems. und Werner Irro, Berlin 2002, S. 51-74, hier S. 65.

6 Vgl. Georg F. W. Hegel: *Das Leben Jesu*, in: *Hegels theologische Jugendschriften*, hg. von Hermann Nohl, Tübingen 1907, S. 73-137.

schichte von Bibel- und Literaturwissenschaft und damit die Neuformierung der historisch-kritischen Bibelexegese ausgeklammert, für die David Friedrich Strauß' *Das Leben Jesu* von 1835 emblematisch steht.[7] In Heines nachgelassenen *Aufzeichnungen* findet sich eine kommentierende Bemerkung: „Das Heidentum endigt, sobald die Götter von den Philosophen als Mythen rehabilitiert werden – das Christentum ist auf denselben Punkt angelangt, Strauß ist der Porphyrius unserer Zeit." (VI, S. 639) Heine nahm die Modernisierung der protestantischen und jüdischen Textkultur nicht nur wahr, sondern reagierte auf die neuen epistemischen Bedingungen, indem er die von Strauß prolongierte Mythologisierung weniger als Ende denn als Einsatzpunkt spektraler Wiederkehr apostrophierte. Von einem solch eigenwilligen Nachleben zeugt die Gestalt Jesu von den frühen bis zu den späten Schriften. Wenn Strauß als Hegelianer gegen Hegels Synthese die Rückbindung biblischer Mythen auf ein Textkorpus und damit Erzählungen auf ihre Bildlichkeit beobachtet, könnte die typologische Lektüre des Neuen Testaments auf Basis der Hebräischen Bibel auch einer Lesart der Poetik Heines entstammen.

Eine Nuancierung betrifft den Eigennamen „Jesus", der weitgehend ausgeklammert und häufig durch eine christologische Variante wie „Christus" ersetzt oder in Neologismen, deren Sinnpotential sich aus dem Kontext erschließt, umgeformt wird. Damit ist bereits angedeutet, was man als poetologisches Prinzip bezeichnen könnte: Indem Heine die Figur mit aktuellen historischen Bezügen konfrontiert, sie dadurch umschreibt, resultiert eine heterogene Konfiguration, die neben Biographemen v.a. den historischen Umständen und der Passion Rechnung trägt. In der Auseinandersetzung mit Jesus, die sich von der frühen bis zur späten Lebensphase Heines vollzieht, sind – so die These der folgenden Ausführungen – zentrale Fragen angelegt, die insbesondere seine poetischen Facetten, das Pathos und den dezidiert jüdischen Blick betreffen. Heine kommt es nicht ausschließlich auf die bloße Verarbeitung einer Figur an, sondern auf deren historischen Index und die politische Agenda. Dass neben einer anthropozentrischen Transfiguration ein spezifisches Bildkonzept auf den Plan tritt, ist im Folgenden in fünf punktuellen Lektüren zu zeigen. Dabei sollen die unterschiedlichen Textgattungen hinsichtlich ihrer poetischen Schreibpraktik befragt werden und Aufschluss über die Vielschichtigkeit der biblischen Bedeutungsproduktion geben.

[7] David Friedrich Strauß: *Das Leben Jesu,* 2 Bde., Tübingen [12]1902. Weiterführend: Daniel Weidner: *Bibel und Literatur um 1800*, München 2011.

Bereits dem Frühwerk Heines eignet eine bemerkenswerte Auseinandersetzung mit der Christusfigur. Im Drama *Almansor* (1821) verliebt sich der jüdische Maure Almansor in die bereits zum Christentum konvertierte Zuleima. Neben Komplikationen und der gescheiterten Liebe tritt v.a. der Konflikt mit der Glaubenstreue hervor, der für die Tragödie maßgeblich ist. Almansors skeptischer Aversion gegen das spiritualistische Christentum tritt mit Zuleima jener Typ einer Kovertitin gegenüber, die dem christlichen Glauben aus Überzeugung anhaftet. In der Mitte des Dramas kommt es zu einem Religionsgespräch zwischen Zuleima und Almansor, bei dem die konfligierenden Zugänge zur Christusfigur zum Ausdruck kommen. Almansor betrachtet zunächst mit innerem Befremden ein Christusbild im Garten, vor dem Zuleima betend liegt: „Doch überall sah schmerzenbleich und traurig / Des Mannes Antlitz, den dies Bildnis darstellt. [...] Des Martermannes abgezehrten Leichnam, / Ganz gelb, und nackt, von schwarzen Blut umronnen –" (I, 311). Auf die befremdlichen Worte, die im Oxymoron und einer farblich grauenhaften Konstellation kulminieren, antwortet Zuleima nach einer Pause: „Ins Haus der Liebe trat dein Fuß, Almansor, / Doch deine Blindheit lag auf deinen Augenwimpern". In ihrer Entgegnung identifiziert Zuleima Jesus als „Haus der Liebe". Dabei generiert die Symbolisierung Jesu im Begriff der Liebe eine Spannung von Zeichen und Bezeichnetem, von manifestem und latentem Sinn:

> Ein Ernstres, beßres Haus hat sich die Liebe
> Zur Wohnung ausgesucht auf dieser Erde.
> In diesem Hause werden Kinder mündig,
> Und Mündge werden da zu Kindern wieder;
> In diesem Hause werden Arme reich,
> Und Reiche werden selig in der Armut;
> In diesem Hause wird der Frohe traurig,
> Und aufgeheitert wird da der Betrübte.
> Denn selber als ein traurig armes Kind
> Erschien die Liebe einst auf dieser Erde.
> Ihr Lager war des Stalles enge Krippe,
> Und gelbes Stroh war ihres Hauptes Kissen.
> (I, S. 311)

Die Pointe liegt neben der Gleichsetzung mit dem Prinzip der Liebe in der Imitation der biblischen Literatur, die sich textuell und sprachlich manifestiert. Was in diesem Haus geschieht, aktualisiert und überschreitet geradezu das programmatische Ethos der Bergpredigt. Anhand des sprachlichen Materials („selig") werden zunächst Anwandlungen der Bergpredigt in Zuleimas Worten evident: „Selig sind, die da geistlich arm sind; denn ihrer ist das Himmelreich." (Mt 5,3)[8] Mit der einigermaßen verdrehten Anwendung der Bergpredigt entgegnet Zuleima dem fernstehenden Almansor. Während die Bergpredigt ohne das *Vice versa* lediglich eine Umwertung der gegenwärtigen Zustände perspektiviert, markiert Zuleima eine Gegenläufigkeit, wie sie später das bei Heine prominente Exempel vom armen Lazarus und dem reichen Mann illustriert: Arme werden reich und Reiche werden arm. Das Verhältnis zum Prätext ist demnach keine bloße Allusion und nicht nur intertextuell, sondern im Sinne Genettes hypertextuell: Der Bezugstext entwirft ein palimpsestartiges Modell, bei dem abgeschabt und überschrieben wird, ein Modell also, das den Prätext inhaltlich transformiert und stilistisch nachahmt.[9] Heine bietet uns eine überschriebene und weitergeschriebene Schicht, bei der die älteste Schicht zwar noch überzeitlich, nun aber mit historischen Erfahrungen konfrontiert wird. Zuleima spricht nicht nur über Jesus, sie eignet sich dessen Worte an und erweitert sie aus dem Sinnzusammenhang um die Kinder und Mündigen. In der Umkehrung und der sprachlichen Anverwandlung liegt die Radikalität dieses Dialogs, da Heine den Bezug der Verszeilen am biblischen Prätext bündelt und dieses Verhältnis verhandelt, das zugleich Unterschiede extrapoliert, deren befremdendes Moment von der Passion her nuanciert wird. Wo Zuleima ins metaphorisierte Haus der Liebe blickt und ein Universalprinzip wahrnimmt, sieht Almansor einen schmerzensbleichen und traurigen „Martermann". Diese Differenz betrifft einen starken Gegensatz, der in der Opposition von Gott und Mensch aufgeht.

Die *Reisebilder* bedeuten einen Höhepunkt der deutschen Reiseliteratur. Gegenüber Goethes Italien-Projekt vollzieht sich bei Heine ein Übergang von der Kunst- zur Freiheitslektüre. In diesen neuartigen Prosastücken, die bald vom Hamburger Verleger Julius Campe gefördert wurden, ist eine deutlich politische Stoßrichtung eingetragen. Die Bilder

[8] Bibelstellen werden nach Martin Luther: „*Die Heilige Schrift*" (1984) zitiert. In Heines Nachlassbibliothek findet sich eine Lutherbibel von 1827. Heine sah sich trotz jüdischer Erziehung sehr früh mit dem christlichen Kontext konfrontiert.

[9] Vgl. Gérard Genette: *Palimpseste. Die Literatur auf zweiter Stufe*, Frankfurt a.M. 1993, S. 44.

gelten als Gemeinplatz einer neuen literarischen Praxis, die ein fragmentarisches Mosaik aus Episoden, Assoziationen, Reflexionen und Prospekten bildet. Der Erzähler, der sich als mittelloser Student präsentiert, will sich durch seinen Reiseaufbruch von seinen Schmerzen lösen. Anhand einer verschlüsselten Ironie und Komik wird das Bild einer zerrissenen und im Auflösen begriffenen Gesellschaft evoziert, deren fragmentarische Ordnung Spiegelbild der prosaischen Bilder selbst ist. In Goslar räsoniert der Erzähler zunächst über die „bedeutungsschwere Zeit“, da der Dom abgebrochen wurde und Reliquien, darunter ein „hölzerner Christus am Kreuz“, in die Stephanskirche transferiert wurden:

> Dieser Christuskopf mit natürlichen Haaren und Dornen und blutbeschmiertem Gesichte zeigt freilich höchst meisterhaft das Hinsterben eines Menschen, aber nicht eines gottgeborenen Heilands. Nur das materielle Leiden ist in dieses Gesicht hineingeschnitzt, nicht die Poesie des Schmerzes. Solch Bild gehört eher in einen anatomischen Lehrsaal als in ein Gotteshaus.
> (II, S. 123)

Solche Beschreibungen sind, um nicht als rein politische Publizistik abgetan zu werden, in den Dienst seiner Christentum- und Gesellschaftskritik gestellt. Noch vor einer religions- und gesellschaftskritischen Agenda tritt in der poetischen Abwertung des bildlichen Leidensaspekts gleichwohl ein auffälliges Pathos hervor. Im Zusammenhang des gerne zitierten zweiten Buchs zu *Ludwig Börne* (1840) findet sich ein zentraler Referenzpassus: „Welch ein großes Drama ist die Passion! Und wie tief ist es motiviert durch die Prophezeiungen des alten Testaments! Sie konnte nicht umgangen werden, sie war das rote Sigel der Beglaubnis.“ (IV, S. 44) Das Blut als spezifische Signatur der Passion und des Blutzeugen bzw. Märtyrers (gr. *Martys* = „Zeuge“) im Allgemeinen gewinnt eine durchgängige Attraktion im Werk Heines. Durch die Drastik der Passion, die Poesie des Schmerzes und die erneut schwelende rote Bildfunktion des Blutes gerät bei Heine ein neues Bildkonzept in den Blick, das aus der klassischen Rhetorik herausfällt.[10] Mit der Figur der Pathosformel, die der Kulturwis-

10 Vgl. Sigrid Weigel: *„Welch ein großes Drama ist die Passion“. Heines Faszinationsgeschichte der Passion*, in: *Übergänge. Zwischen Künsten und Kulturen. Internationaler Kongress zum 150. Todesjahr von Heinrich Heine*

senschaftler Aby Warburg maßgeblich entwickelte, sind starke Erregungen und Affekte involviert. Die Funktion der Pathosformel, die „über die typisch pathetische Gebärdensprache der antiken Kunst“[11] und damit über das ikonographische Register hinausgreift, wird so zur zentralen Figur im Umgang mit der Tradition. Gerade das Zitieren von Formeln aus der überlieferten Kulturtradition zeigt eine starke Verbindung von Pathos und Passion. Das im Reisebild ins Zentrum gerückte Sterben am Kreuz steht für den Ausdruck von Schmerz und Pathos im ursprünglichen Wortsinn (gr. *Pathein* = „Leiden“). Das Bild des blutbeschmierten Kopfes, das unter den prosaischen Beschreibungen eine hohe Ausdrucksintensität kennzeichnet, exaltiert sich am Martyrium der Passion.[12] Das Textpathos wird von dem pointierten Schlusskontrast eingeholt, da satirische Effekte die naturalistische Kreuzesdarstellung ironisieren und unterminieren. Als deutlichstes Symptom dieser Textstelle tritt Christus *ex negativo* als irdischer Mensch hervor. Mag das Probierfeld der prosaischen Bilder insgesamt auf das Pathos der Passion gerichtet sein, bleibt das Bibel-reflexive Verständnis von der Göttlichkeit gelöst.

In ähnlicher Anlage erschließt sich eine Textstelle aus Heines Italien-Reisebild über *Die Stadt Lucca*. Unmittelbar nach dem Eintreffen in der Stadt nimmt der Erzähler an einer nächtlichen Prozession teil, die jährlich zu Ehren des Kruzifixes *Volto Santo* stattfindet und die er als „lebendes Totenfest“ (II, S. 488) wahrnimmt. Der Textstelle wird ein kurzer Abschnitt aus dem ersten Gesang der *Ilias* vorangestellt und mit der *Vulgata*, der kanonisierten lateinischen Bibelübersetzung, signiert, ehe starke Kontraste evoziert werden:

und Robert Schumann, hg. von Henriette Herwig [u.a.], Stuttgart 2007, S. 701-718.

11 Aby Warburg: *Gesammelte Schriften. Studienausgabe*, Bd. I.2, hg. von Horst Bredekamp [u.a.], Berlin 1998, S. 446. In seinen Untersuchungen zum bewegten Beiwerk und den erregten Gebärden zur Florentiner Kunst verwendete Warburg erstmals den Begriff hinsichtlich jener bildlichen Gebärde, als der Sänger Orpheus von den Mänaden erschlagen wurde. Für Warburg sind hochgradige Affekte und Erregungen involviert, die sich nicht systematisieren lassen und erst aus dem gesamten kulturellen Kontext zu deuten sind. Zur Pathosformel bei Warburg vgl. Georges Didi-Huberman: *Das Nachleben der Bilder*, Berlin 2010.

12 Die vielen Passionsbilder treten bei Heine in Verbindung mit Leidenschaft und Kunst, wenn Heine etwa in den *Französischen Zuständen* ein „heiligeres Zeugnis“ anführt, „das aus dem Evangelium hervorblutet“ (III, S. 230).

> Da plötzlich keuchte heran ein bleicher, bluttriefender Jude, mit einer Dornenkrone auf dem Haupte und mit einem großen Holzkreuz auf der Schulter; und er warf das Kreuz auf den hohen Göttertisch, daß die goldnen Pokale zitterten und die Götter verstummten und erblichen und immer bleicher wurden, bis sie endlich ganz in Nebel zerrannen.
> (II, S. 492)

Der Blick weist in Lucca wie in Goslar auf ein Kruzifix, das ein affektbetontes Bild zeichnet. Die Passionsfigur kennzeichnet durch schmerzerfüllte Bildlichkeit eine Pathosformel, für die der modernen Kultur der gemäße Ausdruck abhandengekommen ist. Der bluttriefende Jude konkretisiert in der Szene das Jüdische und wird in einer Gleichzeitigkeit von Schmerz und Ironie den hellenischen Göttern gegenübergestellt. Indem das Kreuz in polemischer Weise mit den polytheistischen Pokalen kollidiert, widerstreitet das asketische Element dem Götterkosmos. Diese Vertreibung der Götter referiert einen Topos, den bereits Schiller im Gedicht *Die Götter Griechenlands* verhandelt und den Heine in der Börne-Denkschrift referiert: „Welch ein Heilquell für alle Leidende war das Blut, welches auf Golgotha floß! ... Die weißen marmornen Griechengötter wurden bespritzt von diesem Blute, und erkrankten vor innerem Grauen, und konnten nimmermehr genesen.“ (IV, S. 45) Vor allem die performative Gebärde rückt in diesem szenischen Bild die Leidensreligion in eine Dichotomie zu den Göttern und prononciert neben dem affektiven Register den für Heine typischen Dualismus von Spiritualismus und Sensualismus:

> Nun gab‘s eine traurige Zeit, und die Welt wurde grau und dunkel. Es gab keine glücklichen Götter mehr, der Olymp wurde ein Lazarett, wo geschundene, gebratene und gespießte Götter langweilig umherschlichen und ihre Wunden verbanden und triste Lieder sangen. Die Religion gewährte keine Freude mehr, sondern Trost; es war eine trübselige, blutrünstige Delinquentenreligion. War sie vielleicht nötig für die erkrankte und zertretene Menschheit? Wer seinen Gott leiden sieht, trägt leichter die eignen Schmerzen. Die vorigen heiteren Götter, die selbst keine Schmerzen fühlten, wußten auch nicht, wie armen gequälten Menschen zumute ist. [...] Von allen Göttern, die jemals gelebt haben, ist daher Christus derjenige Gott, der am meisten geliebt worden. Besonders von den Frauen – –
> (II, S. 376f.)

Was im Reisebild als farblich dunkler und zeitlich nachantiker Wechsel beschrieben wird, schreibt unter der Formel der „Delinquentenreligion“

eine Religionskritik fort. Der Gott des Christentums wird als anthropomorph identifiziert, das Mitleid wird zu dessen Signatur. Jesus wird als Jude dargestellt und anhand seiner Person ein Bild zur Spannung von Fest und Tristesse aufgebaut. Es ist aber im Reisebild die Schlussbemerkung, die nochmals eine ironische Distanz der vorherigen Ausführungen evoziert. Wenn Jesus als Heiland oder Christus bezeichnet wird, so sind darin weniger christologische Implikationen als eine gegen das Christentum in Stellung gebrachte Kritik zu sehen.[13]

Als weitere Zugangsweise rückt in diesem Zusammenhang neben den Bildkonzepten Heines Reaktivierung der musischen Ausdrucksform in den Fokus. Der zehnte Brief *Über die Französische Bühne* zeugt vom Nachleben einer biblischen Szenerie, da Heine am Beispiel Franz Liszts eine obskure Faszination an der Passion beschreibt. In dessen Beschreibung vermeint Heine, im Klavierspiel Liszts „einige Themata aus der Apokalypse“ zu hören:

> Am besten spielte er das Tal Josaphat. Es waren Schranken wie bei einem Turnier, und als Zuschauer um den ungeheuren Raum drängten sich die auferstandenen Völker, grabesbleich und zitternd. Zuerst galoppierte Satan in die Schranken, schwarzgeharnischt, auf seinem fahlen Pferde. Endlich erschien Christus, in goldener Rüstung, auf einem schwarzen Roß, und mit seiner heiligen Lanze stach er erst Satan zu Boden, hernach den Tod.
> (III, S. 352)

Neben Poesie, Passionsbildern, sakralen Objekten und performativen Phänomenen tragen Töne zur Vergegenwärtigung der Christusfigur abgesetzt von dogmatischen Setzungen bei. Heine bemüht neben den ironischen Interpunktionen ein Gedächtnis diverser Ausdrucksformen biblischer und liturgischer Pathosformeln. In das Zentrum der epischen Darstellungen rücken die schmerzhaften Empfindungsbilder der Passion und damit die Affekte des Schmerzes.

Das Gedicht *Frieden* (I, S. 195f.) aus der Abteilung seiner *Nordseegedichte. Erster Zyklus* (1825) kann hinsichtlich der Jesus-Figuration als

[13] Anders nimmt etwa Beate Wirth-Ortmann (*Christusbild* [Anm. 2]) eine Identifikation von Heiland mit der Vorstellung des Gottesknechtes vor. Der Aspekt des „Heilsbringers“ (ebd., S. 60) wird wie in den späteren Gedichten mit der Institutionalisierung kontrastiert.

Schlüsseltext gelesen werden. Anhand einiger von Heine obsessiv gebrauchter Motive wie Meer, Gespenst und Traum wird die biblische Seewanderung zum Motiv textueller Erkundungen:

> Hoch am Himmel stand die Sonne,
> Von weißen Wolken umwogt,
> Das Meer war still,
> Und sinnend lag ich am Steuer des Schiffes,
> Träumerisch sinnend, – und halb im Wachen
> Und halb im Schlummer, schaute ich Christus,
> Den Heiland der Welt.
> (I, S. 195)

Der Eingangsstrophe des Gedichts liegt die Wandlung Jesu auf dem Wasser zugrunde. Die biblische Nacht (spät nachts „in der vierten Nachtwache" [Mt 14,25], d.h. morgens zwischen 3 und 6 Uhr) wird im Gedicht auf die sonnige Mittagszeit vorverlegt; während der biblische Prätext um Beglaubigung bemüht ist, dass die Jünger ihn zwar sehen, aber aus Angst schreien, weil sie vermeinen, ein Gespenst zu sehen, liegt das lyrische Ich träumerisch im Boot. Die eigentliche Absicht des biblischen Subtexts, Kleinglauben und Vertrauen zu kontrastieren, tritt im Gedicht in den Hintergrund. Vielmehr haben wir es hier mit einem Wachträumenden zu tun, der schildert, was er sieht. Das Traumkonzept Heines antizipiert wichtige Gesichtspunkte der Freud'schen Traumdeutung. Die Traumszene wird als Idylle projiziert, die der Freud'schen Traumdeutung entsprechend den Traum als Bilderschrift oder Arbeit der Verdichtung und Entstellung spiegelt. Sofern Friede bei Heine Ausdruck einer Sehnsucht ist, bleibt auch dieser ein Traumbild, das noch in den späten *Geständnissen* einer Verwirklichung harrt. Religiöse Visionen sind nicht unwirklich, aber ein Wunsch, der in entstellter Weise zum Ausdruck kommt und durch den halbwachen Zustand in ein ironisches Licht gerückt wird. Das Moment dieser halb sinnenden, halb träumerischen Szenerie ist als eine Arbeit am Unbewussten zu verstehen, das vom Prinzip der Wunscherfüllung geleitet wird: „Der Traum ist die (verkleidete) Erfüllung eines (unterdrückten, verdrängten) Wunsches."[14] So gesehen, wird

[14] Sigmund Freud: *Die Traumdeutung*, in: *Gesammelte Werke*, Bd. II/III, London [7]1987, S. 166. Freud geht in seiner Traumdeutung davon aus, dass der spätere Traumbericht den Traum selbst zwar entstellt, dass die Entstellung aber selbst schon Teil der Bearbeitung sei, zumal der Traum einer Zensur unterliegt.

der Traum als entstellter Ausdruck von Wünschen lesbar. Diese Präzisierung Freuds erlaubt, die Übersetzung des latenten in den manifesten Trauminhalt als eine Verkleidung oder Verstellung zu verstehen. „Im wallend weißen Gewande / Wandelt er riesengroß / Über Land und Meer; / Es ragte sein Haupt in den Himmel, / Die Hände streckte er segnend / Über Land und Meer“ (I, S. 195f.). Mit dem Tempuswechsel nach der ersten Strophe wird das Boot an das Ufer einer Stadt gezogen. Durch die temporale Modifikation kommt eine Bewegung in den Text, die nur scheinbar zurückverweist. In emblematischem Zusammenhang mit dem ans Land gezogenen Boot stehen die hin und her ziehenden Glockenklänge, die nach zwei Akklamationen erneut in die Vergangenheit verweisen:

> O Friedenswunder! Wie still die Stadt!
> Es ruhte das dumpfe Geräusch
> Der schwatzenden, schwülen Gewerbe,
> Und durch die reinen, hallenden Straßen
> Wandelten Menschen, weißgekleidete,
> Palmzweigtragende,
> Und wo sich zwei begegneten,
> Sahn sie sich an, verständnisinnig,
> Und schauernd, in Liebe und süßer Entsagung,
> Küßten sie sich auf die Stirne,
> Und schauten hinauf
> Nach des Heilands Sonnenherzen,
> Das freudig versöhnend sein rotes Blut
> Hinunterstrahlte,
> Und dreimalselig sprachen sie:
> Gelobt sei Jesu Christ!
> (I, S. 196)

Wenn an der Schwelle von Traum und Erwachen in einer sonst zerrissenen Welt Friede organisiert wird, scheint das Gedicht auf den ersten Blick als Ironisierung einer Erscheinung und als Idyllisierung des Friedens im pejorativen Sinn. Das Idyllische setzt dort an, wo der wirkliche und der ideale Zustand konvergieren. In der Abhandlung *Über naive und sentimentalische Dichtung* (1795) kritisiert Schiller eine solche Übereinstimmung für die sentimentalische Gemütslage. Idyllische Szenerien verstellen das Präsens, ja sie „stellen unglücklicherweise das Ziel *hinter* uns, dem sie uns doch *entgegenführen* sollten und können uns daher bloß das traurige Gefühl eines Verlustes, nicht das fröhliche der Hoffnung einflößen".[15] Die Traumszene ist aber im Horizont der Bibel in ihrer verstellten Vor- und Nachzeitigkeit einigermaßen komplex. Im Gang der Strophen mit wechselndem Vergangenheitstempus und Einschüben in visionärem Präsens verweisen in der letzten Strophe die Palmzweigtragenden gleichzeitig auf den Einzug Jesu, indessen das rote Blut bereits vom Himmel strahlt. Dabei ist es der Zusatz vom „roten Blut", der wie in der Stadt Lucca als Pathosformel auf die Passion weist. Christus wird in einer polyvalent idyllischen Konstellation vergegenwärtigt; der zunächst träumenden Schau des Heilands werden im visionären Rahmen bildpolitische Elemente eingelesen, so dass die Befriedungswünsche durch die abschließende liturgische Formel ironisch verstellt werden.

Mit dem gereimten Versepos *Deutschland. Ein Wintermärchen* (1844) wird in der Grundstruktur der episodischen Reisefiktion an die frühen *Reisebilder* angeknüpft. Erneut richtet der Erzähler in Caput XIII, als er bei Paderborn ein Wegkreuz quert, den Blick auf dieses: „Und als der Morgennebel zerrann, / Da sah ich am Wege ragen, / Im Frührotschein, das Bild des Manns, / Der an das Kreuz geschlagen." Erneut ragt als chiffrierte Pathosformel die Passion in das Poem. Der Fokus, in den die Gestalt gestellt wird, variiert im versifizierten Poem allerdings: „Und als der Morgennebel zerrann, / Da sah ich am Wege ragen, / Im Frührotschein, das Bild des Manns, / Der an das Kreuz geschlagen. // Mit Wehmut erfüllt mich jedesmal / Dein Anblick, mein armer Vetter, / Der du die Welt erlösen gewollt, / Du Narr, du Menschheitsretter!" (IV, S. 605) Gegenüber den früheren *Reisebildern*, die mit der Passionsfigur des „Martermann" eine zu harte Poesie des Schmerzes unterstellen, ist es hier das Subjekt, das mit Wehmut erfüllt wird. Jesus wird im familiären Gestus als Vetter noch dezidierter im jüdischen Kontext verortet. Indem der Erzähler von der Rede in die Anrede wechselt, nimmt das Poem durch die personale Anrede, die gesteigerte Hymnik und die Akklamation mitunter eine Form der Klage an. Das Bild des Jesus hat sich vom Martermann und Christuskopf zum *Narren* transformiert, ohne die affektive Bindung zur Passion zu verlieren. Was folgt, ist neben den überzeichneten biblischen Ereignissen ein dramatischer Geschichtsverlauf im Konjunktiv. Es ist neben der Passion die politische Rede, der das Potential eignet, die Machtverhältnisse der Gegenwart zu unterhöhlen:

15 Friedrich Schiller: *Über naive und sentimentalische Dichtung*, in: *Sämtliche Werke*, Bd. 5, hg. von Gerhard Fricke und Herbert Göpfert, München 1959, S. 694-780, hier S. 747.

Sie haben dir übel mitgespielt,
Die Herren vom hohen Rate.
Wer hieß dich auch reden so rücksichtslos
Von der Kirche und vom Staate!

Zu deinem Malheur war die Buchdruckerei
Noch nicht in jenen Tagen
Erfunden; du hättest geschrieben ein Buch
Über die Himmelsfragen.

Der Zensor hätte gestrichen darin,
Was etwa anzüglich auf Erden,
Und liebend bewahrte dich die Zensur
Vor dem Gekreuzigtwerden.

Ach! hättest du nur einen andern Text
Zu deiner Bergpredigt genommen,
Besaßest ja Geist und Talent genug,
Und konntest schonen die Frommen!

Geldwechsler, Bankiers, hast du sogar
Mit der Peitsche gejagt aus dem Tempel –
Unglücklicher Schwärmer, jetzt hängst du am Kreuz
Als warnendes Exempel!
(IV, S. 605f.)

Wie in anderen Texten gehören Passion und Bergpredigt zum Ferment des jesuanischen Ethos, die im Versepos gegen ein retrogrades Deutschland in Anschlag gebracht werden. Die konjunktivischen Momente heben dabei nicht auf ein himmlisches Gottesreich ab; ein solches müsste in einen Gegengesang zum Himmelreich auf Erden münden, das im Anfangs-Caput als antithetische Vision zur irdischen Askese besungen wird: „Ein neues Lied, ein besseres Lied, / O Freunde, will ich Euch dichten! / Wir wollen hier auf Erden schon / Das Himmelreich errichten.“ (IV, S. 578) Der Erzähler bedauert, da er die Befreier-Gestalt aus dem Kontext löst, dass Jesus dem Zeitalter des Buchdrucks voraus war, denn er hätte besser Bücher schreiben sollen, womit er zwar der Zensur, jedoch nicht dem Kreuzestod zum Opfer gefallen wäre. Diese ironischen Töne betreffen die überstaatliche Institution der Zensur, die den Winterschlaf Deutschlands herbeibeförderte. In der zweiten Hälfte wird der evangelische Text gegen den feudalen Zustand der daraus institutionalisierten frömmelnden Kirche formiert. Noch der Schlussreim von „Tempel“ zu „Exempel“ trägt zu diesem starken Kontrast von kultischer Praxis und exemplarisch revolutionärem Befreiungsethos bei. Die Ambiguität der Kritik gründet darin, dass sie auf einem doppelten Fundament basiert, auf einem biblischen Subtext und dem des Witzes. Auch die Poetik des Witzes ähnelt einem Palimpsest, da dieser das Verborgene und Verdrängte an die Oberfläche holt und dadurch das Verdeckte freisetzt. Das Moment des Komischen wird durch die Umbesetzung der Zensur erreicht, denn das reaktionäre Organ hätte Jesus vor dem Tod bewahrt, obwohl er gegen Staat und Kirche Rücksichtslosigkeit zeigte. An dieser Pointe verliert der Witz zugleich das rätselhafte Moment, weil der Sinn in Unsinn aufgelöst wird. Die Ironie besteht in der Herabsetzung derjenigen, die sich gegenüber dem Erzeuger des Witzes in einer privilegierten Position befinden. Jesus, der als Narr und Revolutionär gegen die etablierten Institutionen, in deren Nachfolge Kirche und Staat stehen, agiert, wird von diesen selbst gekreuzigt.[16] In dem Maße nämlich, mit dem der scheinbar naive Schwärmer predigt und opponiert, werden Staat und Kirche sowie deren Repräsentationsformen Zensur und Klerus gegen ihn ins Bild gesetzt.

Mit dem Aufkommen der historisch-kritischen Bibelexegese zur Zeit der Abfassung des *Wintermärchens* stellt sich die Frage nach einer geradezu dogmatischen Entkleidung des Mythos und der Amalgamierung von Gewissheit und Wahrheit.[17] Sehr anschaulich verschiebt der Erzähler diese Frage jenseits des apodiktischen Anspruchs „Wie-es-denn-gewesen-sei“. Eine solch „jesuitische Wahrheit“[18] ist bei Heine gar nicht intendiert, zu offensichtlich weist die adversive Kontextualisierung auf Zensur, Himmelsfragen und Bankiers. Wahrheit im Sinne des jüdischen Witzes

[16] Insofern scheint bei der Interpretation dieses Caputs die Lesart, dass Jesus zur Gänze aus dem biblischen Kontext gelöst wird und der Bergpredigt lediglich eine „Alibifunktion“ zukommt, nicht ganz zutreffend (vgl. Wirth-Ortmann: *Christusbild* [Anm. 2], S. 156). Vielmehr dürfte die Funktion der Rede darin liegen, dass sie, mit Walter Benjamin gesprochen, gegen den historischen Strich gebürstet wird.

[17] David Friedrich Strauß selbst wählt eine solche Terminologie, wenn er die Evangelien auch als „Mythen“ versteht und damit als „objektive Poesie“ oder als „geschichtsartige Entkleidungen urchristlicher Ideen, gebildet in der absichtslos dichtenden Sage“. Theologie habe daher mythenkritisch zu sein.

[18] Sigmund Freud: *Der Witz und seine Beziehung zum Unbewussten*, in: *Psychologische Schriften. Studienausgabe*, Bd. 4, Frankfurt a.M. 1970, S. 109.

beansprucht demgegenüber die Frage der Eindeutigkeit, wie sie gerade von der Zensur prätendiert wird, in Frage zu stellen und zu unterlaufen. Damit entfällt die Frage nach der faktizitären Konvergenz zwischen Erzählstoff und Wirklichkeit, denn der Witz dechiffriert einen institutionär gesetzten Wahrheitsbegriff und macht dadurch „den antagonistischen Charakter der Realität offenbar“.[19]

„Es sind in Deutschland die Theologen, die dem lieben Gott ein Ende machen – on n'est jemais trahi par les siens.“ (VI, S. 639) Dieser kurze Aphorismus ist mehr als ein knappes Aperçu zur historisch-positivistischen Wissenschaftsmethode. Während sich die kritische Bibelexegese entlang Hegels Stoßrichtung zur Mythenkritik emanzipierte, ging es Heine um verstellte Erinnerungsspuren derselben, sei es durch Ironie oder Träume. Als Probierfeld und Modell scheint die jüdische Textkultur im Wechselverhältnis von Aggada und Poesie demgegenüber anziehungskräftiger. In dem Gedicht *Jehuda ben Halevy* aus den *Hebräischen Melodien* fokussiert Heine den jüdischen Talmud mit konkreten Bildern, die in den Garten führen: „Letztre aber, die Hagada, / Will ich einen Garten nennen, / Einen Garten, hochphantastisch / Und vergleichbar jenem andern“ (VI, S. 132) Die Aggada gilt gegenüber der traditionellen Gesetzesauslegung (Halacha) als der narrative Part des Talmud, in dem biblische Texte nacherzählt, gespiegelt oder aktualisiert werden.[20] In den Begriffen des Gedichts lässt sich die Aggada als ein imaginäres Wunderwerk, einen hochphantastischen Garten beschreiben, ein Garten: „Welcher ebenfalls dem Boden / Babylons entsprossen weiland – / Garten der Semiramis, / Achtes Wunderwerk der Welt.“ (Ebd.) Wenige Jahre zuvor hatte Moses Mendelssohn in seiner Schrift *Jerusalem* darauf verwiesen, dass das Judentum im Vergleich zum Christentum ohne Dogma auskomme. Vom Horizont der angeführten Textbeispiele ließe sich Heines Blick auf die Christusgestalt als poetisch-undogmatische, ja sogar heterodoxe Anverwandlung bezeichnen. Eine Schreibweise, die insbesondere in den Spättexten nicht nur aus dem Garten der Aggada schöpft,

19 Theodor W. Adorno: *Die revidierte Psychoanalyse*, in: *Gesammelte Schriften*, Bd. 8, hg. von Rolf Tiedemann, Frankfurt a.M. 1998, S. 20-41, hier S. 40.

20 Neben der Kreativität und poetischen Phantasie ist es v.a. die Aggada, von der sich scheinbar beide inspiriert zeigen. In diesem Gedicht ist dies besonders bemerkenswert, da die Aggada, die in der rabbinischen Auslegung im 19. Jahrhundert mit dem Aufkommen der „Wissenschaft vom Judentum“ mit moralisierenden Vorbehalten bedacht wurde, favorisiert wird.

sondern eine Familienähnlichkeit zu dieser aufweist. Die „Arbeit am Mythos“ (Blumenberg), die von Strauß historisch zu entkleiden versucht wurde,[21] wird bei Heine durch Träume, Visionen und Entstellungen zur Schreibweise – ähnlich der aggadischen Schreibpraxis, der es nicht auf Widerlegung,[22] sondern auf freie narrative Schöpfung ankommt.

In Heines verschiedenen Textsorten, von der frühen dramatischen Darstellung über die prosaischen *Reisebilder* bis zur späten Lyrik, gerät die Gestalt Jesus durchgängig in den Blick, sei es als sakrales Objekt, als akustischer Gegenstand oder als Diskurselement. Will man von Jesus in der Literatur Heinrich Heines reden, kann sich dies kaum im Fazit erschöpfen, *dass* die Figur historisiert wird. Was in den Texten angelegt wird, ist nicht weniger, als Jesus im familiären Kontext zu figurieren, dessen ethische Botschaft eine universale Geltung prätendiert. Es ist deutlich, dass Jesus als Jude, aber nicht als Gott auf den Plan tritt. Das *Gros* der Texte adressiert mit der Pathosformel nicht bloß Bilder und Töne vergangener Zeiten, sondern eine Verbindung von erregten Schmerzgebärden und akustischem sowie bildlichem Ausdruck der antiken Zeit. Insoweit wird der „Gerechte unter Kreuzeslast“ bei Heine zu einem wichtigen Referenzpunkt, um die eigene Perspektive zu reflektieren, dogmatische Positionen qua Ironie zu verschieben und retrograde Entwicklungen aufzubrechen. Das Moment der Parodie gründet im *Wintermärchen* darin, dass der Erzähler um seinen familiären Vetter trauert, der die Welt zwar befreien wollte, aber als Narr gekreuzigt wurde. Durch eine geschichtliche Aktualisierung und ironische Töne gegen die deutschen Zustände werden die Institutionen gegen ihren geschichtlichen Strich gelesen. Es ist gerade die Christusfigur, der das Vermögen eignet, feudale Institutionen in Frage zu stellen, stabile Machtdispositive ins Wanken zu bringen und damit an den Transformationen der religiösen Umwertung teilzuhaben. Mit dem zitierten Text der Bergpredigt wird auf der Metaebene eine frömmlerische Auffassung unterlaufen. Gerade weil religiöse und staatliche Ideologie ein biblisches Fundament haben, können sie von dieser Figur aus hinterfragt werden. Und nimmt man diese Figur seitens der Institutionen nicht ernst, so bliebt sie doch nur ein Narr und – mit Freud – ein Unsinn im Sinn.

21 David Friedrich Strauß: *Das Leben Jesu*, (Anm. 7), Bd.1, S. 75ff.

22 Vgl. Leo Baeck: *Der alte Widerspruch gegen die Haggada*, in: *Werke*, Bd. 4, hg. von Albert Friedländer und Bertold Klappert, Gütersloh 2000, S. 182-190.

Es nimmt also kaum Wunder, dass der Christusfigur im Kontext der Passion eine Pathosformel eignet, die eine Poesie des Schmerzes kennzeichnet. Bemerkenswert ist hingegen, dass die Figur ohne göttliche Auferstehung, aber mit starken politischen Implikationen nicht aus dem Judentum herausgelöst wird. Das Moment des Göttlichen tritt dort stark hervor, wo die Kritik am Christentum am stärksten wird. Darin liegt freilich jene Ironie, mit der Jesus als Schwellenfigur gegen die institutionelle Verselbstständigung in Anschlag gebracht wird. Während der Erzähler der *Reisebilder* in der *Stadt Lucca* verweilt und die alten Fresken und die altflorentinischen Ölbilder bewundert, beschreibt er nicht ohne Pathos den „traditionellen Nachhall" derselben. Neben anderen Prädikationen ist es gerade die Zuschreibung eines „genialen Propheten" (II, S. 498), die jenseits textueller Strategien und ironischer Maskierungen der Figur am nächsten kommt. Der Prophet als jene tragische Figur, die für Gott vor das Volk und vor Gott für den Menschen eintritt und mit der politischen Kritik am Königtum meist scheitert. Die Faszination an der Figuration in den Lektüren besteht nicht zuletzt darin, dass manche Widersprüchlichkeiten unaufgelöst stehenbleiben oder durch Ironie entstellt werden.

SVEN FRIEDRICH

„Ecce homo!"
Richard Wagners Entwurf *Jesus von Nazareth* und die Religionskritik Ludwig Feuerbachs

Richard Wagners Plan zu einer Oper über *Jesus von Nazareth* (*WWV* 80)[1] fällt in das Frühjahr 1849 und damit nicht nur in die politisch äußerst bewegte Zeit unmittelbar vor und während der Dresdner Maiaufstände, sondern auch – und im Zusammenhang damit – in eine seiner produktivsten Denk- und Schaffensphasen.

Vor allem die philosophischen und politischen Ideen des Vormärz, die dem königlich-sächsischen Hofkapellmeister Richard Wagner schon seit 1843 in langen Gesprächen mit dem Freund August Röckel vermittelt worden waren, prägten sein Denken und Schaffen nachhaltig. Das Konglomerat von republikanischer Staats-, sozialistischer Wirtschafts- und Feuerbach'scher Religionskritik, Anti-Institutionalismus, Anti-Kapitalismus und Antisemitismus schlug sich dabei zunächst in Wagners Werken nieder. So hatte bereits *Tannhäuser* (1845) die Verbindung von jungdeutscher Kirchenkritik, den Konflikt zwischen Künstler und Gesellschaft sowie Wagners Grundthema von Transzendenz und Erlösung durch Liebe im Widerspruch von *Eros* und *Agape* thematisiert. Auch *Lohengrin* (1848) verband das Problem hermetischer Künstleridentität und -existenz mit der prinzipiell gnostischen Idee einer Erlösung Gottes und seiner Schöpfung in seiner Menschwerdung und der Liebe sowie

1 John Deathridge, Martin Geck und Egon Voss: *Wagner-Werk-Verzeichnis. Verzeichnis der musikalischen Werke Richard Wagners und ihrer Quellen*, Mainz/London/New York [u.a.] 1986.

deren tragischem Scheitern. Zwischen 1848 und 1850 führten die vormärzlichen Impulse dann zum ersten großen Komplex theoretischer Aufsätze über Ästhetik, Politik und Gesellschaft, die unter dem Begriff „Zürcher Kunstschriften" den Kunstbegriff Wagners zu dieser Zeit dokumentieren, subsumieren – und auch zu legitimieren trachten.

Außerdem bringt Wagner gerade in dieser Zeit wie entfesselt immer neue musikdramatische Werkideen und -entwürfe hervor, die jedoch nahezu sämtlich Fragment bleiben, aber auf eigentümliche Weise miteinander zusammenhängen und die Suche nach dem geeigneten Stoff für das intendierte „Kunstwerk der Zukunft" dokumentieren.

Daher soll Wagners Entwurf *Jesus von Nazareth* nachfolgend im Kontext der Werke, Entwürfe und Schriften des Vormärz und der Revolutionszeit als literarische Manifestation vormärzlichen Denkens im Allgemeinen sowie als Zeugnis von Wagners revolutionären gesellschaftspolitischen und ästhetischen Überzeugungen im Speziellen gelesen werden. Dabei erscheint gerade dieser Entwurf als eine Art ‚angewandter Feuerbach', nämlich als Paraphrase auf das jungdeutsch-vormärzliche Christusbild und den anthropologischen Materialismus von Ludwig Feuerbachs *Wesen des Christentums*.[2]

Die handschriftlichen Quellen des geplanten fünfaktigen Musikdramas *Jesus von Nazareth* umfassen einen sechsseitigen Prosaentwurf auf grünem Papier in Quartformat, 21 weitere Seiten mit Ergänzungen, Paraphrasen zu den Texten des Neuen Testaments sowie Vorstudien zum Libretto.[3] Zur musikalischen Komposition findet sich nur eine einzige Phrase, „Christus im Schiffe" überschrieben, die nur für *Jesus von Nazareth* bestimmt gewesen sein kann[4] und die Wagner auf der Rückseite eines ausgeschiedenen Blattes der *Lohengrin*-Partitur notierte.

[2] *Ludwig Feuerbach's sämmtliche Werke*, Leipzig [3]1849, Bd. 7 [nachfolgend: *FC*].

[3] Nationalarchiv der Richard-Wagner-Stiftung Bayreuth [nachfolgend: NA], Signatur: B I a 3.

[4] Der Prosaentwurf nennt den See Genezareth als Schauplatz des 2. Akts. Weiter heißt es dort: „Jesus, im Schiffe stehend, lehret das Volk." – Richard Wagner: *Sämtliche Schriften und Dichtungen. Volksausgabe* [nachfolgend: *SSD*], Leipzig o.J. [1911], Bd. 11, S. 277.

Der Erstdruck des *Jesus*-Entwurfs[5] datiert ihn auf 1848, allerdings ist das Autograph bereits nicht mehr in Sütterlin, sondern in lateinischer Schrift sowie in genereller Kleinschreibung verfasst, die Wagner jedoch erst ab Dezember 1848 verwendete.[6] Auch in seinen *Annalen* datiert Wagner selbst den „Entwurf von ‚Jesus von Nazareth' 5 Akte" als Ergebnis einer intensiven Lektüre des Neuen Testaments[7] auf Anfang 1849.[8] Am 16. April 1849 notierte Eduard Devrient in seinem Tagebuch: „Besuch von Kapellmeister Wagner. Er sagte, er habe die Zeit her an einer Tragödie ‚Christus' gearbeitet, das Unternehmen aber aufgegeben."[9] Nachdem Wagner den *Jesus*-Entwurf zuvor nirgends erwähnt, kommen also nur die ersten viereinhalb Monate des Jahres 1849 für die Entstehung der Handschrift in Betracht.

5 Leipzig 1887. Das Manuskript war im Besitz der Lebensgefährtin Franz Liszts, Carolyne Fürstin zu Sayn-Wittgenstein, die es offenbar (vermutlich bereits 1849) von Wagner selbst, möglicherweise aber auch über Liszt leihweise zur Einsichtnahme erhalten hatte, es nun aber – vermutlich aus religiösen Bedenken – ablehnte, Wagner das Original oder eine Kopie zur weiteren Verfügung zu stellen. (Vgl. Cosima Wagner: *Die Tagebücher* [nachfolgend: *CT*], editiert und kommentiert von Martin Gregor-Dellin und Dietrich Mack, München 1976/77, Bd. 1, S. 42 [24.1.1869], sowie den dort erwähnten Brief Wagners an Jessie Laussot vom gleichen Tage, Abschrift im NA, Sig.: I B n L, in: Richard Wagner: *Sämtliche Briefe* [nachfolgend: *SB*], Bd. 21, hg. von Andreas Mielke, Wiesbaden [u.a.] 2013, S. 47. S. auch Wagners Bericht in seiner Autobiographie *Mein Leben* [nachfolgend: *ML*], hg. von Martin Gregor Dellin, München 1963, S. 425.)

6 Vgl. hierzu und nachfolgend: *WWV* (Anm. 1), S. 337ff. Die von Jakob Grimm übernommene Kleinschreibung behielt Wagner bis 1852 bei.

7 Eine Ausgabe, die sich in Wagners „Dresdner Bibliothek" (heute im Richard-Wagner-Museum Bayreuth) befindet, enthält – im Gegensatz zu Wagners üblicher Gewohnheit – zahlreiche Unterstreichungen.

8 Richard Wagner: *Das Braune Buch. Tagebuchaufzeichnungen 1865–1882* [nachfolgend: *BB*], hg. und kommentiert von Joachim Bergfeld, Zürich 1975, S. 114.

9 Eduard Devrient: *Aus den Tagebüchern*, hg. von Rolf Kabel, Weimar 1964, Bd. 1, S. 475.

Bezeichnet Wagner das Werk unter dem Titel *Christus* hier noch als „Tragödie",[10] so besteht nicht nur aufgrund des erwähnten Kompositionspartikels kein Zweifel daran, dass es als Musikdrama geplant war. So beschreibt er das Stück in Briefen an Theodor Uhlig vom 9.8.1849 sowie an Ferdinand Heine vom 19.11.1849 als Opernstoff.[11] Und noch am 6. Januar 1865 nennt Wagner den *Jesus* in einem Brief an seinen königlichen Gönner und Mäzen Ludwig II. von Bayern ein „grosses musikalisches Drama".[12]

Nach seiner Beteiligung an den Dresdner Maiaufständen 1849 und seiner Flucht ins Zürcher Exil hatte Wagner nicht nur seine berufliche Stellung verloren und befand sich damit – auch und v.a. finanziell – mehr denn je in Abhängigkeiten von Freunden und Gönnern wie dem Freund und Kollegen Franz Liszt, der zu jener Zeit das Amt des Hofkapellmeisters in Weimar bekleidete, sondern es bestand in Zürich mangels entsprechender Möglichkeiten und einer Bühne auch keinerlei Aussicht auf einnahmeträchtige Aufführungen seiner Werke.

Aus diesem Grund geriet Paris wieder ins Blickfeld, obwohl es Wagner seit den Hungerjahren von 1839 bis 1842 eigentlich verhasst war. Namentlich Liszt war es, der Wagner aufforderte, der Pariser Oper und ihrem Direktor Alphonse Royer zum einen den *Rienzi* (1842), zum anderen aber auch ein neues Werk anzubieten.[13]

Hierfür sah Wagner *Jesus von Nazareth* vor, zu dem er zunächst einen weiteren, ausführlicheren Prosaentwurf verfassen wollte, auf dessen Grundlage dann der Librettist Gustave Vaëz das französische Textbuch schreiben sollte.[14] Offenbar legte Wagner den Plan, *Jesus von Nazareth* für Paris auszuarbeiten, erst Ende Dezember 1849 endgültig *ad acta*.[15] Damit erlosch auch Wagners weiteres Interesse an dem Entwurf. Offenbar hat er sich auch später nicht mehr damit beschäftigt. Dabei spielte

[10] Ebenso und auch als „Drama" in *ML*, S. 401 und S. 403.

[11] *SB* (Anm. 5), Bd. 3, hg. von Gertrud Strobel und Werner Wolf, Leipzig ^{2}1983, S. 109f. und S. 149f.

[12] König Ludwig II. und Richard Wagner: *Briefwechsel*, hg. vom Wittelsbacher Ausgleichs-Fonds und von Winifred Wagner, bearbeitet von Otto Strobel, Karlsruhe 1936, Bd. 1, S. 48.

[13] Franz Liszt – Richard Wagner: *Briefwechsel*, hg. von Hanjo Kesting, Frankfurt/Main 1988, S. 76.

[14] Richard Wagner an Theodor Uhlig, 9.8.1849, in: *SB*, Bd. 3 (Anm. 11), S. 109f.

[15] Ebd., S. 149f.

– trotz aller insbesondere von Liszt immer wieder vorgetragenen ökonomischen Argumente – sicher nicht nur Wagners grundsätzliche Aversion gegen den Pariser Kulturbetrieb eine Rolle, sondern auch die in den Zürcher Kunstschriften kulminierenden und konzentrierten ästhetischen Überlegungen Wagners in dieser Epoche sowie die grundlegenden Veränderungen seiner persönlichen und künstlerischen Situation nach der gescheiterten Revolution im Zürcher Exil. Stattdessen wendete er sich in der Folge endgültig dem Nibelungen-Mythos und der Ausformung von *Siegfrieds Tod* zum inkommensurablen Werk der Musiktheatergeschichte schlechthin, der gigantischen Tetralogie *Der Ring des Nibelungen* (entstanden 1848 bis 1874), zu.

Im Kontext der weiteren Entwürfe der Revolutionszeit erscheint *Jesus von Nazareth* indessen als Dokument für Wagners Ringen um einen Stoff, der nach den Opern *Tannhäuser* und *Lohengrin* Geschichte und Mythos verbinden sollte – ganz so, wie es der Untertitel seiner *Wibelungen*-Studie aus dem Sommer 1848/Frühjahr 1849 zum Ausdruck bringt: „Weltgeschichte aus der Sage".[16]

Bereits im *Lohengrin* hatten v.a. Gestalt und Hintergrund des Königs Heinrich des Voglers den für Wagner zentralen Zusammenhang zwischen Mythos, Geschichte und Politik thematisiert. So ist es kein Zufall, dass Wagner bereits während der Komposition im Oktober 1846 über ein Schauspiel [!] nachdachte, das die konkrete politische Geschichte Deutschlands noch deutlich stärker als die verträumte romantische Oper über den Schwanenritter mit einem der zentralen historischen Identifikationsmythen der deutschen Nation verbinden sollte: nämlich dem Barbarossa-Stoff. Sowohl die *Wibelungen*-Studie als auch der Barbarossa-Entwurf gerieten im Februar 1849 zeitgleich mit dem *Jesus*-Entwurf – und damit erst *nach* Fertigstellung des Librettos zu *Siegfrieds Tod* am 28. November 1848 – erneut und intensiv in Wagner Fokus. Damit ist die *Wibelungen*-Abhandlung weniger eine Vorstudie zu *Siegfrieds Tod* als vielmehr eine legitimistische geschichtsphilosophische Darlegung im Zusammenhang mit *Friedrich I.* und *Jesus von Nazareth,* die damit zu diesem Zeitpunkt zumindest konzeptionell gleichfalls nicht als rudimentäre Vorläufer oder Sackgassen angesehen werden können, sondern zum Siegfried- und Nibelungen-Stoff gleichrangig erscheinen.

[16] *SSD* (Anm.4), Bd. 2, S. 115ff.

Zum sagenhaften Siegfried, historischen Barbarossa und biblischen Jesus gesellte sich zwischen März und Mai 1849 in Wagners rastlos tätiger Phantasie dann mit dem antiken Achill noch eine weitere Variante des mythischen Helden. Diese „Gedanken zu einem ‚Achilleus' in 3 Akten"[17] (WWV 81) gelangten jedoch offenbar nicht zur Niederschrift, obgleich sie noch längere Zeit aktuell blieben und gleichrangig neben denen zum geplanten *Siegfried* standen.[18]

Gründeten die beiden romantischen Opern *Tannhäuser* und *Lohengrin* (wie auch bereits der *Fliegende Holländer* von 1843) vollständig auf literarischer Fiktion, so scheint es, als habe Wagner gerade in der sehr handfesten politischen Debatte um den revolutionären Umsturz der bisherigen gesellschaftlichen Ordnungssysteme zugunsten einer ‚kommunistisch' integrierten, ästhetischen Gesellschaft zum Zwecke und als Voraussetzung des „Kunstwerks der Zukunft" den poetisch-dichterischen Mythos jetzt konkreter zu fassen, historisch zu begründen und damit gleichsam zu ‚politisieren' versucht – und damit zugleich den mythischen Gehalt der Geschichte selbst. Dies erscheint im Zusammenhang mit der jeweils fünfaktigen Disposition der Entwürfe zu *Friedrich I.* und *Jesus von Nazareth* vor dem konkreten politischen Hintergrund zudem geradezu wie ein Rückgriff auf *Rienzi* und die Tradition der ebenfalls stets fünfaktigen Großen historischen Oper Aubers, Meyerbeers, Spontinis oder Berlioz'. War diese in besonderer Weise ästhetischer Ausdruck der Julirevolution in Frankreich von 1830 gewesen, so scheint es, als habe Wagner mit seinen Entwürfen gleichsam das deutsche Pendant einer paradigmatischen Oper der Märzrevolution im Sinn gehabt – mit ihm selbst als einer Art ‚deutschem Meyerbeer', wenn auch natürlich Meyerbeer ebenso wenig Franzose und ebenso viel Deutscher war wie Wagner selbst, nur eben Jude, und seine Werke der paradigmatische Inbegriff der Großen Pariser Oper. Dies wird gerade auch durch die Wahl Jesu Christi als Dramenfigur unterstrichen, der hier jedoch weniger als Heiland und Erlöser erscheint, sondern als eine Art biblischer Volkstribun und mithin

17 *BB* (Anm. 8), S. 114.

18 Richard Wagner an Theodor Uhlig, 24.2.1850, *SB*, Bd. 3, S. 242; Richard Wagner an Julie Ritter, 26./27.6.1850, ebd., S. 330f.; Richard Wagner an Theodor Uhlig, 27.7.1850, ebd., S. 364.

als ein zum Sozialrevolutionär gewandelter Bruder der charismatischen politischen Führerfigur Rienzi.

Der Untertitel des Entwurfs zu *Wieland der Schmied* (WWV 82) lautet dagegen bereits „Heldenoper in drei Akten“[19] und knüpft damit – und im Gegensatz zur verhassten „Oper“ – an die seit dem *Holländer* bis zum *Parsifal* (1882) durchgehend praktizierte Dreiaktigkeit des ‚Musikdramas‘ an, die dann in der Ausformung des Siegfried-Stoffes zum *Ring des Nibelungen* die grundsätzliche, zweifellos auch durch die Enttäuschung über das politische Scheitern der Märzrevolution motivierte Entscheidung zugunsten eines Rückzugs des ästhetischen aus dem konkreten politischen Diskurs in die „Weltgeschichte aus der Sage“ markiert: nämlich Politik und Geschichte (und schließlich auch Religion) *in toto* in der Parabel des umfassenden mythischen Kunstwerks aufzuheben.

Damit ist der *Wieland*-Entwurf nicht nur seiner wiederum rein mythischen Natur nach dem heraufdämmernden *Ring des Nibelungen* näher und verwandter als die anderen dramatischen Entwürfe der Revolutionszeit. Als Heldenstoffe sind Barbarossa, Jesus, Achill, Alexander und Siegfried für Wagner jedoch zunächst gleichwertig. Dass am Ende nur der Siegfried-Stoff überlebte und der Drachentöter das Licht der Bühne erblickte, hatte weniger dramaturgische Gründe, sondern lag v.a. am neuerlichen Scheitern der Pariser Pläne Wagners. Die endgültige Abkehr Wagners von der großen historischen Oper erfolgte also nicht bereits nach dem *Rienzi,* sondern erst zur Jahreswende 1849/1850.

Nach dem Entwurf folgt die Handlung des *Jesus von Nazareth* sehr genau dem Text der Evangelien, wobei die Akzentuierung bestimmter Episoden zum einen der Hervorhebung der politischen Intentionen Wagners dient, zum anderen sehr bewusst auf die Dramaturgie der Großen Oper mit ihrem typischen Wechsel von Einzel- (Arie, Rezitativ, Duett, Terzett und Ensembles) und Massenszene (Chor) und die daraus entspringenden Kontrastwirkungen berechnet scheint.

So beginnt der 1. Akt vor dem Haus des Zöllners Levi bei Tiberias in Galiläa. Hier treffen die Verschwörer Judas und Barrabas zusammen, die einen Aufstand gegen die römische Besatzung planen. Barrabas ist zudem

[19] Auch der *Achilleus* war bereits wieder für drei Akte konzipiert.

„im Einverständnis mit Maria von Magdala“.[20] Sie hoffen, „dass Jesus die Zügel des Volkes ergreifen möge, um als König der Juden frei und offen die Errettung des auserwählten Volkes zu bewirken.“ (*JvN*, S. 273) Doch zu ihrer Enttäuschung erweist Jesus sich nicht als Aufwiegler, sondern lehrt die alles überwindende Kraft der Liebe und spricht Maria Magdalena von ihren Sünden frei. Auch vollbringt er das scheinbare Wunder, die totgeglaubte zwölfjährige Tochter des Zöllners Levi wieder zum Leben zu erwecken. Daraufhin bekehrt sich Levi zum Christentum und wird zum Evangelisten Matthäus.

Die Überwindung des Judentums durch dessen Aufgehen im Christentum zum Zwecke einer politisch und religiös geeinten und integrierten Gesellschaft ist auch die Synthese von Wagners berüchtigter und vielfach missgedeuteter Schrift über *Das Judenthum in der Musik* von 1850. Auch Wagners Jesus hat seine davidische (jüdische) Abkunft überwunden (vgl. *JvN*, S 285f.) Er erscheint also nicht als Messias, d.h. als Befreier des jüdischen Volkes von der römischen Unterdrückung, sondern als durchaus säkularer Erlöser der gesamten (christlichen) Menschheit. Wagners Jesus steht mithin als explizite Heldenfigur exemplarisch am Beginn jener Christologie, die – zunächst maßgeblich über den anthropologischen Materialismus Feuerbachs vermittelt – schließlich in Verbindung mit dem germanophilen Kulturalismus der Jahrhundertwende und den antisemitischen Rassentheorien (sowie im Zusammenhang damit und äußerst wirkungsmächtig auch vom parareligiösen Bayreuther Mystizismus des „Bühnenweihfestspiels“ *Parsifal* vermittelt) zu jenem spezifischen, bezeichnenderweise evangelisch geprägten „Deutschchristentum“ führte, das die obskurantistische Bayreuther Esoterik in hohem Maße für die völkisch-nationalsozialistischen Ideologeme anschlussfähig machte.

Der 2. Akt spielt am See Genezareth. Die büßende Maria Magdalena liegt zu Füßen Jesu und seiner Mutter Maria. Die Doppelgesichtigkeit der Sünderin, Verführerin und Büßerin überträgt Wagner später auf die Kundry im *Parsifal,* die dadurch zur christlichen Ikonographie des „Bühnenweihfestspiels“ beiträgt. So überrascht es auch nicht, dass Wagner die hier im 4. Akt dargestellte Hauptsalbung und Fußwaschung

[20] Richard Wagner: *Jesus von Nazareth. Ein dichterischer Entwurf* [nachfolgend: *JvN*], in: *SSD*, Bd. 11, S. 273. Die Zitate aus *Jesus von Nazareth* werden fortan im Fließtext belegt.

Jesu ebenso auf die Karfreitagsaue im 3. Aufzug des *Parsifal* überträgt wie den Ausdruck der inneren Erschütterung durch die erlösende Buße: „Maria nimmt ein kostbares Fläschchen aus ihrem Busen, naht Jesus wieder, gießt es auf seinen Scheitel, wäscht ihm die Füße, trocknet und salbt sie ihm unter Schluchzen und Weinen." (*JvN*, S. 279f.)[21]

Im Gespräch mit der Mutter Maria erkennt diese die Berufung ihres Sohnes. Sie „neigt sich ihm voll Demut und Liebe", unterwirft sich ihm und seiner Mission, wenn sie auch die Sorge für sein Leben „nicht ganz unterdrücken" kann (*JvN*, S. 275). Diese Szene ist übrigens das einzige Mutter-Sohn-Gespräch in Wagners Gesamtwerk und könnte ebenso als Verarbeitung von Wagners eigenem ödipalen Komplex verstanden werden wie der Neid, den die Brüder Jesu auf ihn als Auserwählten und Bevorzugten empfinden, womit Wagner ein Motiv der alttestamentarischen Josephslegende übernimmt.

Jesus erscheint in Wagners Entwurf aber v.a. als durchaus auch gewaltbereiter Sozialrevolutionär und so gleichsam als politischer Genosse des Vormärz, was – ganz Wagner gemäß – in expliziter Kapitalismus-Kritik zum Ausdruck kommt:

> Auf einem Maulthier mit Dienern kommt ein vornehmer Jüngling: er bietet sich Jesus an: dieser fragt ihn aus: der Jüngling beruft sich auf seinen strengen Wandel nach den Geboten. Auf die Forderung, all sein Eigen zu verkaufen und es der Gemeinde zu geben, – tritt er beschämt zurück und geht mit Maulthier und Diener traurig von dannen. Judas: »Herr,

21 Die auch von Wagner angenommene Gleichsetzung Maria Magdalenas mit der Sünderin, die Jesus die Füße wusch, entstammt allerdings nicht dem Text des Evangeliums, sondern erst der Überlieferung durch Hippolytus und einer Predigt Papst Gregors I. im Jahr 591 und wurde so Teil der katholischen Tradition. Während die fußwaschende Sünderin bei Lk 7,36-50 anonym bleibt, wird die Fußwaschung nach Joh 12,1-8 nicht einmal durch eine Sünderin vollzogen, sondern durch Maria von Bethanien, die Schwester der Martha und des Lazarus, und in Mk 14 und Mt 26 überhaupt nur Bethanien als Ort des Geschehens und die Diskussion über die mögliche Verschwendung einer teuren Salbe erwähnt. Erst im liturgischen Kalender der katholischen Kirche von 1969 wurde zum Fest der Heiligen Maria Magdalena am 22. Juli klargestellt, dass sie weder mit der Schwester der Heiligen Martha identisch ist, noch mit der Sünderin, die Jesus die Füße wusch.

> bedenke, er ist sehr reich!« Jesus: »wahrlich, ich sage euch« etc.; über die Reichen.
> (*JvN*, S. 276)

Oder auch im 3. Akt, nach dem Einzug Jesu in Jerusalem, vor dem Tempel:

> Vor der Treppe steigt Jesus ab: er hält beim Anblicke des Marktes auf der Treppe und in der Tempelhalle an: seine Strafrede gegen die Tempelschänder, er reißt das Zaumwerk vom Maulthiere und treibt mit Schlägen die Verkäufer von der Treppe, die andren fliehen aus der Halle über die Seitentreppen. Das Volk jubelt seinem gewaltsamen Auftreten zu.
> (*JvN*. S. 278)

Die naive, willkürliche und wütende Gewaltausübung, dem „Knaben gleich, der Disteln köpft", erschien bereits in Goethes *Prometheus* als Charakterzug des Zeus und kennzeichnet ebenso den rächenden, jüdischen [!] Gott des Alten Testaments. Als bewusst eingesetztes Instrument der Macht kennzeichnet diese Gewaltausübung – in dialektischer Verbindung mit Leiden und Liebe – bei Wagner stets auch den Helden, der so immer auch in einem Spannungsverhältnis zwischen den göttlichen und menschlichen Aspekten seines Wesens steht. Furor und Raserei sind demnach ebenso Kennzeichen und Ausdruck des Göttlichen wie des Genies und als solche ebenso konstitutiv für das Wesen des Helden wie seine Liebes- und Leidensfähigkeit. Dies verbindet Wagners Figuren Rienzi, Tannhäuser, Barbarossa, Wieland, v.a. Siegfried – und Jesus, dessen Gestaltung Wagner selbst in seinem gleichzeitig entstandenen Aufsatz über *Die Kunst und die Revolution* kommentiert:

> Der Historiker weiß nicht sicher, ob dieses die Ansicht jenes armen galiläischen Zimmermannssohnes ebenfalls gewesen sei, welcher beim Anblicke des Elends seiner Mitbrüder ausrief, er sei nicht gekommen, den Frieden in die Welt zu bringen, sondern das Schwert, der in liebevoller Entrüstung gegen jene heuchlerischen Pharisäer donnerte, die feig der römischen Gewalt schmeichelten, um desto herzloser nach unten hin das Volk zu knechten und zu binden, der endlich allgemeine Menschenliebe

predigte, die er doch unmöglich Denen hätte zumuthen können, welche sich selbst alle verachten sollten.[22]

Doch entzieht Wagners (republikanischer) Jesus sich wie Rienzi der Krönung zum König durch das Volk und flieht nach Jerusalem. Hierzu konzipiert Wagner einen wirkungsvollen Aktschluss, bei dem man förmlich das Finale zum 2. Akt des *Tannhäuser* zu hören meint:

> Alles schreit nach Jesus und bestürmt ihn zu bleiben: sie wollen das Schiff festhalten, Simon wehrt dem Volke. Da ruft Jesus zu, die Segel noch einzuhalten: ihn jammert der Anblick des unglücklichen Volkes in tiefster Seele, er will sie nicht ohne Trost verlassen. Er befiehlt ihnen, sich am Strande zu lagern und ihn ruhig zu hören. (Maria Magdalena, Maria die Mutter und Frauen vertheilen Brod und Wein unter die Menge.) Jesus, im Schiffe stehend, lehret das Volk. Trost und Seligsprechung: vom Himmelreich im Menschen; seine Sendung zu ihnen als Arzt, als Lehrer: seine Gemeindeanordnungen. Über das Ärgerniß: die bevorstehenden Kämpfe: »ich bin nicht gekommen« etc. Er deutet seinen Erlösungstod an und seine Wiederkunft zur Befreiung der Menschen. – Zurufe des tiefergriffenen Volkes. Auf Jesus' Wink wird das Schiff flott gemacht. – Abschied. Das Volk bricht auf, um ihm nach Jerusalem nachzuziehen.
> (*JvN*, S. 276f.)

Der Schauplatz des 3. Akts ist Jerusalem. Er beginnt mit einem Gespräch zwischen Pontius Pilatus und Kaiphas. Während Pilatus als republikanischer Machtpolitiker gezeigt wird, der die revolutionären Unruhen und die Uneinigkeit zur Festigung seiner Stellung zu nutzen trachtet, erscheint Kaiphas als konservativer Vertreter des herrschenden jüdischen Establishments:

> Kaiphas weist sie [die Ältesten und Pharisäer] zurück; was hätten sie mit dem Volke gemein? Fehle es ihnen an etwas? würden ihre Gesetze von den Römern nicht unberührt gelassen? hätten sie nicht das Volk in ihren Händen durch diese Gesetze? Solange der Tempel und das Gesetz stehe, seien sie die Herren des Volkes, und den Zins an den Kaiser könnten sie sich leicht gefallen lassen, da er doch vom Volke genommen würde und sie nicht drücke. Zu was also eine Veränderung, die uns gar keinen Vortheil bieten könnte? – (Ebd., S. 278)

22 *SSD*, Bd. 3, S. 15.

Wagner zeichnet mit diesen Figuren also zugleich Repräsentanten der zeitgenössischen Gesellschaft, die es durch die Revolution zu überwinden gelte: Pilatus als eine Art ,Proto-Wotan', der für das fremdbestimmte Gesellschaftssystem einer durch Politik und Macht ruinierten Welt steht, sich schließlich resignierend zurückzieht und das Handeln den Pharisäern und ihren Interessen überlässt. Die Verbindung von Herrschaft, Kapital und Judentum lässt Kaiphas und die Pharisäer zugleich als Personifikationen von Wagners einschlägigem antisemitischen Stereotyp erscheinen.

Jesus dagegen, der eine „donnernde Rede gegen die Pharisäer und das Gesetz, gegen Druck und Ungerechtigkeit" (*JvN*, S. 278) hält, erscheint demnach als Parteigänger Wagners und des Vormärz, der „an der hohlen, ehrlosen und erbärmlichen Sinnlichkeit der römischen Welt [leidet], die in ihrer »Nichtswürdigkeit« der modernen gleichen sollte."[23] Wie Lohengrin verkündet er am Ende des Akts „seine wahre Sendung, seine Eigenschaft als Gottes Sohn, die Erlösung aller Völker der Erde durch ihn, nicht der Juden allein: sein Reich (als kein irdisches Machtreich), sein Opfer, seine Verklärung; Weissagung (Off. Joh. cap. 18) des Endes Jerusalem's und des Tempels." (*JvN*, S. 279)

Der 4. Akt, der das letzte Abendmahl und die letzte Nacht im Garten Gethsemane zum Gegenstand hat, hält sich besonders eng an das Evangelium. Allerdings und obgleich es sich ja um die ,Originalszene' handelt, erscheint das Abendmahl hier keineswegs in der liturgischen Strenge und von dem Odium und der Aura der Heiligkeit umgeben wie späterhin im *Parsifal.* Vielmehr zeichnet Wagner hier die vitale, gleichwohl bedrohte Szene einer politischen Verschwörung und die kontroverse Diskussion um das strategisch richtige Vorgehen. So wirft Judas Jesus vor, dass er „nicht mit wirklichen Zeichen hervorgetreten sei und seine höchste Macht bekundet habe" (*JvN*, S. 279), hofft aber, dass er seine göttliche Herkunft und Identität in der höchsten Gefahr doch auch dem Volk offenbaren werde. Judas erscheint als positivistischer Materialist, für den Glaube und Religiosität keine Gegenstände numinosen Charismas sind, sondern sich in handfester, objektiver Offenbarung bewähren müssen. Er begeht den Verrat an Jesus also zumindest nicht nur aus Hinterhältigkeit, Habsucht oder anderen niederen Gründen, sondern aus grundsätzlichem Zweifel und wird schließlich von den römischen Soldaten dazu gezwungen.

[23] Martin Gregor-Dellin: *Richard Wagner. Sein Leben – sein Werk – sein Jahrhundert. Erster Teil: 1821-1849*, München 1980, S. 254.

Der 5. Akt schließlich zeigt den Platz vor dem Palast des Pilatus. Römische Soldaten beklagen den harten Dienst und die dauernden politischen Unruhen erst durch den Barrabas-Aufstand und nun durch das Erscheinen Jesu. Sie machen sich über die Juden und deren Sitten lustig. Das Gericht über Jesus und seine Verurteilung folgt wiederum eng dem Evangelium. Allerdings verzichtet Wagner wohlweislich und mit sicherem Theaterinstinkt auf die Darstellung der Kreuzigung selbst und lässt diese am Ende nur berichten, während Petrus eine in die Zukunft gerichtete Schlussansprache zugewiesen bekommt, die nun allerdings wie eine Antizipation der Schlussszene des *Parsifal* wirkt:

> Johannes und die beiden Marien kommen von der Hinrichtung zurück: »er hat vollendet.« – Petrus fühlt sich vom heiligen Geist gestärkt: er verkündet in hohem Enthusiasmus die Erfüllung von Jesus' Verheißung: sein Wort stärkt und begeistert Alles; er redet das Volk an, – wer ihn hört, drängt sich hinzu und begehrt die Taufe (Aufnahme in die Gemeinde). – Schluß. –
> (*JvN*, S. 284)

Bereits kurz nach der Niederschlagung der Dresdner Maiaufstände und der Flucht Wagners ins Zürcher Exil verfasste Wagner mit der *Mittheilung an meine Freunde* 1851 eine erste autobiographische Dokumentation und Selbstvergewisserung, in welcher er Impuls und Intention des vormärzlich-revolutionären Jesus-Dramas und die säkulare Gestaltung des Gottessohns als Heldenfigur ebenso erläutert wie die Gründe für die Aufgabe des Plans:

> Wie ich mit dem »Siegfried« durch die Kraft meiner Sehnsucht auf den Urquell des ewig Reinmenschlichen gelangt war, so kam ich jetzt […] auch an dem Urquell aller modernen Vorstellungen von diesem Verhältnisse an, nämlich dem menschlichen Jesus von Nazareth.
> Zu einer, namentlich für den Künstler ergiebigen Beurtheilung der wundervollen Erscheinung dieses Jesus' war ich dadurch gelangt, daß ich den symbolischen Christus von ihm unterschied […] Zwei überwältigende Bedenken hielten mich aber von der Ausführung des Entworfenen ab: diese erwuchsen einerseits aus der widerspruchvollen Natur des Stoffes, wie er uns eben vorliegt; andererseits aus der erkannten Unmöglichkeit, auch dieses Werk zur öffentlichen Aufführung zu bringen. Dem Stoffe, wie er nun einmal durch das religiöse Dogma und die populäre Vorstellung von ihm dem Volke sich eingeprägt hat, mußte ein zu empfindlicher

> Zwang angethan werden, wenn ich mein modernes Bewußtsein von seiner Natur in ihm kundgeben wollte […] Ein klarer, täuschungsloser Blick auf die äußere Welt belehrte mich entscheidend, daß ich den »Jesus von Nazareth« durchaus aufzugeben hatte.[24]

Aus der größeren biographischen Distanz der Diktatniederschrift seiner Autobiographie *Mein Leben* 15 Jahre später liest sich das dann mit einer durchaus gehörigen Portion Selbstironie so:

> Ich hatte damals, von der Lektüre der Evangelien angezogen, einen für die ideale Bühne der Zukunft entworfenen Plan zu einer Tragödie »Jesus von Nazareth« verfaßt; Bakunin bat mich, ihn mit der Bekanntmachung damit zu verschonen; da ich ihn durch einige mündliche Andeutungen meines Planes dafür zu gewinnen schien, wünschte er mir Glück, bat mich aber völlig inständig, Jesus jedenfalls als schwach erscheinen zu lassen. In betreff der Musik riet er mir in allen Variationen die Komposition nur eines Textes an: der Tenor solle singen: »Köpfet ihn!«, der Sopran: »Hängt ihn!« und der Basso continuo: »Feuer, Feuer!«[25]

Zweifellos liegt Wagners *Jesus*-Entwurf also das Christusbild des Vormärz und dessen kirchenkritisches Religionsverständnis zugrunde, namentlich der anthropologische Materialismus Ludwig Feuerbachs. Wagners *Jesus* und seine Selbstkommentare zu diesem Entwurf lesen sich nachgerade wie eine angewandte Paraphrase auf dessen *Wesen des Christentums*. Mithin steht Wagners *Jesus* im Zusammenhang mit seinem vormärzlichen Religionsverständnis durchaus weniger in der Tradition Hegels als vielmehr in der kirchenkritischen, antidogmatischen und anthropozentrischen Moralphilosophie Kants und v.a. der neu-evangelischen Vermittlungstheologie Schleiermachers. Eine wesentliche andere Quelle des zeitgenössischen, säkularen Christus-Bildes, nämlich *Das Leben Jesu* von David Friedrich Strauß, kannte Wagner – vielleicht überraschend – damals noch nicht, sondern las es erst 1878.[26]

24 *SSD*, Bd. 4, S. 331ff.

25 *ML* (Anm. 5), S. 400f.

26 *CT* (Anm. 5), Bd. 2, S. 141 (19.7.1878). Dort schreibt Cosima, Wagner fände *Das Leben Jesu* „besser als erwartet". Das heißt, er kannte es vorher noch nicht.

Auf Feuerbach aufmerksam gemacht wurde Wagner indessen nicht etwa schon zu Beginn oder während der Dresdner Periode, und auch nicht von August Röckel, seinem Hauptgewährsmann in nahezu allen philosophischen, weltanschaulichen und politischen Fragen, sondern – nach seiner Erinnerung – von einem „deutsch-katholischen Prediger" namens Metzdorff,[27] und auch das erst 1849. Die frische und Wagner extrem beeindruckende Feuerbach-Lektüre konnte sich also erst und gerade zum hitzigen Höhe- und Schlusspunkt seiner politischen und revolutionären Aktivitäten (und nicht etwa schon vorher) in seinem Denken und Schaffen niederschlagen, das dann jedoch nahezu ungefiltert, unverändert und gelegentlich fast wörtlich.

Der prägende Einfluss Feuerbachs ist später von ihm selbst und durch die intensive Schopenhauer-Rezeption ab 1854 ebenso verdrängt worden wie nach seinem Tod v.a. auch durch das gleichsam ‚offizielle' Wagner-Bild Cosimas und des Bayreuther Kreises, in welches die vormärzlichen, anarchischen politischen Tendenzen des „Meisters" ebenso wenig passten wie ein anthropologisch-materialistisches Religionsverständnis mit einer Apologie der Sinnlichkeit und einem säkularen Christusbild.

Wagner selbst, der sein Wissen über die aktuellen philosophischen und politischen Autoren wie Hegel, Lamenais, Mazzini, Weitling, Proudhon oder Stirner weniger durch eigene – und schon gar nicht systematische – Lektüre erwarb, sondern vorzugsweise erratisch, diskursiv und eklektizistisch in langen Gesprächen v.a. mit dem Freund August Röckel, war zunächst von Feuerbachs Ablehnung mühseligen philosophischen Systemdenkens zugunsten eines sensualistischen Materialismus angetan; für ihn war Feuerbach der „Repräsentant der rücksichtslos radikalen Befreiung des Individuums vom Drucke hemmender, dem Autoritätsglauben angehörender Vorstellungen".[28]

Als Künstler stimmte Wagner, für den sich Wahrheit in der Liebe, der Sinnlichkeit und der Kunst offenbarte, zunächst vollständig mit Feuerbachs Auffassung einer Wahrheit jenseits der Wissenschaft überein, und selbst noch 1878 findet sich in Wagners Aufsatz über *Publikum und Popularität* reinster Feuerbach:

[27] *ML*, S. 420.
[28] Ebd., S. 443.

> Die Wissenschaft macht den Gott-Schöpfer immer unmöglicher; der von Jesus uns geoffenbarte Gott ist uns aber von Beginn der Kirche an durch die Theologen aus einer erhabensten Ersichtlichkeit zu einem immer unverständlicheren Probleme gemacht worden.[29]

Aber auch die Vorstellung eines aus eigenem Erlösungsbedürfnis Mensch gewordenen Gottes, die Wagner bereits im *Lohengrin* gestaltete, findet er bei Feuerbach als zentrale Idee seiner Religionskritik:

> Nicht ich, die Religion betet den Menschen an, obgleich sie oder vielmehr die Theologie es läugnet; nicht meine Wenigkeit nur, die Religion selbst sagt: Gott ist Mensch, der Mensch Gott; nicht ich, die Religion selbst verläugnet und verneint *den* Gott, der *nicht* Mensch, sondern nur *Ens rationis* ist, indem sie Gott Mensch werden läßt und nun erst diesen menschlich gestalteten, menschliche fühlenden und gesinnten Gott zum Gegenstande ihrer Anbetung und Verehrung macht.[30]

Mithin sei die Anthropologie „der wahre Sinn" der Theologie.[31] Wagner jedenfalls verinnerlichte Feuerbachs anthropologischen Materialismus so weit, dass er 1851 das Weihnachtsfest ausfallen ließ und die Bescherung an Silvester feierte. Auch kritisiert Feuerbach die rein historische Analyse, da sie – was Wagner gleichfalls gefallen haben dürfte – die symbolischen Gehalte und Bedeutungen des christlichen Mythos unterschlage.[32] Mit der Aufklärung hatte der Wandel vom theozentrischen zum anthropozentrischen Weltbild begonnen. In der Romantik wurde der Mensch in seiner individuellen und subjektiven Wesenheit im Verhältnis zu Gott und Welt ontologisch und metaphysisch befragt. Materialismus und Säkularisierung sahen den Kosmos v.a. im Menschen, die transzendenten Dimensionen des Seins wurden in einen universalen Begriff des Seienden überführt. So erscheint der Mensch bei Feuerbach als universale Einheit von Vernunft und Gefühl.[33]

Die Begriffe von Gott und Religion sind daher nunmehr ausschließlich aus dem menschlichen Subjekt zu begründen. Unter der Annahme

[29] *SSD*, Bd. 10, S. 86.

[30] *FC* (Anm. 2), Vorrede zur 2. Aufl., S. 12.

[31] Ebd., S. 13.

[32] Ebd., S. 18f.

[33] Ebd., S. 26.

des anthropologischen Wesens der Religion ist die Vorstellung Gottes als metaphysisches und transzendentes Prinzip zumindest problematisch. Erlösung als metaphysisches Prinzip ist nicht mehr denkbar. Nach Feuerbachs Auffassung hat Gott demnach eine immanente Seite, die sich im Wesen des Menschen offenbart, und eine transzendente, symbolische Dimension, von der der Mensch als lebendiges Gottwesen zwar geschieden ist,[34] sich jedoch im Tode wieder mit dieser verbindet – dadurch aber zugleich die Transzendenz Gottes aufhebt.[35]

Auch Wagner war der Überzeugung, dass Gott sich in seiner Schöpfung nicht unmittelbar offenbaren könne und dürfe und daher der Vermittlung bedürfe. So antizipiert er bereits im *Lohengrin* reinste Feuerbach-Theologie:

> Als Symbol der Fabel kann ich nur festhalten: die Berührung einer übersinnlichen Erscheinung mit der menschlichen Natur und die Unmöglichkeit einer Dauer derselben. Die Lehre würde sein: der liebe Gott*) [Fußnote: „Ich meine: der Christengott"] thäte klüger, uns mit Offenbarungen zu verschonen, da er doch die Gesetze der Natur nicht lösen darf: die Natur, hier die menschliche Natur, muß sich rächen und die Offenbarung zu nichte machen. Dies scheint mir der Sinn der Meisten jener wundervollen Sagen, die nicht von Pfaffen gemacht worden sind.[36]

Der Tod erscheint Wagner daher nicht nur als Überwindung des leidensbefrachteten Diesseits (und das durchaus schon vor seiner Kenntnis Schopenhauers) und als Vereinigung des Subjekts mit der metaphysischen Transzendenz, sondern auch als die Überwindung des subjektiven Egoismus im Aufgehen in die objektive Allgemeinheit: „Das letzte Aufgehen des Einzellebens in das Gesammtleben ist der Tod, er ist die letzte und bestimmteste Aufhebung des Egoismus." (*JvN*, S. 299) Dieser Gedanke findet sich auch in Wagners zeitgleich mit dem *Jesus* entstehender Schrift über *Das Kunstwerk der Zukunft*:

[34] Feuerbach spricht von den „zwei Personen" der Gottheit, von denen sich nur die zweite inkarniere (*FC*, S. 88).

[35] *FC*, S. 46.

[36] Richard Wagner an Hermann Franck, *SB*, Bd. 2, S. 511f. (30.5.1846)

> Die letzte, vollständigste Entäußerung seines persönlichen Egoismus', die Darlegung seines vollkommenen Aufgehens in die Allgemeinheit, giebt uns ein Mensch nur mit seinem Tode kund, und zwar nicht mit seinem zufälligen, sondern seinem nothwendigen, dem durch sein Handeln aus der Fülle seines Wesens bedingten Tode. Die Feier eines solchen Todes ist die würdigste, die von Menschen begangen werden kann.[37]

Bezogen auf Jesus Christus heißt das mit einer Paraphrase auf die Einsetzungsworte der Eucharistie: „Der Tod ist somit die vollendetste That der Liebe: er wird uns dazu durch das Bewußtsein unsres Lebens in der Liebe.“ (*JvN*, S. 303)

Nachdem sich Gott im ganzen Menschen offenbart, der Mensch aber sowohl Geistes- als auch Sinneswesen ist, muss die Gottesvorstellung nach Feuerbachs Überzeugung auch die fleischliche Sinnlichkeit einschließen:

> Schämt ihr euch nicht eines persönlichen Gottes, so schämt euch auch nicht eines *fleischlichen Gottes*.[38]

Gott offenbart sich mithin am reinsten und vollständigsten in einem umfassenden Begriff der Liebe, aus dem heraus demnach auch allein Moral und Erlösung möglich sind.[39] Moral findet ihren Ausdruck daher nicht mehr in einem von außen aufoktroyierten Gesetz, sondern in der inneren Wahrhaftigkeit und Notwendigkeit durch den Einklang von Willen und Handeln, Wunschbild und Wirklichkeit:

> Das höchste Gesetz des Gemüths ist die unmittelbare Einheit des Willens und der That, des Wunsches und der Wirklichkeit. Dieses Gesetz erfüllt der Erlöser. Wie das äußerliche Wunder im Gegensatz zur natürlichen Thätigkeit die physischen Bedürfnisse und Wünsche des Menschen unmittelbar verwirklicht; so befriedigt in der Erlöser, der Versöhner, der Gottmensch im Gegensatz zur moralischen Selbstthätigkeit des natürlichen oder rationalistischen Menschen unmittelbar die innern moralischen

[37] *SSD*, Bd. 3, S. 164.
[38] *FC*, S. 204.
[39] Ebd., S. 83.

> Bedürfnisse und Wünsche, indem er den Menschen der Vermittlungsthätigkeit seinerseits überhebt.[40]

Diesen Appell an die Moralität des inneren menschlichen Gesetzes im Gegensatz zu Staat, Kirche und andere vom Anarchisten Wagner abgelehnte Institutionen war bereits ein Zentralmotiv des *Tannhäuser*. Auch in seinem dramatischen Entwurf *Friedrich I.* von 1846/1848 thematisierte Wagner den Gegensatz zwischen der Institution Kirche und dem Kaiser als Verkörperung des ‚Naturgesetzes' und eines anthropologischen Materialismus: „denn gerade, daß Gott Mensch geworden, läßt mich Gott so lieben."[41] Mit Feuerbach sind daher auch für Wagners Jesus Kirche und Gottesdienst entbehrlich:

> Ein Jeder, der in der Liebe wandelt, ist ein König und Hohepriester über sich, denn er ist Niemand unterthan als Gott, der in ihm ist: der aber ohne Liebe wandelt, der ist ein Knecht und jedem Gewaltigen der Erde unterthan, denn in ihm ist die Sünde, und die Sünde beherrschet ihn.
> (*JvN*, S. 292)

Bis zu seinem Lebensende stimmt Wagner darin mit Feuerbach überein, dass nicht nur die Kirche, sondern das Christentum überhaupt „längst nicht nur aus der Vernunft, sondern auch aus dem Leben der Menschheit verschwunden [sei], dass es nichts weiter mehr ist, als eine fixe Idee…".[42]

Indessen steht das Gesetz der Liebe über jeder staatlichen, institutionellen, politischen oder juristischen Ordnung, die ihren Ausdruck in jenen machtsichernden Verträgen findet, auf die später auch Wotan seine Herrschaft gründen und an denen er zugrunde gehen wird. Daher sind nach Wagners Verständnis der Morallehre Feuerbachs auch alle Verträge abzulehnen. Hierzu gehören auch Eid und Ehe, da sich nicht durch Verträge binden lässt, was nicht innerer Notwendigkeit und freiem Willen entspringt und daher des Vertrages ohnehin nicht bedarf (vgl. *JvN*, S. 286f.) Erst das Gesetz als die gegen die Natur – und damit auch gegen Sinnlichkeit und Liebe – verfasste Moral bringt mithin die Sünde in die Welt. Ohne Gesetz gäbe es demzufolge auch keine Sünde.

40 Ebd., S. 198f.

41 *SSD*, Bd. 11, S. 272.

42 *FC*, Vorrede zur 2. Aufl., S. 21.

Dieser von Feuerbach induzierte anarchistische Grundgedanke bildet ein Leitmotiv in Wagners Œuvre: im *Tannhäuser,* wo die Dämonisierung des erotischen Paradieses des Venusbergs erst durch die moralischen Sanktionen der staatlichen Ordnung der Wartburggesellschaft erfolgt; in der *Walküre* mit der Darstellung der Liebe als Naturkraft, die selbst Inzest und Ehebruch legitimiert; in *Tristan und Isolde* (1865), wo sich die Liebe über alle Schranken und Normen von Moral und Sitte hinwegsetzt; in den *Meistersingern* (1868), wo der anarchische Verstoß Walther von Stolzings gegen Regeln und Gesetze der Zunft und der Bürgerlichkeit die Quelle wahren und wahrhaftigen Künstlertums ist; und schließlich im *Parsifal,* wo das vermeintlich ‚Gute', zur Ideologie Titurels geronnen, das ‚Böse' überhaupt erst erzeugt.

Nach Wagners antikapitalistischer Auffassung ist auch das materielle Eigentum Produkt der widernatürlichen Zivilisationsgesellschaft, ihrer Gesetze und Ordnungen. Hierzu gehöre aber auch die Ehe als verbrieftes Recht des Eigentums an einem anderen Menschen. Folgerichtig sei Jesus unverheiratet. Erst das Eigentum schaffe zu seinem Schutz das Gesetz und damit letztlich auch die Sünde wider das Eigentum:

> Die Sünde gegen das Eigenthum entspringt daher einzig aus dem Gesetze des Eigenthumes: der Mensch, der durch den Drang der Natur sich dagegen zu sündigen genöthigt fühlt, frevelt daher nur durch das Dasein des Gesetzes selbst, nicht an sich. – So befreit nun Jesus die menschliche Natur, indem er das Gesetzt aufhebt, das sie durch seine Beschränkung sich selbst sündhaft erscheinen läßt, – indem er das göttliche Gesetz der Liebe verkündigt, in dessen Hülle unser ganzes Wesen als gerechtfertigt begriffen ist. –
> (*JvN*, S. 290)

Nach Feuerbach besteht das Wesen Jesu in der Vermittlung zwischen Moral und Erlösung.[43] Glaube und Liebe seien demnach nur unterschiedliche Modi der Religion:

[43] *FC*, S. 201.

> Die *Liebe* ist nur die exoterische, der *Glaube die esoterische Lehre des Christentums* – die *Liebe* nur die *Moral*, der *Glaube aber die Religion* der christlichen Religion.[44]

Daher sei auch nicht das Gesetz der Weg zur Freiheit, sondern die Liebe:

> Das Gesetz *unterwirft* sich den Menschen, die Liebe macht ihn *frei*. Die Liebe ist das Band, das Vermittlungsprincip zwischen dem Vollkommnen und Unvollkommnen, dem sündlosen und sündhaften Wesen, dem Allgemeinen und Individuellen, dem Gesetz und dem Herzen, dem Göttlichen und Menschlichen. Die Liebe ist Gott selbst und außer ihr ist kein Gott. Die Liebe macht den Menschen zu Gott und Gott zum Menschen. […] Die Liebe ist die wahre Einheit von Gott und Mensch, von Geist und Natur.[45]

Diese Liebe inkarniert und personifiziert sich in Jesus Christus:

> Allein der Mensch gewordene Gott ist nur die Erscheinung des *gottgewordenen* Menschen; denn der Herablassung Gottes zum Menschen geht nothwendig die *Erhebung des Menschen zu Gott* vorher. Der Mensch war schon *in* Gott, war schon Gott selbst, ehe Gott Mensch wurde, d.h. *sich als Mensch zeigte*. Wie hätte sonst Gott Mensch werden können?[46]

Dieser Gedanke erlangt für Wagners Christusbild zentrale Bedeutung und wird zum Ausgangspunkt seiner produktiven Feuerbach-Rezeption. Die Zürcher Kunstschriften erscheinen v.a. im Hinblick auf die Liebesphilosophie als Feuerbach-Paraphrasen reinsten Wassers:

> In Allem, was da ist, ist das Mächtigste der Lebenstrieb [...]. Das Lebensbedürfnis des Lebensbedürfnisses des Menschen ist aber das *Liebesbedürfnis*. [...] Wie aber der Mensch, so wird auch alles von ihm Ausgehende oder Abgeleitete nicht frei, außer durch die Liebe. Freiheit ist befriedigtes notwendiges Bedürfnis, höchste Freiheit befriedigtes höchstes Bedürfnis: das *höchste* menschliche Bedürfnis aber ist die *Liebe*.[47]

[44] Ebd., S. 353.
[45] Ebd., S. 84.
[46] Ebd., S. 86.
[47] Richard Wagner: *Das Kunstwerk der Zukunft*, *SSD*, Bd. 3, S. 68f.

Wie Feuerbach hat Wagner dabei neben der Liebe als *Caritas* oder *Agape* v.a. die sehr konkrete, fleischliche Seite der Lust und des Begehrens als Sehnsucht nach umfassender, natürlicher Glückseligkeit im Blick. Die höchste Form dieser Liebe ist nach Wagners Auffassung die Überwindung des Egoismus und das Aufgehen in die Allgemeinheit im freiwilligen Tod. Ebenfalls bereits vor Schopenhauer (und Brünnhildes Schlussgesang) deutet Wagner demnach die Passion Christi als höchste Liebestat und revolutionäre Überwindung des Gesetzes als Ausdruck staatlicher und herrschaftlicher Macht und Ordnung:

> Das Gesetz stehet statt der Allgemeinheit, also zwischen mir und dem Allgemeinen: mein bereichertes Aufgehen in das Allgemeine ward nun ein Aufgehen in das Gesetz, also eine Bereicherung des Todes, denn das Gesetz verdrängt das Leben: das Gesetz ist die Lieblosigkeit, und selbst da, wo es die Liebe gebieten würde, würde ich in seiner Befolgung nicht Liebe üben, denn die Liebe handelt nur nach sich selbst, nicht nach einem Gebot. Die Versöhnung der Welt ist daher nur durch Aufhebung des Gesetzes zu bewirken, welches den Einzelnen von seiner freien Entäußerung seines Ich's an die Allgemeinheit abhält, ihn von ihr trennt.
> (*JvN*, S. 308)

Auch den *Lohengrin* hatte Wagner in der *Mithteilung an meine Freunde* von 1851 bereits vollständig im Sinne Feuerbachs gedeutet, wobei er die Liebe an den „Mythos des Volkes“ rückbindet, welcher seinen Ausdruck in der Dichtung fände.[48] Der Modus dieser Offenbarung aber sei die Religion, weshalb die Kunst als Modus menschlich-göttlicher Schöpferkraft schließlich die höhere Religion sei. Dieser durch Feuerbach induzierte Gedanke wird Wagner bis in seine spätesten Konzepte der Kunstreligion erhalten bleiben, die nach dem Vorbild der idealisierten antiken griechischen Polis schließlich nicht nur die Religion, sondern auch die Politik in einem übergeordneten, universalen Gesamtkunstwerk aufheben solle:

> Man könnte sagen, daß da, wo die Religion künstlich wird, der Kunst es vorbehalten sei den Kern der Religion zu retten, indem sie die mythischen

[48] *SSD*, Bd. 4, S. 290.

> Symbole, welche die erstere im eigentlichen Sinne als wahr geglaubt wissen will, ihrem sinnbildlichen Werthe nach erfaßt, um durch ideale Darstellung derselben die in ihnen verborgene tiefe Wahrheit erkennen zu lassen.[49]

Mit Feuerbach beschränkt Wagner sich auch keineswegs auf eine Kritik der Institution v.a. der römisch-katholischen Kirche, die er exemplarisch im Finale des *Tannhäuser* gestaltet, indem der Sünder Tannhäuser gegen das explizite Verdikt des Papstes im symbolträchtig ergrünenden Bischofsstab göttliche Gnade und Erlösung erfährt. Vielmehr rechtfertige das Christentum selbst eine „ehrlose, unnütze und jämmerliche Existenz des Menschen auf Erden", ebenso „Selbstverachtung, Ekel vor dem Dasein, Grauen vor der Allgemeinheit". Es schließe den Menschen in einen „ekelhaften Kerker" ein, „um ihm, zum Lohne seiner darin eingesogenen Selbstverachtung, nach dem Tode einen endlosen Zustand allerbequemster und unthätigster Herrlichkeit zu bereiten." Die Vertröstung auf das Jenseits sei gerichtet gegen alles Sinnliche des Lebens, die „Heuchelei ist überhaupt der hervorstechendste Zug, die eigentliche Physiognomie der ganzen christlichen Jahrhunderte bis auf unsere Tage…"[50]

Gerade der Verlust von Glauben und Religion führte in der römischen Kirche in Wagners Augen zur prunksüchtigen Aneignung der Kunst und zu einer heuchlerischen Veräußerlichung einer Sinnlichkeit, die im Widerspruch zu der wahren und natürlichen menschlichen Sinnlichkeit ebenso künstlich wurde wie Glauben und Religion selbst.

Daher bedürfe es der Verbindung von Heldentum und künstlerischem Genie, um dieser künstlichen Entfremdung ein Ende zu bereiten.[51] Das Christentum als solches erscheint dagegen als Symptom und Aus-

[49] Richard Wagner: *Religion und Kunst*, *SSD*, Bd. 10, S. 211

[50] Richard Wagner: *Die Kunst und die Revolution*, *SSD*, Bd. 3, S. 14 und S. 16.

[51] Vgl. *Heldenthum und Christenthum*, 2. Nachschrift zu *Religion und Kunst*, *SSD*, Bd. 10, S. 270ff. Hier wird der Begriff des „Heldentums" auf freilich äußerst prekäre Weise mit Gobineaus Rassentheorie verbunden und so die Perspektive auf ein ‚arisches', vom Judentum ‚gereinigtes' Christentum eröffnet, wie sie dann vom „Deutschchristentum" um die Jahrhundertwende ebenso geteilt und propagiert wurde wie der namentlich von Houston Stewart Chamberlain repräsentierten ‚Bayreuther Theologie', die Wagners zunächst ästhetische Theologie politisch-ideologisch für die völkische Esoterik anschlussfähig machte.

druck einer umfassenden „Degeneration“, die aufzuhalten Wagner zunächst nur durch den heroisch-revolutionären politischen Umsturz, später durch eine umfassende ethisch-ästhetische „Regeneration“ unter Aufhebung der bislang bestimmenden Diskurse der Politik und der Religion (und man könnte getrost hinzufügen: der Ökonomie) in der Kunst möglich sei.

Wagners Jesus erscheint dabei nicht als „Erlöser“, sondern als revolutionäre Heldenfigur – und ist damit nicht nur werkgeschichtlich dem Siegfried ähnlicher als Parsifal. Die Kreuzigung, in Wagners Entwurf nur teichoskopisch vermittelt, erscheint als Heldentod; die mystische Dimension von Eucharistie und Passion, die im *Parsifal* zentral werden soll, fehlt hier vollständig. Während Jesus als präsente Bühnenfigur zwangsläufig in seiner realen, körperlichen Erscheinung im Mittelpunkt steht, bedarf eine anthropologisch-materialistische Christologie ohne Kirche im Anschluss an Schleiermacher und Feuerbach eben jener epischen Vermittlungsstrategie, wie Wagner sie dann im *Parsifal* realisiert. Gemäß Luk. 17,20-21: „Denn sehet, das Reich Gottes ist inwendig in euch“ wird der menschliche Jesus Christus substanzlos und offenbart sich nur im Mysterium des Grals, bleibt – wie auch Gott selbst – apotropäisch ungenannt, während Parsifals menschlich-irdischer Leidensweg in der qualvollen Suche auf „der Irrnis und der Leiden Pfade“ (3. Aufzug) besteht. Der „Erlöser“ oder „Messias“ wird so am Ende durch den Menschen Parsifal sowie mit und in ihm Gott selbst erlöst. Dieser Grundgedanke der gnostischen Mystik öffnet eine Perspektive zu kabbalistischen Vorstellungen ebenso wie zu einem Verständnis einer nach innen gewandten, ästhetischen Religiosität ohne kirchliche Institutionen – wie sie am Beispiel der zur mystischen Religionserfahrung übersteigerten Spiritualität des „Bühnenweihfestspiels“ *Parsifal* am „geweihten Ort“ des geheiligten Bayreuther Festspieltempels namentlich und wirkungsmächtig von Houston Stewart Chamberlain vertreten wurde.[52]

Es erweist sich indessen, dass Wagners ästhetische Theologie der Spätschriften in wesentlichen Aspekten keineswegs – und wie zumeist von der sich v.a. auf diese berufenden ideologischen Wagner-Rezeption des Bayreuther Kreises und der ‚Bayreuther Theologie‘ dargestellt – im

52 Vgl. Udo Bermbach: *Houston Stewart Chamberlain. Wagners Schwiegersohn – Hitlers Vordenker*, Stuttgart/Weimar 2015, S. 453-498; auch: *wagnerspectrum* 2/2009 (Themenschwerpunkt *Bayreuther Theologie*).

Widerspruch zu seinem anthropologisch-materialistischen Religions- und Christusverständnis des Vormärz steht, sondern nach der Revolution und der Rezeption Schopenhauers ab 1854 ein leitmotivisches *thema con variazioni* mit substantiellen Konstanten darstellt, die unter gewandelten Aspekten zusammengedacht werden.

Der *Parsifal* erscheint demnach auch nicht als Gegenentwurf zu *Jesus von Nazareth*, sondern vielmehr als Fortschreibung, wobei der anthropologische Materialismus Feuerbachs, den Wagner noch in seiner Autobiographie *Mein Leben* als den „rechten und einzigen Philosophen der Neuzeit" bezeichnete,[53] keineswegs negiert wird oder gar verschwindet, sondern gleichsam schopenhauerisch und buddhistisch aufgeladen und in eine gnostische Religionsästhetik der menschlichen Selbsterlösung überführt wird.

Hatte die Schopenhauer-Rezeption ab 1854 v.a. wesentlichen Einfluss auf Wagners Ästhetik und Weltbild, so blieb sein Religions- und Menschenbild und mithin auch seine Auffassung der Notwendigkeit einer grundlegenden Veränderung der herrschenden Verhältnisse – zunächst durch Revolution, später durch „Regeneration" – maßgeblich von der eudämonistischen Ethik Ludwig Feuerbachs bestimmt, die ihren deutlichsten Niederschlag in den Reflexionen der theoretischen Schriften zwischen 1849 und 1851 fand und sich in Wagners Schaffen nirgends unverstellter und bis in wörtliche Übernahmen niederschlug als in seinem Entwurf zu *Jesus von Nazareth*.

53 *ML*, S. 442.

TIM LÖRKE

Erneuerungsphantasien: Zur Christus-Nachfolge in Gerhart Hauptmanns *Der Apostel*

Gerhart Hauptmanns Novelle *Der Apostel* (1890) zählt zu den überraschend zahlreichen Texten, die sich um die Wende vom 19. zum 20. Jahrhundert mit Jesus Christus auseinandersetzen oder eine moderne Anverwandlung thematisieren.[1] Jesus wird dabei zu einer literarischen Figur, an die verschiedene Erwartungen geknüpft werden. So entwirft etwa Hauptmanns Novelle die vermeintliche Christusnachfolge des namenlosen Protagonisten vor dem Hintergrund einer umfassenden Moderne- und Zeitkritik:[2] Um Heilung einer zutiefst verkommenen Welt nämlich drehen sich die Gedanken des Apostels, der zur paradigmatisch antimodernen Figur wird.

Hauptmanns Text bietet ein Beispiel für den „Hunger nach Ganzheit", den der Kulturhistoriker Peter Gay zwar erst für die Weimarer Republik

1 Vgl. zum literarhistorischen Hintergrund Theodore Ziolkowski: *Transfigurations of Jesus*, Princeton 1972; Helmut Scheuer: *Zur Christus-Figur in der Literatur um 1900*, in: *Fin de Siècle. Zu Literatur und Kunst der Jahrhundertwende*, hg. von Roger Bauer, Eckhard Heftrich [u.a.], Frankfurt a.M. 1977, S. 378-402; Peter Sprengel: *Gerhart Hauptmann. Epoche – Werk – Wirkung*, München 1984, S. 196f.; Uwe Kächler: *Die Jesusgestalt in der Erzählprosa des deutschen Naturalismus*, Frankfurt a.M. u.a. 1993; Friedhelm Marx: *„Ich aber sage Ihnen...". Christusfigurationen im Werk Thomas Manns*, Frankfurt a.M. 2002.

2 Dazu Sprengel: *Gerhart Hauptmann* (Anm. 1), S. 202-205.

ausmacht,[3] der sich aber durchaus schon früher bemerken lässt in der „deutschen Modernitätskrise".[4] Die Moderne führt in einer ablehnenden Perspektive zur Zersplitterung allen Wissens, zur Zerstörung aller tradierten Deutungssysteme und damit zum Verlust aller bisher gültigen Modelle der Lebensführung. Daraus ergibt sich ein Gefühl der Zerrissenheit, das dem modernen Menschen zu schaffen macht. Es schlägt sich nieder in einer Sehnsucht nach neuen, verbindlichen Gewissheiten oder besser: nach erneuerten Gewissheiten, denn die Sinnangebote der Modernekritik bestehen v.a. in der geforderten Rückkehr zu den alten Ordnungen und Strukturen.[5] Die ersehnte Heilung der Moderne soll gelingen durch die Verwirklichung von Ganzheitsvorstellungen, die durch Formen von sozialreligiöser Vergemeinschaftung in den verschiedenen Lebensreformbewegungen vorbereitet werden. Bestimmend dabei sind die Abkehr von einer kapitalistisch-industriellen Gesellschaft, die Stadtflucht und die Rückkehr zur Natur. Ein gleichsam mythischer Naturzustand soll wieder hergestellt werden.[6]

Vor diesem Hintergrund entfaltet Hauptmann seine Erzählung, die freilich gerade nicht in die Falle einer naiven Regenerationsphantasie tappt. Denn Hauptmanns Apostel leidet nicht nur an der Zeit, sondern auch an einer schweren psychischen Störung, die seine kulturkritischen Invektiven als Symptome seiner Krankheit erscheinen lassen. In der Perspektive einer Christusnachfolge wird jedoch die Darstellung einer leibhaften Präsenz des Heiligen wichtiger, wie sie von einer religiösen Sehnsucht des Apostels verlangt wird. Denn Hauptmanns Novelle kreist um das Verhältnis der Religion zum Mythos und fragt nach der tatsächlich erfahrbaren Wahrheit der Religion. Die Rede *von* Jesus und das Leben *wie* Jesus sollen ihn direkt in die Gegenwart zurückholen.

[3] Peter Gay: *Die Republik der Außenseiter. Geist und Kultur in der Weimarer Zeit 1918-1933*, Frankfurt a.M. 2004, S. 99.

[4] Christian Schwaabe: *Die deutsche Modernitätskrise. Politische Kultur und Mentalität von der Reichsgründung bis zur Wiedervereinigung*, München 2005.

[5] Vgl. Ulrike Haß: *Militante Pastorale. Zur Literatur der antimodernen Bewegungen im frühen 20. Jahrhundert*, München 1993.

[6] Vgl. Corona Hepp: *Avantgarde. Moderne Kunst, Kulturkritik und Reformbewegungen nach der Jahrhundertwende*, München 1987. Jost Hermand und Frank Trommler: *Die Kultur der Weimarer Republik*, München 1978, S. 155.

Peter Sprengel hat zu Recht betont, dass es sich bei Hauptmanns *Apostel* um eine „idealtypische Studie über den Zusammenhang von religiösem Sendungsbewußtsein und pathologischer Konstitution" handelt, die den „biblischen Mythos mit den Mitteln eines wissenschaftlichen Naturalismus" deutet, die sich jedoch nicht im Pathologischen erschöpft.[7] Denn Hauptmann geht darüber hinaus, indem er einerseits das Sendungsbewusstsein mit zeitgenössischen, religiöse Züge tragenden Reformbewegungen verknüpft und anderseits die sich verstärkende Identifikation des Apostels mit Jesus als einen vierstufigen Prozess schildert, der verschiedene Aspekte eines religiösen Weltverhältnisses umfasst. Dabei zeigt sich, dass die Nachfolge Christi zu einer Identifikation führt, die ausgeht von einer Übernahme der von Jesus gepredigten Werte und Normen, diese sodann radikalisiert, um schließlich in einer ersehnten leibhaftigen Verschmelzung zu enden.

Hauptmann arbeitet den Katalog der Modernekritik eher *en passant* ab, als wolle er zwar auf diesen politisch-kulturellen Kontext verweisen, sich aber zugleich davon deutlich distanzieren. Zudem legt er die kulturkritischen Thesen und Diagnosen seinem hochgradig verstörten Protagonisten in den Mund. Schon die Technikkritik, mit der die Novelle beginnt, stellt den Zusammenhang her zwischen Psychose und Unbehaustheit in der modernen Welt. Denn der Apostel reist mit dem Zug vom Tessin durch den Gotthardtunnel nach Zürich. Die Reise verläuft keineswegs bequem und zufriedenstellend: „Er haßte diese Bahnen mit ihrem ewigen Gerüttel, Gestampf und Gepolter, mit ihren jagenden Bildern; – er haßte sie und mit ihnen die meisten anderen der sogenannten Errungenschaften dieser sogenannten Kultur."[8] Der Apostel ist in der Welt um 1900 nicht verlässlich daheim; sie ist ihm zutiefst fremd, weil sie in viele verschiedene, voneinander abgeschlossene Sphären geteilt ist. Entsprechend kann der Apostel keinen klaren, schlüssigen und stringenten Gedanken mehr fassen, weil der Zuglärm das ebenso verhindert wie die Moderne insgesamt, die nicht auf einem absoluten, verbindlichen Fundament steht, sondern nur einander jagende und rasch ablösende Bilder produziert.

[7] Sprengel: *Gerhart Hauptmann* (Anm. 1), S. 208.

[8] Gerhart Hauptmann: *Der Apostel*, in: Ders.: *Bahnwärter Thiel und andere frühe Meistererzählungen*, Berlin [6]2009, S. 99-125, hier S. 101.

Zudem verstören den Apostel die zivilisatorischen Gewinne an Luxus und Bequemlichkeit. Er führt sein eigenes Leben asketisch und voller Rücksicht gegenüber der Tier- und Pflanzenwelt, die jedoch ausgenutzt und getötet wird, um Nahrungsmittel, Stoffe für Kleidung und Möbel herzustellen.[9] Er predigt – wenn auch nur im Geiste – den Vegetarismus, den er mit der Demut vor der Natur als Schöpfung begründet und indem er den menschlichen Verzehr von Fleisch als „kannibalisch" brandmarkt.[10] Mensch und Tier stehen in der Schöpfung gleichberechtigt nebeneinander. Vom Paradies, wie es in Jes 65,25 ausgemalt wird, träumt der Apostel und davon, dass er die Menschheit dorthin geleiten wird: „In ein Land will ich euch führen, wo Tiger und Büffel nebeneinander weiden, wo die Schlangen ohne Gift und die Bienen ohne Stachel sind. Dort wird der Haß in euch sterben und die ewige Liebe lebendig werden."[11] Doch noch ist die Welt kriegerisch zerrissen, über ihr liegt „Blutgeruch", und der Apostel hört den steten Kampf „toben".[12]

Der Verwirklichung des Paradieses auf Erden steht also der Mensch als das „allergefährlichste Ungeziefer" entgegen.[13] Er unterdrückt die Natur, indem er Städte baut, die wie „Beulen" einer gefährlichen Krankheit den Landschaftskörper entstellen. Die Städte werden in den Augen des Apostels zu Symbolen für die Krankheit, die den Menschen in der Moderne befallen haben.

Das Heilmittel, das dem Apostel vorschwebt, ist eine radikale Änderung der Lebensweise und der gemeinschaftlichen Lebensführung. Es geht um die Restauration vermeintlich vormoderner Zustände, um Rückkehr in eine Zeit vor der Verwissenschaftlichung, der Industrialisierung und auch: vor der Aufklärung. Der Apostel wird getrieben von einer Sehnsucht nach Ursprünglichkeit. Darum bevorzugt er Dörfer als gesunde Gemeinschaftsformationen, weil sie kleine, naturverbundene soziale Strukturen garantieren. Mit der erwünschten Enge des Wohnens und Zusammenlebens geht eine Geschlossenheit des Weltbildes einher und damit wiederum eine erneuerte Verlässlichkeit des Weltbezugs.

[9] Ebd., S. 110.
[10] Ebd.
[11] Ebd.
[12] Ebd., S. 109.
[13] Ebd., S. 107.

Deswegen stehen Dörfer auch dem Göttlichen oder Heiligen näher. In der Natur erkennt der Apostel die Schöpfung und damit ein göttliches Abbild. Die Rückkehr zur Natur bedeutet für den Apostel eine Rückkehr zu einem starken Glauben an das Heilige. Die ursprüngliche Geschlossenheit wird von Gott als Ursprung der Welt garantiert; das Verhältnis des Menschen zur Natur korrespondiert seinem Verhältnis zu Gott, und in der Natur kann sich der Mensch Gott wieder nahe fühlen. Es geht dem Apostel also um die diesseitige Teilhabe am Göttlichen und die völlige Erkenntnis des alles umfassenden Sinns. Natur und Dorf bilden den erhofften Sinn ab in ihren kleinen geordneten Strukturen und befriedigen so das Bedürfnis nach Geschlossenheit: „er wollte alles an seinem Ort“.[14]

Doch warum fühlt gerade der Apostel sich dazu berufen, dem Geheimnis der Welt nahezukommen und es als Prophet und Prediger zu verkündigen? Seine Wahnvorstellungen durchlaufen vier Steigerungsstufen, die jeweils eine andere Form religiöser Weltzugewandtheit umfassen und ihn in seinem Priestertum – und mehr – bestärken.

Da ist *erstens* die „säkularisierte gnostisch-eschatologische Erlösungslehre“, wie sie den verschiedenen Lebensreformbewegungen um 1900 zugrunde liegt.[15] Denn der Apostel nimmt sich selbst zunächst nur als Gesandten Karl Wilhelm Diefenbachs wahr, des Malers und Vorreiters der Alternativbewegungen um Lebensreform, Freikörperkultur und Friedensbewegung.[16] Während sich der Apostel ankleidet, überfällt ihn für einen kurzen Moment, wie eine Epiphanie, die Erinnerung an seinen Meister: „Als er die Sandalen unterband, tauchte ihm flüchtig auf, wie er zu dem Kostüm, das er trug und das ihn von allen übrigen Menschen unterschied, gekommen war: die Gestalt Meister Dieffenbachs [sic] ging vorüber.“[17] Sein Gewand, neben den Sandalen eine „weiße Frieskutte“ zusammengehalten von einem Strick, sowie eine „Schnur rund um den Kopf“ (die später zu einem Heiligenschein wird), versteht der Apostel als

[14] Ebd., S. 105.

[15] Wolfgang R. Krabbe: *Lebensreform / Selbstreform*, in: *Handbuch der deutschen Reformbewegungen 1880-1933*, hg. von Diethard Kerbs und Jürgen Reulecke, Wuppertal 1998, S. 73-77, S. 74.

[16] Vgl. Claudia Wagner: *Der Künstler Karl Wilhelm Diefenbach. Meister und Mission*. Diss. Freie Universität Berlin 2007 (Web: http://www.diss.fu-berlin.de/diss/receive/FUDISS_thesis_000000003200, letzter Zugriff 7.8.2016).

[17] Hauptmann: *Der Apostel* (Anm. 8), S. 102.

Ausweis seiner Erwähltheit; das Gewand wie seine Mission trennen ihn von anderen, die er zu führen weiß. Denn aus dem Gefühl der Erwähltheit leitet er sein Selbstbewusstsein ab, über ein tieferes und richtiges Wissen zu verfügen und deswegen andere Menschen anleiten zu können, sich ihm nachfolgend auf den rechten Weg zu begeben.

Es ist auffällig, dass dieses Selbstbewusstsein von seinem Äußeren abhängt; erst die Kutte eröffnet dem Apostel dieses Bewusstsein seiner selbst. Seine Identität ist stark auf Äußerliches gerichtet. Und sein religiöses Gefühl ist es auch. Denn der Apostel verehrt das Heilige *zweitens* in der Natur, in der reinen Betrachtung der „kleinsten Blümchen oder Käferchen".[18] Dabei betont er das Korrespondenzverhältnis zwischen den Wundern der Natur und dem Wunder, das er selbst darstellt: „Mit Wohlgefallen spiegelte er sich. Warum sollte er es auch nicht? Warum sollte er sich selbst nicht bewundern, da er doch nicht aufhörte, die Natur zu bestaunen in allem, was sie hervorbrachte?"[19] Indem er in der Natur das Göttliche erkennt, weil sie seiner religiösen Sehnsucht und seinen „[m]ysteriösen Rührungen" entspricht,[20] sieht er das Göttliche zugleich in sich. In einem Zirkelschluss schließt er von seiner mönchisch-heiligen Erscheinung, die seiner religiösen Gestimmtheit entspringt, auf das Göttliche, das in ihm sein muss, weil er doch so aussieht.

Auf seiner Wanderung durch die Natur erlebt er einen sinngeladenen Moment, der alle Verbitterung durch ästhetische Rührung angesichts des Heiligen in ihm löst. Das ist der Moment, in dem er seine religiöse Führerschaft klar erkennt. Denn er bedauert zunächst, dass ihn auf seinen einsamen Wegen niemand sehen kann. Er wünscht sich, ein Maler würde seinen Anblick festhalten. Sein Sendungsbewusstsein ist die Folge des Wunsches, bewundert zu werden von anderen, nachdem er sich selbst bewundert und so als göttliches Geschöpf erkennt.

Daraus leitet er *drittens* sein Priestertum ab. In einem Traum sieht er Menschen ihm zujubeln: „Er schreitet langsam, die Leute knien am Wegrand, sie falten die Hände, sie beten ihn an."[21] Erwacht, segnet er die Menschen, denen er auf seinem weiteren Weg begegnet, weil er sich selbst als

[18] Ebd., S. 103.
[19] Ebd.
[20] Ebd., S. 107.
[21] Ebd., S. 108.

Priester fühlt. Er vermittelt durch seine Person zwischen dem Göttlichen und den Menschen.

Doch ist dies nur die Stufe vor der endgültigen Identifikation mit dem Heiligen. Der Apostel geht nämlich *viertens* über das religiöse Mittlertum hinaus, indem er eine radikale Christusnachfolge antritt. Er beginnt, in Bibelzitaten zu denken und zu sprechen und seine Ankunft in einem Dorf dem Einzug Christi nachzuempfinden. Es geht dem Apostel durch das Nachsprechen und die Inszenierung um die Wiederholung der heilsgeschichtlichen Ereignisse, die sich in seiner Person verkörpern und darum gerade erst geschehen.[22] In einer Vision, die einerseits seinem Krankheitszustand entspricht, andererseits aber in einem klaren Zusammenhang mit seiner religiösen Sehnsucht steht, heilt der Apostel seine kranke Mutter, ehe er erkennt, „daß es nicht seine Mutter war, sondern er, der Dulder von Nazareth. Nicht nur geheilt hatte er ihn; er hatte ihn lebendig gemacht. Noch wehten die Grabtücher um Jesu Leib. Er kam auf ihn zu und schritt in ihn hinein."[23] Der Apostel verschmilzt mit Jesus, und die Erzählung endet damit, dass der Apostel „Gottvater" mit ihm, „seinem Sohne redete".[24]

Natürlich taucht die Erzählung die Vorgänge in ein kritisches und distanziertes Licht, die psychische Störung des Protagonisten ist mit Händen zu greifen. Und doch interessiert sich der Text nicht allein dafür. Als zweite Sinndimension wird die religiöse Sehnsucht einer Moderne behandelt, die angesichts ihrer technischen, zivilisatorischen und mentalitätsgeschichtlichen Herausforderungen nach einer neuen Verbindlichkeit sucht. Dabei kann sie sich nicht zufriedengeben mit den Ange-

22 In der Theaterwissenschaft werden Formen historischer Wiederholung und Vergegenwärtigung unter dem Begriff des *Reenactments* derzeit stark diskutiert. Die entscheidende Differenz zwischen einem *Reenactment* und der Wiederholung, die der Apostel betreibt, ist das Wissen um die Differenz zwischen dem Ereignis und der Wiederholung, die „leiblich ins Gedächtnis zurückholt". Denn das *Reenactment* ist nicht identisch mit dem, das wiederholt wird. Vgl. dazu Erika Fischer-Lichte: *Die Wiederholung als Ereignis. Reenactment als Aneignung von Geschichte*, in: *Theater als Zeitmaschine. Zur performativen Praxis des Reenactments*, hg. von Jens Roselt und Ulf Otto, Bielefeld 2012, S. 13-52. Mit herzlichem Dank an Robert Walter-Jochum für diesen Hinweis!

23 Hauptmann: *Der Apostel* (Anm.8), S. 123.

24 Ebd., S. 125.

boten der christlichen Kirchen, wie der Text implizit und subtil herausstreicht. Denn deren Sinnangebot besteht in der rituellen Erinnerung an ein historisches Heilsgeschehen, das im Gottesdienst symbolisch nachvollzogen wird – und darum eben nicht selber ist und geschieht. Der Apostel hingegen sucht gerade nach einer immanenten Erfahrung der göttlichen Wirklichkeit.

Es ist sein Leib und seine äußere Erscheinung, die die Immanenz des Göttlichen für ihn beweisen. Seine Kleidung liest er als Beweis seiner Priesterschaft; seine besondere Erscheinung durch das Gewand verdeutlicht, dass er genauso Gottes Geschöpf ist wie die ihn umgebende und von ihm verehrte Natur; und daraus schließt er, Gottes Sohn zu sein. Dass er träumt, Christus zu heilen, der daraufhin mit ihm zu einer Person verschmilzt, zeigt den Erneuerungsbedarf der christlichen Kirchen in den Augen des Apostels. Die von ihm erreichte religiöse Wirklichkeit in Traum und Vision versetzt das Göttliche ins Hier und Jetzt: Darum kann Christus ein zweites Mal auferstehen, weil die Heilsgeschichte eine leiblich erfahrene Präsenz für den Apostel gewinnt. Die Welt insgesamt nimmt der Apostel wieder als sinnvoll geordnet wahr, weil er mit ihrem Ursprung im göttlichen Zwiegespräch vereint ist. Die *Imitatio Christi* nimmt ihren Ausgang in einer narzisstisch getönten Selbstwahrnehmung, ehe sie zum Heilmittel einer als hohl und leer empfundenen religiösen Praxis empfohlen wird. Der, der das Heilmittel propagiert, ist unbezweifelbar krank, doch distanziert sich der Text zwar von ihm, aber an keiner Stelle von seinen Modernediagnosen. So scheint die Christusnachfolge in Hauptmanns Novelle keineswegs die Lösung der Modernitätskrise zu sein, aber sie markiert den weiten Weg der Moderne zu einer umfassenden Sinnstiftung.

ERICH UNGLAUB

Der Mittler als Missverständnis: Die Christus-Figur in Rilkes Lyrik

„Wer ist denn dieser Christus, der sich in alles hineinmischt."[1] In der letzten Phase seines Lebens schrieb Rilke diesen Satz. Er formulierte ihn für einen „jungen Arbeiter", eine Gestalt in einem fiktiven Brief, einen Text, den er nicht veröffentlichte. Er hätte viele von Rilkes Lesern und Anhängern irritiert. Rilke war kein *Poeta doctus*, aber er fühlte sich von früh an zum Dichter berufen. Die Stichwörter „Christus" und „Jesus" sind in der Frühzeit stärker vertreten[2] als in späteren Werkphasen, doch keineswegs so dominant wie „Gott" und „Herr". Nicht Ausdruck von persönlicher Religiosität ist zu erkennen, sondern Literarizität mit vielen Facetten. „Auch der Christus der Gedichte ist deshalb vor allem als ein poetischer Vorwand zu begreifen."[3]

Mit *Christus am Kreuz* (1893) ist ein Gedicht aus der frühen Prager Zeit erhalten, das Rilke selbst nicht publiziert hat. Es sind 52 Zeilen, die

1 Rainer Maria Rilke: *Werke*, Kommentierte Ausgabe in vier Bden. mit einem Supplementbd., hg. von Manfred Engel [u.a.], Frankfurt a.M. 2003, Bd. 4, S. 735 (fortan: *KA* mit Band- und Seitenangaben).

2 Einen guten Überblick über den Wortgebrauch von Rilkes Lyrik gibt die statistische Erhebung von James Ronald Bartlett: *A Word Index to Rainer Maria Rilke's Lyric With a Critical Word Study*. Ann Arbor 1969. Sie gibt 17 Belege für „Christus" an (S. 126) und zehn für „Jesus" (S. 334). Zehn bzw. sechs Belege sind Gedichte, die Rilke nicht selbst veröffentlicht hat.

3 Norbert Fischer, *Einführung*, in: *„Gott" in der Dichtung Rainer Maria Rilkes*, hg. von dems., Hamburg 2014, S. 28.

in drei ungleiche Abschnitte gegliedert, mit – oft nicht reinen – Kreuzreimen verbunden sind und demonstrative Ruppigkeit ausstrahlen. Der fünfhebige Jambus mit abwechselndem Versausgang erhebt den Anspruch, wie ihn die Überschrift verkündet. Die deutliche Datierung am Gedichtende, „1. Nov.", gibt eine weitere Botschaft: Es ist der Allerheiligentag, der Tag der Grabbesuche auf den Friedhöfen der Stadt. Doch das lyrische Ich flieht schon im Morgengrauen hinaus zu einem Feldkreuz. Dort begegnet es einem „armen Weib" mit zwei Kindern im Gebet. Die Bitte um das tägliche Brot in einem kargen Leben wird begleitet von Hoffnung und neuer Stärke. Das religionsskeptische lyrische Ich rekapituliert:

> Ein schlichtes Holzkreuz. An dem Kreuze hing
> Ein Christus dort. Nur schlicht und schlecht gemalet
> Mit greller Farbe, – nicht von Künstlerhand.
> Er sah vom Licht des jungen Tages gestrahlet
> Erbärmlich aus. – –[4]

Hier findet eine Akzentverschiebung der kanonischen Auffassung statt. Statt auf die Leidensgestalt Christi (die als gesetztes Motiv gilt), richtet sich der Blick des lyrischen Ichs auf die „erbärmliche" Qualität des Bildnisses, ein kunstverständiges Wissen, das die selbstbewusste Reflexion in Gang setzt:

> *Er* war ein Mensch wie ich; doch er vertraute
> Auf seine eig'ne Stärke allzusehr.
> Wohl war er groß, – und hatte edle Ziele
> Sich vorgesteckt. Doch *eines* macht ihn klein:
> Dass er im Übermaße der Gefühle
> Verleugnete, ein schlichter Mensch zu sein.[5]

Das implizite, aber entschlossene Absprechen der Gottesnatur wird mit dem Lob der Ziele und dem Werk verbunden, das nicht als Erlösung begriffen wird, sondern als eine menschliche Großtat. Rilke sieht ein

[4] Rainer Maria Rilke: *„Sieh dir die Liebenden an". Briefe an Valerie von David-Rhonfeld*, Frankfurt a.M. 2003, S. 237.

[5] Ebd.

Misslingen, das aus Überschwang und Verlust des Maßstabs entstanden ist. Seiner Christusfigur wird (menschliche) Schwäche zugeschrieben:

> Er wollte nicht als Mensch verehret werden
> Viel lieber trug er Schande, Schmach und Spott
> Viel lieber wollte leiden er, und sterben
> Am Kreuze sterben – aber doch als – Gott![6]

Das Streben nach Ehre und Verehrung hat in dieser Vorstellung die Größe von Christus beeinträchtigt, ihn zu Leiden und Tod geführt. Dies ist der Preis, um den Status der ‚Göttlichkeit‘ zu erwerben. Das lyrische Ich erkennt die Ambition, über menschliches Großmaß hinauszugelangen:

> Er wär‘ als *Mensch* so *göttlich groß* geblieben
> Doch nun als *Gott*, erscheint er *menschlich klein.*[7]

Die Folgerung mag naheliegen, doch es handelt sich bei diesem Text um kein Pamphlet, keine Satire, kein atheistisches Traktat. Rilkes Wahl der Gattung Lyrik ist entschlossene Fiktionalisierung, die auch das lyrische Ich des Gedichts einschließt. Diese Figur ist in einer zwiespältigen Lage, was die Person Christi angeht. Denn die ausgebreitete rationalistische Ansicht, die eine überlegene Position vertritt, stellt das Ich nur zum Teil zufrieden, wie der Abschluss des Gedichts erkennen lässt:

> Ich sah empor, wo mit verdrehtem Blicken
> Das bunte Bild am schlichten Kreuze hing…
> Längst war es Tag. – Ich drehte ihm den Rücken
> Und trocknete die Thränen mir, – – und gieng –[8]

Das ‚Tagbild‘ von Christus ist das des entschlossenen Atheisten, der die menschliche Größe der Gestalt anerkennt, aber auch ihre Schwächen sieht und denunziert. Das Christusbild der ‚Dämmerung‘ zeigt den verlorenen Glauben an die göttliche Natur von Christus, den das Volk praktiziert.

Entschiedener tritt das lyrische Ich in dem (damals unveröffentlichten) Gedicht *Mein Glaubensbekenntnis* (1893) auf, das den Vorwurf der christlichen Umgebung, ein Atheist zu sein, annimmt, das Evangelium als

[6] Ebd.
[7] Ebd.
[8] Ebd.

Instrument der Beherrschung von willigen, schafsgleichen Christen durch Papst und Klerus begreift. Die Funktion von Christus für den Glauben der Menschen ist hier als zurückgewiesene Erlösungslehre der Kirche referiert, der eine rein diesseitsbezogene Lehre gegenübergestellt wird.[9] Neben rabiater Kritik an der Institution Kirche, der auch die Person Christi unterworfen wird, ist eine reine Diesseitsorientierung als Ziel des lyrischen Ichs erkennbar.[10]

Der Lyrik-Band *Larenopfer* (1895) zeigt Prager Bilder, schildert kirchliche Gebäude und Festtage in ihrer Äußerlichkeit. Religionskritik ist nur als Impression und Pointe fassbar. Alle Verse verweisen auf die Abwesenheit von Christus. Die erkennbare Religions- und Sozialkritik verfängt sich in äußerer Frömmigkeitspraxis, die als einfacher Kinder- und Volksglaube skizziert, aber nicht von einer Position des Atheismus und schon gar nicht von einer eigenwilligen Christologie umgeben ist.

Christus als Kinderglaube,[11] diese Vorstellung nimmt Rilke als ‚Gepäck' noch längere Zeit mit,[12] auch die erneute Begegnung mit dem Christus am Feldkreuz[13] und nicht zuletzt als Gedanke der scheinbaren [!] Wiederholung christlicher Narrative im Fest. So werden biblische Reminiszenzen in eine verzauberte Natur- und Traumwelt verlegt, die in der Ausrichtung ganz unbestimmt ist (*SW* I, S. 84). In diesen Versen ist die Christusgestalt in den Konjunktiv gesetzt, die Welt der religiösen Kost-

9 Ebd., S. 220.

10 In einem weiteren Gedicht aus diesem Jahr wird die Bedeutung der Liebe gegenüber der Religion, die ein „Tand aus Kindertagen" sei, unterstrichen. Vgl. ebd., S. 249.

11 Vgl. die Verse über die Florentiner Kinderprozession (1898), in: Rainer Maria Rilke: *Sämtliche Werke*, 7 Bde., hg. vom Rilke-Archiv, besorgt durch Ernst Zinn, Frankfurt a.M. 1966-1997, hier Bd. 3, S. 590 (fortan: *SW* mit Band- und Seitenangaben).

12 Vgl. das Gedicht aus *Mir zur Feier*, entstanden 1898 in Berlin:
„Du, den wir alle sangen,
du einziger und echter Christ,
du Kinderkönig, der du bist, –
ich bin allein: mein Alles ist
entgegen dir gegangen."
(*SW* I, S. 152)

13 Vgl. *SW* I, S. 122, hier als Wegzeichen für die Begegnung mit der Geliebten.

barkeiten ist eine des poetischen Vergleichs: Hier kann „Wunder" auch das Werden von Gedichten sein. In solchen Überlegungen ist die Suche nach Wahrheit irrelevant, was zählt, ist die Bewegung.

Mit dem Abschied von Prag und der Etablierung im ebenfalls katholisch geprägten München (Ende September 1896) wird die Christusthematik fortentwickelt. In den ‚Traumepen' der elf *Christus-Visionen*[14] entfaltet sich ein Panorama, das nicht in biblischer Zeit, sondern in der Gegenwart angesiedelt ist. In den ersten drei Visionen *Die Waise*, *Der Narr* und *Die Kinder* ist Christus nicht mit Namen präsent, nur im Signalelement zu erahnen.[15] Wir sehen Randfiguren der Gesellschaft: einen großen grauen Mann, der verloren an der Mauer lehnt, eine hohe Gestalt mit blassem Gesicht, einen Bettler, von dem bemerkt wird, er sehe aus „wie der Mann am Kreuz". Ein anderer durchzieht die Szene mit „Heilandshaar", er ist der Wunderbare, der eine Predigt für Kinder hält und „Meister" genannt wird. Diese verkannten Gestalten tragen die traumhaft erfassten Spuren einer Christusgestalt. Umschlagspunkt ist der Blick in ein Atelier, in dem der Künstler nach Mitternacht in einen Dialog mit einem seiner Bilder gerät. Das Porträt gleicht einem „Proletar", es wehrt sich dagegen, dass die Purpurfarbe bei ihm nur die „Schergenschramme" trägt, aber das Recht auf die Purpurfarbe sei doch durch den Tod errungen: „Da ward ich – Gott. [...D]er niegewußte / Gott", der erst durch die Verehrung des Pöbels zerschmolzen sei. Attribute des Königtums seien unter Freunden nicht nötig, wohl aber bei „Seelenfremden". Dies wird überzeitlich als Merkmal und Auftrag verstanden. In einer Bude auf dem *Jahrmarkt* (Münchner Oktoberfest) ist ‚Das Leben Jesu Christi und sein Leiden' dargestellt. In Panoramen des Wachsfiguren-Kabinetts wird dem lyrischen Ich in einer Pilatus-Szene die Spannung des Christusbilds zwischen *ex Deo natus est* und *Ecce homo* bewusst. Schauspielerhaft changiert die Gestalt bis hin zur Figur des Ahasverus. In weiteren ‚Visionen' wird die zentrale Gestalt, die jetzt auch den Namen Jesus trägt, in das sterbende Venedig, den Prager Judenfriedhof, die profanierte

14 Vgl. die eingehende Analyse von Norbert Stapper: *Die „Christus-Visionen" Rainer Maria Rilkes,* in: *„Gott" in der Dichtung Rainer Maria Rilkes* (Anm. 3), S. 135-159.

15 Ähnlich auch die Gestalt im Zyklus *Aus einer Sturmnacht* (1901; *KA* I, S. 334).

Dorfkirche von Nago am Gardasee geführt. Die Christusgestalt findet als Wanderer in der Gegenwart ein zerfallendes Christentum und wird selbst in diesen Prozess hineingezogen. Der alte Doge kniet noch vor ihm, sieht aber anderes:

> Und dieses Knien schien weit hinauszuwachsen
> vorbei an Christo und weit über ihn…

Rabbi Löw „sieht Christum einsam knien und weinen" über den leeren Himmel ohne Gott, „wenn gläubiges Gefleh nur Irrsinn ist, du nie dich offenbarst, weil du nicht bist." (*SW* III, S. 15)[16]

Die Publikation dieses Christus- und Gottesbilds[17] hatte Rilke in der naturalistischen Zeitschrift *Die Gesellschaft* geplant. Die Veröffentlichung kam nicht zustande, wenig später hat Rilke diese Folge der Gedichte zurückgezogen: „Ich habe viele Ursachen, die Christus-Bilder zu verschweigen – lang – lange noch. Sie sind das Werdende", das ihn ein Leben lang begleite.[18]

Es ist erkennbar, dass Rilke wenig Interesse an der historischen Figur Jesus zeigte. Als Quelle seines Wissens hatte er nicht mehr als die biblische Geschichte;[19] er strebte vor allem eine Konfrontation mit den sozialen und religiösen, manchmal auch künstlerischen Fragen der Gegenwart an.[20] Es ist fraglich, ob die *Christus-Visionen* aus einem „Zusam-

16 „Rilkes radikalste Entmythologisierung der Christusgestalt" (Günther Schiwy: *Rilke und die Religion*. Frankfurt a.M./Leipzig 2006, S. 68.)

17 Die inhaltlichen Berührungspunkte mit dem Aufsatz *Jesus der Jude* (1896) haben zum persönlichen Kontakt Rilkes zu Lou Andreas-Salomé geführt.

18 Ingeborg Schnack: *Rainer Maria Rilke. Chronik seines Lebens und seines Werkes 1875-1926*, erweiterte Neuausgabe, hg. von Renate Scharffenberg, Frankfurt a.M./Leipzig 2009, S. 87.

19 „Er kann sich in die bestehenden Christus- oder Gottesgeschichten einfinden": Norbert Stapper: *Die „Christus-Visionen"* (Anm. 14), S. 152.

20 Günther Schiwy betont die religiöse Thematik der Gedichte: „In den *Christus-Visionen* projiziert Rilke seine Probleme mit dem Christentum, das einen jenseitigen Gott predigt und in Christus den ins Jenseits entrückten Sohn Gottes sieht, auf diesen, indem er ihn über seine menschlichen Züge in den Evangelien hinaus noch mehr ‚Mensch' sein läßt." – Günther Schiwy: *Rilke und die Religion* (Anm. 16), S. 61.

menbruch der Welt des Prager Katholizismus" und dem Scheitern von Ersatzideologien hervorgegangen sind.[21] Im Bereich der Lyrik lässt sich kein Paradigmenwechsel, sondern eher eine Verschärfung von kritischen Dispositionen der Prager Zeit und die Anwendung auf ein neues poetisches Panorama finden. Hier gerinnt Christus zu einer randständigen, verborgenen Gestalt der Gegenwart, die nur in Momenten in Erscheinung tritt. In Rilkes Lyrik ist aber auch Kritik an der Jesus-Gestalt erkennbar, die zuletzt erst, getrieben von eigener Ambition, sich zu ‚Gott' erhöht und durch Anhänger und Apologeten zu einer Religion geworden ist. Freilich fasziniert Rilke auch die ekstatische Bewegung, die über die Zeiten hinweg, vom (falschen) Beispiel Jesu ausgegangen und in den Mystikern fruchtbar geworden ist.

Selten greift Rilke in den *Neuen Gedichten* (1903-1908) auf die Figur Jesu zurück, Stoffe und Gestalten aus dem Alten Testament überwiegen deutlich. Doch wird die Stellung des Erlösers Christus von Rilke auf besondere Weise markiert. Im Binnenzyklus *Das Portal* werden Details einer mittelalterlichen Kathedrale in Ding-Gedichten aufgegriffen. Das figurenverzierte Kirchentor ist „den Kulissen einer Szene" gleichgesetzt, die die Welt darstellen soll. Das Bauwerk wird als Rahmung für das Erscheinen Gottes begriffen.[22] In einem Vergleich hat das so gesetzte Bild[23] ein Pendant in der Wand des römischen Theaters von Orange, das Rilke im *Malte*-Roman beschreibt:

> Ein immenses, ein übermenschliches Drama war im Gange, das Drama dieser gewaltigen Szenenwand, deren senkrechte Gliederung dreifach auftrat, dröhnend vor Größe, fast vernichtend und plötzlich maßvoll im

[21] Karl-Josef Kuschel: *Rainer Maria Rilke und die Metamorphosen des Religiösen*, in: Ders.: *„Vielleicht hält Gott sich einige Dichter...". Literarisch-theologische Porträts*, Mainz 1991, S. 114.

[22] Dieser Aspekt ist bisher bei der Orientierung auf den Typus des ‚Ding-Gedichts' kaum berücksichtigt worden. Vgl. Theodore Ziolkowski: *Rilke's Portal* Sonnets, in: *Publications of the Modern Language Association of America* 74/3, S. 300f.

[23] Jacob Steiner betont allerdings die Nähe des Gedichts zu den Schattenwirkungen am Westportal der Kathedrale von Chartres. Vgl. Jacob Steiner: *Zu den Kathedralengedichten*, in: Ders.: *Rilke. Vorträge und Aufsätze*, Karlsruhe 1986, S. 32ff.

> Übermaß. […] Dieses Ragende da mit der antlitzhaften Ordnung seiner Schatten, mit dem gesammelten Dunkel im Mund seiner Mitte, begrenzt, oben von des Kranzgesimses gleichlockiger Haartracht: dies war die starke, alles verstellende antikische Maske, hinter der die Welt zum Gesicht zusammenschoß. […] Alles Geschehen war drüben: Götter und Schicksal.
> (*KA* III, S. 616)

Was noch in den Ruinen als antikisch konturierter Sehnsuchtsort von Theater und Religion erkennbar ist, wird an der Fassade der Kathedrale als ganz andere Szenenwand wahrgenommen, nicht mehr als Lobpreis, sondern als skeptizistische Rahmung der christlichen Religion[24] durch das Aufgreifen von Versatzstücken eines Theaters:[25]

> Sehr viele Weite ist gemeint damit:
> so wie mit Kulissen einer Szene
> die Welt gemeint ist; und so wie durch jene
> der Held im Mantel seiner Handlung tritt: –
>
> so tritt das Dunkel dieses Tores handelnd
> auf seiner Tiefe tragisches Theater,
> so grenzenlos und wallend wie Gott-Vater
> und so wie Er sich wunderlich verwandelnd
>
> in einen Sohn, der aufgeteilt ist hier
> auf viele kleine beinah stumme Rollen,
> genommen aus des Elends Zubehör.
> Denn nur noch so entsteht (das wissen wir)
> aus Blinden, Fortgeworfenen und Tollen
> der Heiland wie ein einziger Akteur.
> (*KA* I, S. 462f.)

24 Die Analyse vermag mit der Fülle von – meist isolierten – semantischen Deutungsanreizen aus dem Text auch positive Wendungen zum Christentum zu konstruieren. Vgl. die Untersuchung von Ernest M. Wolf: *Stone Into Poetry. The Cathedral Cycle in Rainer Maria Rilke's „Neue Gedichte"*, Bonn 1978, S. 71-96.

25 Angesichts der Ruinen des römischen Theaters von Orange notiert der Malte der Gegenwart: „Laßt uns doch aufrichtig sein, wir haben kein Theater, so wenig wir einen Gott haben." (*KA* III, S. 617)

Das feierlichen Einzügen gewidmete große mittlere Kirchenportal ist zugleich Bühne. Was sich ereignet, ist – wie in Orange – im Dunkel der Öffnung aus- und angesagt, aber (abgeschwächt) nur im Vergleich fassbar. Nun sind keine antiken Tragödien, sondern Gehalte der christlichen Religion durch die Dichtersprache markiert: „Gott-Vater" reimt sich auf „Theater", Christus als „Akteur" auf „Zubehör". Die Menschwerdung Gottes ist „wunderlich"-seltsam. Der (namenlose) Sohn findet sich in den aufgezeigten Bildern seiner Wundertaten, die hier an die Randgruppen der Gesellschaft gelegt sind. Selbst hier ist „der Heiland" nicht zentrale Figur, der Retter, sondern zu der untersten Kategorie („stumme Rollen") einer Schauspielergruppe gesetzt. Radikalisiert wird diese Sicht durch die Sentenz am Schluss des Sonetts, das den Erlöser als Kompositum aus Hoffnungen der Marginalisierten zu dem macht, der im antiken Theater der Protagonist (Erster Schauspieler) gewesen, aber nunmehr – reduziert – „einziger Akteur" geworden ist. Das erscheint im Gedicht nicht als Phantasie oder Spekulation, denn ein „wir" mischt sich in das Geschehen ein und erklärt in Parenthese ganz entschieden: „Das wissen wir." Die so reduzierte und fixierte Christus-Rolle[26] wird zum Konsens der sich distanzierenden Aufgeklärten.

In sieben unregelmäßigen Strophen mit fünfhebigen Jamben greift *Der Ölbaum-Garten* (*KA* I, S. 459f.) die Leidensgeschichte auf, vermeidet aber im Titel die Hauptperson.[27] Erzählende, reflektierende Passagen umrahmen das Gebet des Leidenden, der die verzweifelte Frage stellt:

> und warum willst Du, daß ich sagen muß
> Du seist, wenn ich Dich selber nicht mehr finde.

Der schweigende Gott gibt die Erkenntnis:

> Ich finde Dich nicht mehr. Nicht in mir, nein.
> Nicht in den andern. Nicht in diesem Stein.
> Ich finde Dich nicht mehr. Ich bin allein.

[26] Die Nähe zu Rilkes Version der biblischen Geschichte vom verlorenen Sohn ist unverkennbar; vgl. *KA* I, S. 458f. und *KA* III, S. 629-634.

[27] Auch sonst steht nur das Pronomen „er" im Text der Eingangsstrophe, bevor die zweite Strophe zum „Ich" wechselt. Vgl. zu den Pronomina in diesem Gedicht William Waters: *Fragen nach Gott in den „Neuen Gedichten"*, in: *„Gott" in der Dichtung Rainer Maria Rilkes* (Anm. 3), S. 203-206.

Das auch sonst in Darstellungen der Ölbergszene wiedergegebene Verzweifeln an der Verlassenheit wird bei Rilke durch die klare Aussage, die hier Christus zugeordnet wird, gesteigert:

> Ich bin allein mit aller Menschen Gram,
> den ich durch Dich zu lindern unternahm,
> der Du nicht bist. O namenlose Scham…

Der tröstende Engel wird vom Erzähler verbannt. Dies ist in der Tat eine argumentative Umdeutung[28] der Ölbergszene in Rilkes Christusvorstellung hinein. Der Mittler zwischen Menschen und Gott vergeht, wenn der Mittler selbst die Existenz von Gott nicht mehr erkennt. Damit gerät ein vertrautes religiöses System ins Wanken.

Ähnliche Umcodierungen von Christus-Konstellationen folgen. Im Gedicht mit dem programmatischen Titel *Kreuzigung* wird die Golgatha-Situation aufgerufen, aber Christus selbst weder genannt[29] noch als zentrale Gestalt dargestellt. Kreuzigung ist das übliche Geschäft von Henkern, kein Heilserlebnis, auch wenn die Schlusszeilen scheinbar Marginales, von der öffentlichen Aktion Ausgeblendetes aufnehmen:

> Aber hinten ferne schrie Maria,
> und er selber brüllte und verfiel.
> (*KA* I, S. 534)

Christus als Mittelpunkt des Heilsszenariums verschwindet damit, die auch im Neuen Testament „ferne“ stehende Maria (Magdalena?) wird noch weiter nach „hinten“ gerückt und damit die religiöse Konstellation gedehnt.

Die Aufnahme des vom Kreuz abgenommen Leichnams Christi durch die Mutter Maria ist in der Kunst durch eine entsprechende Ikonographie bezeugt. In Rilkes Gedicht *Pietà* wird der tote Christus von Maria Magdalena aufgenommen, die klagt:

[28] Dieses Vorgehen zeigt sich öfter in Rilkes Lyrik, z.B. auch in dem Gedicht *Adam* (*SW* I, S. 585f.).

[29] Rilke setzt die Kenntnis der biblischen Vorgänge beim Leser voraus. Die Vermeidung des Namens und der ausschließliche Gebrauch des Pronomens „er“ ist ein Hinweis auf die Despektierlichkeit der Henker.

So seh ich deine niegeliebten Glieder
zum erstenmal in dieser Liebesnacht.
Wir legten uns noch nie zusammen nieder,
und nun wird nur bewundert und gewacht.
[...]
O Jesus, Jesus, wann war unsre Stunde?
Wie gehn wir beide wunderlich zugrunde.
(*KA* I, S. 460)

Die Uminterpretation in der Lyrik folgt durchaus Gedanken, die Rilke in seinen Briefen geäußert hat. Das Gedicht *Der Auferstandene* stellt Christus einer Maria Magdalena gegenüber, um

aus ihr die Liebende zu formen
die sich nicht mehr zum Geliebten neigt,
weil sie, hingerissen von enormen
Stürmen, seine Stimme übersteigt.
(*KA* I, S. 535)

Rilke bekräftigt einer irritierten Leserin gegenüber diese Position:

Die Magdalena: ein Liebhaber dürfte nicht so sprechen, aber Christus, nicht wahr, ist von vornherein mehr oder überhaupt etwas anderes. Ein Mann hätte eine Abhaltung, eine andere Neigung, wäre einfach schon nicht mehr da, wenn die Liebende über ihn hinaus ihre Liebe steigert. Christus kann nicht anders als da sein, und so muß er, was kein anderer dürfte, sehen, muß ansprechen, muß an sich rein anklingen lassen, was geschieht.[30]

Es ist ein anderer Blick auf Jesus als der von Religion, Kunst und Literatur sonst vorgestellte. Damit wird ein Bild gezeichnet, das das Risiko des Verzeichnens durchaus eingeht. Im Zyklus *Das Marien-Leben* (1912) verlässt der Erzähler der biblischen Geschichte *Von der Hochzeit zu Kana* das approbierte Narrativ und beurteilt Jesu Weinwunder mit der Betrachtung der biblischen Maria:

30 Rilke an N.N., Duino, 3. April 1912. Rainer Maria Rilke: *Briefe aus den Jahren 1907 bis* 1914, hg. von Ruth Sieber-Rilke und Carl Sieber, Leipzig 1939, S. 232.

Und dann tat er's. Sie verstand es später,
wie sie ihn in seinen Weg gedrängt:
denn jetzt war er wirklich Wundertäter,
und das ganze Opfer war verhängt,

unaufhaltsam. Ja, es stand geschrieben.
Aber war es damals schon bereit?
Sie: sie hatte es herbeigetrieben
In der Blindheit ihrer Eitelkeit.
(*KA* II, S. 30)

Was in der biblischen Erzählung als Reaktion Jesu auf die Bitte seiner Mutter erscheint, ist hier als entscheidende Wegkreuzung in ein Verhängnis gesehen. Jesus ist gezwungen, den Weg des großen Menschen zu verlassen und zu der Gestalt zu werden, die die christliche Religion als Heilands-Figur benötigt.

Auch *Auferweckung von Lazarus*[31] und *Emmaus* (*KA* II, S. 55) rekapitulieren – 1913 – die biblischen Verhalte (angeregt von Rembrandts Bildern und Klopstocks Sprache) unter den gedanklichen Prämissen, die Rilke schon in der Frühzeit geprägt hatten und die jede kirchliche Dogmatik sprengen. Eine Notiz zur *Höllenfahrt* erläutert: „Er war in der Lage eines Gottes, der keinen Weg mehr hat auf der von ihm überfüllten Welt, dem nur die Senkrechte bleibt: Höllensturz, Himmelfahrt. Daher seine Erfahrung, ein Gestorbener zu sein, da ihm alles Menschliche abgeschnitten war und er doch nicht des Göttlichen mächtig wurde."[32]

Mit dem Zyklus *Das Marien-Leben* war für Rilke die Beschäftigung mit der Christus-Figur in der Lyrik abgeschlossen; wahrscheinlich war dieser Zyklus ohnehin eine Reminiszenz an die Worpsweder Zeit, die nun noch unerwartet einen dichterischen Nachtrag gebracht hatte.[33] Die Notwendigkeit, neu entstandene Gedichte in die Folge kanonischer Marien-

31 *KA* II, S. 47 und der Kommentar auf S. 470.

32 *KA* II, S. 480 nach Friedrich Wilhelm Wodtke: *Rilke und Klopstock*, Kiel 1948, S. 45.

33 Auch in Rilkes französischen Gedichten findet sich nur ein allerletztes Zeugnis, *Le Christ ressucité* (entstanden am 1. April 1926), in dem die Naturmetaphorik den religiösen Gehalt deutlich überspielt. Vgl. Rainer Maria Rilke: *Gedichte in französischer Sprache. Mit deutschen Prosafassungen*,

bilder einzufügen, bot nur wenig Spielraum für unkonventionelle Auffassungen, wie die drei Schlussgedichte *Vom Tode Mariae* (*KA* II, S. 33ff.) zeigen. Rilke schloss sich hier weitgehend der traditionellen Konstellation von der Aufnahme Mariä in den Himmel an und gestaltete nur den Ablauf auf eigene Weise. Die Entfernung vom kirchlichen Christusbild bewegte sich in der Lyrik auf eine Art, die den Lesern den Anschluss an ihre eigenen (möglicherweise eher traditionellen) Positionen nicht ganz verbaute.[34]

Es ist auffällig, dass in den (wenigen) frühen Dokumenten zu Rilkes Religiosität die Gestalt Christi ganz in den Konventionen der Zeit eingebettet erscheint. Erst mit der Erziehung in den militärischen Kadettenanstalten wird eine vehemente Religionskritik in persönlichen Äußerungen greifbar, die sich schnell radikalisiert und nicht mehr ganz verschwindet. In Rilkes Texten gewinnt die Christus-Figur unterschiedliche Gestaltungen. In den von Rilke selbst veröffentlichten lyrischen Texten herrscht meist atmosphärische Unbestimmtheit. Die Kenntnis der Narrative des Neuen Testaments zu Christus wird vorausgesetzt, die Christus-Gestalt aber häufig nur evoziert, indirekt und über Pronomen benannt oder auch als marginales Thema behandelt. Zu berücksichtigen sind allerdings auch Bedeutung und Mitaussagen der literarischen Formensprache, der jeweiligen Rollen und Perspektiven: Sie können feste ‚Ansagen' umrahmen und relativieren.

Dies betrifft auch die Erzählperspektiven in der Prosa und z.T. auch das publizistische Werk. Dort wird Christus bevorzugt als Sujet der Kunst(geschichte) behandelt und meist nur referiert.

Heftige Attacken auf Christus/Jesus stammen aus Briefen und Nachlasstexten. Es mögen unterschiedliche Gründe gewesen sein, die Rilke bewogen haben, diese Aussagen nicht zu publizieren. Denkbar ist, dass dies nicht als Rücksichtnahme auf sein Publikum und eine größere Öffentlichkeit geschehen ist, sondern diese Texte experimentelle Entwürfe

hg. von Manfred Engel und Dorothea Lauterbach, Übertragungen von Rätus Luck, Frankfurt a.M./Leipzig 2003, S. 312.

34 Wer allerdings eine auf Christus bezogene Interpretation der späten Gedichte (*Sonette an Orpheus*) wagte, konnte von Rilke durchaus Widerspruch erhalten. Vgl. Rainer Maria Rilke: *Die Briefe an Gräfin Sizzo 1921-1926*, hg. von Ingeborg Schnack, Frankfurt a.M. 1977, S. 50.

und das Ausprobieren von ganz unterschiedlichen Haltungen und dichterischen Formen sind. Sie wurden von Rilke zwar konzipiert, oft bis zu einem gewissen Grad auch zu einem Abschluss gebracht, aber nicht als dichterische Gestaltung den Lesern übergeben.[35] So blieb nach außen lange ein Christusbild bestehen, das nur vorsichtige Kritik am Bild des ‚Mittlers' zeigte.[36]

Dieses mag für das spätere Werk weniger bedeutend gewesen sein, denn Rilke hatte mit der antiken Figur von Orpheus für sich die Mittler-Gestalt gefunden, die zwar keine Religion verkündete, aber doch als Sänger und *Poeta vates* immer noch als poetische und poetologische Gestalt wirken konnte. Der Griff zum antiken Mythos befreite den Dichter des 20. Jahrhunderts von jeder äußeren Inanspruchnahme. Rilke wusste allerdings, dass die von ihm erfahrene poetische Welt nur in Ruinen und Überresten noch verfügbar war;[37] er wusste nicht, dass dieses Schicksal auch das Christentum in seiner Substanz bedrohte.

[35] Noch in größerem zeitlichen Abstand (1912) zögerte Rilke, die *Christus-Visionen* in eine Ausgabe seiner frühen Gedichte aufzunehmen. Vgl. Rainer Maria Rilke – Lou Andreas Salomé: Briefwechsel, hg. von Ernst Pfeiffer, Frankfurt a.M. 1989, S. 248.

[36] Wenig berücksichtigt wurde bislang auch, dass Rilkes anhaltendes und starkes Interesse für die Schriften der europäischen Mystiker und Mystikerinnen ebenfalls den ‚Anker' in der Christus-Gestalt hatte.

[37] Vgl. Erich Unglaub: *Rilkes verstreute Gedichte 1906-1911. Eine Typologie*, in: *Blätter der Rilke-Gesellschaft* 31 (2012), S. 184f.

Marcel Krings

„Ich bin kein Weltverbesserer“: Zur Messias-Parodie in Kafkas *Landarzt*-Erzählung

Für Jüdisches interessierte sich Kafka. Eine der *Sagen polnischer Juden*, die er besaß, berichtet von einem Arzt, der zu einem Kranken gerufen wird. Als er den Zustand des Patienten sieht,

> wurde er böse, daß man ihn gerufen hatte. „Bin ich denn ein Gott“, sagte er, „daß ich einen Toten lebendig machen soll?“ Und er wollte das Krankenzimmer verlassen, konnte es aber nicht, denn die Leute, die mit ihm zugleich gekommen waren, standen so dicht gedrängt, daß er nicht einmal zur Türe gelangen konnte. Also blieb er noch eine Weile im Zimmer. Und wie er noch einmal nach dem Kranken sah, merkte er, daß sein Zustand sich ein wenig gebessert hatte, so daß er es nicht mehr für unmöglich hielt, daß eine Arznei helfen könnte.[1]

Teile der *Macht des Arztes* – so der Titel der Geschichte – sind offenkundig in die *Landarzt*-Erzählung eingeflossen. Unschwer lassen sich dort neben dem Thema der Heilung die unwillige Eile des Mediziners und die zweimalige Musterung des Kranken wiedererkennen, die Kafka freilich anders wendet. So mag also die ostjüdische Welt des Chassidismus mit ihren Rabbis und Wunderheilern, ihrer Armut, ihren Glaubensfragen und

[1] *Sagen polnischer Juden*, ausgewählt und übertragen von Alexander Eliasberg, München 1916, S. 110. In dieser Ausgabe gehörte das Buch zu Kafkas Bibliothek, vgl. Jürgen Born: *Kafkas Bibliothek. Ein beschreibendes Verzeichnis*, Frankfurt a.M. 1990, S. 81.

dem *Schtetl* im *Landarzt* nachhaltiger Pate gestanden haben, als die Forschung vermutet.[2] Schon das ländliche *Setting* mit Hof, Pferdegespann, Dorf, Kärglichkeit und bitterem Winter erinnert an Einschlägiges. Hinzu kommt: Kafkas Mediziner trägt wie gläubige Ostjuden einen „Bart" (*KKAD*, S. 256),[3] sein Wort vom „Gesindel der Patienten" (S. 261) ist auf das jiddische *Mischpoche*[4] gemünzt, und der auftretende „Schulchor" (S. 259) erinnert an die jiddische *Schul*, also eine Synagoge.[5] Vor allem aber ist der Arzt ein „Doktor" (S. 255), wörtlich ein „Lehrer",[6] und so spielt der Text auf den hebräischen „Rabbi", zu Deutsch, „mein Lehrer",[7] an, also auf die chassidischen Wunderrabbis, deren heilendes Wirken die *Sagen polnischer Juden* rühmen und als Abglanz jenes allerhöchsten Therapeuten begreifen, der seinem Volk bekanntlich verkündete: „[I]ch bin der Herr, dein Arzt" (1 Mos 15,26). An ihn solle man sich wenden: „Mein Sohn, bei Krankheit säume nicht, bete zu Gott, denn er macht gesund" (Sir 38,9). Die Evangelien übertragen die alttestamentliche Metaphorik von Arzt, Gesundheit und Krankheit auf den Juden Jesus, der seitdem als *Christus medicus* berufen wird. Bekanntlich war er Rabbi[8]

[2] Hartmut Binder (*Kafka-Kommentar zu sämtlichen Erzählungen*, München 1982, S. 211) hatte auf Parallelen zu einigen Sagen hingewiesen. Man konnte wenig damit anfangen.

[3] Franz Kafkas Werke werden zitiert nach der *Kritischen Ausgabe* seiner Werke, hg. von Jürgen Born [u.a.], Frankfurt a.M. 1982-1996. Verwendet werden die üblichen Siglen mit Seitenangaben: *KKAP* [*Der Proceß*], *KKAT* [Tagebücher], *KKAN* I bzw. II [Nachgelassene Schriften und Fragmente I bzw. II], *KKAD* [Drucke zu Lebzeiten]. Seitenangaben ohne Bandangabe beziehen sich immer auf den *Landarzt*.

[4] Vgl. Friedrich Kluge: *Etymologisches Wörterbuch der deutschen Sprache*, bearbeitet von Elmar Seebold, Berlin/New York [23]1999, s.v. *Mischpoche*, S. 562. Der Begriff wird dort mit „Familie", „Gesellschaft", „Bande" übersetzt.

[5] Vgl. S. Ph. De Vries: *Jüdische Riten und Symbole*, Reinbek bei Hamburg [9]2003, S. 15. Weiterhin wird das Werk zitiert als *JRS*.

[6] Vgl. Kluge: *Etymologisches Wörterbuch* (Anm. 4), s.v. *Doktor*, S. 187.

[7] Vgl. ebd., s.v. *Rabbi*, S. 662.

[8] Von seinen Jüngern wird er auch so (oder „Lehrer", „Meister") angeredet; vgl. etwa Mk 9,5; 10,51.

und erregte als Arzt und Wunderheiler einiges Aufsehen.[9] Denn die „Gesunden bedürfen des Arztes nicht, sondern die Kranken" (Lk 5,31). Gemeint sind mit der Metapher diejenigen, die gegen das Gesetz verstießen: „Ich bin gekommen, die Sünder zur Buße zu rufen und nicht die Gerechten" (Lk 5,32). Sollte also auch Kafkas Mediziner als Typus des Erlösers fungieren, sollte sich ein jüdischer Gehalt in der Erzählung finden?

Dann müsste sie endlich einmal daraufhin ausgelegt werden.[10] Die Kafka-Forschung freilich, die längst nicht mehr auf den Text Rücksicht nimmt, liest im Allgemeinen lieber psychoanalytisch[11] – und vergisst, dass Kafka 1916/1917 oder 1919, als der Band erschien, nichts mehr mit Freud oder Brentano zu tun haben wollte.[12] So gerät ihr auch aus dem

9 Bluma Goldstein (*Franz Kafka's „Ein Landarzt": A Study in Failure*, in: *Deutsche Vierteljahrsschrift für Literaturwissenschaft und Geistesgeschichte* 42 (1968), S. 745-759) führt den Krankenbesuch im *Landarzt* auf chassidische Rabbilegenden zurück, die von Wunderheilungen berichten. In Wahrheit sind sie aber bereits nach jesuanischem Vorbild gestaltet.

10 Frühe Ansätze dazu gibt es bei Herman Salinger (*More light on Kafka's „Landarzt"*, in: *Monatshefte für deutschen Unterricht, deutsche Sprache und Literatur* 53 (1961), S. 97-104) sowie bei William White (*A Reexamination of Kafka's "The Country Doctor" as Moral Alleg*ory, in: *Studies in Short Fiction* 3 (1966), S. 345ff.), die auf eine mögliche Messias-Motivik hinweisen. Diese Ansätze hat die Forschung entweder nicht weiter verfolgt oder für unfundiert gehalten.

11 Freud *ad nauseam*. Ich nenne stellvertretend Hans Hiebel: *Franz Kafka: „Ein Landarzt"*, München 1984, S. 65ff. und 83ff.; Keith Leopold: *Kafka, Freud, and „Ein Landarzt"*, in: Ders.: *Selected Writings*, hg. von Manfred Jurgensen, Frankfurt a.M. 1985, S. 113-128, sowie Patricia McGurk: *Cracking the Code in "A Country Doctor": Kafka, Freud, and Homotextuality*, in: *Literature and Psychology*, hg. von Frederico Preira, Lissabon 1995, S. 111-118.

12 Kafkas Verhältnis zur Psychoanalyse lässt sich als Geschichte einer Entfremdung verstehen. Hatte er noch am 23. September 1912 nach der Abfassung des *Urteils* ins Tagebuch notiert: „Gedanken an Freud natürlich" (*KKAT*, S. 461), hielt er im Frühjahr 1918 fest: „Zum letztenmal Psychologie!" (*KKAN* II, S. 134) und befand abschließend: „Es ist keine Freude, sich mit der Psychoanalyse abzugeben, und ich halte mich von ihr möglichst fern" (ebd., S. 529). Der Grund der Meinungsänderung lag darin, dass Kafka die Psychoanalyse – analog zu allem Reden über Absolutes – zunehmend als

Blick, dass *Der neue Advokat*, Eröffnungstext des Zyklus und dem *Landarzt* unmittelbar vorausgehend, das jüdische Thema der Sammlung benennt. Es geht dort um den Zustand der „heutigen Gesellschaftsordnung" (*KKAD*, S. 251). Chaos, Auflehnung und Verwirrung herrschen, und also das Gegenteil der Zeiten, in denen König Alexander sein Volk nach Indien, das topische Land des Absoluten,[13] mitzunehmen trachtete. Da also heutzutage „[n]iemand [...] die Richtung" (ebd., S. 252) anzeigt, vertieft sich Anwalt Bucephalus in die „Gesetzbücher" (ebd.). Ihnen will er eine Anleitung zum richtigen Handeln entnehmen. Doch nicht um die Verfassungstexte moderner bürgerlicher Gesellschaften geht es. „[U]nsere [...] alten Bücher" (ebd.) verweisen auf die Gesetzestexte des alten Israel, mit deren Hilfe die Anführer das Volk immer wieder zu Gott, dem Herrn, zu leiten suchten. Insbesondere die Tora, das Buch des Gesetzes, war für alle verbindlich, und jeder Schriftkundige war buchstäblich ein solcher Anwalt der göttlichen Gerechtigkeit, wie es Bucephalus wieder werden möchte. Indessen lässt der Text keinen Zweifel daran, dass diese Zeiten vorbei sind. Die herrschende Anarchie meint den Verfall alles Jüdischen in der Gegenwart, der als Abfall vom Gesetz oder Assimilation eine der größten Gefahren für die Überlieferung darstellt. „[V]ielleicht" mag es zwar „das Beste" (ebd.) sein, sich wie Bucephalus angesichts der modernen Ignoranz wieder auf die alten Gesetzesschriften zu besinnen. Doch wer läse das Alte noch außer dem Anwalt? Nicht zum Besten steht es also um den Fortbestand des Judentums in der Moderne. Muss das auserwählte Volk aber nicht fürchten, durch die Preisgabe des Alten Bundes seine Verfassung zu missachten und in der allgemeinen Menschheit aufzugehen? Mit der sorgenvollen Reflexion über die Zukunft Israels setzt sich also der

unüberprüfbare Berichte über das innere Leben betrachtete. Auch noch den *Landarzt* freudianisch zu lesen, ist also keineswegs zwingend. Vgl. zum Thema ausführlicher Marcel Krings: *Der Tod ein Traum. Methode und Grenzen der Literatur in Kafkas Erzählung „Ein Traum"*, in: *Zeitschrift für deutsche Philologie* 130 (2011), S. 197-216.

13 Seit der Frühromantik wurde Indien immer wieder als Ursprungsregion des Absoluten berufen. Vgl. dazu Ernst Behler: *Das Indienbild der deutschen Romantik*, in: *Germanisch-Romanische Monatsschrift* 18 (1968), S. 21-37 und Gerhard Koch: *Deutschlands literarisches Indienbild. Zur Indienrezeption der deutschen Literatur von den Anfängen bis zum Beginn des 20. Jahrhunderts*, in: *German Studies in India* 12 (1988), S. 2-14.

Landarzt-Band sein Thema. Wie es im *Landarzt* weitergeführt wird, bleibt zu zeigen.

Kafkas Verbindung zum Judentum ist ebenso gut belegt wie vielfältig. In einem assimilierten Haushalt aufgewachsen, konnte er weder dem Judentum seines Vaters noch dem Zionismus oder dem Christentum viel abgewinnen:

> Ich bin nicht von der allerdings schon schwer sinkenden Hand des Christentums ins Leben geführt worden wie Kierkegaard und habe nicht den letzten Zipfel des davonfliegenden jüdischen Gebetsmantels noch gefangen wie die Zionisten.
> (*KKAN* II, S. 98)

An Religionen habe er, Kafka, also „keinen ererbten Anteil“ (ebd., S. 98), und überhaupt sei zu bemerken: „Die Religionen verlieren sich wie die Menschen“ (ebd., S. 112). Mit dem Argument, einer, der nicht glaube, könne Jenseitiges nicht bedenken, bestritt man lange, dass es Kafka um Jüdisches zu tun war.[14] Doch einer, der „keinen ererbten Anteil“ an der Tradition hat, kann wohl einen anderen haben. „[E]twa zähes Judentum ist noch in mir“ (*KKAT*, S. 727), notierte Kafka Anfang 1915 in sein Tagebuch – und war sich bewusst, welche Mühe es ihm abverlangte. Denn als geschichtslosen Westjuden betrachtete sich Kafka, und so einer hat weder Vergangenheit noch Zukunft in Überlieferung oder Glaubensvolk. Also musste das Fehlende wenigstens teilweise erworben werden. Den mühsamen Lern- und Aneignungsprozess nahm Kafka auf sich. Wenngleich nie orthodox, bemühte er sich darum, jüdische Tradition und Geschichte aufzunehmen. So weiß man, dass er sich ab 1912 intensiv mit Ritus, Glaubenspraxis und Chassidismus beschäftigte und dass sein Interesse Tora, Talmud, Kabbala und Gnosis ebenso wie den erwähnten *Sagen polnischer Juden* und dem *Born Judas*, einer Sammlung jüdischer Legenden und Märchen, galt.[15] Spätestens seit seinem Aufenthalt in

[14] Frank Möbus etwa meint, nur „in konjunktivischer Form“ lasse sich Religiöses finden (*Sünden-Fälle. Die Geschlechtlichkeit in Erzählungen Franz Kafkas*, Göttingen 1994, S. 151).

[15] Zum Talmud vgl. Gerhard Kurz: *Meinungen zur Schrift: Zur Exegese der Legende „Vor dem Gesetz“ im Roman „Der Prozeß“*, in: *Franz Kafka und das Judentum*, hg. von Karl Erich Grözinger [u.a.], Frankfurt a.M. 1987,

Jungborn im Juli 1912 las er auch intensiv die Bibel (vgl. *KKAT*, S. 1045).[16] Dass er im Folgenden, wenn auch immer mit Vorbehalten und ohne sich auf Orthodoxie einzulassen, Religiöses in Parabeln, Romanen und Aphorismen reflektierte, ist zweifellos. Noch zwischen Mai und Juli 1916, also nur wenige Monate vor der Entstehung der *Landarzt*-Texte, nahm er sich erneut ausgiebig die Bibel vor (vgl. *KKAT*, S. 789, S. 792, S. 296). Endlich schwebte ihm ein „neue[s] Judentum[...]" (*KKAN* II, S. 191) vor, das sich seiner Inhalte neu und anders versichern sollte und von dem er im *Brief an den Vater* berichtete.

Aufgefallen war Kafka, dass die jüdische Tradition ein Sprach- und Erkenntnisproblem enthielt. Kafkas bekannter Sprachaphorismus, den er 1917, während der Zürauer Zeit, formulierte, lautet:

> Die Sprache kann für alles außerhalb der sinnlichen Welt nur andeutungsweise, aber niemals auch nur annähernd vergleichsweise gebraucht werden, da sie entsprechend der sinnlichen Welt nur vom Besitz und seinen Beziehungen handelt. (*KKAN* II, S. 126)

Der Text trennt das Sag- und Bestimmbare von einem nicht mitteilbaren Bereich des ‚Außerhalb' – des Geistes, der Freiheit oder des Allerhöchsten, den Juden als den Herrn vorstellen. Insofern Sprache vom objektiv Vorhandenen und von den Verhältnissen der empirischen Welt berichtet, ist zwar auch Kafkas Literatur zunächst realistisch. Will sie aber nicht nur von der Niedrigkeit des Natürlichen erzählen, sondern auf Metaphysisches zielen, muss sie beklagen, dass der Sprache und dem Denken

S. 209-223. – Zur Kabbala s. Karl Erich Grözinger: *Kafka und die Kabbala*, Frankfurt a.M. 1992. – Zur Gnosis vgl. Walter Sokel: *Zwischen Gnosis und Jehovah. Zur Religions-Problematik Franz Kafkas*, in: *Franz Kafka-Symposium 1983*, hg. von Wilhelm Emrich und Bernd Goldmann, Mainz 1985, S. 37-79.
Micha Josef bin Gorions dreibändiges Werk (1913-1919) stand ebenfalls in Kafkas Bibliothek (vgl. Jürgen Born: *Kafkas Bibliothek* [Anm. 1], S. 84).

16 Vgl. dazu Hartmut Binder: *Kafkas Welt. Eine Lebenschronik in Bildern*, Reinbek bei Hamburg 2008, S. 357; ebenso Bertram Rohde: *„und blätterte ein wenig in der Bibel". Studien zu Kafkas Bibellektüre und ihren Auswirkungen auf sein Werk*, Würzburg 2002.

durch Physis, Logik, Grammatik und Begrifflichkeit enge Grenzen gesetzt sind:[17] Niemals kann das Inkommensurable mit einer aufs Sinnliche eingeschränkten Begrifflichkeit erfasst werden. Schon die Tora trug daher der Unermesslichkeit Gottes Rechnung, indem sie verfügte, dass von Gott, dem Herrn, weder Bild noch Gleichnis gemacht werden dürfe. Das mosaische Gebot hatte Kant kritisch fundiert.[18] Kafkas Aphorismus über die Sprache, die nur von Irdischem handele, schließt es ein. Doch so wie der Mensch, dieser „Vollgesogene der Erde", selbst im Intelligiblen immer nur „Erde" (*KKAN* II, S. 32) sehe, verstößt auch die Tora gegen das Bilderverbot, wenn sie dem Herrn nach königlichem – d.h. menschlichem – Muster Eigenschaften und Launen zuspricht. Sprachlich rein und daher erkenntniskritisch redlicher als das alte, sollte deshalb das „neue[...] Judentum[...]" sein, an das Kafka dachte. Seine Literatur setzt eine Bilderkritik ins Werk, die den Schein der Begriffe überwinden will. Also enthalten Kafkas Texte ein Moment der Negativität,[19] das Bilder und Begriffe zu zerstören sucht: „Das Negative zu tun, ist uns noch auferlegt, das Positive ist uns schon gegeben" (ebd., S. 119). Übrig bliebe freilich ein Paradox: ein Begriff ohne Begriff oder ein Bild ohne Bild, und auch Kafka war deutlich, dass sich in einer solchen freien Sprache nichts mehr mitteilen ließe. Sein Sprachaphorismus beharrt also darauf, dass „nur andeutungsweise" (*KKAN*, S. 126) vom Unvordenklichen berichtet werden

[17] Vgl. dazu Tuvia Rübner: *Einige Bemerkungen zur Bedeutung der Sprache bei Kafka, dem Juden*, in: *Jüdische Selbstwahrnehmung / La prise de conscience de l'identité juive*, hg. von Hans Otto Horch und Charlotte Wardi, Tübingen 1997, S. 275-284.

[18] Wahrscheinlich ist, dass Kafka den Versuch des Neukantianers und jüdischen Religionsphilosophen Hermann Cohen kannte, in der Abhandlung *Religion der Vernunft aus den Quellen des Judentums* (1919) Transzendentalkritik und Judentum parallel zu führen. Vgl. dazu Christoph Mieting: *Hermann Cohen: Kantische Vernunft und jüdisches Selbstbewusstsein*, in: *Jüdische Selbstwahrnehmung* (Anm. 17), S. 217-230. Auch der Rabbiner und Religionsphilosoph Julius Guttmann hatte die Nähe von Kant und Judentum erörtert (vgl. *Kant und das Judentum*, Leipzig 1908).

[19] Vgl. dazu Sabine Kienlechner: *Negativität der Erkenntnis im Werk Franz Kafkas. Eine Untersuchung zu seinem Denken anhand einiger später Texte*, Tübingen 1981.

könne. Andeutungen und Anspielungen – zu denen auch die parabolischen Techniken indirekter Sinnerschließung gehören – können aber hermeneutisch gedeutet werden, insofern sie wie die Sprache Bestandteil der gegenständlich-begrifflichen Welt und damit begreifbar sind. Also kann man die Texte nach den Regeln der Kunst auslegen.[20]

Ließ sich aber eine freie Existenz denken? Kafkas bekannter Kettenaphorismus berichtet, dass der Mensch mit einer „Kette" (*KKAN* II, S. 127) erstens an die Erde, zweitens an den Himmel gefesselt sei, ein Mischwesen aus Körper und Geist. Die „Erdenschwere" (ebd., S. 121) des Physischen halte auf der Erde fest, der Geist hingegen strebe in Richtung des freien Himmels. Dabei werde der Geist jedoch von der Erdenkette gehemmt. Die Last der Empirie verhindert den Aufschwung. Unter dem Gesichtspunkt der Freiheit wurde bei „der ersten Fesselung" (ebd.) – also der Fesselung an die Erde – ein „Fehler" (ebd., S. 127) gemacht. Er müsste korrigiert werden. Die Erdenkette wäre dafür zu durchtrennen. Wer ins Freiheitsreich gelangen will, hat von der Welt Abschied zu nehmen und dem Drängen des Geistes zu folgen. Jeder, der sich reflektiert, müsse sich im Licht des freien Geistes daher als beschränkt und verächtlich erkennen – und begreifen, dass seine empirische Existenz „unerträglich" (*KKAD*, S. 33) ist. Um ein „Bürger des Himmels" (*KKAN* II, S. 128) zu werden, muss der Leib, jener buchstäbliche „Käfig" (ebd., S. 117), vernichtet werden. Derlei Todeswunsch ist das Ergebnis der Selbstreflexion, und in den Zürauer Aphorismen heißt es also: „Ein erstes Zeichen beginnender Erkenntnis ist der Wunsch zu sterben" (*KKAN* II, S. 116). Deutlicher berichtet das Tagebuch von des Autors eigener „Selbstmordlust" (*KKAT*, S. 637). Messer markieren in den Aufzeichnungen die ultimative Möglichkeit der Selbstvernichtung: „Heute früh zum erstenmal seit langer Zeit wieder die Freude an der Vorstellung eines in meinem Herzen gedrehten Messers" (ebd., S. 220). Und ein anderer Eintrag lautet:

> Immerfort die Vorstellung eines breiten Selchermessers das eiligst und mit mechanischer Regelmäßigkeit von der Seite her in mich hineinfährt und ganz dünne Querschnitte losschneidet, die bei der schnellen Arbeit fast eingerollt davonfliegen. (Ebd., S. 560)

[20] Das zu betonen ist angesichts einer Kafka-Forschung nicht unwichtig, die in großen Teilen an die Unbestimmtheit der Kafka'schen Texte und Begriffe glaubt und die Anhäufung polyphoner Diskursbündel nicht nur für die einzig mögliche Lesemethode, sondern bereits für eine Deutung hält.

Ein „Selcher" ist ein Schweineschlächter. Verständlich, dass, wer seinen Körper für ein unreines, den Geist beengendes Tier hält, sich seiner zu entledigen sucht – und sich das „Schweineschlachten" (*KKAN* II, S. 57) herbeiwünscht. Auch Kafkas Erzählungen und Romane berichten in diesem Sinne von Messern und anderen Waffen. Man hat die Texte daher als „Thanatologie"[21] bezeichnet. So zeigen etwa das Schwert und das Verb „morden" (*KKAD*, S. 251) im *Neuen Advokaten* an, dass die Freiheit des Geistes oder das absolute Ich erst dann verwirklicht wären, wenn man sich des Physischen entledigte. Auf derlei selbstmörderische Konsequenz deutet auch die Formel von der „leere[n] fröhliche[n] Fahrt" (*KKAN* II, S. 123), deren Substantiv etymologisch von „durchbohren" und „hinübergehen" stammt.[22] Wer würde der Todesangst aber nicht gern aus dem Weg gehen? Kafkas Erzähler jedenfalls schon. Im Konflikt mit dem freien Geist trägt das natürliche Behagen den Sieg davon. Literarische Schaurigkeiten vermögen nichts gegen den empirischen Lebenswillen. Niemand bestimmt sich aus bloßer Einsicht zum Tode: „Die Logik ist zwar unerschütterlich, aber einem Menschen, der leben will, widersteht sie nicht" (*KKAP*, S. 149). Also amüsierte Kafka sich darüber, dass auch er lieber weiterlebte, obwohl er von nichts anderem als dem Exitus schrieb: „Immerfort sprichst Du vom Tod und stirbst doch nicht" (*KKAN* II, S. 340). Dass die literarischen Sterbefälle aber im Realen folgenlos blieben, ist als Parallele zu Kafkas Sprachkritik zu verstehen: Weder eine freie Sprache noch ein freies Leben sind unter der Bedingung der Endlichkeit möglich. Immerhin literarischen Nutzen konnte Kafka aber aus seinen Erwägungen ziehen. Künftig führte er Erkenntniskritik und Religiöses parallel und berichtete zumeist davon, wie die Menschen Absolutes vermeiden und lieber als Hund – oder Landarzt – weiterleben. Im Folgenden will ich das jüdische Sujet in der Titelgeschichte des Zyklus nachweisen und das Freiheitsthema davor aus Platzgründen nur streifen.

Das Schema der Erzählung ist – allen Verkomplizierungen der Forschung zum Trotz – einfach angelegt. Es inszeniert den charakteristischen Gegensatz der zwei Reiche von Natur und Geist. „[B]lühende[r]" (S. 261)

[21] Gerhard Kurz: *Traum-Schrecken. Kafkas literarische Existenzanalyse*, Stuttgart 1980, S. 36. Vgl. auch Roman Karst: *Sterben und Tod in Kafkas Werk*, in: *Was bleibt von Franz Kafka? Positionsbestimmung. Kafka-Symposion Wien 1983*, hg. von Wendelin Schmidt-Dengler, Wien 1985, S. 129-145.

[22] Vgl. Kluge: *Etymologisches Wörterbuch* (Anm. 4), s.v. *fahren*, S. 245.

Hof, „schöne" (S. 257) Rosa und zudringlicher Knecht nennen mit warmem Zuhause, erotischer Attraktion und der Gewalt des Sexus zunächst Elemente des empirischen Lebens. Verächtlich sind sie allesamt. Dass der Arzt nur noch ungern zu Kranken fährt, der Knecht „ekl[ig]" (S. 261) und Rosa „willig[...]" (S. 254) ist, markiert das nur Natürliche als jenen sprichwörtlichen „Schweinestall[...]" (S. 253), in dessen Dreck man sich, unbekümmert um Weiteres, gern suhlt. Schon Kafkas Selcherphantasie wollte aber dem Ich die unreine Schweinerei des Physischen vom Leib schneiden: Nach dem Willen des freien Geistes sollen niedere Neigungen nicht das letzte Wort haben. Das gilt auch für den *Landarzt*. Die Instanz, die gegen die Dominanz der Triebe redet, ist die „Pflicht" (S. 256) des Mediziners. Er weiß, dass er vom „Bezirk" (S. 257) angestellt ist, sich jederzeit um Notfälle und Patienten zu kümmern. Die dreimal variierte Frage des Doktors: „Was soll ich tun?" (vgl. S. 256, S. 257 und S. 260) – die Grundfrage der *Kritik der praktischen Vernunft* – gemahnt denn auch daran, dass Kant autonome Praxis als „Pflicht" definiert hatte, dem subjektiven Wollen einen „Widerstand [...] der praktischen Vernunft"[23] entgegenzusetzen und gemäß solcher Bestimmung zu handeln. Doch alle Reflexion verhindert nicht, dass sich der Doktor nur widerwillig auf die „Fahrt" (S. 254) zum Kranken macht. Ein Berufsrisiko lastet auf ihm. Um zum Kranken zu gelangen, muss er ein „Opfer" (S. 257) bringen: Alles Physische – Rosa und Knecht – muss auf dem Hof zurückbleiben. Das Motiv der Fahrt über Empirisches hinaus, also in den Tod oder die Freiheit, ist wiederzuerkennen,[24] und als eine von Kafkas (selbst)mörderischen Stichwaffen liegt schon die „Pinzette" (S. 255) des Doktors bereit. „[L]aß mich sterben" (ebd.), wünscht sich also der Kranke, und schon „will" auch der Doktor „sterben" (S. 257). Doch daraus wird nichts. Anstatt Sterbehilfe zu leisten, lässt er den Kranken seines natürlichen Todes sterben und weiß selbst: „[E]s ist eine Schmach" (S. 260). Vor dem radikalen Akt der Selbstgerechtigkeit schreckt er zurück. Anders als der Kranke will er lieber doch weiterleben und seine „Pflicht" nur „bis zum Rand" tun, eben „bis dorthin, wo es fast zu viel wird" (S. 256f.). Er lebt

23 Immanuel Kant: *Kritik der praktischen Vernunft*, in: Ders.: *Werke in sechs Bänden*, hg. von Wilhlem Weischedel, Darmstadt 1986, Bd. 4, S. 143.

24 Im *Neuen Advokaten* schon durch Alexanders Eroberungszug nach Indien eingeführt und in den nachgelassenen Fragmenten als „leere, fröhliche Fahrt" (*KKAN* II, S. 123) in die Selbstauflösung fortgesetzt.

zu gern, als dass er aus bloßer Pflicht zur Freiheit aus dem Leben schiede. Also denkt er an die eigene „Rettung“ (S. 260), an Rosa und den Hof, mit einem Wort: an die Rückkehr ins Natürliche. Wer aber dem „Fehlläuten der Nachtglocke [einmal] gefolgt“ (S. 261) ist, gelangt nicht mehr zurück in die Irreflexivität des Physischen. Im Lichte der Pflicht betrachtet, ist eine bloß empirische Existenz unmöglich fortzusetzen. So irrt der Landarzt ortlos im „Froste dieses unglückseligsten Zeitalters“ (ebd.) – demjenigen der Reflexion – herum. Wie der Mensch in Kafkas Kettenaphorismus ist er unwiderruflich zwischen den Reichen der Erde und der Freiheit gefangen.[25] Sie stellten sich ihm als Alternative von Knecht und Krankem dar, als die zwei Seiten seines Daseins oder den Seiten seines *Alter Egos*, zwischen denen er versäumte, sich zu entscheiden.

Der jüdische Gehalt der Erzählung ist analog zum Thema der Pflicht oder der Freiheit gestaltet. Arztberuf und Krankenbesuch liegt Jesu, des Rabbi, Wort „Ich will kommen und [...] gesund machen“ (Mt 8,7) zugrunde, das die Gläubigen, die sich an ihn wandten, seiner Unterstützung versicherte. Dass ihm daraus eine „Pflicht“ erwächst, ist auch dem „Volk“ (S. 257) bekannt. Also zögert man nicht, den Doktor selbst nachts „zu heiligen Zwecken“ (S. 259) herauszuklingeln und „erwartet“ (ebd.), dass „er heilen [wird]“ (ebd.). Wie die sprachliche Nähe von ‚heilig‘, ‚heilen‘ und ‚Heil‘[26] zeigt, ruft man den Landarzt nicht allein als medizinischen Ratgeber, sondern als religiösen Erretter an, als jenen jüdischen Heilsbringer, der Messias genannt wird. Offenbar hat in der Gemeinde, die doch „den alten Glauben [...] verloren“ (ebd.) hat und in welcher der „Pfarrer zu Hause [sitzt] und die Meßgewänder [zerzupft]“ (ebd.), trotz des allgemeinen Abfalls vom Gesetz die alte Messias-Hoffnung überlebt. „[D]er Arzt soll alles leisten“ (ebd.), meint man, und das bedeutet: Er möge sich endlich als jener „Weltverbesserer“ (S. 256) erweisen, auf den die Juden seit den Prophezeiungen des Alten Testaments

[25] Ein analoges Bild fand Kafka in Platons *Phaidros*, wo der sterbliche und unsterbliche Teil des Menschen als unzähmbares Pferdegespann figurierten (vgl. Platon: *Phaidros*, in: Ders.: *Sämtliche Dialoge*, hg. von Otto Apelt, 7 Bde., Hamburg 1998 [zuerst Leipzig 1922], Bd. 2, 58). Kafka besaß das Werk in seiner Bibliothek (vgl. Jürgen Born: *Kafkas Bibliothek* [Anm. 1], S. 120). Im *Landarzt* erinnern die beiden „unbeherrschbare[n] Pferde“ (S. 256) daran, die den Wagen des Arztes ziehen.

[26] Vgl. dazu Kluge: *Etymologisches Wörterbuch* (Anm. 4), s.v. *heil*, S. 364.

warten. Seiner Sendung gemäß werde er „dieses unglückseligste[…] Zeitalter[…]“ (S. 261) – das der Assimilation oder überhaupt des säkularen Denkens –[27] beenden und sich zur Erfüllung dieses heiligen Zwecks „verbrauch[en]“ (S. 259) lassen: Auf den erlösenden Opfertod ist angespielt, der das verheißene Ende der Zeit, den Beginn der Gottesherrschaft und die Vergebung der Sünden einleiten würde.

Bei der Lektüre der Passionsgeschichte war Kafka eine Analogie zum Freiheitsthema aufgefallen. Wie vom selbstgerechten Ich wird auch von Jesus verlangt, aus absoluter Bestimmung aus dem Leben zu scheiden, und wie jeder Mensch schreckte selbst der Gottessohn vor dem nahenden Ende zurück. In der Gethsemane-Szene befiel ihn, der sein Leiden im Voraus wusste, die Todesangst: „Mein Vater, ist's möglich, so gehe dieser Kelch an mir vorüber“ (Mt 26,39), bat er darum den Allerhöchsten – bevor er sich dem Willen des Vaters beugte. Das jüdische Thema konnte Kafka also nun dem des selbstmörderischen Geistes parallel führen. Zugleich ließ sich erproben, wie es unter den Bedingungen des jüdischen Verfalls um die Opferbereitschaft einer Erlöserfigur bestellt war. Skepsis weckt bereits, dass der Landarzt seiner Tätigkeit nur unwillig nachkommt. Anstatt den Kranken zu helfen, würde er nur zu gern auf seinem Hof bleiben und durch die Gegebenheiten des empirischen Lebens seine Pflicht zur erlösenden Hilfeleistung verschieben. Das „Opfer“ (S. 257), Physisches zurückzulassen, will er nicht bringen. Wie sehr er fleischlich-sündiger Anfechtung verfallen ist, zeigt der Pferdeknecht, der seine Anweisungen missachtet und den ungehorsamen, ‚bösen Knecht‘ des Matthäus-Evangeliums (vgl. Mt 24,48-51) aufruft. „Der Geist ist willig, aber das Fleisch ist schwach“ (Mt 26,41), weiß auch Jesus, der, berichtet die Bibel, selbst in Versuchung geführt wurde, und so lässt sich begreifen, dass auch Kafkas Mediziner seinen Beruf lieber nur „bis zum Rand“ (S. 256) ausüben möchte. Nicht „zu viel“ soll es einem werden, der weiß, dass das „Volk“ (S. 257) der Juden auf jeder Reise von ihm das Heil erwartet.

Dass er dennoch aufbricht, liegt daran, dass er, obwohl „[s]chlecht bezahlt, […] freigebig und hilfsbereit gegenüber den Armen“ (ebd.) ist

[27] Als solches schon im *Neuen Advokaten* durch die anarchische Gesellschaftsordnung bedeutet, ein weiterer Beleg für die Kontinuität von Themen im Zyklus.

– eine Anspielung auf Jesu Armut und karitativen Umgang mit sozial Geächteten. Jüdisches bezeichnet auch das Fortbewegungsmittel: „Aus dem Schweinestall muß ich mein Gespann ziehen; wären es nicht zufällig Pferde, müßte ich mit Säuen fahren“ (S. 257), meint der Landarzt und erinnert an Schwein und Sau, die unreinen Tiere des Judentums, die in der antijüdischen Literatur des Christentums seit dem 13. Jahrhundert als „Reittier der Synagoge“[28] galten. In jüdischer Hoffnung wird er also gerufen. Kaum aber ist er bei seinem Patienten angelangt, als er alle Erwartungen zunächst zunichtemacht. Die Krankheit des Jungen, Zeichen des Abfalls vom Gesetz und der Gottesferne, will er nicht anerkennen. Der Junge sei „gesund, ein wenig schlecht durchblutet, von der sorgenden Mutter mit Kaffee durchtränkt, aber gesund und am besten mit einem Stoß aus dem Bett zu treiben“ (S. 256). Er möge sich also nicht so anstellen. Wo niemand gegen das Gesetz verstieß, meint der Arzt, braucht auch niemand zur Heilung geopfert zu werden. Also führt er die „Untersuchung“ (S. 258) nur halbherzig durch, verzichtet auf das „Urteil“ (S. 255), der Kranke sei ein Sünder, der des Heils bedürfe, und legt die „Pinzette“ (ebd.), sein Schwert der Gerechtigkeit (vgl. 1 Chron 21,16 und Offb 1,16), „wieder hin“ (S. 255). Die Familie des Kranken freilich ist angesichts solcher Renitenz „wahrscheinlich enttäuscht“ und beißt sich „tränenvoll“ (S. 257) auf die Lippen. Kaum kann man glauben, was man sieht: einen Heilsbringer, der sich den „heiligen Zwecken“ zu entziehen sucht und den nicht anficht, dass sein Blut vergossen werden soll „für viele zur Vergebung der Sünden“ (Mt 26,28).

Dass der Arzt aber schließlich „irgendwie bereit [ist], unter Umständen zuzugeben, dass der Junge doch vielleicht krank ist“ (S. 258), ist einerseits der „Schmach“ (S. 260) seines Lebenswillens geschuldet, die er nicht auf sich sitzen lassen mag. Hielt er sich nicht eigentlich für „hilfsbereit“? Andererseits hängt das Eingeständnis mit der jüdischen Tradition zusammen, der sich der Doktor im Haus des Kranken nicht entziehen kann. Der Text nennt zentrale Elemente des Pessach-Fests, jenes Feiertags also, bei dem Juden des Auszugs aus Ägypten gedenken und der

28 *Lexikon der christlichen Ikonographie*, hg. von Engelbert Kirschbaum [u.a.], 8 Bde., Freiburg 1990, Bd. 4, s.v. *Schwein*, S. 135. Zum damit zusammenhängenden Begriff der „Judensau“ vgl. Herbert Jochum: *Ecclesia und Synagoga. Alter und neuer Bund in der christlichen Kunst*, in: *Der ungekündigte Bund. Antworten des Neuen Testamentes*, hg. von Hubert Frankemölle, Freiburg/Basel/Wien 1998, S. 248-276, hier S. 258.

eng mit Abendmahl und Opferlamm verbunden ist. Bekanntlich war den Ägyptern die Tötung der Erstgeburt als letzte der zehn Plagen angekündigt, die der Allerhöchste zur Strafe für die Fron seines auserwählten Volkes über sie kommen ließ. Der Vernichtung entgingen die Juden, indem sie zum Zeichen des Bundes mit dem Herrn ein Lamm schlachteten und mit seinem Blut ihre Türpfosten bestrichen. Nun konnte man unter Moses Führung ins Gelobte Land aufbrechen. Später verlieh der Jude Jesus der Hoffnung auf die Erneuerung Israels in der Pessach-Feier Ausdruck. Drei der Evangelien schildern das letzte Abendmahl als Pessach-Mahl und rücken Pessach und Passion in unmittelbare zeitliche Nähe (vgl. Mk 14,12ff.; Mt 26,17ff.; Lk 22,7ff.). Weil Jesus sein Fleisch und Blut für die Rettung des Volkes hingab, lag der Vergleich mit dem Opferlamm nahe, das Israel in Ägypten für die Freiheit schlachtete.[29] Pessach konnte im *Landarzt* nun an die Befreiung aus Knechtschaft und Bedrückung erinnern – Kafkas Freiheitsthema, das als Ritt ins nächste Dorf inszeniert wird. Zugleich ließ es an Opfer und Leidensgeschichte denken, also an die erlösende Tat dessen, der für den Messias gehalten wurde. In seiner Nachfolge soll auch der Landarzt das letzte Abendmahl mit dem Volk seines Bezirks feiern. Der rauchende „Herdofen" (S. 255), das „Kerzenlicht" (ebd.), das „Glas Rum" (S. 256), das man dem Arzt anbietet, das „schwer blutige[…] Handtuch" (S. 257f.) der Schwester sowie das „Mondlicht ringsum" (S. 255) markieren Teile des Kults: Bei Vollmond brach das Volk Israel unter Mose aus Ägypten auf,[30] der Ofen ruft jenes Feuer auf, an dem gemäß 2 Mos 12,8 das Lamm gebraten werden sollte, das blutige Handtuch erinnert an den Ysop-Strauß, mit dem das Blut des Lamms auf die Türpfosten der israelitischen Häuser gestrichen werden sollte (vgl. 2 Mos 12,22), der Rum gemahnt an den Wein, der den Sederabend einleitet[31] und die Kerzen deuten auf die festliche Beleuchtung des Sedertisches.[32] Unter dem Eindruck korrigiert der Landarzt seine Diagnose. Dass nun doch noch der Prozess der Erlösung in Gang zu kommen scheint, ist für den Kranken wie die „allerstärkste Suppe"

29 Paulus deutete Jesus als das „Lamm Gottes", das die Erlösung gebracht habe: „Denn auch wir haben ein Passalamm, das ist Christus, der geopfert ist" (1 Kor 5,7).

30 Vgl. *JRS* (Anm. 5), S. 128.

31 Vgl. ebd., S. 134.

32 Vgl. ebd., S. 133.

(S. 258): Seiner Rettung kann er getrost entgegensehen. Auch die Familie ist „glücklich“ (ebd.), den Arzt endlich bei der „Tätigkeit“ (ebd.) zu sehen, wegen der man ihn rief.

Im Text folgt nun das Passionsgeschehen. Diejenigen, die es vorantreiben, sind die Familie, die „Dorfältesten“ sowie der „Schulchor mit dem Lehrer“ (S. 259) – Schriftgelehrte und Mitglieder einer Synagoge –, also Juden, die Jesus gemäß der Bibel Pilatus überantwortet hatten (vgl. Mk 15,1). Man zieht den Doktor zunächst aus. Der Verweis auf die Evangelien ist klar. Sie berichten, wie man Jesus die Kleider vor der Kreuzigung abnahm und sie verloste (vgl. Mk 15,24). Das Lied des Chors:

> Entkleidet ihn, dann wird er heilen,
> Und heilt er nicht, so tötet ihn!
> ’Sist nur ein Arzt, ’sist nur ein Arzt
> (S. 259)

variiert die Verspottung des Gekreuzigten durch die jüdischen Hohepriester. „Ist er der Christus, der König von Israel, so steige er nun vom Kreuz, damit wir sehen und glauben“ (Mk 15,32), hatten sie Jesus geschmäht. Bekanntlich hatte schon Judas den Rabbi nur deshalb verraten, um ihn als Messias auf die Probe zu stellen und jene verheißene Endzeit herbeizuführen, die Jesus mit seinem Tod verbunden hatte. Wer sich am Kreuz „selber nicht helfen“ (Mk 15,31) könne, wer also nicht ‚heile‘, möge eben sterben. Er sei dann wohl doch „nur ein Arzt“ (S. 259), also ein Rabbi, der sich allerhöchste Abkunft schlicht angemaßt habe. Der angedeutete Verlauf der Kreuzigung im *Landarzt* scheint solcher Skepsis recht zu geben. Nichts Erhöhendes haftet ihr an. Der „geneigte[...] Kopf“ (S. 259) des Doktors erinnert vielmehr an die Leiden des Gestorbenen, wie sie Kruzifixe bis heute vor Augen führen. Auch auf die Grablegung wird angespielt. Man nimmt den Doktor „beim Kopf und bei den Füßen“ und trägt ihn „ins Bett“ (ebd.). Dass alle „aus der Stube [gehen]; die Tür [...] zugemacht [wird]; [...] Wolken [...] vor den Mond [treten]“ (ebd.), deutet auf das Felsengrab, in dem Jesus am Abend nach der Kreuzigung bestattet wurde (vgl. Mk 15,42-46), das „Bettzeug“ (S. 259) des Landarztes auf das „Leinentuch“ (Mk 15,46), in das Jesu Leichnam gewickelt wurde.

Fragt sich nur, ob der Doktor die Rettung brachte. An die „Seite“ (S. 259) des Kranken hatte man ihn gelegt und frohlockt schon:

Freuet Euch, Ihr Patienten,
Der Arzt ist Euch ins Bett gelegt!
(S. 261)

Juden waren sich zunächst sicher, dass der Messias sie durch seinen Tod erlöste. Schon vor der Passion hatte Kafkas Arzt indessen übergroße Hoffnungen gedämpft: „So sind die Leute in meiner Gegend. Immer das Unmögliche vom Arzt verlangen“ (S. 259). Auch der Patient muss schließlich feststellen, dass der Retter keiner ist. Sein „Vertrauen“ zum Doktor sei „sehr gering“, sagt ihm der Junge, „[s]tatt zu helfen, engst du mir mein Sterbebett ein. Am liebsten kratzte ich dir die Augen aus“ (S. 259f.). Zwar gibt der Doktor sich alle Mühe, den Kranken zu beruhigen. Dessen Wunde „in der Hüftengegend“ (S. 258) sei „so übel nicht. Im spitzen Winkel mit zwei Hieben der Hacke geschaffen. Viele bieten ihre Seite an und hören kaum die Hacke im Forst, geschweige denn, dass sie ihnen näher kommt“ (S. 260). An Jakob, der den Namen „Israel“ (vgl. 1 Mos 32,29) erhielt und Stammvater des Volkes wurde, ist mit der Verletzung erinnert. Am Jabbok kämpfte er mit Gott, und weil Gott „sah, daß er ihn nicht übermochte, schlug er ihn auf das Gelenk seiner Hüfte, und das Gelenk der Hüfte Jakobs wurde über dem Ringen mit ihm verrenkt“ (ebd.; 32,26). ‚So übel‘ ist die Blessur deshalb nicht, weil sie das Zeichen des Gottesbundes ist, der sichtbare Beweis dafür, dass der Allerhöchste sein Volk vor allen anderen auszeichnete. Viele, meint der Doktor, böten sich daher zur Zeichnung an. Wer wäre nicht gern der Liebling des Herrn? Doch „viele sind berufen, aber wenige sind auserwählt“ (Mt 22,14), und so möge der Kranke, der Jude ist und das Zeichen trägt, getrost Tod und Rettung erwarten. Noch Jesajas Weissagung prophezeit jedem Gerechten:

> Alsdann wird dein Licht hervorbrechen wie die Morgenröte, und deine Heilung wird schnell voranschreiten, und deine Gerechtigkeit wird vor dir hergehen, und die Herrlichkeit des Herrn wird deinen Zug beschließen. [...D]ann wirst du deine Lust haben am Herrn, und ich will dich über die Höhen auf Erden gehen lassen und will dich speisen mit dem Erbe deines Vaters Jakob [.]
> (Jes 58,8 und 58,14)

Insgeheim aber weiß der Doktor: „Armer Junge“, an der Verletzung „in deiner Seite gehst du zugrunde“ (S. 258). Denn die „Würmer“ (ebd.), die in der Wunde wimmeln, gemahnen zwar an die legendarisch überlieferte

Heimsuchung Hiobs: „Würmer nagten an seinem Fleisch; sie bohrten Löcher in seinen Leib und stritten miteinander um die Fleischfasern."[33] Doch anders als Hiob, der seinem Gott allen Widrigkeiten zum Trotz die Treue hielt, haben die Patienten des Landarztes den alten Glauben verloren. Und im Gegensatz zu Jesajas Weissagung von der Heilung aller Sünden, die durch den Messias einzulösen wäre, verweigert sich der Doktor allen „heiligen Zwecken". Der jüdische Patient stirbt also am Ende einen bloß natürlichen Tod ohne Erlösung. Sein Vertrauen hat er nur „irrtümlich[...]" (S. 261) in das „Ehrenwort eines Amtsarztes" (S. 260) gesetzt.

Denn die Pointe der Erzählung ist zuletzt eine Parodie von Opfertod und Auferstehung. Die Bibel berichtet, am dritten Tage sei Jesus als der Retter von den Toten auferstanden, und zunächst glaubte man, die Endzeit der Erlösung sei angebrochen. Als aber der Tempel im Jahre 70 der Zeitrechnung zerstört wurde, fand solche Zuversicht historisch ihr Ende. Als zwar begreifbar, aber als ein einziges Missverständnis inszeniert Kafkas Text die Erlöserhoffnung. Denn dass der Landarzt an die eigene „Rettung" (S. 260) denkt und sich unbemerkt aus seiner Ruhestätte fortstiehlt, als sich kaum alle Zuschauer entfernt haben, will sagen: Der Messias ist weder gestorben noch auferstanden, sondern weggelaufen.[34] Nicht nur die Gemeinde sieht sich also in ihren Erwartungen getäuscht. Auch für den Landarzt ist die Lage misslich. Ihm, der nicht sterben wollte, ist auch der Rückweg ins Leben und auf seinen Hof verstellt. Wer das „Opfer" alles Empirischen immerhin erwog und „[e]inmal" (ebd.) dem Ruf der Nachtglocke folgte, kann nicht in die Niederungen des Physischen regredieren. Also hadert der Landarzt mit der vermaledeiten Pflicht, mit Gemeinde und Patienten – und will vergessen, dass nur seine Feigheit der allgemei-

[33] *Die Sagen der Juden*, gesammelt von Micha Josef Bin Gorion, Frankfurt a.M. 1962, S. 766. Kafka besaß den ersten Band der fünfbändigen Sammlung (vgl. Jürgen Born: *Kafkas Bibliothek* [Anm. 1], S. 84). Die Passage der Hiob-Legende ist in der jüdischen Überlieferung bekannt. Bei Louis Ginzberg (*Legends of the Jews*, 7 Bde., Philadelphia 1954 [zuerst 1910] lautet die Stelle, die Hiob zum standhaften Dulder allen Unheils erhebt: „His [Hiobs] body swarmed with vermin, but if one of the little creatures attempted to crawl away from him, he forced it back, saying, 'Remain on the place whither thou wast sent, until God assigns another unto thee'" (Bd. 2, S. 235).

[34] Nikos Kazantzakis spielt in seinem Roman *Die letzte Versuchung* (1951) dieselbe Flucht vor dem Opfertod am Beispiel des Gekreuzigten durch.

nen Freude im Wege stand. Zuletzt muss er mitansehen, dass seine „blühende Praxis [...] verloren" ist und ein „Nachfolger" (ebd.) seinen Platz eingenommen hat. Nur ein falscher Messias war der Landarzt, und das Volk hat sich bereits einem anderen zugewendet. Von der Konjunktur solcher Erlöserfiguren berichten auch die – eingangs erwähnten – *Sagen polnischer Juden*. Eine von ihnen, *Von den falschen Messias* [sic], führt aus:

> Als der Herr der Welt sah, daß die Seele seines geliebten Volkes Israel gefährlich erkrankte und alle Arzneien, die ihm die heiligen Ärzte gaben, nicht mehr halfen, berief er die himmlischen Heerscharen zu einem Konsilium. Auf diesem Konsilium wurde beschlossen, die Juden in die Finsternis der Verbannung zu werfen; da aber das Herz des Volkes zu schwach war, um alle die Marter und Verfolgungen auszuhalten, wurde gleichzeitig verordnet, das Volk einzuschläfern und alle zwei – drei Stunden durch den Posaunenstoß eines falschen Messias aufzuwecken, um es dann wieder einzuschläfern. Und so wird es gemacht werden, bis die ganze Nacht der Verbannung abläuft und der wahre Messias erscheint.[35]

Bei Kafka deutet nichts darauf hin, dass der Nachfolger des Landarztes die jahrtausendealten Hoffnungen erfüllt. Die Auflösung der jüdischen Tradition wird weitergehen.

Noch wartet das Volk Israel auf seine Befreiung. Von absoluter Gerechtigkeit oder dem Kommen des Absoluten lässt sich daher schon historisch nichts berichten. Zudem verbietet das toristische Bilderverbot jede irdische Repräsentation des Göttlichen. Das mosaische Gebot variierte Kafka sprachkritisch. Auch über den freien Geist ist keine Aussage zu treffen, wenn Sprache nur vom empirisch Vorhandenen zu erzählen vermag. Aus der Erkenntniskritik müsste folgen: „Wovon man nicht reden kann, darüber muß man schweigen." (Wittgenstein) Doch Kafka wusste, dass der Mensch über die Verhältnisse des bloß Sinnlichen hinausstrebt:

> Der Mensch kann nicht leben ohne ein dauerndes Vertrauen zu etwas Unzerstörbarem in sich, wobei sowohl das Unzerstörbare als auch das Vertrauen ihm dauernd verborgen bleiben können. Eine der Ausdrucksmöglichkeiten dieses Verborgen-Bleibens ist der Glaube an einen persönlichen Gott.
> (*KKAN* II, S. 124)

35 *Sagen polnischer Juden* (Anm. 1), S. 199.

Das Verlangen nach dem Absoluten fasst das schlechthin Inkommensurable in endliche Bilder, die es verdecken – auch im Judentum. Doch da alles Jenseitige ungegenständlich sei, könne es von einer auf das Empirisch-Hiesige beschränkten Sprache nicht beschrieben werden. Also gestaltete Kafka in seinen Texten den Drang nach Überwindung aller Beschränktheit und verdunkelte den gegenständlichen Bezug seines Schreibens. Anhand der jüdischen Religion erprobte er die Technik der Andeutungen. Sein „neues Judentum" (*KKAN* II, S. 191) transponierte Israel in die Moderne und suchte es in seinem Sinne neu aufzubauen. Israels Erscheinungsformen setzte es einem Prozess negativer Auflösung aus und wendete die Bilder- und Sprachkritik auf die Summe aller Überlieferung und Praxis an. Solch unmimetische Literatur ist nicht leicht verständlich und trug ihrem Autor den Vorwurf der *obscuritas* oder, schlimmer, der Undeutbarkeit ein: Sie künde nur noch von einer „externen Bedeutungswelt", die „mit dem Beginn der Moderne hinfällig geworden"[36] sei und müsse daher „im nicht mehr Deutbaren angesiedelt"[37] sein. Doch Kafka bestreitet nicht die Transzendenz, sondern nur ihre Fassbarkeit in Sprache oder Denken. Zur Andeutung des Bereichs des ‚Außerhalb' nutzt er konventionelle Tropik. Andeutungen und Konventionalität jedoch können und müssen erfasst und hermeneutisch gedeutet werden, sofern sie eben wie die Sprache Bestandteil der gegenständlich-begrifflichen Welt sind. Es wäre an der Zeit, dass die Kafka-Forschung dies zur Kenntnis nimmt.

[36] Peter-André Alt: *Franz Kafka: Der ewige Sohn. Eine Biographie*, München 2005, S. 372. Das behauptete vorher schon Wilhelm Emrich in seiner einflussreichen Monographie aus der 1950er Jahren (vgl. *Franz Kafka*, Frankfurt a.M. 1957, S. 77). Alt will eine allegorische Deutung nur zugestehen, sofern sie den „Abstand zwischen Zeichen und Bedeutung" (*Der ewige Sohn*, S. 373) markiert. Gerade das tut aber Kafkas Schreiben doch.

[37] Ebd., S. 372.

CHRISTOPH BARTSCHERER

Der verkannte Bruder: Die Heimholung Jesu ins Judentum durch Martin Buber, Schalom Ben-Chorin und Pinchas Lapide

Jesus und das Judentum – das scheint auf den ersten Blick wie die Faust aufs Auge zu passen, haben sich Juden und Christen in einem jahrtausendelangen Entfremdungs- und Verselbstständigungsprozess doch immer weiter auseinandergelebt und voneinander abgespalten. *De facto* aber haben Jesus und das Judentum viel mehr gemein, als es der historische Blick an seiner Oberfläche verrät, da Jesus selbst dem Judentum entstammte, von seinen Gefolgsleuten „Rabbi" geheißen wurde und zu dem einen Gott Israels betete. Allerdings darf an dieser Stelle nicht unterschlagen werden, dass Jesus durch die „Proklamation des bedingungslos liebenden Vatergotts"[1] sich in einen konfliktreichen Gegensatz zu seiner jüdischen Umwelt setzte, zumal er damit das ambivalente – auf den Pfeilern von Gericht und Erbarmen statuierte – Gottesbild Israels in Frage stellte. Er hat dadurch nach der Auffassung Eugen Bisers das damalige Gottesverständnis auf eine Weise revolutioniert, dass eine neue Weltreligion daraus entspringen konnte:

> Mit diesem Eingriff erwies sich Jesus von seinem innersten Seins- und Heilswillen her als der größte Revolutionär der Religionsgeschichte, dessen Großtat darin besteht, daß er den Schatten des Angst- und Schrecken-

[1] Eugen Biser: *Einweisung ins Christentum*, Düsseldorf 1997, S. 236.

> erregenden aus dem traditionellen Gottesbild der Menschheit und dem seines eigenen Volkes ersatzlos tilgte und darin stattdessen das „Antlitz des bedingungslos liebenden Vaters“ zum Vorschein brachte. Mit seinem ehrfürchtig-zärtlichen „Abba – Vater“ durchbrach er die Trennwand der Unnahbarkeit Gottes, überbrückte er den Abgrund der Gottesferne und erschloß er den Zugang zum Herzen des Angerufenen. Da er damit zugleich das Joch der Sorge von den Schultern der Menschen nahm und die Pfahlwurzel der Angst aus ihren Herzen riß, erwies er sich schon durch diese Tat als der größte Wohltäter und Therapeut der Menschheit [.][2]

Liegt hier bereits ein innerer Widerspruch vor, der Juden und Christen voneinander auf Distanz gehen ließ, so wurde der Konflikt noch weiter verschärft, indem dem Judentum durch eine tendenziöse Auslegung der Evangelien die Hauptlast am Tod Jesu zugeschoben und es mit der historisch fatalen Hypothek einer Kollektivschuld belastet wurde. Dass es unter diesen Umständen, die immer wieder in gewaltsamen Übergriffen und Pogromen ihren Niederschlag fanden, für das Judentum unmöglich war, sich der Sache Jesu anzunehmen und sich seiner Botschaft gegenüber zu öffnen, leuchtet ein. Erschwerend kam hinzu, dass die mittelalterliche Kirche es bei hoher Strafe den Juden verbot, sich mit Jesus schriftlich zu befassen.[3] Es bedurfte also eines entscheidenden Wandels des gesellschaftlichen Klimas, einer neuen Atmosphäre geistiger Freiheit, wie sie das 19. Jahrhundert vorübergehend bereits bot und wie sie sich erst recht mit der Gründung des Staates Israel einstellte, damit sich jüdische Schriftsteller und Forscher ernstlich mit Jesus auseinandersetzen konnten.

Das dürfte auch der Grund gewesen sein, warum sich jüdische Gelehrte wie Pinchas Lapide, Schalom Ben-Chorin und Martin Buber erst im 20. Jahrhundert in der Lage fühlten, sich intensiv mit der Gestalt Jesu zu befassen. Erst jetzt bot sich ihnen die Gelegenheit, einen großen Religionsstifter der Menschheit wiederzuentdecken, der, obgleich er vom Christentum ausschließlich für sich reklamiert wurde, eigentlich aus ihren Reihen kam. Es gehe darum, wie es Pinchas Lapide einmal ausgedrückt hat, Jesus über alle Trennungen der Jahrtausende hinweg „heimzuholen“ – „ihn, der nie fortgegangen war“ (PL, S. 37). Andererseits durfte durch

2 Ebd., S. 235.

3 Pinchas Lapide: *Jesus – ein gekreuzigter Pharisäer?* Gütersloh 1990, S. 37. Zitate aus diesem Werk werden mit der Sigle PL und der Seitenzahl in Klammern nachfolgend im Fließtext nachgewiesen.

diese Heimholung des ‚verlorenen Sohnes' nicht die eigene Identität, die jüdische, aufgegeben oder gar verraten werden. Bei aller Annäherung ist Buber, Ben-Chorin und Lapide darum immer auch der Wille zur Abgrenzung anzumerken. Demungeachtet erreicht ihr Interesse an Jesus ein Maß an Intimität und Tiefe, wie es nur dem einfühlenden Auge des geistigen Freundes und Seelenverwandten zu eigen ist. Von daher erklärt sich das bewegende Wort Martin Bubers, das Jesus im Vorwort seiner Studie *Zwei Glaubensweisen* in den Stand eines geliebten „Bruders" erhebt:

> Jesus habe ich von Jugend auf als meinen großen Bruder empfunden. Daß die Christenheit ihn als Gott und Erlöser angesehen hat und ansieht, ist mir immer als eine Tatsache von höchstem Ernst erschienen, die ich um seinet- und um meinetwillen zu begreifen suchen muss. […] Mein eigenes brüderlich aufgeschlossenes Verhältnis zu ihm ist immer stärker und reiner geworden, und ich sehe ihn heute mit stärkerem und reinerem Blick als je. Gewisser als je ist mir, daß ihm ein großer Platz in der Glaubensgeschichte Israels zukommt und dass dieser Platz durch keine der üblichen Kategorien umschrieben werden kann.[4]

Dieses Wort darf zwar, wie der Tübinger Theologe Karl-Josef Kuschel in seinem Buber-Buch zu Recht einwirft, „weder direkt noch indirekt als Ausdruck eines Christus-Bekenntnisses, einer Christologie, verstanden werden".[5] Aber es signalisiert nichtsdestoweniger den hohen Grad an Sympathie und freundschaftlicher Zuneigung, die Buber für Jesus empfindet. Hier wird ein inneres Verwandtschaftsverhältnis zur Sprache gebracht, das die Grundlage für ein jüdisch-christliches Zwiegespräch über Jesus und Gott bilden kann. Nicht ohne Grund beruft sich auch Schalom Ben-Chorin auf dieses Wort, wenn er in seinem Jesus-Buch mit dem bezeichnenden Titel *Bruder Jesus* seinen eigenen Standpunkt mit folgenden Sätzen umreißt:

> Mit diesem Bekenntnis Bubers ist auch meine eigene Position abgesteckt. Jesus ist für mich der ewige Bruder, nicht nur der Menschenbruder, sondern mein JÜDISCHER BRUDER. Ich spüre seine brüderliche Hand, die mich faßt, damit ich ihm nachfolge. Es ist NICHT die Hand des Messias,

[4] Martin Buber: *Zwei Glaubensweisen*. Gerlingen ²1994, S. 15.

[5] Karl-Josef Kuschel: *Martin Buber – seine Herausforderung an das Christentum*. 2. Aufl., Gütersloh 2015, S. 256.

> diese mit Wundmalen gezeichnete Hand. Es ist bestimmt KEINE GÖTTLICHE, sondern eine MENSCHLICHE Hand, in deren Linien das tiefste Leid eingegraben ist.
> Das unterscheidet mich, den Juden, vom Christen, und doch ist es dieselbe Hand, von der wir uns angerührt wissen. Es ist die Hand eines großen Glaubenszeugen in Israel. Sein Glaube, sein bedingungsloser Glaube, das schlechthinnige Vertrauen auf Gott, den Vater, die Bereitschaft, sich ganz unter den Willen Gottes zu demütigen, das ist die Haltung, die uns in Christus vorgelebt wird und die uns – Juden und Christen – verbinden kann: Der Glaube Jesu einigt uns, [...] aber der Glaube an Jesus trennt uns.[6]

Warum eigentlich besteht zwischen Christentum und Judentum eine unversöhnliche Kluft und ein unauflösbarer Bruderzwist, obwohl Altes und Neues Testament beide die Liebe Gottes betonen, an die Vergebung der Sünden glauben und das Kommen des Messias am Ende aller Tage erwarten? Das ist die Ausgangsfrage, die sich Pinchas Lapide in seinem Aufsatzband *Jesus – ein gekreuzigter Pharisäer?* stellt (PL, S. 16). Sicherlich, das Judentum hat Jesus von Nazareth nie als den die Welt erlösenden Messias anerkannt, während die Christen in ihm ihren Heiland und Erlöser sehen. Aber genügt das, um ein glaubensgeschichtliches Schisma zu begründen, das – zumindest auf Seiten des Christentums – bis zur Todfeindschaft reichte? Immerhin hat das Christentum den Juden ja zur Last gelegt, die Kollektivschuld am Tode Jesu zu tragen und dafür im Laufe der Geschichte immer wieder blutige Rache geübt. Aber was, wenn diese Schuldzuweisung völlig zu Unrecht bestünde und die Kreuzigung Jesu vor 2000 Jahren überhaupt nicht auf eine jüdische Initiative zurückging? Wenn Jesus sich selbst als Jude verstand, als jüdischen Pharisäer nämlich, der für sein Volk in den Tod ging, um für es die Erlösung zu erwirken? Wenn es sich bei der Spaltung zwischen Jesus und seinem Volk um einen künstlichen Riss handelte, der nachträglich von den Evangelisten in seine Lebensgeschichte hineinkonstruiert wurde? Wäre es dann nicht endlich an der Zeit, so insistiert Lapide eindringlich, „die Kollektivbeschuldigungen am Tode Jesu, die fünfzig Generationen von Christen bis heute allen Juden anlasten, nur weil vielleicht ein Großstadtpöbel von etlichen Hunderten damals in Jerusalem geschrien habe:

6 Schalom Ben-Chorin: *Bruder Jesus. Der Nazarener in jüdischer Sicht*, München 1967, S.12.

‚Sein Blut komme über uns und unsere Kinder!‘ (Mt 27,25), mittels Predigt und Katechese endlich zu widerlegen“ (PL, S. 37)?

Doch Lapide will keine Schuldverlagerung zu Lasten des Christentums. Ihm geht es vielmehr um eine Annäherung von Christentum und Judentum, indem die gegen das Judentum vorgebrachte Kollektivschuldthese widerlegt und das Schisma zwischen beiden Religionen als ein nachträgliches Konstrukt entlarvt wird. Dafür gilt es für ihn zunächst einmal, Jesus als pharisäischen Rabbi und Gelehrten wieder ins Judentum heimzuholen. Denn Jesus, der für die Christenheit zum Heiland der Welt geworden ist und deshalb mit dem jüdischen Würdetitel „Messias“ ausgezeichnet wurde, ist für Lapide eine durch und durch jüdische Erscheinung, die ohne seine jüdische Herkunft und feste Verwurzelung in der Religion seiner Väter nicht zu verstehen wäre:

> Was nun den *Rabbi von Nazareth* anbetrifft, [...] so erfahren wir aus den Evangelien, dass dieser *Jeschua ben Joseph* als Sohn jüdischer Eltern geboren, am achten Tage beschnitten, am vierzigsten Tage im Jerusalemer Tempel wie alle jüdischen Erstgeborenen ‚ausgelöst‘ und mit dreizehn Jahren daselbst *Bar-Mitzvah* wurde. Später trat er als Tora-Lehrer in Galiläa und Judäa auf, scharte eine große Bußbewegung um sich, genoß großes Ansehen, wurde häufig als Rabbi tituliert, hat eine gewaltige Lehre verkündigt, und wurde im Alter von etwa dreiunddreißig Jahren als „König der Juden“ gemäß des *titulus* am Kreuz von Römern gekreuzigt.
> (PL, S. 32)

Für Lapide ist es ein objektiver Tatbestand, dass das Sendungsbewusstsein Jesu nicht den Heiden, sondern ausschließlich seinem eigenen Volk galt und „Rabbi Jeshua“ in seiner „ganzen Biographie und Leidensgeschichte [...] weder durch Taten noch durch Unterlassungen und auch nicht durch seine Lehre sein gebürtiges Judentum je verletzt, gesprengt oder verlassen“ (PL, S. 33) hat. Nur so ist es zu erklären, dass sich heute zahlreiche jüdische Spuren in der christlichen Verkündigung finden und fast das gesamte christliche Heilsvokabular wie Himmelreich, Friedensfürst oder Auferstehung von den Toten auf „hebräischen Theolegumena“ (ebd.) basiert. Zudem wurde Jesus während der Zeit seines Wirkens von seinen Volksleuten keineswegs nur abgelehnt und verfolgt, sondern er besaß, ganz im Gegenteil, eine große Anhängerschaft unter ihnen: Tausende

Juden folgten dem wortgewaltigen Tora-Interpreten, der durch provokante Predigten in Galiläa und Jerusalem ebenso Aufsehen erregte wie durch Wunder wie die Brotvermehrung (ebd.).

Was Kirche und Dogma aus Jesus und seiner jüdischen Familie im Nachhinein gemacht haben, kommt aus Lapides Sicht einer Geschichtsklitterung und gewaltsamen Entstellung gleich. Maria, die infolge eines Übersetzungsfehlers aus einer schwangeren „jungen Frau" zur „Jungfrau" stilisiert (PL, S. 82) und so aller leiblichen-irdischen Qualität beraubt wurde, ist für ihn „der Inbegriff einer schmerzensreichen jüdischen Mutter" (PL, S. 88), die ob des kompromisslosen Lebenswegs ihres Sohnes tief gelitten hat. Da sie über das Verhalten ihres unbotmäßigen Sprösslings tief beunruhigt war und die Lebensgefahr witterte, die über ihm schwebte, hat sie versucht, ihn zur Räson zu rufen und, ohne Rücksicht auf den damit verbunden Image-Schaden, öffentlich erklärt, dass er von Sinnen sei (PL, S. 84). Diesen wohlgemeinten Rettungsversuch hat ihr Sohn aber keineswegs mit Dankbarkeit, sondern mit Ablehnung und schroffer Zurückweisung goutiert, wie er überhaupt ein recht spannungsreiches Verhältnis zu seiner Mutter hatte. So gesehen teilte Maria laut Lapide das undankbare Schicksal jener Mütter, die ein geniales Kind haben, das sich von seiner Familie unverstanden fühlt und von der Welt für verrückt erklärt wird (ebd.).

Und Joseph, der der Vater der zahlreichen Geschwistern Jesu war? Ist er tatsächlich nur die einfältige weißhaarige Krippenfigur gewesen, als die viele Christen ihn sich heute gerne vorstellen? Abgesehen davon, dass „die galiläischen Zimmermänner in [… der jüdischen] Tradition als besonders klug und welterfahren galten" (PL, S. 118), spricht vieles dafür, dass er freiheitliche Bestrebungen gegen die römische Besatzungsmacht verfolgte und eventuell als politischer Gefangener in einem römischen Kerker verschwand (ebd.). Denn warum sonst hätte er fünf seiner Söhne die Namen von jüdischen „Freiheitskämpfern" (ebd.) gegeben, und warum sonst hätte er sich mit seiner hochschwangeren Frau vor den römischen Steuereintreibern auf die Flucht nach Ägypten begeben (PL, S. 81)!

Von den damals sich im Umlauf befindenden religiösen Strömungen hat Jesus nach Ansicht Lapides eindeutig zu den Pharisäern gehört: Gegen die Sadduzäer, die in Jerusalem als eine Art Kurie den Tempelkult verwalteten und oft mit den Römern kollaborierten, hat er in Kernfragen seiner Botschaft wie zum Beispiel der Kaisersteuer oder der Auferstehung wiederholt Stellung bezogen. Die Essener wiederum, über die wir durch die Funde von Qumran gut informiert sind, waren auch keine Option für ihn, weil sie einem strengen asketischen Lebensideal anhingen, während er selbst das Diesseits bejahte, die Gemeinschaft mit den Menschen suchte und bei seinen Feinden sogar als „Fresser und Säufer" galt. Und auch die Zeloten, die die Befreiung Israels aus dem Joch der römischen Unterdrückung anstrebten, vermochten ihm keine geistige Heimat zu bieten, da ihr Kampf einerseits zwangsläufig zur Vernichtung Israels führen musste und andererseits seiner entschiedenen Friedensbotschaft widersprach (PL, S. 19f.). Blieben also die Pharisäer, die beschlagene Tora-Gelehrte waren und die Partei der armen Leute vertraten. Unter den sieben pharisäischen Schulen, die es damals gab, gehörte Jesus nach Lapides Verständnis „zu den sogenannnten *Liebespharisäern*", die „im Wesentlichen von der Liebe zu Gott und ihren Mitmenschen motiviert [... waren], was sich in all ihren Taten widerspiegelte" (PL, S. 20). Mit den Vertretern der anderen Schulen führte Jesus oft Lehrgespräche, wie sie bis heute im Judentum üblich sind. Dass diese bei der Endredaktion der Evangelien dann zu gehässigen „Streitgesprächen" uminterpretiert wurden (PL, S. 19 und S. 94), ist eine unverzeihliche Fälschung der historischen Wahrheit, zumal Jesus unter führenden Pharisäern wie Nikodemus, Joseph von Arimathäa und Rabban Gamaliel Freunde hatte und galiläische Pharisäer durch eine Warnung ihm sogar einmal das Leben retteten (Lk 13,31) (PL, S. 33). In seinem Brief „An einen Pharisäer" unternimmt Lapide deshalb eine Neubewertung des nach außen verzerrten Verhältnisses, indem er argumentiert,

> dass Jeschua mit Euch [d.h. den Pharisäern] und Euren Anhängern gefeiert und gegessen hat (Lk 7,36; Lk 14,1), ja in allen Euren Synagogen Sabbat für Sabbat gepredigt und die Tora ausgelegt hat (Lk 4,16, Mt 4,28 und zwölf weitere Stellen). [...] Und das wichtigste: In seiner gesamten Passionsgeschichte erscheint Ihr Pharisäer nur auf seiner Seite als Mitleidende, von der ganzen Jüngerschar, die weit größer war als zwölf Apostel, über das „viele Volk", das ihm konsequent folgte und an seinen Lippen hing, dem Frauenverein in Jerusalem, die ihm am Kreuzweg einen lindernden Betäubungstrank geben wollten, bis zu den beiden „Schächern", die zu seinen Seiten mitgekreuzigt wurden.
> (PL, S. 94)

Da Jesus ständig auf der Flucht vor den Römern war und sein „gewaltiges Sendungsbewusstsein" keinen Raum für eine Familie ließ, neigt Lapide

„zu der Annahme, dass er ehelos war und geblieben ist, jedoch nicht zölibatär aus Prinzip“ (PL, S. 92) lebte. Immerhin war Jesus ja von einer Schar von Frauen umgeben, die ihn und seine Jünger geistig und materiell unterstützten und ihm bis zum Tod am Kreuz unter Lebensgefahr die Treue hielten. Außerdem scheint Jesus zu Maria Magdalena, die er geheilt hat, ein besonderes Vertrauens- und Liebesverhältnis gehabt zu haben, weil sie wie keine andere Frauenfigur aus den Evangelientexten als Intimfreundin hervorleuchtet. Ob Jesus ihr auch sexuell zugetan war, können wir nicht mit Gewissheit sagen, aber Lapide hält es immerhin für möglich, da er folgende Stelle aus dem apokryphen Philippus-Evangelium zitiert:

> Die Frauen wandelten mit dem Herrn allezeit; Maria, seine Mutter, deren Schwester und Magdalena, die seine Paargenossin genannt wird. Maria Magdalena liebte der Heiland mehr als alle Jünger, und er küsste sie oftmals auf den Mund. Die übrigen Jünger kamen zu ihr und machten ihr Vorwürfe. Zu ihm sagten sie: „Weshalb liebst Du sie mehr als alle?“
> (PL, S. 85)

Wenn aber Jesus zahlreiche jüdische Frauen um sich geschart hatte und er mit den Pharisäern auf freundschaftlichem Fuße stand, wer trug dann Schuld an seinem Tod? Das ist die Kernfrage, die sich folgerichtig aus dem bislang Gesagten für Lapide ergibt. Mit Sicherheit hatte die sadduzäische Priesterschaft ihre Finger mit im Spiel, weil sie fürchtete, die Begeisterung für Jesus könnte in einen blutigen Volksaufstand umschlagen und damit zu einem Vernichtungskrieg mit Rom führen (PL, S. 36). Diese Furcht scheint Pilatus als Statthalter Roms geteilt zu haben, denn immerhin setzte er zur Verhaftung Jesu eine ganze Kohorte, also rund 600 Soldaten, in Bewegung. Aber Jesus war kein revolutionärer Volkstribun und Demagoge, der zur Gewalt aufrief, sondern ein Mann des passiven Widerstands:

> War Jesus ein Rebell? *Nein*, ist die Antwort. Jesus war weder ein Bandenführer noch ein Terrorist im heutigen landläufigen Sinn. Wohl aber war er ein [...] *Rebell der Gewaltlosigkeit*, der es wagte, sowohl gegen die Gewalt der Römer aufzutreten als sich auch gegen die Sadduzäer aufzulehnen, die mit dem grausamen römischen Okkupanten öffentlich kollaborierten.
> (PL, S. 120)

Der angebliche Verrat durch Judas, der als Inbegriff des heimtückischen und niederträchtigen Juden gilt (PL, S. 70), hält der genauen Überprüfung der Fakten für Lapide nicht stand. Abgesehen davon, dass er den ‚Judaslohn' von 30 Silberlingen nicht eingestrichen haben kann, da es diese Währung zu Jesu Lebzeiten gar nicht mehr gab und ihm Dinare hätten ausgezahlt werden müssen (PL, S. 71f.), war er auch einer der ersten Auferstehungszeugen, da es im Korintherbrief heißt, dass Jesus zuerst dem Kephas „und dann den Zwölfen" (1 Kor 15,5) – und nicht den Elfen ohne den Verräter Judas – erschienen sei (PL, S. 74). Außerdem gab es laut Lapide überhaupt nichts zu verraten, da Jesus eine stadtbekannte Person war und er im Tempelhof regelmäßig vor Tausenden von Juden lehrte (PL, S. 75). Kurzum, unter solchen Voraussetzungen scheint Judas eher eine literarische Fiktion als eine reale Person gewesen zu sein, eine Art von dramaturgischem Kunstgriff, um der Tragödie von Jesu Tod mehr erzählerische Drastik und Profil zu verleihen (PL, S. 69).

Was Judas außerdem entlastet, ist der Umstand, dass Jesus mit offenen Augen seinem Untergang entgegengeht, ja, dass er ihn geradezu bejaht und als Teil seiner Sendung sieht. Deshalb hat er weder den „Versuch unternommen, sich der Gefangennahme zu widersetzen oder zu entziehen und sich vor Pilatus rechtskräftig zu verteidigen. Noch hat er einen der vielen Fluchtpunkte ergriffen, die ihm bis zu Golgatha frei offenstanden" (PL, S. 35). Plausibel legt Lapide dar, dass Jesu Tod einer freiwilligen Selbstauslieferung gleichkommt, da er sich im Laufe seines Lebens mit der Rolle des von Jesaja angekündigten leidenden Gottesknechts identifiziert hat, der sich für sein Volk aufopfert (PL, S. 73 und S. 77).

Nicht vergessen werden darf außerdem, so Lapide, dass sich Jesus mit dem religiösen Establishment bewusst anlegt und er die römische Staatsmacht auch scharf provoziert hat (PL, S. 35).[7] Doch Jesus war kein potenzieller Selbstmörder, der sein Leben leichtsinnig aufs Spiel gesetzt hätte. Wer aber trug dann die Verantwortung für sein blutiges Ende, wenn weder die Pharisäer noch Judas dafür haftbar gemacht werden können? Lapides Antwort lässt keine Zweifel aufkommen:

> Die Verhaftung Jesu wurde von römischen Truppen befehligt (Mk 14,43). [...] Es war römisches Recht, das von dem Römer Pontius Pilatus angewandt wurde, nur der römische Landpfleger besaß die Kompetenz, Jesus

7 Zur „Tempelreinigung" vgl. auch S. 118f., zur „Frage nach der kaiserlichen Steuer" S. 110-115.

> zu verurteilen. Die sadistisch-brutale Art der Hinrichtung war römisch und dem jüdischen Strafrecht unbekannt; und die Vollstrecker des Todesurteils waren römische Legionäre, die mit ihm auch sein ganzes Volk als angespienen und dornengekrönten „Judenkönig" demütigen wollten, als sie ihn auspeitschten und dann ans Kreuz schlugen.
> (PL, S. 34f.)

Ans Kreuz geschlagen wurden von den Römern übrigens nie Verbrecher oder „Schächer", sondern nur Patrioten und Widerstandskämpfer, und diese in nicht geringer Zahl (PL, S. 87). „Kreuzigungen von Rebellen waren im Lande der Juden unter der Römerherrschaft nichts Außergewöhnliches", wie Lapide anhand von diversen Massenkreuzigungen jüdischer Freiheitskämpfer nachweist (PL, S. 25f.). Neben Jesus sind also auch Tausende andere Pharisäer gekreuzigt worden, was nicht gegen die Exklusivität von Jesu Opfertod spricht, sondern für seine Verbundenheit mit dem Judentum und für Lapides Grundthese, dass Jesus „ein gekreuzigter Pharisäer" war.

Ist damit auch erwiesen, dass Jesus von seinem angestammten Judentum nie abgefallen ist, so ergibt sich das Problem, wie es zu dem Schisma zwischen Rabbi Jeshua und dem Judentum überhaupt kam. Für Lapide sind es vor allem drei Faktoren, die für den Bruch verantwortlich sind. Da sind zum einen die vielen Fehlübersetzungen im Neuen Testament, die zu Sinnentstellungen und Wahrheitsverdrehungen geführt haben (PL, S. 82 und S. 119f.). Da ist zum anderen der Apostel Paulus, den Lapide einerseits zwar durchaus schätzt, weil er „die Botschaft vom Gott Israels in allen Ecken der Welt verbreitet" (PL, S. 104) hat, mit dem er andererseits aber hart ins Gericht geht, weil er den „*Glauben Jesu* in einen *Glauben an Jesus* umfunktioniert" (PL, S. 103) hat. Und da sind drittens die Manipulationen der neutestamentlichen Endredaktoren, die das ursprünglich freundschaftliche Verhältnis Jesu zu den Pharisäern in eine Feindschaft ummünzten und so die Trennung von Kirche und Synagoge in die Wege leiteten (PL, S. 21 und S. 93).

Mit dieser Revision hat Lapide Jesus ins Judentum heimgeholt, ohne ihn jedoch dem Christentum wegnehmen oder entfremden zu wollen. In Anknüpfung an das Jesus-Wort „Im Hause meines Vaters sind viele Wohnungen" (Joh 14,2), das für eine „Pluralität der Heilswege" steht (PL, S. 62), plädiert er für einen Schulterschluss der Weltreligionen, um dem ozeanischen Atheismus unserer Zeit begegnen zu können. Das hat freilich nichts mit Synkretismus und Vermischung zu tun, wohl aber mit der „Eintracht in der religiösen Vielfalt und Achtung voreinander“ (PL, S. 64). Es geht Lapide um nichts Geringeres als um ein „Bündnis der Brückenbauer“ (ebd.), um eine „künftige Pan-Ökumene aller Gotteskinder“ (PL, S. 66), da es ohne Religionsfrieden „keinen stabilen Weltfrieden“ (PL, S. 64) geben kann.

Wie originell das Jesus-Bild von Pinchas Lapide auch sein mag, so ist es doch undenkbar ohne die geistigen Vorleistungen, die Schalom Ben-Chorin in seinem 1967 erschienenen Buch *Bruder Jesus. Der Nazarener aus jüdischer Sicht*[8] erbracht hat. Der Ausgangspunkt von Ben-Chorins Auseinandersetzung mit Jesus ist von daher der gleiche wie der von Lapide: Auch für ihn gilt es, Jesus für das Judentum zurückzugewinnen, indem er sein Antlitz „von der Übermalung der christlichen Ikonologie“ reinigt (SBC, S. 13). Denn „Jesus und seine Jünger waren Juden, Ur- und Nur-Juden“, und das Neue Testament ist und bleibt trotz allem – wenn auch für einen Juden kein kanonischer Text – „eine Urkunde der jüdischen Glaubensgeschichte“ (SBC, S. 10), unter dessen griechischer Deckschicht „sich eine hebräische Ur-Überlieferung aufzeigen läßt“ (SBC, S. 231).

Im Gegensatz zu Lapide ist es für Ben-Chorin jedoch keineswegs ein unumstößlicher Tatbestand, dass Jesus ein Pharisäer war. Er bewegt sich zwar durch seine Lehrweise, die sich vor allem durch Auslegung kanonischer Texte und durch Gleichnisse charakterisieren lässt, auf der Linie der pharisäischen Schriftgelehrten seiner Zeit (SBC, S. 16f.), so dass er nach außen den Eindruck eines „pharisäischen Rabbi“ (SBC, S. 22) erweckt. Andererseits war Jesus kein Gelehrtenschüler, wie es der Tradition der Rabbiner entspricht, und er scheint sich seine Bibelkenntnisse selbst erworben und sie auf unorthodoxe Weise neu interpretiert zu haben (SBC, S. 18f.). Es liegt deshalb für Ben-Chorin nahe, dass Jesus von Anfang an seinen eigenen Weg gegangen ist (SBC, S. 26). Dem entspricht, dass er ein unangepasster Freidenker und Autodidakt war, der sich seine umwälzenden Bibelkenntnisse im Eigenstudium erwarb und sich als Nonkonformist nicht den Vorgaben der religiösen Führungsschicht anpasste. Trotzdem hatte er einen geistiger Vater und Mentor, dem er seine Berufung und den Beginn seiner öffentlichen Wirksamkeit verdankte:

[8] Schalom Ben-Chorin: *Bruder Jesus* (Anm. 6). Zitate aus diesem Werk werden mit der Sigle SBC und der Seitenzahl in Klammern nachfolgend im Fließtext nachgewiesen.

Johannes den Täufer (SBC, S. 39). Mit seiner Taufe am Jordan durch Johannes, die sich mit dem bis heute im Judentum praktizierten Ritus des Tauch- oder Reinigungsbades deckt, erlebt Jesus seine geistige Wiedergeburt, wie sie im Gespräch mit Nikodemus (Joh 3,1-13) thematisiert wird (SBC, S. 32). Alles, was wir sonst über seine Geburts- und Kindheitsgeschichte erfahren, gehört in den Bereich von Märchen und Mythos (SBC, S. 35f.). Erst mit dem Taufakt wird Jesus für uns zu einer konkret greifbaren Erscheinung, argumentiert Ben-Chorin: „Offenbar ist ihm im Akt dieser Zeremonie sein eigenes Sendungsbewusstsein erwacht. Erst von diesem Augenblick an wird er uns sichtbar.“ (SBC, S. 33) Wahrscheinlich war Jesus ein Jünger von Johannes, wurde jedoch nach dessen Verhaftung und Hinrichtung „von einem bestimmten Kreise als Haupt und vielleicht sogar bereits als messianischer Prätendent anerkannt“ (SBC, S. 49). Aber erst nach seinem 40-tägigen Wüstenaufenthalt, mit dem er in die Nachfolge von Moses und Elia, vor allem aber des „Wüstenheiligen“ Johannes tritt (SBC, S. 50), hat er sich das Anrecht zur Führerschaft erworben und vermag er sich mit seinen Anhängern von der Gruppe um Johannes mit ihren asketischen Idealen und Praktiken abzusetzen (SBC, S. 51).

Bei der Wahl der zwölf Jünger, die die zwölf Stämme Israels und das Gottesvolk im Kleinen repräsentieren sollen (SBC, S. 67), begeht Jesus eine revolutionäre Tat: Er beruft ungelehrte Fischer aus dem einfachen Volk an seine Seite, obwohl er selbst intellektuell auf dem Niveau der Schriftgelehrten steht, wie seine Streitgespräche mit ihnen beweisen (SBC, S. 62f.). Damit kittet er den Riss, der durch den Anspruch der Pharisäer, die Kaste der Erwählten zu sein, durch das Bundesvolk lief: „Jesus durchbricht diese Mauer, die durch die Gesetzesfrömmigkeit der Schriftgelehrten aufgerichtet worden war.“ (SBC, S. 63)

Zum erweiterten Jüngerkreis gehörten, wie Ben-Chorin glaubhaft darstellt, auch eine Reihe von vermögenden Frauen, die den verehrten Rabbi während seiner Tätigkeit als Wanderprediger materiell unterstützten. (SBC, S. 120) Neben seiner Mutter, die wahrscheinlich verwitwet war und zu der Jesus ein gestörtes Verhältnis hatte (SBC, S. 86f. und S. 121f.), nahm er auch sozial deklassierte und gefallene, „sündige“ Frauen wie die Hetäre Maria in seinen Kreis auf, weil er selbst „noch in der entstellten Form der käuflichen Liebe [...] den Keim der Liebe“ (SBC, S. 123) erkannte. Da Jesus zudem den Freuden des Lebens – und den Frauen – durchaus zugetan war, ist Ben-Chorin der Ansicht, dass er „wie jeder

Rabbi in Israel verheiratet war“ (SBC, S. 129). Aber Frauen nehmen auch auf seinen geistigen Entwicklungsgang und Reifungsprozess einen entscheidenden Einfluss. Durch zwei Begegnungen mit nichtjüdischen Frauen wandelt sich seine starre nationale Haltung „ins schlechthin Humane“ (SBC, S. 105):

> In der Beziehung Jesu zu den Frauen muß hier [...] an seine beiden Gespräche mit nichtjüdischen Frauen erinnert werden, das Gespräch mit dem syrochaldäischen Weibe und das Gespräch mit der Samariterin in Sichem am Jakobsbrunnen. Diese Gespräche sind für die innere Entwicklung Jesu entscheidend [...]: Es sind Frauen, die seine nationalen Vorurteile beseitigen. Ist das ein Zufall? Ist hier nicht etwas gegeben, was wir sooft beobachten können, dass in der Begegnung der Geschlechter die nationalen Schranken fallen?
> (SBC, S. 126f.)

Ben-Chorin entwirft also kein statisch-monolithisches Jesus-Porträt, durch das die Göttlichkeit Jesu sanktioniert wird, sondern ein dramatisch bewegtes, von Anfechtungen und inneren Brüchen begleitetes Lebensbild. Dass Jesus seine Bestimmung nicht in die Wiege gelegt wurde, sondern dass er um sie immer wieder existentiell ringen musste, zeigt sich auf dem Weg nach Cäsarea Philippi, als er seinen Jüngern die bange Frage stellt, für wen ihn die Leute halten, also wer er eigentlich aus ihrer Sicht sei (Mt 16,13). Hier tritt für Ben-Chorin zutage, dass sich Jesus seiner Sendung nicht immer sicher war, sondern dass sie ihm vielmehr mehrmals entglitt und ihm Anlass zum Selbstzweifel gab. Das ist der Grund, warum er seinen Jüngern „die Frage des Menschen schlechthin“, „die Frage nach seiner eigenen Existenz und ihrem Geheimnis“ stellt (SBC, S. 132):

> Dem unbefangenen Blick tut sich hier der verwirrte Mensch kund, der dem Geheimnis seiner eigenen Existenz begegnet, ohne es entschlüsseln zu können. Bestürzt erfährt er, daß ein Charisma von ihm ausgeht, eine Kraft, die nicht aus ihm selbst ist, die andere in die Knie zwingt. Das läßt ihn sich selbst nicht nur fragen: Wer bin ich?, sondern auch: Bin ich es?
> (SBC, S. 136)

Die Worte von Petrus: „Du bist der Messias, der Sohn des lebendigen Gottes!“ (Mt 16,17) kommen in diesem Moment größter innerer Bedrängnis für Jesus deshalb einer göttlichen Antwort gleich, die ihn in seiner Berufung bestätigt. Nur so erklärt sich die Euphorie, mit der er Petrus zum

„Felsen“ (Mt 16,18) der neuen Kirche erklärt und ihm die „Schlüssel des Himmelreichs“ (Mt 16,19) anvertraut: Ein unglaublicher Alpdruck wurde von ihm genommen, die Frage seiner Berufung ist erneut geklärt, er ist wieder im Einklang mit sich selbst.

In Jesu Weg nach Jerusalem, der sein Ende am Kreuz besiegeln wird, verdichtet sich nach Ben-Chorins Überzeugung „Wallfahrt, Siegeszug und Opfergang in einem“ (SBC, S. 154). Die Wallfahrt nach Jerusalem wird von Jesus zunächst als „entscheidende Bewährungsprobe“ aufgefasst, um mit seiner Botschaft im Tempel, dem nationalen und geistigen Zentrum Israels, aufzutreten und seine Bewegung aus ihrer provinziellen Bedeutungslosigkeit herauszuführen (SBC, S. 141). Genötigt durch die Jünger, die durch das Auftreten ihres Meisters in Jerusalem den Gang der Heilsgeschichte beschleunigen wollen, entwickelt sich das Unternehmen dann vor der huldigenden Volksmenge zum Siegeszug für den fremden Rabbi und seine Jünger (SBC, S. 145f.). Doch das ruft die römische Besatzungsmacht auf den Plan, die mit realen Mitteln nicht bezwungen werden kann. Seinen baldigen Tod vor Augen, reift in Jesus so der Gedanke von der „MÖGLICHKEIT DES SIEGES DURCH DEN UNTERGANG“ (SBC, S. 154).

Einer der wesentlichen Intentionen von Ben-Chorin ist es, das absolut jüdische Kolorit von Jesu Denkart und Gesinnung offenzulegen und gleichzeitig doch zu zeigen, dass der Nazarener in gewissen Punkten sein angestammtes Judentum verlassen und neue Akzente gesetzt hat. So ist es auf der einen Seite für ihn evident, dass die Bergpredigt „ein Stück jüdischen Lehrgutes“ ist, „das sich organisch in die Tradition des rabbinischen Judentums einfügt“ (SBC, S. 68), dass das Lehren durch Gleichnisse zur Zeit Jesu eine populäre Predigtform war, die „zu den wichtigsten Bestandteilen der Midrasch, der legendären Auslegung der Thora“ (SBC, S. 92f.), gehörte, und dass das Vaterunser „vom ersten bis zum letzten Worte“ ein genuin „jüdisches Gebet“ ist, das auf der Basis der jüdischen Vorstellung von einem „Vater im Himmel“ uns in die persönliche Zweisprache mit Gott einweist (SBC, S. 111ff.).

Auf der anderen Seite greift Jesus bewusst jüdische Riten und Traditionen auf, um sie dann modifizierend zu überformen und neu zu interpretieren. So lässt sich das letzte Abendmahl, aus dem die christliche Eucharistie erwuchs, zweifellos als eine individuelle Umdeutung und „situationsgebundene Neuinterpretation“ (SBC, S. 155) des jüdischen Passah- oder Seder-Mahles durch Jesus verstehen, bei der das Leitmotiv des

„Sikkaron", des Gedenkens an die Rettertat Jahwes beim Auszug aus Ägypten, zwar erhalten bleibt, aber nun von Jesus auf sich selbst bezogen und einer vierfachen Wandlung unterzogen wird:

> Erstens, die Mazza, das ungesäuerte Brot, das Jesus als Aphikoman an die Jünger der Tischrunde verteilt, symbolisiert seinen Leib, der nun zerbrochen wird. Zweitens der Becher des Zornes, der in den Becher des vergossenen Blutes zur Vergebung der Sünden für viele (ganz Israel) umgedeutet wird. Drittens, das Eintauchen des Symbolgerichtes, vermutlich des Bitterkrauts, denn um die Bitternis des Todes geht es jetzt, das zum Erkennungszeichen des Verräters wird. Die vierte bewußte Abwandlung des Seder-Rituals besteht in der Fußwaschung (Joh 13,4ff.). (SBC, S. 170)

Wie radikal der Neuansatz Jesu bei aller Traditionsverbundenheit ist, offenbaren seine Einsetzungsworte, wenn der „Becher des Zorns" durch den Becher der Barmherzigkeit ersetzt wird mit dem Bekenntnis: „Das ist mein Blut, das das Blut des Bundes, das für viele vergossen wird zu Vergebung der Sünden." (Mt 26,28) Damit hat Jesus dem Gedanken der Vergeltung abgeschworen und an seine Stelle die Idee von der allmächtigen göttlichen Vergebung und Liebe gesetzt. Deshalb schließt sich Schalom Ben-Chorin auch Hans Kosmalas Interpretation an, der in seinem Buch *Hebräer – Essener – Christen* das Revolutionäre von Jesu Umdeutungsakt folgendermaßen kommentiert:

> An die Stelle, wo seit alten Zeiten bis auf den heutigen Tag in der Haggada die Bitte um die Ausgießung des Zornes Gottes über die Heiden gesprochen wird, setzt Jesus seine eigenen Worte zum Becher nach dem Mal [...] Nicht der Zorn Gottes wird ausgegossen, kein Zornesbecher wird den vielen zu trinken gegeben: Der Becher, der ausgegossen wird, ist der neue Bund, in welchem sich Gottes Liebe und Barmherzigkeit offenbart. (SBC, S. 165f.)

Einen vergleichbar fundamentalen Paradigmenwechsel nimmt Jesus auch durch den Akt der Fußwaschung vor, der das Passah-Seder-Ritual endgültig in das Stiftungsfest des Neuen Bundes umwandelt. Wieder dient ihm die traditionelle Seder-Feier dabei als Folie und Untergrund für die von ihm vollzogene Akzentverschiebung. Zu Beginn der Seder-Feier ist es nämlich üblich, dass dem zelebrierenden Hausvater als Zeichen seiner Befreiung aus der Knechtschaft Ägyptens die Hände gewaschen werden.

Im Kreise seiner Familie ist er an diesem Abend ein freier Mann und König, dem man demütig und ehrfürchtig entgegentritt. Jesus aber kehrt nach Ben-Chorins Ausführungen diesen Ritus diametral um, wenn er, statt sich die Hände waschen zu lassen, den Jüngern selbst die Füße wäscht:

> Gerade in dieser Nacht der Erhöhung demütigt sich der Meister, in welchem die Jünger nicht nur den König dieser Nacht, sondern den König der Juden sehen. In dieser Nacht, wo ganz Israel betont, daß es aus der Knechtschaft erlöst ist, betont Jesus, dass sich die Knechte Gottes nicht überheben dürfen.
> (SBC, S. 171)

Was den Tod Jesu anbelangt, so liegt die Hauptschuld für seine Verurteilung und Kreuzigung nach Ben-Chorins Überzeugung – wie bei Lapide – bei den Römern und nicht bei den Juden. Allerdings trägt auch Jesus durch sein eigenes Verhalten dazu bei, dass er ins Visier der römischen Besatzungsmacht gerät. Durch die Vertreibung der Händler aus dem Tempel („Tempelreinigung") und sein ausweichendes Verhalten in der Frage nach der kaiserlichen Steuer („Zinsgroschenepisode") (SBC, S. 148-153) sagt er dem religiösen und politischen Establishment so unverhohlen den Kampf an, dass sich die Schlinge um seinen Hals immer enger zuzieht. Dieses kompromisslose Auftreten hängt gewiss damit zusammen, dass er sein grausames Ende für unausweichlich hält, sich in die Rolle des leidenden Gottesknechts fügt und seinem Verhängnis mit offenen Augen und gleichsam aus freien Stücken entgegengeht (SBC, S. 157f.). Gleichzeitig hat ihn dieses Berufungsgefühl jedoch nie geistig fanatisiert oder verblendet. Jesus war sich vielmehr der Gefahr, die er durch sein provokantes Verhalten auslöste, vollauf bewusst, zumal seine Anhängerschaft nicht nur aus der pazifistischen „Non-Violence-Gruppe" (SBC, S. 152) der Pharisäer und Essener, sondern auch aus Gruppierungen bestand, die den Römern zutiefst suspekt waren und ihre brutale Gegenreaktion auf den Plan riefen: Fanatiker und Verschwörer aus dem Umfeld der militanten Zeloten und hebräischen Chauvinisten (SBC, S. 146), die lieber heute als morgen den bewaffneten Aufstand gegen die verhasste Besatzungsmacht gewagt hätten.

Dass unter diesen Voraussetzungen Jesus und seine Bewegung eine echte Bedrohung für das unterdrückte jüdische Volk darstellte, weil Rom schon den Ansatz eines Volksaufstandes mit seiner gigantischen Militärmaschinerie erbarmungslos niedergeschlagen hätte, geht aus den Worten des Hohepriesters Kaiphas hervor, der um das Wohl seines Volkes fürchtet, wenn er spricht: „Ihr bedenkt nicht, daß es besser für Euch ist, wenn ein einziger Mensch für das Volk stirbt, als wenn das ganze Volk zugrunde geht." (Joh 11,50) Jesus muss also geopfert werden, damit Israel verschont bleibt, sein Leben ist das Faustpfand für den Burgfrieden mit Rom (SBC, S. 194).

Kaiphas und die Sadduzäer sind also bestrebt, Jesus aus dem Weg zu räumen, um Rom keinen Vorwand zur Gewalt zu liefern. Deshalb drängen sie auch auf das „Tempo des Verfahrens", damit die Nachricht von der Verhaftung Jesu im Volk nicht die Runde machen und eine gewaltsame Gegenaktion hervorrufen kann (SBC, S. 211). Hier wird überdeutlich, dass der von den Evangelien vermittelte Eindruck, dass das ganze jüdische Volk Schuld am Tode Jesu trage, falsch und die Kollektivschuldthese aus der Luft gegriffen ist (SBC, S. 209). „Die Juden" bilden in dem gesamten Prozess gegen Jesus keine geschlossene Einheit. Jesus hatte zwar seine entschiedenen Gegner unter der „Clique um die regierenden Hohepriester" (SBC, S. 210), aber er hatte auch zahlreiche Anhänger und Freunde unter den Juden. *In summa* hatte daher „die überwältigende Masse der Juden […] praktisch mit diesem Schnellverfahren nichts zu tun" (ebd.). Zumal der „Hauptverantwortliche" für den Tod Jesu nach den Ausführungen Ben-Chorins eindeutig Pontius Pilatus war, der den vermeintlichen Aufrührer aus Nazareth nach römischem Recht verurteilte, wie sich u.a. an der römischen Hinrichtungsart der Kreuzigung ablesen lässt (SBC, S. 214).

Das Bild, das die christlichen Evangelisten von Pontius Pilatus entwerfen, ist merklich geschönt, um rund 100 Jahre nach Jesu Tod „mit der römischen Staatsmacht in ein erträgliches Verhältnis [zu] gelangen" (SBC, S. 195). In Wirklichkeit war Pilatus, wie außerbiblische Quellen belegen, ein überaus grausamer Machtpolitiker, der unbewaffnete jüdische Pilger und Samariter skrupellos niedermetzeln ließ (SBC, S. 194). Ob mit Jesus ein Jude mehr oder weniger gekreuzigt wurde, war für ihn völlig unwesentlich, da Rom „so viele Juden ans Kreuz schlagen ließ, daß der Holzbestand des Landes Israel nicht ausreichte" (SBC, S. 213).

Und wie hat sich Jesus selbst mit seinem Todesurteil abgefunden? Der Nazarener war in Ben-Chorins Augen weder ein „Held" noch ein „Halbgott" oder „Mythos", sondern einfach ein um sein Leben zitternder Mensch: „Hier steht nur noch, ergriffen von Todesfurcht, der wahre Mensch vor uns" (SBC, S. 182). Und als „wahrer Mensch" will Jesus leben und nicht leiden. Als noch junger Mann, der die Welt liebt, „ist er nicht leidenslüstern wie spätere Heilige, die in seiner Nachfolge masochistische Irrwege eingeschlagen haben“ (SBC, S. 195). Deshalb bittet er Gott mit aller Macht, unter „starkem Geschrei und Tränen“ (Hebr 5,7), dass das Leiden an ihm vorübergehe. Aber in dieser Nacht der Erlösung und Befreiung ist ihm ein fünfter Becher bereitet: der „Becher des Elia“, der letzte Kelch der Bitternis und des Leidens (SBC, S. 183). Nach Ben-Chorins Darlegungen gehört es zur persönlichen Lebenstragik Jesu, dass ihm dieser Kelch des Leidens nicht erspart bleibt, sondern dass er sich trotz aller Todesangst dem Willen seines Vaters fügen muss: Und es wird zu seiner großen Heimsuchung, dass sich ihm Gott jetzt als „nächtlicher Würgergott“ (SBC, S. 186) präsentiert und ihm seine dämonische Seite zeigt. Während er Jakob verschont, von Mose abgelassen und Isaak freigelassen hat, erwartet er von Jesus, dass er den Kelch des Leidens leert. Erst am Kreuz wird sich Jesus, wie Ben-Chorin überzeugend ausführt, dieser Forderung endgültig beugen:

> Jetzt erst wird er „Ja“ sagen zu seinem Schicksal, das nicht leichter, aber SINNVOLLER wird, wenn es als Fügung Gottes angenommen wird. Er trinkt den fünften Becher, und DAS will mit dem letzten Wort „Es ist vollbracht“ gesagt sein, das der Vergehende am Kreuz spricht (nach Johannes), nachdem er als letzten Trunk den sauren Essig geschlürft hat, den man ihm in einem Schwamm auf der Ysopstaude der ersten Passah-Nacht Ägyptens gereicht hat. Eine furchtbare Karikatur des festlichen Kelchs; die Vollendung der Tragödie.
> (SBC, S. 187)

Aber der Tragödie um den verhöhnten „König der Juden“ haftet bei all ihrer himmelschreienden Absurdität auch die Magie des Wunderbaren an. So ist etwa der Kuss des Judas, mit dem das Ende Jesu besiegelt wird, nicht nur ein Zeichen des Verrats, sondern auch – wenngleich in grausamer Entstellung – eine Reminiszenz an das biblische Motiv des „Todes im Kusse“. Denn „der Gerechte stirbt nach jüdisch-haggadischer Vorstellung im Kusse: im Kusse Gottes“ (SBC, S. 188). Das aber heißt für Ben-Chorin, dass Jesus im Moment seiner tiefsten Niederlage, als er sich von Gott verlassen und von einer Person aus seinem nächsten Freundeskreis verraten fühlt, signalisiert bekommt, dass er nicht allein und verloren ist, sondern dass sein göttlicher Vater ihm im Kusse die Seele nehmen wird, die er ihm einst gegeben hat:

> Im Kusse des Judas ist etwas von dieser Vorstellung des Todes im Kusse, der den Gerechten vorbehalten ist, angedeutet. Mit diesem Kuß ist das Schicksal Jesu besiegelt. Gott, der sich auch des Satans und des dunkelsten Jüngers zu seinem Heilsplane bedient, sendet dem Todgeweihten den Kuß als ERKENNUNGSZEICHEN. Der Kuß des Judas ist nicht nur für die Häscher das Zeichen, er ist es, so verstanden, auch für Jesus selbst. (Ebd.)

Im Gegensatz zu Pinchas Lapide und Schalom Ben-Chorin hat Martin Buber kein richtiges Jesus-Buch geschrieben, sondern sich mit seiner Gestalt in einer Studie befasst, die den unterschiedlichen Glaubensansätzen von Juden und Christen gewidmet ist: In seinem Buch *Zwei Glaubensweisen*, dessen Grundgedanken Buber bereits 1934 konzipiert, aber dessen Niederschrift er dann bis in die Zeit des israelischen Unabhängigkeitskrieges (1947-1949) hinausgezögert hat,[9] legt er dar, dass der jüdische und der christliche Glaube auf zwei grundverschiedenen Prämissen basieren und daher vom Prinzip her „wesensverschieden"[10] sind. Während die jüdische Emuna eine Lebenserfahrung der Volksgemeinschaft Israels ist und sich im Vertrauen auf eine verborgene, doch sich immer wieder offenbarende göttliche Führung in der Geschichte ausdrückt (MB, S. 179), bezeugt sich die christliche Pistis in der Seele des Einzelnen, und zwar in Form des Erkenntnisakts, dass Jesus Christus der Messias ist (MB, S. 181). Dieser unüberbrückbare Antagonismus bezeugt sich auch im Verhältnis zu Jesus, der für das Judentum nie der erwartete Messias, geschweige denn der Sohn Gottes sein kann, da Israel und die Welt in den Augen Bubers nach wie vor unerlöst sind:

> ich glaube […] fest daran, dass wir Jesus nie als gekommenen Messias anerkennen werden, weil dies dem innersten Sinn unserer messianischen Leidenschaft […] widersprechen würde. In das mächtige Seil unseres Messiasglaubens, das, an einen Fels am Sinai geknüpft, sich bis zu einem noch unsichtbaren, aber in den Grund der Welt gespannten Pflocke spannt, ist kein Knoten geschlagen. Für unsern Blick geschieht Erlösung

9 Lothar Stiehm: Editorischer Anhang, in: Martin Buber: *Zwei Glaubensweisen* (Anm. 4), S. 253.

10 Martin Buber: *Zwei Glaubensweisen* (Anm. 4), S. 183. Zitate aus diesem Werk werden mit der Sigle MB und der Seitenzahl in Klammern nachfolgend im Fließtext nachgewiesen.

> allezeit [...]. Am Schandpfahl der Menschheit stehend, gegeißelt und gefoltert, demonstrieren wir mit unserem blutigen Volksleib die Unerlöstheit der Welt. Für uns gibt es keine Sache Jesu, nur eine Sache Gottes gibt es für uns.[11]

Dennoch nimmt Jesus nach Bubers Überzeugung in der Religionsgeschichte der Menschheit eine Sonderstellung ein. Obwohl er nur ein historisches Phänomen war und sein Wirken den Bereich des Menschlichen nicht überstieg, wird er von Buber als außergewöhnliche Persönlichkeit gewürdigt, die in der Tradition der jüdischen Propheten die „Teschuwa“, die Umkehr zu Gott, gepredigt hat (MB, S. 26-29). Damit bewegt er sich auf gutem rabbinischen Boden, denn „der Ruf ‚zu Gott‘ oder ‚bis zu Gott‘ umzukehren, ist das elementare Wort der israelitischen Propheten“ (MB, S. 30). Das bedeutet: So unverwechselbar und einmalig Jesus auch gewesen sein mag, gibt es für Buber keinen Zweifel, dass sein Denken und seine Botschaft jüdische Wurzeln haben und er dem Pharisäertum nahesteht. Das ändert freilich nichts daran, dass Jesus die Lehre der Pharisäer überboten und radikalisiert hat. Wenn er zum Beispiel in der Bergpredigt verkündigt: „Denkt nicht, ich sei gekommen, um das Gesetz und die Propheten aufzuheben. Ich bin nicht gekommen, um aufzuheben, sondern um zu erfüllen“ (Mt 5,17), dann möchte er der Thora „gegen ihre geläufige, irrige und irreführende Verwendung“ (MB, S. 66) ihren ursprünglichen Sinn wieder zurückgeben. Es handelt sich also nicht um eine Aufhebung der pharisäischen Lehre, sondern um ihre „Potenzierung“ (ebd.), wie sie sich auch im Gebot „Von der Vergeltung“ (Mt 5,38-42) und „Von der Liebe zu den Feinden“ (Mt 5,43-48) niedergeschlagen hat. Mit der Forderung, sich dem Übeltäter nicht zu widersetzen (Mt 5,39) und seine Feinde zu lieben (Mt 5,44), sorgte Jesus freilich für eine Verschärfung des Gesetzesglaubens, die für die Pharisäer „unannehmbar, ja, unerträglich sein mußte“ (MB, S. 72). Als „Gegenspieler der bösen Macht“ verstanden sie es nämlich als ihre Pflicht, Verbrechern und Übeltätern mit gewaltlosen Mitteln entgegenzutreten, um eine Ausbreitung des Unrechts zu vereiteln (ebd.). Und auch das Gebot der Feindesliebe war für sie eine unzumutbare Zuspitzung, die ihre religiöse Grundüberzeugung unterminierte. Denn so stark das Liebesgebot auch in den Sprüchen der Pharisäer vertreten ist, gibt es für sie doch eine feste Grenze,

[11] Martin Buber: *Ragaz und „Israel“*, in: Ders.: *Pfade in Utopie*, Heidelberg [3]1995, S. 378.

die es streng einzuhalten gilt: Der Strahl der Liebe darf nicht in die Finsternis der „Feinde Gottes“ (MB, S. 79), d.h. der Abtrünnigen und Ketzer, fallen, um diese womöglich zu stärken. Nein, ihnen gilt der bedingungslose Hass der Pharisäer (MB, S. 81). Hier zeigt sich erneut, dass Jesus das pharisäische Glaubensgut überboten und um eine Dimension erweitert hat, obgleich er zutiefst mit ihm verbunden ist, wie Buber subsumiert: „Alles in allem, der Spruch Jesu von der Feindesliebe zieht seine Leuchtkraft aus der jüdischen Welt, in der er steht und die er zu bestreiten scheint, und überstrahlt sie.“ (MB, S. 80)

Nicht nur an dieser Stelle fällt auf, dass sich Buber Jesus tief verbunden fühlt und dass er in seiner Argumentation einen Weg einschlägt, der dem Friedrich Nietzsches nicht unähnlich ist: Um Jesus aus der Schusslinie seiner Christentum-Kritik herauszunehmen und ihn zu schonen, weist er durch zahlreiche Textbelege nach, dass Paulus der eigentliche Erfinder des Christentums war, der sich durch seine Lehre entscheidend von der Botschaft des Mannes aus Nazareth abgesetzt hat. Paulus wird damit zum Manipulator und Verfälscher der christlichen Botschaft, der das Grundanliegen Jesu maßgeblich entstellt und in eine sinnwidrige Richtung gelenkt hat. So hat Jesus nach Auffassung Bubers selbst nie verlangt, dass man an ihn glauben solle. Vielmehr war es Paulus, der den Glauben an Jesus zu einer Voraussetzung des Heils erhoben hat (MB, S. 102-105). Durch die paulinische und johanneische Lehre von der Auferstehung und göttlichen Präexistenz Christi wurde ein Prozess der Vergottung in Gang gesetzt, der dem Selbstverständnis Jesu und der Überzeugung der Juden, dass der Messias aus den Reihen der Menschheit kommt, fundamental zuwiderläuft (MB, S. 120).

Das Judentum zur Zeit Jesu glaubte zwar in seiner pharisäischen Mehrheit an eine kollektive Auferstehung der Toten am Ende aller Tage, aber die paulinische Vorstellung, dass ein Einzelner mitten in der Geschichte – wie Jesus nach seiner Kreuzigung – von den Toten aufersteht, war ihm zutiefst fremd (MB, S. 106). Für Paulus aber bildete die Auferstehung Jesu den Dreh- und Angelpunkt seines Glaubens, den Quellgrund allen Heils (MB, S. 104). Deswegen heißt es in Röm 10,9: „Denn wenn du mit deinem Mund bekennst: ‚Jesus ist der Herr‘ und in deinem Herzen glaubst: ‚Gott hat ihn von den Toten auferweckt‘, so wirst du gerettet werden.“ Mit diesem Dogma, der das Heil nur denen zuspricht, die unmittelbar an Jesus als den auferstandenen Gottessohn glauben, und es denen abspricht, die dies nicht tun, hat Paulus nach Bubers Ansicht jenen Dissens erzeugt, der Christen und Juden seit über 2000 Jahren trennt.

Buber ist zwar wie Albert Schweitzer und Joachim Jeremias der Überzeugung, dass sich Jesus irgendwann im Laufe seines öffentlichen Wirkens als der „namenlose Prophet" Deuterojesajas begriff, der für die vielen leiden muss und irgendwann aus seiner prophetischen Verborgenheit – „wie ein unverwendeter Pfeil in Gottes Köcher" – hervortritt, um sein Erlösungswerk zu erfüllen (MB, S. 112-119). Aber er war und blieb ungeachtet dessen ein Mensch. Paulus jedoch hat demgegenüber die Lehre von Jesus als Sohn Gottes und Messias entwickelt, der als Einziger berufen ist, die Sündenlast der unendlich schuldig gewordenen Welt durch seinen Opfertod zu tilgen – also in Abbreviatur genau das, was Anselm von Canterbury dann später in seiner Satisfaktionstheorie lang und breit ausführen wird. Martin Buber:

> Die Sühnung einer unendlichen Schuld kann niemand als Gott selber bewirken, indem er seinen Sohn, den Christus, das sühnende Leiden auf sich nehmen läßt, so daß alle, die an den Christus glauben, durch ihn erlöst werden. Damit hat Paulus den Grund gelegt für die Lehre, die freilich erst nach ihm [...] entsteht, die Lehre, in der Christus als eine Person der Gottheit erklärt wird: Gott als der Sohn leidet, um die Welt zu erlösen, die er als der Vater zu einer erlösungsbedürftigen geschaffen und bereitet hat. Die prophetische Konzeption des um Gottes willen leidenden Menschen ist hier der des um des Menschen willen leidenden Gottes gewichen.
> (MB, S. 157f.)

Die Ursache dieser Konstruktion ist laut Buber das angeblich gnostisch-kosmische Weltbild von Paulus (MB, S. 86-96), in dem ein gnadenloser Geschichtsmechanismus vorherrscht, der als eine Art „Schicksalszwang" über der Menschheit liegt und zur Beschwichtigung von Gottes Zorn des Opfertods des göttlichen Menschensohns bedarf (MB, S. 148f.). In diesem fatalistischen Räderwerk und „verzahnten Weltablauf" (MB, S. 149) ist „jeder Mensch schlechthin [...] schuldig und schlechthin leidenswürdig" (MB, S. 158) und kann nur durch Gott selbst, durch das Leiden Christi, losgekauft und befreit werden. Damit gibt es keine Rettung als durch Christus, und damit kann nur der Vergebung finden, der ihn glaubend als Gottheit anerkennt. Allen anderen Menschen ist der Zugang zum Heil verwehrt. Dass Paulus sich auf diese Weise in einen eklatanten Widerspruch zur „jüdischen Lehre von Sünde und der Vergebung"

(MB, S. 166) begibt, wie sie Jesus und die Pharisäer vertreten haben, liegt für Buber auf der Hand. Nach dieser Lehre kann jeder Mensch, der sündigt, zu Gott umkehren, wenn er bereut und in der Unmittelbarkeit des Gebets sich Gott zuwendet: „Vergebung ist [also] nicht eschatologisch, sondern ewig gegenwärtig. Die Unmittelbarkeit zu Gott ist der in der Erschaffung des Menschen gestiftete Bund, der nicht aufgehoben wurde und wird." (MB, S. 167) Wer sich in der Unmittelbarkeit des Gebets zu Gott hinwendet und um die Vergebung seiner Sünden bittet, findet bei Gott Gnade und Amnesie (MB, S. 168). Genau das hat Jesus im Sinn, wenn er seine Jünger anhält, im Vaterunser um die Vergebung ihrer Schuld zu bitten. Die aktive Hinwendung des Sünders zu Gott bildet die Vorbedingung der Vergebung. Gott weiß zwar, wenn ein Mensch zu ihm umkehren will, aber er möchte, dass der Sünder selbst einen Schritt auf ihn zumacht, damit er ihm entgegenkommen kann. Die dem Vaterunser bei Matthäus vorausgeschickten Worte: „denn euer Vater weiß, was ihr braucht, noch ehe ihr ihn bittet" (Mt 6,8) will Buber deshalb folgendermaßen gedeutet wissen:

> Dies ist eines der wichtigsten Menschenworte über das Gebet als das Kernstück der Unmittelbarkeit zu Gott. Gott braucht nicht zu hören, um zu „erhören", das heißt, um dem Menschen zu geben, wessen er wirklich bedarf; aber er will, daß der Mensch sich zu ihm und an ihn in solcher Unmittelbarkeit wende.
> (MB, S. 170)

Aber auch ohne Paulus sind beide Weltreligionen von ihrem Gottesbild her grundverschieden. Das kommt, wie Buber meint, insbesondere in der johanneischen Perikope von „Jesus und Thomas" (Joh 20,24-29) ans Licht, in der ein Ungläubiger durch die Erscheinung des Auferstandenen zum Glauben bekehrt wird. Der Zweifler Thomas ist nach Bubers Worten „der erste Christ im Sinn des christlichen Dogmas", weil er den sich ihm offenbarenden Christus als seinen Herrn und Gott anerkennt (Joh 20,28) und damit seinen jüdischen Glauben preisgibt (MB, S. 135). Durch Thomas bekommt der gesichtslose Gott Israels, der immer personhaft da ist, aber sich zugleich verbirgt, d.h. der sich immer wieder „in Phänomen der Natur und der Geschichte" (MB, S. 137) offenbart und dennoch unsichtbar bleibt, ein konkretes menschliches Gesicht: das Antlitz Jesu Christi. Damit wird das biblische Bilderverbot aufgehoben und die Unmittelbarkeit des auf keine Erscheinungsform einschränkbaren, bildlosen

Gottes auf ein konkretes Menschengesicht festgelegt. Mit Thomas vollziehen sich also die Aufhebung des jüdischen Gottesbildes und der Beginn des christlichen Glaubens (MB, S. 139). Obgleich dies einen irreversiblen Einschnitt in der Glaubensgeschichte der Menschheit markiert und das Schisma von Judentum und Christentum gleichsam sanktioniert, hat Martin Buber das religiöse Format, dieser neuen, sich vom Judentum abkehrenden Glaubensform das Lebensrecht nicht abzusprechen. Es liegt deshalb in der Logik seines Denkens und spirituellen Wirkens, dass er sich den Erfahrungen seiner christlichen Freunde und Bekannten, denen in Stunden der Not von Christus Hilfe widerfuhr, nicht verschließt, sondern dass er diese Glaubenszeugnisse großherzig anerkennt und bekräftigt:

> Ich sehe in alledem eine gewichtige Bezeugung des Heils, das durch den Christusglauben zu den Menschen der Völker gekommen ist: sie haben einen Gott erlangt, der in den Stunden, da ihnen die Welt zerbrach, nicht versagte, ja mehr noch, der ihnen in Stunden, da sie sich der Schuld verfallen fanden, die Sühne gewährte. Das ist ein weit Größeres, als was ein angestammter Gott oder Göttersohn der abendländischen Völker für diese späte Zeitalter zu tun vermocht hätte.
> (MB, S. 140)

Martina Trombiková

Zu intertextuellen Jesus-Verweisen und ihrer Funktion in Martin Walsers Roman *Muttersohn*

Nachdem 2011 Martin Walsers Roman *Muttersohn* mit dem jesusähnlichen Percy, einer der wichtigsten Figuren des Romans, erschienen war, wurde der Autor in Interviews auf den Glauben (v.a. in seinem privaten Leben) angesprochen. Der im katholischen Glauben erzogene Walser reagierte bei der Glaubensfrage jedoch eher zurückhaltend und beantwortete sie mit den Figuren seines Textes: Für Professor Feinlein, einer weiteren wichtigen Figur des Romans, gehe der Glaube weit über das Religiöse hinaus.[1] Neben der Glaubensfrage interessierte die Kritiker die Ähnlichkeit Percys mit dem biblischen Jesus am meisten (Percy als „eine Art Jesus-Imitation“,[2] „heiliger Muttersohn“[3]). Walser lässt zu, dass bei der Lektüre einerseits ein solches jesushaftes Bild entstehen kann; andererseits ist die Figur jedoch mit Jesus nicht zu vergleichen. Nach Walser trägt die Darstellung von Percy als einer Figur, die „auf die Welt gekommen sein will, ohne dass ein Mann nötig war“,[4] zu der Atmosphäre

1 Lothar Schröder: *Der Schriftsteller im Interview. Martin Walser: „Ich bin ein Muttersohn“*, in: *rp-online.de*, 2. Juli 2011 (letzter Zugriff am 10.März 2016).

2 Ebd.

3 Christoph Heinemann: *„Das ist mein hellstes Buch“. Martin Walser versucht in "Muttersohn", Religion und Literatur wieder anzunähern* [Martin Walser im Gespräch mit Christoph Heinemann], in: *deutschlandfunk.de*, 15. Juli 2011 (letzter Zugriff am 10. März 2016).

4 Ebd.

des Buches sowie der Figur bei. Er betont, dass es sich im Falle der vaterlosen Zeugung um die Lieblingsvorstellung der Figur handele, die jedoch nicht unbedingt mit dem Glauben zu tun haben müsse.[5] Welche jesuanischen Züge genau trägt Percy, und welche Rolle spielen sie im Roman? Die Verwendung der biblischen Intertextualität,[6] speziell die intertextuellen Jesus-Bezüge in Martin Walsers Roman *Muttersohn* und ihre Funktion, stehen im Zentrum des vorliegenden Bei-trags.

In der zeitgenössischen Literatur findet die Religion immer noch Platz[7] – und zwar nicht nur als christlicher Glaube in der Weltanschauung innerhalb der erzählten Welt, sondern auch als in die literarischen Texte eingebettete Bruchstücke aus der Bibel. Die Präsenz der biblischen Intertextualität im Allgemeinen und der intertextuellen Jesus-Bezüge im Besonderen ist in deutschen Romanen jedoch keine neue Tendenz der letzten Jahre. Dieser Beitrag stützt sich auf die Ergebnisse der bisherigen germanistischen Forschung; konkret knüpft er an die Forschungsergebnisse über Verarbeitungsweisen der biblischen Vorlage an (v.a. an Motté,[8] ausgehend von Ziolkowski[9]). Im vorliegenden Beitrag wird im Vergleich zu den Arbeiten von Motté und Ziolkowski die Verarbeitung der biblischen Vorlage mittels der Intertextualität und ihrer Verwendung untersucht – am Beispiel von Walsers Romans *Muttersohn*.

Eine intertextuelle Anspielung auf den biblischen Jesus erscheint bereits im Titel des Romans. Gleichzeitig sind in ihm Veränderungen gegenüber dem biblischen Prätext evident. Der Titel *Muttersohn* muss auf den ersten Blick den Leser nicht unbedingt auf die Bibel aufmerksam machen. Ein „Muttersohn" ist ein Mensch, der eine dauerhaft enge Beziehung zu seiner Mutter hat und dem es an männlichen Vorbildern mangelt. Eine solche Mutter-Sohn-Beziehung kommt tatsächlich auch im

5 Lothar Schröder: *Der Schriftsteller im Interview* (Anm. 1).

6 Ich stütze mich auf die Intertextualitätstheorie von Ulrich Broich und Manfred Pfister, die von einem engeren Intertextualitätsbegriff ausgehen. Vgl. hierzu ausführlich *Intertextualität. Formen, Funktionen, anglistische Fallstudien*, hg. von Ulrich Broich und Manfred Pfister, Tübingen 1985.

7 S. Georg Langenhorst: *„Ich gönne mir das Wort Gott." Gott und Religion in der Literatur des 21. Jahrhunderts*, Freiburg i.Br. 2009.

8 Magda Motté: *Auf der Suche nach dem verlorenen Gott. Religion in der Literatur der Gegenwart*, Mainz 1997, S. 50-54.

9 Theodore Ziolkowski: *Fictional Transfigurations of Jesus*, Princeton 1972.

Roman vor. Gleichzeitig erinnert das Wort „Muttersohn" an ähnliche Komposita wie „Menschensohn" und „Gottessohn" – beide als Bezeichnungen für Jesus Christus. Diese Konnotation kann durch das Bild auf dem Umschlag des Romans[10] unterstützt werden, auf dem eine Briefmarke mit einem Bild der Madonna und dem Jesuskind abgebildet ist. Im Roman *Muttersohn* wird mit der ersten Verschiebung im Titel ein anderer Fokus geschaffen: der Fokus auf die Mutter-Sohn-Beziehung im Vergleich zu der biblischen Konstellation von Vater und Sohn, die aus der verwandten Bezeichnung „Gottes Sohn" (vgl. Mk 15,39) oder „Sohn Gottes" (z.B. Mk 1,1) hervorgeht. Bereits hier wird angedeutet, dass im Roman eine andere Beziehung wichtig ist, die durch das Bild der Madonna auf dem Umschlag wieder zum christlichen Kontext zurückführen kann. Die Distanzierung von dem biblischen Prätext besteht in der Verschiebung der Perspektive von der biblischen Vaterfigur zu einer Mutterfigur.

In Martin Walsers Roman *Muttersohn* wird die Intertextualität im *äußeren* Kommunikationssystem[11] durch die Parallelen mit einigen für Jesus charakteristischen Umständen und Taten – wie der vaterlosen Zeugung, der Auserwählung, der Heilung der Kranken, Predigten, dem gewaltsamen Tod sowie den ersten Folgen nach dem Tod – markiert.

Die markanteste Parallele, die im Laufe der Handlung wiederholt thematisiert wird, ist die vaterlose Zeugung der Hauptfigur. Mit diesem Merkmal, das in der Bibel Jesus zugeschrieben wird (vgl. Mt 1,18-25), ohne dass es dort im Vergleich zur katholischen Dogmatik eine sehr wichtige Rolle spielen würde, wird eine Jesus-Figur ins Spiel gebracht und damit auch die Lesererwartung einer neu verarbeiteten neutestamentlichen Geschichte. Diese erste Intertextualität im äußeren Kommunikationssystem ist in der Selbstcharakteristik der Hauptfigur enthalten, ohne dass hier explizit die Parallele zu Jesus benannt würde:

> Fräulein Hedwig gegenüber sprach er es zum ersten Mal aus, dass er keinen Vater hatte. Sie meinte natürlich, er sei ein Halbwaise oder der Vater habe sich davon gemacht. Er aber, ohne in einen rechthaberischen Ton zu

10 Martin Walser: *Muttersohn*, Reinbek bei Hamburg 2011. Die Zitatnachweise aus Walsers Roman folgen dieser Ausgabe.

11 Das heißt in einer Weise, von der nur der Leser, nicht aber ein Charakter des Textes Kenntnis hat. – Vgl. dazu *Intertextualität: Formen, Funktionen, anglistische Fallstudien* (Anm. 6), S. 41.

> verfallen: Nein. Meine Mutter hat mir gesagt, dass sie mich geboren habe, ohne dass vorher ein Mann nötig gewesen sei. (S. 19)

In der Bibel (Mt 1,18-25) wird geschildert, wie Maria, die mit Josef verlobt war, schwanger von dem Heiligen Geist wurde. Im Traum wird Josef von einem Engel aufgesucht, der ihn dazu bringt, bei Maria zu bleiben und dem Sohn den Namen „Jesus“ zu geben, „denn er wird sein Volk retten von ihren Sünden.“ (Mt 1, 21) Der Engel weist im Traum auch darauf hin, dass die jungfräuliche Schwangerschaft Marias und die Geburt Jesu bereits von Jesaja prophezeit wurden (vgl. Jes 7,14). So bleibt Josef bei Maria und berührt sie nicht, bis der Sohn geboren wird.

Percy, die Hauptfigur des Romans, präsentiert die auf die Bibel verweisende vaterlose Zeugung als eine Tatsache; zugleich verheimlicht er die Quelle dieser Behauptung, seine Mutter, nicht. Er macht zudem darauf aufmerksam, dass daran niemand glauben müsse: Als er während einer Talkshow, in die er wegen dieser ungewöhnlichen Behauptung eingeladen wird, gefragt wird, ob er seiner Mutter glaube, bejaht Percy die Frage der Moderatorin. Er fügt jedoch noch hinzu:

> Kein Mensch außer mir muss das glauben. Aber jeder und jede tut so, als sei, was mir Mutter Fini gesagt hat, ganz und gar unmöglich. [...] Dürfen wir etwas nicht glauben, weil andere nicht daran glauben wollen oder können? (S. 173)

Die vaterlose Zeugung wird als Tatsache begriffen und kommuniziert – eine Tatsache, die jedoch abhängig vom Glauben ist.

Im Roman wird die Quelle der für den heutigen Menschen unbegreiflichen Aussage stark betont. Erstens kommt die Rede auf die Äußerung von Percys Mutter zu seiner vaterlosen Zeugung, als Percy die Geschichte seiner Mutter Fini Ewald Kainz erzählt: „Zum Glück, sagte sie, sooft sie das sagte, zum Glück haben wir keinen Mann gebraucht.“ (S. 146) Zweitens thematisiert Fini Percys vaterlose Zeugung selbst, als er sie zum Schluss des Romans im Heim besucht:

> Kein Sohn der Welt hätte sie auf diesen Gedanken gebracht. Er aber schon. Wie er war und wirkte, das konnte kein Mann gewesen sein, Anton. Du hast es ausgestrahlt. Ich habe es verstanden. (S. 454)

Mutter Fini als Quelle dieser unbegreiflichen Aussage wird im Roman jedoch als eine komische, höchstwahrscheinlich verrückte Frau dargestellt, die im Heim lebt, die sowohl hellere als auch dunklere Phasen hat. Sie betreibt Ahnenforschung, um die Adelsabstammung der Familie zu beweisen. Die Figur Fini erschafft nicht nur aufgrund der vaterlosen Zeugung (d.h. der intertextuellen Verweise auf den biblischen Jesus), sondern auch im Hinblick auf die adelige Abstammung eine Aura der Besonderheit des Sohnes Percy, der als ein Auserwählter erscheint.

Der Erzähler gibt dem Leser klare Signale dafür, dass er es mit einer jesuanischen Figur zu tun hat. Und doch gibt es zwischen Percy und Jesus auch mit Rücksicht auf die vaterlose Zeugung Unterschiede: Für Percy gibt es keinen Vater – im Vergleich zu Jesus, der von dem Heiligen Geist gezeugt und von Josef als seinem Ziehvater erzogen wurde, der aber gleichzeitig seinen Vater in Gott sieht und ihn als „mein Vater" anspricht. Demgegenüber hat Percy gar keinen Vater, den er aber sein ganzes Leben lang in verschiedenen Männern mit Autorität sucht.

Ein weiterer intertextueller Verweis auf den biblischen Jesus ist Percys Fähigkeit, Kranke zu heilen. Percy ist Krankenpfleger, der nach einer Auszeit in das Psychiatrische Landeskrankenhaus (PLK) in Scherblingen zurückgekehrt ist. Percy will während seiner Tätigkeit in der Klinik bei den Patienten untergebracht werden. Er ist den Patienten so nahe, dass er die Therapie mit ihnen durchmacht. Im Vergleich zu Jesus, der der Bibel zufolge alle Kranken (Aussätzige, Besessene, Gelähmte, Blutfüßige, Blinde, Stumme, Taubstumme, Mondsüchtige, Epileptiker, Verkrümmte, Wassersüchtige – vgl. alle vier Evangelien) gesund macht, heilt Percy, anders als Jesus, als ausgebildeter Krankenpfleger nur psychisch kranke Patienten. Er ist wie Jesus in seiner Tätigkeit erfolgreich, er wird von Professor Feinlein als Stern auf dem Scherblinger Himmel bezeichnet (vgl. S. 35). Jedoch im Vergleich zu Jesus gibt es in seiner Heiltätigkeit eine Ausnahme: Sein Patient Ewald Kainz begeht Selbstmord. Percy fühlt sich allerdings für Ewalds Selbsttötung nicht verantwortlich. Hier zeigt sich also eine Differenz zwischen Percy und Jesus. Darin wird Percys Menschlichkeit im Vergleich zur Göttlichkeit Jesu demonstriert. Trotz dieser inhaltlichen Verschiebung wird der Bezug zum biblischen Jesus und zugleich die Nicht-Identität mit ihm sichtbar. Die Verbindung zum biblischen Jesus wird durch die für Jesus typischen Attribute wie eben u.a. die vaterlose Zeugung oder die Heilung der Kranken hergestellt, die auf die fiktive Figur im Roman übertragen werden. Diese Figur erscheint wie

Jesus, sie ist mit ihm jedoch nicht identisch, weil sich die Verweise auf den biblischen Prätext – die sich jedoch auf keine einzige konkrete biblische Stelle beziehen, sondern pauschal auf die Heilungen Jesu aus allen vier Evangelien verweisen – in neue Zusammenhänge finden (wie z.B. den, dass Percy nicht alle Patienten heilen kann) und weil die Figur auch mit anderen Eigenschaften als denen des biblischen Jesus charakterisiert wird.

Außer der vaterlosen Zeugung und Heilungen gibt es im Roman weitere Parallelen zum biblischen Jesus wie Percys öffentliche Reden, die an Jesu Predigten aus allen vier Evangelien erinnern. Es handelt sich insgesamt um vier öffentliche Reden: zwei zu den Patienten und deren Angehörigen im PLK, eine in einer Kirche und eine in einer geweihten Kapelle. Insgesamt lassen sich einige gemeinsame Themen feststellen, zugleich werden Unterschiede sichtbar. Zu den Gemeinsamkeiten gehört die Thematisierung des Himmelreiches bei Jesus ebenso wie auch bei Percy (in der Bibel in der Bergpredigt: Mt 5-7), die Betonung der Feindesliebe (in der Bibel in der Bergpredigt: Mt 5,43-48 oder in der Predigt auf dem Felde in Lk 6,27-35), die Betonung der Frömmigkeit (in der Bibel im Matthäusevangelium) oder der Charakter der letzten Rede als Abschiedsrede (in der Bibel in Jesu Rede über die Endzeit in Mk 13 oder in Jesu Abschiedsreden in Joh 13,31-16,33). Als unterschiedlich erweist sich die Einstellung beider Figuren zu ihrem Publikum. Während Jesus seine Predigten als lehrhafte Reden konzipiert, in denen es oft um Gesetzeserfüllung im Diesseits und dafür um Belohnung des gehorsamen Volkes im Jenseits geht, spricht Percy zu seinen Zuhörern erstens ohne Anspruch, ihnen etwas anzuordnen; zweitens redet er über alltägliche, dem Volk nahe Dinge wie über seine Familie, aber auch etwa über Gott und Glaube.

Als Beispiel kann der Umgang Percys mit der Bezeichnung „Reich Gottes" genannt werden. Anders als Jesus (vgl. die Thematisierung des Himmelreichs in der Bergpredigt) kann er über das Gottesreich nicht sprechen:

> Er, Percy, gebe zu, dass das ein schöner Ausdruck sei: Reich Gottes. Das hat was. Aber man weiß nicht, was es hat. Auf ihn wirke es wie Musik oder wie eine Droge. Er könne aber zu anderen nicht über Musik oder Drogen sprechen. (S. 24)

Für Percy ist der Ausdruck „Reich Gottes" etwas geheimnisvoll Anmutendes mit gleicher Wirkung wie die von Musik oder von einer Droge

– im Vergleich zu Jesus, für den das Kommen ins Himmelreich eine natürliche Konsequenz bestimmter Lebenssituationen der Menschen ist (wie etwa der geistigen Armut oder der Verfolgung um der Gerechtigkeit willen; vgl. Mt 5,3 und 5,10). Percys Zusammenführung der Wirkung von Musik und Droge macht die Wirkung des Ausdrucks „Reich Gottes" ambivalent. Die Musik als eine allen Menschen gemeinsame Sprache kann eine emotionale und erhebende Wirkung haben. Die Wirkung der Droge bezieht sich zwar auch auf die Seele des Menschen, sie beruht jedoch auf einer akuten Vergiftung und wird von der Gesellschaft als etwas Negatives angesehen. Der Ausdruck „Reich Gottes" wirkt auf Percy dementsprechend sowohl positiv wie Musik als auch negativ-verführerisch wie eine Droge. Percy geht es hier also vor allem um den Ausdruck und seine Wirkung auf den Menschen.

Percy verschiebt seine Rede vom Transzendenten zum Alltäglichen: Er spricht über sich selbst, seine absolute Abhängigkeit. „Ich bin ein Echo und weiß nicht, von was." (S. 25) Er spricht auch über seinen Glauben an das wiederholt von seiner Mutter Behauptete: „Du bist ein Engel ohne Flügel, hat sie [die Mutter] gesagt. Mehr als einmal. Und so, dass ich's glauben konnte. Ich habe immer mehr geglaubt als bezweifelt." (S. 26) Percys Engelhaftigkeit erinnert an die Aussage Jesu über seine himmlische Herkunft im Johannesevangelium: „Und er sprach zu ihnen: Ihr seid von unten her, ich bin von oben her; ihr seid von dieser Welt, ich bin nicht von dieser Welt." (Joh 8,23) Im Vergleich zu Jesus, der sich als „von oben her" und „nicht von dieser Welt" charakterisiert, sieht Mutter Fini ihren Sohn und Percy seinerseits sich selbst als einen „Engel ohne Flügel", d.h. als ein himmlisches Wesen, das jedoch nicht im Himmel verweilen kann, weil es keine Flügel hat. Durch die Flügellosigkeit wird es menschlich und zum irdischen Leben verurteilt. Gleichzeitig wird sein Streben nach oben, d.h. in den Himmel, thematisiert. Bei Percy kommt es zum Zusammenstoß zweier Konzepte: des angestrebten himmlischen und des bestehenden irdischen. Obwohl die Figur immer wieder in die himmlische Sphäre strebt, ist sie in der irdischen Sphäre fest verankert. Diese Spannung kommt auch in weiteren Teilen von Percys Reden zum Ausdruck, u.a. im Hinblick auf seine Mutter als einem der irdischen Sphäre angehörenden Wesen und im Hinblick auf Maria, die als die im Himmel verweilende Mutter Gottes dargestellt wird.

Maria spielt in Percys Reden eine wichtige Rolle als Richtung nicht nur seines Glaubens. Es wird die Frömmigkeit der Familie Percys thematisiert, die sich auf Maria, die Mutter Gottes, richtet. Darin besteht ein Unterschied zu der in der Bibel thematisierten Frömmigkeit, die im Matthäusevangelium als ein innerliches auf Gott, also nicht auf Maria, gerichtetes Tun verstanden wird. Im Roman verschiebt sich der Fokus von Gott auf Maria.

Auch in der letzten Rede, die analog zur Bibel als eine Abschiedsrede gelesen werden kann, richtet sich Percy in seiner Angst vor dem Alleingelassen-Werden an Maria. Im Unterschied zu Jesu Abschiedsrede in Mk 13 gibt es in Percys Rede keine Verheißung der Ankunft des Menschensohns. Auch hier fehlt also jede Transzendenz. Die Angst verknüpft Percy jedoch mit seinem Traum von einem Rotkehlchen, den er in seiner Rede ausführt. Das Rotkehlchen solle ihn auf einen künftigen Schmerz vorbereiten:

> das Rotkehlchen fliegt her, setzt sich auf meine Schulter und sagt mir ins Ohr: Machdr nüt druus. […] Mach dir nichts draus. Als mir im Sommer das Rotkehlchen das ins Ohr sagte, hab ich noch nicht gewusst, was gemeint war. Jetzt, da ich sagen muss: Lass mich nicht allein, jetzt weiß ich, auf was das Rotkehlchen mich vorbereiten wollte. […] Andererseits, wenn dir nichts wehtut, gibt es dich nicht. Den Schmerz willkommen heißen. (S. 486)

Das Rotkehlchen wird in Christuslegenden als Leidlinderung Jesu am Kreuz verstanden.[12] In Percys Geschichte ist das Rotkehlchen aus dem Traum der symbolische Vorbote des kommenden Todes, der als eine Anspielung auf den biblischen Jesus gelesen werden kann. Laut einer Berichterstattung im letzten Kapitel des Romans ist Percy erschossen worden:

> Anton Percy Schlugen hatte sich am 24. Dezember gegen neun Uhr vormittags vom Mühlheimer Pfarrherrn verabschiedet.

[12] Vgl. Ernst Gattiker und Luise Gattiker: *Die Vögel im Volksglauben. Eine volkskundliche Sammlung aus verschiedenen europäischen Ländern von der Antike bis heute,* Wiesbaden 1989, S. 91f.

> […] Er war im Schindelwald, den er, von Neuhausen kommend, durchwanderte, von einem Kommando des Motorradclubs The Jollynecks erschossen worden. (S. 497)

Der Tod der Hauptfigur kann als eine Parallele zum Tod Jesu gelesen werden, weil Percy wie Jesus wegen seiner abweichenden Überzeugung ermordet wurde. Zwischen beiden Todesfällen besteht jedoch ein großer Unterschied. Der Tod Jesu wird im Vergleich zu Percys Tod erstens mit längerem Leiden begleitet, zweitens wird er durch die Auferstehung zum Wunder und deshalb gilt das Ereignis des Todes mitsamt der Auferstehung als unbegreiflich, als etwas Übernatürliches, Transzendentes. Dies steht im Gegensatz zu Percys Tod, der als ein banaler Mord bezeichnet werden kann. Im Roman wird er als etwas Nachvollziehbares, Begründetes, gar Beschreibbares (in Form einer Berichterstattung in einer Zeitung) dargestellt. In der Berichterstattung wird außer dem Vorgang auch das Motiv für die Tat erläutert, das laut der Aussage eines Zeugen enttäuschte Liebe und Verzweiflung gewesen sei.

Die Thematik der Liebe bzw. Feindesliebe im Roman verweist auf ihre biblische Auffassung (vgl. z.B. das Gebot der Liebe in Joh 15,9-17). Die (Feindes-) Liebe wird sowohl in Percys Reden als auch im Hinblick auf seinen Tod thematisiert. Percy spricht in seinen Reden über die Liebe zu seiner Mutter, nicht wie Jesus über die Liebe zum Vater. Anders als für Jesus (vgl. Joh 15,9-10) gibt es für Percy keine Bedingungen für die erwiderte Liebe. Percy gilt als Propagator der Nächstenliebe. Diese Überzeugung, d.h. sein Glaube an die (Feindes-) Liebe, ist jedoch in einen Konflikt mit dem Führer des Motorradclubs „The Jollynecks", einem Anhänger der Hass-Propaganda, geraten. Diese Unstimmigkeit gab diesem Mann den Grund, Percy zu ermorden. Die Einsetzung für die Nächsten- sowie Feindesliebe stellt also eine weitere Parallele zwischen der Hauptfigur des Romans und dem biblischen Jesus dar.

Im Roman *Muttersohn* gibt es im *inneren* Kommunikationssystem[13] nur wenige intertextuelle Verweise auf den biblischen Jesus. Es ist erstens

[13] Im inneren Kommunikationssystem wird die Intertextualität markiert, indem erstens die Figuren eines literarischen Textes andere Texte lesen, über sie diskutieren, sich mit ihnen identifizieren bzw. sich von ihnen distanzieren; zweitens, wenn der andere Text als physischer Gegenstand eingeführt wird; und drittens, wenn Figuren aus anderen literarischen Texten im Text auftreten.

die explizite ironische Frage der Moderatorin der Talkshow an Percy mit Rücksicht auf seine im äußeren Kommunikationssystem mehrmals vorkommende vaterlose Zeugung: „Dass Sie mit Nazareth konkurrieren, ist Ihnen bewusst?" (S. 174) An dieser Stelle bekommt der Leser ein klares Signal dafür, dass Percy zwar dem biblischen Jesus ähnlich, aber keinesfalls mit ihm identisch ist. Aus der Reaktion der Figur geht hervor, dass sie sich von jeder Konkurrenz distanziert und dass sie über Bibelkenntnisse verfügt, indem sie der Moderatorin auf eine weitere Frage erwidert: „Wenn ich jetzt in deinem Stil antworten würde, müsste ich sagen: Jesus ist auch in den Tempel gegangen." (S. 174) Bereits die Art und Weise von Percys Kommunikation zeigt seine Einstellung zu anderen Menschen. Indem er alle Menschen duzt, gibt es keinen Abstand zwischen ihm und den anderen. So wie der biblische Jesus, so ist auch Percy volksnah. Gleichzeitig wirkt die Nähe als störend und im Kontext unpassend. Zweitens gibt es im inneren Kommunikationssystem eine Anspielung auf den biblischen Jesus im Gespräch zwischen Percy und Katze, dem Führer von „The Jollynecks", der zu Percy sagt:

> Du, Percy, du bist prima. Aber sie haben dich in die falsche Schule geschickt. So wie du jetzt gepolt bist, wirst du elend enden. Bestenfalls am Kreuz. (S. 431)

In dieser Anspielung auf den Tod Jesu am Kreuz wird der künftige Tod Percys angedeutet. Durch die Formulierung „bestenfalls am Kreuz" drückt Katze seine Einstellung zum Tod Jesu aus, den er noch für eine milde Todesart hält. Katze verkörpert das Gegenteil von Percy, indem er Gnade für den Schwindel aller Schwindel und die Transzendenz für die Erbsünde hält (vgl. S. 431). Wie Percy kennt auch Katze die Bibel, in seinem Monolog erwähnt er Paulus (Neues Testament), dessen Worte er kritisiert: „Siehe das Großmaul Paulus: Gott soll sich als der Wahrhaftige erweisen, jeder Mensch aber als Lügner." (S. 430) Für Katze steht aber nicht Gott, sondern der Mensch im Vordergrund, jedoch mit der Einstellung, gegen alle außer gegen sich selbst zu sein. Katze steht für die Freiheit zum Hass im Gegensatz zu Percy, der sich für die Nächstenliebe einsetzt. Außer über Paulus spricht er über Moses (Altes Testament), den er lobt: „Da lob ich mir doch Moses, der meldet, der Herr habe zu ihm

Vgl. hierzu *Intertextualität: Formen, Funktionen, anglistische Fallstudien* (Anm. 6), S. 39ff.

gesagt: Ich schenk Erbarmen, wem ich will!“ (S. 431) Für Katze gibt es keine geregelte Gerechtigkeit.

Durch die Verwendung der biblischen Intertextualität im inneren Kommunikationssystem des Romans *Muttersohn* zeigt sich, dass die Figuren über Bibelkenntnisse verfügen und dass sie sich aufgrund dessen ihre eigene Meinung bilden. Durch die Verwendung der wenigen intertextuellen Verweise auf den biblischen Jesus erweist sich Percy im Gegensatz zu Katze *in puncto* Nächstenliebe als Nachfolger Jesu; gleichzeitig wird seine Nicht-Identität mit der biblischen Gestalt evident.

Wie gezeigt wurde, wird der intertextuelle Bezug zum biblischen Prätext in *Muttersohn* auf allen drei Ebenen gleichzeitig markiert. Insgesamt verweist die Intertextualität trotz der Veränderungen auf den biblischen Jesus. So lässt sich im Falle des Romans *Muttersohn* mit Theodore Ziolkowski über eine fiktionale Jesus-Transfiguration[14] sprechen: Es werden einzelne Züge von Jesus (wie die vaterlose Zeugung, die öffentlichen Reden, die Heilung der Kranken oder der gewaltsame Tod) auf die fiktive Figur Percy übertragen, die mit der biblischen Jesus-Figur jedoch nicht identisch ist.

Es handelt sich in unserem Fall um eine aktualisierend-transfigurative Verarbeitungsweise der biblischen Vorlage.[15] Erstens wird die biblische Vorlage in die Gegenwart des Autors transformiert: in *Muttersohn* vorwiegend ins 21. Jahrhundert mit Exkursen ins 20. Jahrhundert. Zweitens werden die Namen der Hauptprotagonisten verändert: Aus „Jesus“ wird in Walsers Roman ein „Percy“. Die transfigurativ-aktualisierende Verarbeitungsweise der biblischen Vorlage ist neben der historisierend-paraphrasierenden Verarbeitungsweise eine jüngere Form der Bearbeitung. Die Verwendung der biblischen Intertextualität in deutschen Romanen seit 1990 knüpft einerseits an die bisherige Entwicklung an; andererseits kommt es in den neueren Texten zu neuen Verarbeitungsweisen. Beide Tendenzen überschneiden sich. Seit 1990 erscheinen also sowohl Romane fiktionaler Transfiguration (wie eben Walsers Jesus-Transfiguration *Muttersohn*) als auch Romane mit transfigurativen Elementen (wie Patrick Roths *Johnny Shines oder Die Wiedererweckung der Toten* aus

[14] Vgl. Magda Motté: *Auf der Suche nach dem verlorenen Gott* (Anm. 8), S. 51f.; Georg Langenhorst: *Jesus ging nach Hollywood. Die Wiederentdeckung Jesu in Literatur und Film der Gegenwart,* Düsseldorf 1998, S. 26.

[15] Vgl. Magda Motté: *Auf der Suche nach dem verlorenen Gott* (Anm. 8), S. 50ff.

dem Jahr 1993, Sibylle Lewitscharoffs *Pong* [1998], *Pong redivivus* aus dem Jahr 2013 und *Consummatus* [2006]), bei denen die Lesererwartung einer verarbeiteten aktualisierten biblischen Geschichte enttäuscht bzw. im positiven Sinne überholt wird.

Die intertextuellen Jesus-Bezüge in *Muttersohn* tragen zu keiner formalen experimentellen Verarbeitungsweise der biblischen Vorlage bei. Welche Funktion erfüllen sie in diesem Roman?

In *Muttersohn* wird bereits im Titel des Romans eine für den Roman zentrale Problematik angedeutet: die Beziehung zwischen Mutter und Sohn. Die Mutter-Sohn-Problematik stellt das Verbindungsglied mehrerer männlicher Figuren im Roman dar. Diese Beziehung variiert je nach der einzelnen Figur: Einmal wird der Fokus tatsächlich auf die Frau als Mutter (sei es die eigene oder die Mutter Gottes), ein anderes Mal auf die Frau als Geliebte gelegt. Durch die Wichtigkeit der eigenen Mutter und der Mutter Gottes zeigt sich die Einstellung der Hauptfigur zum Glauben. Der Muttersohn mit jesuanischen Zügen stelle eine Figur dar, die mit einem Glaubensübermut ausgestattet sei und die ihren Gegnern, den Skeptikern und Spöttern, hinsichtlich ihrer vaterlosen Zeugung zu trotzen vermöge.[16] Percy hat seine eigene Auffassung vom Glauben: Er glaubt an den Menschen, an die von ihm verkündete Wahrheit. So glaubt er an die Aussage seiner Mutter über seine vaterlose Zeugung und fügt hinzu, dass dieser Glaube seine und Mutter Finis Sache sei und dass das kein anderer Mensch glauben müsse: „Glauben, das ist eine Fähigkeit. Eine Begabung.“ (S. 173) Percy steht für einen individuellen, privaten, subjektiven Glauben: „Es gibt keine zwei Menschen, die dasselbe glauben. Jeder hat nur seinen Glauben.“ (S. 174) Der Glaube bezieht sich nicht direkt auf Gott, sondern allgemein auf die Fähigkeit zur eigenen Überzeugung, die nicht unbedingt von Beweisen bestimmt sein muss.

Neben Percys Glaube kommt im Roman noch Professor Feinleins Glaube vor. Feinlein fühlt sich in der Klinikkirche wie ein Fisch im Wasser. Dem Glauben sei letztlich nicht auszuweichen:[17] „Glauben lernt man

[16] Karl-Josef Kuschel: *„Ohne das Geglaubte wäre die Welt immer noch wüst und leer“ – Martin Walser über Religion*, in: *Mein Jenseits. Gespräche über Martin Walsers „Mein Jenseits“*, hg. von Michael Felder, Berlin 2012, S. 72-83, hier S. 78.

[17] Rainer Bucher: *Der Glauben, nicht das Glauben. Notate zu Martin Walsers „Mein Jenseits“*, in: *Mein Jenseits. Gespräche über Martin Walsers „Mein Jenseits“* (Anm. 16), S. 119-131, hier S. 120.

nur, wenn einem nichts anderes übrigbleibt. Aber dann schon." (S. 322) An einer anderen Stelle heißt es: „Egal ob es Gott gibt oder nicht, ich brauche ihn." (S. 322) Feinleins Bedürfnis nach dem Glauben quillt aus seiner Sehnsucht nach dem Unerreichbaren, nach der unerfüllten Liebe seines Lebens zu Eva Maria: „IN LIEBE, Eva Maria. Solange noch etwas möglich ist, glaubt man nicht. Unmöglichkeit kann man nur mit dem Glauben beantworten." (S. 328) Für Feinlein ist die Frage des Glaubens mit der Frage nach dem (Un-) Möglichen verbunden. Er braucht für seinen Glauben keine Gottesbeweise, nur die eigene Überzeugung. Sein Glaube quillt jedoch nicht aus einer rein religiösen Überzeugung, sondern aus dem eigenen Leben, aus der hoffnungslosen Liebe zu Eva Maria.

Weder bei Professor Feinlein noch bei Percy handelt es sich um einen christlichen Glauben an Gott, sondern um eine individuelle Art eigener Überzeugung. Durch die Verwendung der biblischen Intertextualität in der Form von Verweisen auf Jesus und Maria, durch Professor Feinleins Reliquienverehrung und den intertextuellen Bezug zum Heiligen Augustinus wird trotzdem ein Verhältnis zum christlichen Glauben hergestellt, das jedoch durch die eigene Auffassung der einzelnen Figuren zu einem individuellen Glauben wird.

So werden mit Percy und Professor Feinlein zwei Figuren mit einem Bezug zu einem Glauben gezeigt. Diese zwei Figuren gehören einer Welt an, die einerseits mit den alten, christlichen Traditionen noch Gemeinsamkeiten hat. Zu dieser Tradition zählen im Roman das Lateinische, in dem Percy und der Professor miteinander kommunizieren, und das Orgelspiel, das Percy von Professor Feinlein gelernt hat. Andererseits wird durch die Figuren Percy und Professor Feinlein nicht mehr eine alte religiöse Welt, sondern eher eine neue Welt gezeigt: Das Latein wirkt in der Alltagskommunikation der beiden Figuren inszeniert und dadurch verfremdend. Nicht nur dadurch erscheinen beide Figuren als Sonderlinge: Percy mit seiner vaterlosen Zeugung und seiner alternativen Schlafsacktherapie; Professor Feinlein mit seinem Reliquiendiebstahl und der alternativen Kräuterheilung. Eine weitere Verschiebung von der alten religiösen Welt in die neue Welt der beiden Figuren ist darin zu sehen, dass Professor Feinlein im Vergleich zu seinen Vorfahren kein Mönch mehr ist, sondern Arzt. Die Welt der beiden Figuren beruht zwar auf der traditionellen christlichen Welt (verkörpert durch Latein und Orgelspiel), gleichzeitig ist jedoch eine markante Verschiebung zu beobachten. Es ist nämlich nicht mehr der religiöse Inhalt so wichtig, sondern die Art und

Weise seiner Darstellung sowie ihre Wirkung und Schönheit, was auch durch den intermedialen Bezug zur Musik und zur bildenden Kunst hervorgehoben wird.

Im Roman findet noch eine wichtige Verschiebung statt: Die Handlung spielt im PLK, das ein ehemaliges Kloster war. Eine psychiatrische Klinik ist ein Grenzgebiet der Begegnung der modernen Wissenschaft und dem, was sich ihr entzieht.[18] Auf diesem Schauplatz findet eine Auseinandersetzung mit zwei Existenzentwürfen statt.[19] Auf der einen Seite ist es eine Existenzform des Glaubens, die durch die Sonderlinge Professor Feinlein und Percy verkörpert wird. Auf der anderen Seite ist es eine säkulare Existenzform, die am Dasein orientiert ist und die durch den modernen Menschen,[20] den Konkurrenten von Professor Feinlein, Dr. Bruderhofer, verkörpert wird: „Ihm geht es um seine Karriere. Mir um mein Jenseits." (S. 289) Diese Konkurrenz wird immer wieder thematisiert: „Dr. Bruderhofer, der Ärztliche Direktor des Krankenhauses, dessen Chef ich bin, kann es nicht erwarten, dass ich gehe. Endlich gehe." (S. 288) Oder an einer anderen Stelle: „Seine Neuroleptika gegen mein Johanniskraut." (S. 323) Diese andere Welt repräsentiert außer Dr. Bruderhofer auch der Fernsehmoderator Fred, der mit Percy zunächst ein Interview über seine vaterlose Zeugung in einer Talkshow führt und später einen Film über ihn dreht. In dieser Welt wird Percy aufgrund seiner vaterlosen Zeugung für einen Sonderling gehalten – im Vergleich zu der Welt der Sonderlinge, die Professor Feinlein verkörpert und in der Percy völlig etabliert ist. Der Roman zeigt eine jesusähnliche, aber nicht mit Jesus identische Figur und ihre Wahrnehmung im 21. Jahrhundert (ein weiterer Unterschied zwischen Percy und Jesus besteht in der Mission beider Figuren: Jesu hatte im Vergleich zu Percy in seinem Leben eine klare Aufgabe gehabt). Durch die Medien wird Percy zum Objekt der Neugierde:

[18] Andreas Uwe Müller: *„Schreibend antworten wir auf einen Mangel."– Glauben in radikaler Kontingenz. Anmerkungen eines Theologen zu Walsers Novelle „Mein Jenseits"*, in: *Mein Jenseits. Gespräche über Martin Walsers „Mein Jenseits"* (Anm. 16), S. 138-172, hier S. 145f.

[19] Ebd., S. 141.

[20] Ebd., S. 142.

> Zum Beispiel in unserer Talkshow, sagte Fred. Dann sagte er: Diese Szene, Weihnachtswald, von einem Auto in den Straßengraben geschleudert, und durch den Hut am Stock von einem Pfarrer gerettet, diese Szene möchte er im Film nachstellen. (S. 459)

Percy wird im Roman als ein Auserwählter dargestellt, der durch das Wunder der vaterlosen Zeugung und sein Geleitet-Sein charakterisiert wird und der auch weitere jesuanische Züge trägt, der jedoch im Gegensatz zu Jesus nicht weltberühmt, sondern nur in einem kleineren Kreise bekannt wird.

Durch die Verwendung der biblischen Intertextualität in einer aktualisierend-transfigurativen Verarbeitungsweise wird die Darstellung der Wirkung dieser Figur im 21. Jahrhundert möglich. Martin Walser, der als Kind in einer katholischen Umwelt aufgewachsen war, der jedoch als Student an der Philosophisch-Theologischen Hochschule Regensburg vom traditionellen Katholizismus abgelassen hatte,[21] zeigt dem Leser in seinem Roman *Muttersohn* eine religiös inszenierte Welt, die als eine Welt der Sonderlinge dargestellt wird. Die Sonderlinge Percy und Professor Feinlein sterben am Ende. Professor Feinlein wird im Laufe der Handlung sogar als Patient des PLK klassifiziert. Zugleich wird eine neue, säkulare Welt von Dr. Bruderhofer, der zum Chef der Klinik wird, und den Fernsehmenschen gezeigt. Im Roman stehen also wiederholt zwei Existenzweisen nebeneinander, erstens eine mit und eine ohne Glauben (Percy und Feinlein auf der einen und Bruderhofer auf der anderen Seite)[22] und zweitens beide mit Glauben, eine jedoch mit Glauben an die Nächstenliebe (verkörpert durch Percy) und die andere mit Glauben an Hass (verkörpert durch Katze). Im Fall des Konzeptes mit Glauben geht es um den Glauben an den Menschen sowie um den Glauben an sich selbst. Es besteht eine Spannung zwischen der irdischen Sphäre, in der das Leben und die Figuren verankert zu sein scheinen, und der himmlischen Sphäre, die zwar angestrebt werden will, jedoch unerreichbar zu sein scheint

21 Ijoma Mangold: *„Liebe ist auch Glaubenssache". Ein Gespräch mit Martin Walser über Gott, die Literatur und noch ein paar andere letzte Dinge*, in: *zeit.de*, 6. Oktober 2011 (letzter Zugriff am 22. März 2016).

22 Im Interview mit Iljoma Mangold gibt Walser an, dass es für ihn keine Sekunde Glauben ohne Unglauben gebe. Dabei stützt er sich auf sein Studium von Kierkegaards Schriften. Vgl. Ijoma Mangold: *„Liebe ist auch Glaubenssache"* (Anm. 21).

– vielleicht nur andeutend durch die Wirkung der Schönheit der Darstellbarkeit (Marias).

Es zeigt sich, dass durch die biblische Intertextualität, konkret durch die Verweise auf den biblischen Jesus in Walsers Roman *Muttersohn*, eine religiöse Dimension, d.h. ein Zugang zu religiösen bzw. Glaubensfragen, eröffnet wird. Dies jedoch nicht durch die Verwendung der biblischen Intertextualität allein, sondern gemeinsam mit weiteren Elementen wie den Reflexionen der wichtigen Figuren des Romans über den Glauben, mit Elementen wie den Kirchen oder ehemaligen Klöstern als Handlungsorten, mit den Priestern als Nebenfiguren oder religiösen Themen wie der Reliquienverehrung. Walser eröffnet mit seinem Roman einen Zugang zu Fragen, die nicht unbedingt den christlichen Glauben betreffen, jedenfalls jedoch die Fragen nach einem Glauben und danach, wie man das Unbegreifliche begreifen kann (die vaterlose Zeugung, Transzendenz).

Nach Walser habe der Glaube nicht nur mit religiösem Geschehen zu tun.[23] sondern etwa auch mit dem Bedürfnis nach Schönheit.[24] Für schön hält Walser auch Texte der Heiligen Schrift; die Geschichte über die Auferstehung Christi etwa ist für ihn eine der schönsten Texte überhaupt.[25] Dies schreibt er der Leistung der Literatur, nicht etwa dem Glauben zu.[26] In seinem Roman *Muttersohn* bedient er sich intertextuell literarischer Bruchstücke aus der Bibel. Dadurch schafft er die Basis für die Überlegung über einen Glauben, der aus der traditionellen christlichen Vorstellung hervorgeht und in einer individuellen subjektiven Auffassung mündet.

23 Armgard Seegers: *Martin Walser: „Ich kann ja nichts dafür, was mir einfällt“*, in: abendblatt.de, 28. September 2011 (letzter Zugriff am 22. März 2016).

24 Ijoma Mangold: *„Liebe ist auch Glaubenssache“* (Anm. 21).

25 Ebd.

26 Ebd.

Hans Richard Brittnacher

Der Jesus des Judas (Klopstock, Asch, Oz und Saeger)

Das Verhältnis zwischen Meistern und Schülern ist selten komplikationsfrei, das zwischen den Schülern in aller Regel von Rivalitäten belastet.[1] Jesus von Nazareth hat sich seine Jünger selbst ausgesucht und angeworben – er, der schon in seiner Kindheit im Tempel mit Schriftgelehrten diskutierte, wählt seine Jünger unter den einfachen Leuten, Fischern und Bauern aus Galiläa, die sich kaum auf theologische Dispute verstehen. Einer aber, der Letzte der Erwählten, Judas Iskariot, ist Judäer – wenn man seinen Beinamen als „Mann aus Kerijoth (oder Kariot)" übersetzt.[2] Nicht nur als einziger Judäer unter lauter Galiläern, auch als der Letzte der Genannten hat Judas eine Außenseiterposition: „Judas ist nicht

1 George Steiner: *Der Meister und seine Schüler*, München 2009.

2 Vgl. dazu Werner Vogler: *Judas Iskarioth. Untersuchungen zu Tradition und Redaktion von Texten des Neuen Testaments und außerkanonischer Schriften*, Berlin 1983, S. 18ff.
Nicht minder wahrscheinlich ist die Ableitung des Namens von „sicarius", was Judas zum „Dolchträger" und mithin zu einem zelotischen Befreiungskämpfer macht. Daneben lassen sich unter Bezug auf hebräisch-aramäische Worte weitere sechs Namensdeutungen begründen. Vgl. dazu Matthias Krieg: *Judas als Figur des Neuen Testaments*, in: *Judas. Ein literarisch-theologisches Lesebuch*, hg. von Matthias Krieg und Gabrielle Zangger-Derron, Zürich 1996, S. 13-28, hier v.a. S. 13f., sowie Joachim Gnilka: *Evangelisch-katholischer Kommentar zum Neuen Testament. Das Evangelium nach Markus*, 1. Teilband, Zürich/Düsseldorf 1998, S. 141.

nur *der* Letzte, sondern auch *das* Letzte, und zwar von Anfang an."[3] Während die Namen der anderen Jünger nur aufgezählt werden, folgt auf die Erwähnung des Judas prompt auch der Hinweis: „der ihn verriet" (Mt 10,1-4; Mk 3,13-19). Auch dass Judas im Kreise der Apostel die Aufgabe des Kassenwarts übernimmt, verweist auf Fähigkeiten, die den derben galiläischen Fischern eher abgehen. Dass er, wie der Evangelist Johannes behauptet, die Kasse nur verwaltet habe, um das Eingelegte beiseitezubringen (Joh 12,7), lässt den Außenseiter auch noch als schäbigen Dieb erscheinen.

Jesus führt ein strenges Regiment, er ist ungeduldig, maßregelt seine Jünger und verlangt ihnen bedingungslose Loyalität ab – sogar auf die Teilnahme am Begräbnis seines Vaters soll einer verzichten, um ihm ungesäumt nachzufolgen. Die Fragen seiner Jünger beantwortet Jesus oft nur ausweichend oder sibyllinisch, indem er Zeichen in den Sand schreibt, die er verwischt, bevor sie gelesen werden können. Oder er teilt deutungsbedürftige Gleichnisse wie das vom Senfkorn oder vom verlorenen Sohn mit, die seine Zuhörer intellektuell überfordern. Dennoch drängen sie sich um ihren charismatischen Anführer, wollen von ihm geliebt, vor den anderen ausgezeichnet werden. Seine Zuneigung verteilt Jesus nach keinem einsehbaren Maßstab: Petrus, den er als „kleingläubig" (Mt 14,31) tadelt, dem er prophezeit, er werde ihn dreimal verleugnen, ernennt er dennoch zu seinem Stellvertreter; von Johannes erfahren wir, dass er der Jünger war, „den Jesus besonders liebhatte" (Joh 13, 23), aber nicht, womit er diesen Vorzug verdient. Oft sind die Jünger ratlos, in einem Fall sogar murren sie auf, nämlich als eine Frau in Bethanien Jesu Füße mit kostbarem Nardenöl salbt.[4] Den Gegenwert der teuren Essenz, so die übereinstimmende Meinung von Jesu Gefolgschaft bei Markus und Matthäus, hätte man besser im Interesse der Armen verwendet. Bei Johannes hingegen trägt Judas allein die Verantwortung für das Aufbegehren – und während der Protest bei den Synoptikern mit den gut gemeinten karitativen Absichten der Jünger begründet wird, muss bei

[3] Krieg: *Judas als Figur* (Anm. 2), S. 15.

[4] Ikonographisch hat sich das Bild von Maria Magdalena als der Fußwäscherin durchgesetzt, bei Markus (14,4) und Matthäus (26,8) ist sie namenlos, bei Johannes (12,2) ist es Martha, die Schwester des Lazarus.

Johannes das finanzielle Eigeninteresse des Judas als Begründung herhalten.

Judas‘ Habgier spielt dann auch eine herausragende Rolle bei dem Mysterium des Verrats: Denn Motive für den Verrat des Judas werden von den Texten der Evangelien nicht gegeben, wenn man nicht, wie Lukas oder Johannes, eine satanische Besessenheit annehmen will,[5] was aber die Schuld des Judas mindern würde. Wenn, was durch die Abfolge der Perikopen nahegelegt wird,[6] Judas Jesus aus politischen Motiven verraten hat – die Zustimmung zur Verschwendung lässt Jesus eher als einen eitlen Sektenführer denn als Messias erscheinen –, ist Judas‘ Interesse an einer finanziellen Belohnung, von der Matthäus (Mt 26,15) spricht, zweifelhaft. Zudem ist der Betrag so gering, dass die These vom käuflichen Verräter mehr Fragen aufwirft als beantwortet.[7]

Warum es überhaupt nötig gewesen sein soll, der Scharwache, die zur Verhaftung ausrückte, Jesus als die gesuchte Person zu bezeichnen, bleibt gleichfalls fraglich: Schließlich war Jesus zu diesen Tagen wohl eine der bekanntesten Figuren in Jerusalem. Ihm eilte der Ruf eines Heilers voraus, der sogar Tote erwecken könne. Auf einem weißen Esel war er in die Stadt eingezogen, hatte die Händler und Wechsler mit Gewalt vertrieben und vor dem Tempel aufsehenerregende Reden gehalten, ohne sich zu verstecken. Auch die Auslieferung Jesu mit einem Kuss versteht sich nicht von selbst, handelt es sich doch um eine zärtliche Geste (auf deren Außergewöhnlichkeit auch die Evangelisten *expressis verbis* anspielen:

5 „Es fuhr aber der Satan in Judas“ (Lk 22,3); „Sobald der den Bissen nahm, fuhr der Satan in ihn.“ (Joh 13,27)

6 Sowohl bei Markus als auch bei Matthäus folgt auf die Geschichte der Salbung der Gang des Judas zu den Hohepriestern, um über die Auslieferung Jesu zu verhandeln.

7 Bei Mk 14, 10-11 bleibt die Summe unbestimmt, Mt 26, 14-16 beziffert sie genau, Lk, 22,3-6 wiederum lässt die Summe ungenannt. 30 Silberlinge entsprechen etwa 10% jener 300 Denare, die nach Auskunft von Markus und Johannes das Öl wert war, das bei der Salbung Jesu in Bethanien verwendet wurde. 30 Silberlinge entsprechen auch „dem Preis für einen durchschnittlichen Sklaven.“ (Amos Oz: *Judas*, Frankfurt a.M. 2015, S. 169.) Zur Einschätzung des Werts vgl. auch Ulrich Luz: *Das Evangelium nach Matthäus*, Düsseldorf/Zürich 2002, S. 54ff.

Mk 14,45; Mt 26,48; Lk 22,48). Dieses Zeichen freundschaftlicher Intimität für den Verrat zu missbrauchen, ist an Infamie schwerlich zu überbieten – oder aber verweist auf eine besondere Nähe von Jesus und Judas auch in dieser extremen Situation.

Noch rätselhafter sind die Berichte der Evangelisten über das Abendmahl: Während Jesus bei Markus nur allgemein einen seiner zwölf Tischgenossen als seinen Verräter bezeichnet (Mk 14,18), charakterisiert er ihn bei Matthäus (Mt 26,24) und Lukas (Lk 22,21) näher als den unter den Zwölfen, der gleichzeitig mit ihm die Hand in die Schüssel taucht. Dass Judas bei Matthäus sich selbst ausdrücklich vom Verdacht ausnehmen will („Doch nicht ich, Herr?" – Mt 26,22), macht ihn verdächtig. Unmittelbar auf die explizite Designation zum Verräter bei Johannes folgen die sonderbaren Worte: „Was du tun mußt, das tu bald!" (Joh 13,28) In allen Evangelien wird im Zusammenhang mit dem *Unus vestrum* auch auf den schon in den Psalmen geweissagten Opfertod verwiesen, zugleich aber der Weheruf über den ausgesprochen, der bei diesem doch offenbar unvermeidlichen Vorgang die Rolle des Denunzianten zu spielen hat.

Noch rätselhafter wird die Passionsgeschichte, betrachtet man die beiden Versionen von Judas' Ende: Matthäus berichtet von der Reue des Judas, seinem Versuch, das Geld zurückzugeben, und von seinem Selbstmord aus Verzweiflung. Nach Auskunft der von Lukas verfassten Apostelgeschichte hingegen kaufte Judas vom Verräterlohn einen Acker vor den Toren Jerusalems, auf dem er zu Tode stürzte:

> sein Leib barst auseinander, und alle Eingeweide fielen heraus. Das wurde allen Einwohnern von Jerusalem bekannt; deshalb nannten sie jenes Grundstück in ihrer Sprache Hakeldamach, das heißt Blutacker. Denn es heißt im Buch der Psalmen: Sein Gehöft soll veröden, niemand soll darin wohnen! (Apg 1,18-20)

Der Satan, so die übliche Lesart dieses drastischen Todes, musste aus dem Leib entweichen, da die Lippen durch den Kuss auf Christi Wange versiegelt waren. Die Apostelgeschichte fabuliert den Tod des Judas als grässliches Strafgericht, das den Verräter des Lohnes seiner Taten nicht froh werden lässt, aber erinnert mit der ausdrücklichen Berufung auf die Weissagung der Psalmen ein weiteres Mal an den rätselhaften Zusammenhang von Prädestination und persönlicher Schuld.[8] Beide Geschichten rücken in der Plastizität ihrer Konstruktion das Schicksal des Erlösers und seines ‚Verräters‘ dicht aneinander. Die beiden Akteure, Täter und Opfer, sind große Einsame, die ein ähnliches Geschick teilen: Sie sind von allen verlassen und sterben einen einsamen Tod. Der Ort ihres Sterbens wird zur literarisch folgenreichen Metapher: Schädelstätte hier, Blutacker dort.[9] Der eine fährt zum Himmel hinauf, zum ewigen Leben, der andere zur Hölle hinab, in die ewige Verdammnis. Warum Judas in der von Matthäus mitgeteilten Variante, obwohl er doch aus Berechnung und Geldgier den Verrat begangen haben soll, plötzlich Reue empfand, wird wohl behauptet, aber an keiner Stelle begründet. Beide sterben einsam am Holz: der eine auf der Höhe Golgothas am Kreuz, der andere in einer Einöde am verdorrten Baum. Im Bild des Todes rücken Heiland und Verräter, so weit sie voneinander auch entfernt sind, einander wieder nahe.

In der Überlieferungsgeschichte hat sich die Vorstellung von Judas als Verräter verselbstständigt – angeregt wohl auch durch Luthers Übersetzung der Heiligen Schrift, die das im Zusammenhang mit Judas 34 mal gebrauchte griechische Verb *paradidonai* konsequent als „verraten“ wiedergegeben hat, obwohl es auch weniger eindeutig so viel wie „ausliefern“ oder „übergeben“ bedeuten kann.[10] Die Abendmahlszenerie ist daher auch im Interesse der Entlastung des Judas als Akt einer besonderen Initiation gedeutet worden, mit dem Judas von Jesus selbst unter der Schar der Apostel als derjenige auserwählt wurde, der die für eine erfolgreiche Durchführung der Passion und damit den für die Erlösung unerlässlichen Vorgang der Auslieferung Jesu auf sich zu nehmen habe – obwohl ihm

8 Vgl. ausführlicher dazu Hans Richard Brittnacher: *Judas oder: Die Unvermeidlichkeit des Bösen. Literarische Lösungsversuche eines theologischen Rätsels*, in: *Religion und Literatur im 20. und 21. Jahrhundert. Motive, Sprechweisen, Medien*, hg. von Tim Lörke und Robert Walter-Jochum, Göttingen 2015, S. 17-32.

9 Vgl. Krieg: *Judas als Figur* (Anm. 2), S. 24.

10 Vgl. dazu Karl Barth: *Die Kirchliche Dogmatik,* Bd. II,2, Zürich [3]1948, S. 558; vgl. auch Hans-Josef Klauck: *Judas – ein Jünger des Herrn,* Freiburg i.Br. 1987, S. 45ff., und Werner Vogler: *Judas Iskarioth* (Anm. 2), S. 30-36. Der Begriff *prodotes*, „Verräter“, ist nur einmal, bei Lk 6,16 zu finden und wahrscheinlich redaktionellen Ursprungs. Vgl. M. Krieg: *Judas als Figur* (Anm. 2), S. 16.

dieses Handeln ewige Verdammnis einbringen wird. In dieser radikalen Lektüre avanciert Judas zum heimlichen Star des Neuen Testaments, einer Figur der absoluten Selbstlosigkeit, dessen Opfer in letzter Konsequenz das des Messias noch überbietet.[11]

Das Bild der Beziehung von Jesus und Judas (im Hebräischen: Jeschua und Yehuda), wie es die Evangelien in zumeist lakonischer und deshalb auch deutungsbedürftiger, in gelegentlich – vor allem bei Johannes – aber auch heftig anklagender Diktion zeichnen, ist zumindest komplex und damit markant unterschieden von jenem Meister-Schüler-Verhältnis, wie es Jesus zu seinen anderen Jüngern unterhält, bei dem ihm unbestritten die Rolle des Rabbi zusteht, während seine Jünger ihm in Demut ergeben sind. Judas hingegen ist weniger ein Schüler als ein Gegenspieler – oder aber ein Vertrauter, der zu Jesus eine dunkle, geheimnisvolle Beziehung unterhält. Durch das sogenannte Judasevangelium, dessen Existenz zwar schon seit dem zweiten nachchristlichen Jahrhundert, aber erst seit dem Fund des *Codex Tchacos* im Jahre 1976 auch dem Wortlaut nach bekannt ist, erhält die These von Judas als dem Jesus nächststehenden Apostel, der in seine Pläne eingeweiht war und darin eine besondere Rolle spielte, auch theologisch Gewicht.[12]

Die merkwürdig intensive, mal grundlos, mal widersprüchlich verdächtigte Beziehung zwischen Jesus und Judas,[13] ohne die doch andererseits die Verheißung nie hätte in Erfüllung gehen können, lieferte

[11] In literarischer Hinsicht ist dies die Pointe von Borges‘ amüsanter Kasuistik des Verrats: Jorge Luis Borges: *Tres Versiones de Judas* (1944 [*Drei Fassungen von Judas*]); in dezidiert theologischer Perspektive argumentiert entsprechend Walter Jens: *Der Fall Judas*, Stuttgart 1975.

[12] Vgl. dazu Elaine Pagels und Karen L. King: *Das Evangelium des Verräters*, München 2007; vgl. auch Rudolf Neuhäuser: *Judas der Verräter. Religion – Literatur (Leonid Andrejew, Nikos Kazantzakis, Jurij Dombrowski) – Film*, in: *Verrat. Geschichte, Medizin, Philosophie, Kunst, Literatur*, hg. von Dietrich von Engelhardt, Heidelberg 2012, S. 291-320, hier S. 294f.

[13] Sie wird mit dem Abstand der Evangelisten zum Leben Jesu zunehmend diffamierender: Bei den Synoptikern Markus, Matthäus und Lukas erscheint Judas noch in vergleichsweise neutraler Beleuchtung, im Johannesevangelium dominiert offene *hatespeech* – dort ist Judas von Anfang an „ein Teufel“ (Joh 6,70).

die Matrix für eine unvergleichliche Sündenbockproduktion. 80 Generationen von Gläubigen, von Künstlern und Schriftstellern, haben darin gewetteifert, die Geschichte des Christentums als die Geschichte einer antisemitischen Verleumdung zu schreiben, in der Judas als Verräter und Inbegriff des Juden galt. Es gibt in der Kulturgeschichte wohl keinen vergleichbaren Fall einer so einträchtig von den Künsten und von der Religion vollzogenen Stigmatisierung, deren antisemitische Konsequenzen bis auf den heutigen Tag wirksam blieben.[14] Mehr als an jeder anderen Figur wurde an Judas das ikonische und narrative Repertoire des Antisemitismus ausgearbeitet: Bibelillustrationen, Tafelbilder, Fresken, Predigttexte und Traktate stellen ihn als kriecherische Krämerseele mit scheelem Blick dar, eine rothaarige und hakennasige, dürre und lauernde Kreatur, die den stolzen und aufrechten Jüngern mit Heiligenschein und goldener Lockenpracht kriechend und bucklig gegenübersteht, räumlich abgesondert, am anderen Ende der Tafel oder zu Füßen des Tischs, oft einem Wurm ähnlicher als einem Menschen.[15] Gehüllt in einen gelben Mantel, missgünstig vor sich hinblickend, den Geldbeutel mit klauenhaften Fingern umklammernd und mit den zum tückischen Kuss gespitzten Lippen einer Giftschlange erscheint er in Kunst und Literatur des Abendlandes als das exemplarische Bild der Gemeinheit und der Schande.[16]

Die offensichtlichen Aporien der Evangelien waren aber immer wieder auch Anlass zu literarischen Konjekturen, die sich mühten, nach den so ostentativ verschwiegenen Gründen des ‚Verräters' und dem Zweck des ‚Verrats' zu fragen. Das Licht, das dabei ins Dunkel des Heilsgeschehens gebracht wird, lässt freilich auch Schatten auf die verharmlosend „Frohbotschaft" genannte Theologie des Menschenopfers fallen und erinnert an verschwiegene dunkle Dimensionen des Religiösen. Auf einige dieser Texte, in deren veränderter Perspektive nicht nur Judas, sondern

[14] Vgl. dazu Mirjam Kübler: *Judas Iskariot: Das abendländische Judasbild und seine nationalsozialistische Instrumentalisierung*, Waltrop 2007.

[15] Vgl. ausführlicher zur bildkünstlerischen Denunziationsgeschichte des Judas Hans Richard Brittnacher: *Die Physiognomik des Verräters. Der Judas des Leonardo von Leo Perutz*, in: *Zagreber Germanistische Beiträge* 21 (2012), S. 49-74.

[16] Vgl. Dietz-Rüdiger Moser: *Judas, die „Lippen-Viper", Jesus, das auserlesenste „Küsse-Ziel". Zu den Passionsbetrachtungen der Catharina Regina von Greiffenberg*, in: *Literatur in Bayern* 38 (1994), S. 50-57.

zwangsläufig auch Jesus in anderem Licht erscheint, sei im Folgenden kurz hingewiesen.

Am Beginn der literarischen Umdeutung des Judas steht ein Text, der gewiss nicht der häretischen Überlieferung der christlichen Religion, sondern eher ihrer Orthodoxie zugerechnet werden kann, nämlich Klopstocks *Messias* (1773). Der Pietismus, mag er auch in vielem eine fundamentalistische Verhärtung der christlichen Dogmatik bedeuten, mochte sich mit der *ex cathedra* verfügten Aburteilung des Judas als Erzschelm[17] nicht abfinden und verlangte nach einer Darstellung, die den Verrat des Judas als ein psychologisch nachvollziehbares Seelendrama zu verstehen erlaubte. Der Geniestreich des *Messias*, mit dem Friedrich Gottlieb Klopstock das lesende und gläubige Deutschland in Begeisterung versetzt hatte, verdankt sich auch seiner konsequenten Sohnestheologie der Barmherzigkeit, die Jesus als unendlich versöhnungsbereite Mittlerfigur, die sich für eine fehlbare und zerknirschte Menschheit einsetzt, einem zürnenden, autoritären Vater gegenüberstellt.

Auch der Judas Klopstocks ist, wie Jesus, zunächst ein gehorsamer Sohn und in seiner Beziehung zum Vater zu verstehen. Wo dieser im Gebet mit seinem Vater spricht, erscheint dem Judas der Vater im Traum – allerdings handelt es sich um eine von Satan arrangierte Traumvision, was Judas freilich nicht wissen kann. Seine Hörigkeit gegenüber dem Vater im Traum spiegelt Jesu Gehorsam gegenüber dem Opferwunsch seines Vaters im Himmel. Der Vater/Satan redet Judas ein, von Jesus gehasst, benachteiligt und übervorteilt zu werden – den anderen Jüngern habe er im Reich Gottes blühende Landschaften versprochen, ihm nur ein ödes, steiniges Tal. Er drängt den von der Eifersucht auf Johannes, den Lieblingsjünger Jesu, gepeinigten Sohn, sich nicht länger benachteiligen zu lassen, sondern die Initiative zu ergreifen. Er soll den allzu zögerlichen Jesus – „Siehe, der Messias verzieht mit seiner Erlösung"[18] – zu einer demonstrativen Machtausübung und Selbstoffenbarung als Messias nötigen: Suche „ihn [...] zu bewegen, damit er sich endlich / [...] furchtbarer

[17] So etwa bei dem berühmten Mönch und Prediger Abraham a Santa Clara: *Judas der Ertzschelm / für ehrliche Leuth / oder: Eigentlicher Entwurff und Lebensbeschreibung des Iskariothischen Bösewicht*, Salzburg 1668.

[18] Friedrich Gottlieb Klopstock: *Der Messias,* in: Ders., *Ausgewählte Werke*, hg. von Karl August Schleiden, München 1962, S. 195-772, hier S. 263.

zeige,/ Und, mit Schande, Bestürzung und Schmach sie zu Boden zu schlagen, / Sein so lang' erwartetes Reich auf einmal errichte."[19] Um dem Messias derart zur längst fälligen Anerkennung zu verhelfen, aber auch, um früher in den Besitz der ihm zugesagten Erbschaft zu gelangen und mit dem von den Pharisäern erwarteten Verräterlohn deren Geringfügigkeit auszugleichen, soll Judas seinen Herrn ausliefern. Zwar wird Judas, als er aufwacht, von Selbstzweifeln geplagt, jedoch vermag er diese erfolgreich zu rationalisieren: Die im Traum gebotene Rache verdankt sich einer höheren Autorität – „Wenn ein Gesicht sie gebeut, so ist die Rache geheiligt."[20]

Nicht nur als Sohn, der im Auftrage des Vaters agiert, ähnelt Judas seinem Meister – er wird von Klopstock auch in seiner äußeren Erscheinung als ein Ebenbild von Christus beschrieben: „Sein ernstes Gesicht / ist voll männlicher Schöne."[21] Der äußeren Ansehnlichkeit entspricht seine reine Seele, er verfügt über „ein edles Gemüth, und ein tugendhaft Herze".[22] Das von pietistischer Gottesfurcht erfüllte und durch skrupulöse Introspektionen des eigenen Seelenlebens auch für die komplexen seelischen Ambivalenzen anderer aufgeschlossene Publikum liest bei Klopstock die Geschichte eines Verräters, der eben nicht der inkarnierte Bösewicht ist, sondern ein gemischter Charakter, eine hochherzige, aber auch eifersüchtig liebende, mit sich hadernde Gestalt. In der Abendmahlszene, als Judas erneut die Bevorzugung der anderen erleben muss, peinigen ihn Gewissensskrupel angesichts seines Vorhabens, über die er sich jedoch hinwegsetzt, da Jesus nicht sterben wird, nicht sterben kann – wenn doch, dann ist er dem Falschen gefolgt! Zwar führt Judas bei Jesu Gefangennahme die Schergen an; aber im entscheidenden Augenblick stürzt er und Christus gibt sich den Häschern selbst zu erkennen: Der nachträgliche Verräterkuss wird so bei Klopstock zu einer überflüssigen Geste. Und mit Worten, die auffallend an das Heilswort *probatum est* – „es ist vollbracht" – erinnern, wird auch die Tat des Judas kommentiert: „Itzt hatt' ers vollendet!"[23] Doch schon beim Verhör des Jesus vor Pilatus

[19] Ebd.
[20] Ebd., S. 390.
[21] Ebd., S. 255.
[22] Ebd.
[23] Ebd., S. 332.

erscheint Judas wieder von wütender Reue zerrissen und begeht schließlich Selbstmord aus Verzweiflung. Seine Seele wird Obbadon, dem Todesengel, übergeben, der ihm den Weg in die Verdammnis weist: „Dies ist der Gerichteten Wohnung“.[24]

Selbst dem reuigen Teufel Abbadona wird im *Messias* trotz seiner Verworfenheit doch noch Verzeihung zuteil, während Judas vor Gottes Antlitz keine Gnade findet – dies verweist auf einen eigentümlichen Selbstwiderspruch des Heilsgeschehens, das zwar den Verworfenen zur Durchsetzung seines Plans benötigt, diesen selbst aber nicht am Heil teilhaben lässt: Judas, Kain, Ahasver sind die exemplarischen Ausnahmen der göttlichen Gnade.

Klopstocks *Messias* hat das literarische Startsignal für eine Neubewertung des Verhältnisses von Jesus und Judas gegeben, ob dabei der Verrat des Judas als Tat eines eifersüchtig Liebenden gedeutet wird (Leonid Andrejew, Georg Heym, Ingeborg Drewitz u.a.) oder als Versuch motiviert scheint, die Herstellung des Gottesreichs voranzutreiben (Carl Sternheim, Egon Friedell, Schalom Asch, Max Brod u.a.). Diese prägende Rolle gilt auch für den publizistisch wohl einflussreichsten Beitrag der letzten Jahre zur Judas-Literatur, nämlich Amos Oz‘ Roman *Judas* (hebräisch: *Das Evangelium nach Jehuda*), der 2014 erschienen ist. Er nützt das Thema des Verrats zur historischen Reflexion des Konfliktes zwischen Juden und Arabern und die Figur des Judas zur Rehabilitation des Verräters als des ersten und einzigen Christen. Es mag nicht überraschen, dass Amos Oz, ein publizistisch aktiver Vertreter der Zwei-Staaten-Lösung,[25] der selbst immer wieder von israelischen Fundamentalisten als Verräter bezeichnet wurde, für eine eigenwillige Sicht auf den Verrat als die unpopuläre Haltung eines politisch Weitsichtigen plädiert: Als Verräter werden eben auch Gestalten wie Abraham Lincoln, der die

24 Ebd., S. 413.

25 Amos Oz ist auch der Großneffe von Joseph Klausner, eines jüdischen Religionswissenschaftlers, der mit seinen Büchern *Jesus von Nazareth* und *Von Jesus zu Paulus* die von Christen und Juden heftig angefeindete These vertreten hat, Jesus als jüdischen Reformer zu verstehen. Freilich charakterisiert es diese jüdischen Jesus-Interpretationen, dass sie sich nicht mit Judas Ischariot beschäftigen: „Sie schämten sich für ihn. Sie verleugneten ihn.“ (Oz: *Judas* [Anm. 7], S. 210.) Amos Oz hat im Alter von 14 Jahren wegen seiner atheistischen Vorbehalte gegen eine prinzipiell gewaltaffine Religion den Namen „Klausner“ abgelegt.

Sklaven befreite, Charles de Gaulle, der Algerien in die Unabhängigkeit entließ oder Anwar al-Sadat, der vor der Knesset sprach, angesehen – sie alle sind ‚Verräter', deren entschlossenes Handeln in prekären historischen Momenten heillose Stagnationen überwunden hat.

In Oz' Roman ist es die Geschichte des Schealtiel Abrabanel, eines Zionisten der ersten Stunde, der aus dem Interesse an einer friedlichen Koexistenz mit der arabischen Welt leidenschaftlich gegen die Unabhängigkeitserklärung Israels agiert und Ben Gurion zu einem Abkommen mit den Arabern drängen wollte, um die britischen Besatzer zu vertreiben. Von seinen zionistischen Genossen zum Verräter erklärt, von Ben Gurion und der *Jewish Agency* zum Rücktritt genötigt, beschließt er sein Leben in verbitterter Einsamkeit. Sein Schicksal ist aber nur die Folie für den Reifeprozess des jungen sozialistischen Israeli Schmuel Asch im Winter 1959/1960, der, von seiner Freundin verlassen und von seinen Eltern nicht mehr länger finanziell unterstützt, sein bisheriges Leben ‚verrät', sein Studium und damit auch eine Magisterarbeit über „Jesus in den Augen der Juden" abbricht und sich als Gesprächspartner eines schwerkranken Zionisten, Gerschom Wald, den Lebensunterhalt verdient. Er verliebt sich in eine ältere Frau, Atalja, die Tochter Abrabanels und die Schwiegertochter Walds, deren Mann Micha – Walds Sohn – im israelischen Unabhängigkeitskrieg auf grausame Weise ums Leben kam. In Gesprächen mit dem streitsüchtigen Wald und der verbitterten Atalja findet Asch wieder zu einer gewissen Tatkraft und modifiziert seine Arbeit über „Jesus und die Juden" zu einer Darstellung des Judas, dessen angeblicher Verrat auch heute noch das Verhältnis der christlichen Welt zu den Juden belaste: „Wir alle sind Judas Ischariot. Auch nach achtzig Generationen sind wir Judas Ischariot."[26]

Schmuel gelangt im Zuge seiner Überlegungen zu grundstürzenden Einsichten, an deren Ende der Befund steht: „Judas Ischarioth ist der Gründer der christlichen Religion."[27] Schmuel zufolge war Judas ein wohlhabender Bürger Jerusalems, Vertrauter der örtlichen Priesterschaft, die von den Umtrieben eines Predigers aus Galiläa hörte und ihn als Kundschafter entsandte. Beeindruckt von der Persönlichkeit Jesu, seinen Krankenheilungen und seinen Gleichnissen, wird der Spion zu dessen eifrigstem Anhänger und beredet schließlich den anfangs noch zögernden

[26] Oz: *Judas* (Anm. 7), S. 48.
[27] Ebd., S. 165.

Jesus, vor der Bevölkerung Jerusalems zu predigen und sich dort als Aufwiegler ans Kreuz schlagen zu lassen:

> Jesus, der in Galiläa über das Wasser geschritten war, Jesus, der ein totes Mädchen zum Leben erweckt hatte [...,] müsse vor den Augen ganz Jerusalems gekreuzigt werden. Und vor den Augen Jerusalems würde er lebendig wieder heruntersteigen und heil und gesund vor dem Kreuz auf eigenen Beinen stehen. [...A]lle würden auf die Knie fallen und den Staub zu seinen Füssen küssen. Und damit werde das Himmelreich auf Erden seinen Anfang nehmen. In Jerusalem. Vor dem Volk und der Welt.[28]

Der Judas, dessen Geschichte Schmuel in Oz‘ Roman konzipiert, steht in seinem Vertrauen auf eine spektakuläre Selbstoffenbarung dem Judas Klopstocks nahe, aber unterscheidet sich von diesem durch seine unbeirrbare Treue und Zuneigung zu Jesus. „[I]ch glaube daran“, so Schmuel zu Gerschom Wald, „dass Judas Ischariot der treueste und ergebenste seiner Jünger war und ihn nie im Leben verraten hat, im Gegenteil, er wollte der ganzen Welt seine Größe beweisen.“[29] In seiner historischen Rekonstruktion des Falls wird Judas zur treibenden Kraft des Passionsgeschehens. Er macht seine ganze Beredsamkeit geltend, um Jesus, der immer wieder an seiner Bestimmung zweifelt, von der Notwendigkeit eines Opfertods zu überzeugen, ihm seine Aufgabe förmlich einzuhämmern und siegessicher den Triumph des neuen Glaubens zu prophezeien:

> Judas ließ nicht locker. Du bist der Mensch, Du bist Gott. Du bist der Sohn Gottes. Du bist göttlich. Du bist dazu bestimmt, alle Menschen zu retten. Der Himmel hat dir den Auftrag gegeben, nach Jerusalem zu gehen und dort deine Wunder zu vollbringen, du wirst in Jerusalem das größte aller Wunder vollbringen, du wirst heil und gesund vom Kreuz steigen, und ganz Jerusalem wird dir zu Füßen fallen. Selbst Rom wird dir zu Füßen fallen. Der Tag deiner Kreuzigung wird der Tag der Erlösung der Welt sein.[30]

[28] Ebd., S. 167.
[29] Ebd., S. 129.
[30] Ebd., S. 168.

Die Umwertung der Absichten des Judas hat auch Konsequenzen für die Deutung jener Evangelientexte, die Judas am stärksten als schäbigen Freund und Verräter belasten: „Als die Gesandten der Priesterschaft und die Tempelwächter kamen, um Jesus gefangen zu nehmen, erschraken die Jünger, sie fürchteten um ihr Leben und flohen in alle Richtungen, nur Judas blieb bei ihm. Vielleicht küsste er Jesus, um ihm Mut zu machen.“[31] Der Kuss des Judas ist kein Zeichen des Verrats, sondern der innigsten Freundschaft.

> „Was für eine Ironie“, schrieb Schmuel in sein Heft, „dass der erste und letzte Christ, der einzige, der Jesus keine Minute verließ und ihn nicht verleugnete, der einzige Christ, der an die Göttlichkeit Jesu bis zu seiner letzten Sekunde am Kreuz glaubte, […] der einzige Christ, der mit Jesus starb und nach ihm nicht weiterlebte, der einzige, dessen Herz beim Tode Jesu wirklich brach, ausgerechnet er wird von Hundertmillionen Menschen auf allen fünf Erdteilen und durch zwei Jahrtausende hindurch als der herausragende Jude betrachtet, er wird mehr als jeder andere verspottet und verabscheut.“[32]

Im 47. Kapitel des Romans radikalisiert sich die Perspektive: Der personale Erzählerkommentar weicht einem Ich-Bericht, der Judas zu Wort kommen lässt. Aber es ist ein bodenlos verzweifelter Judas, der stundenlang der Agonie Christi beigewohnt hat und nun, nachdem Jesus qualvoll am Kreuz gestorben ist, sein Scheitern einsehen muss: „Es gibt kein Erbarmen auf der Welt. Vor drei Stunden wurde in Jerusalem die Gnade getötet, sie haben das Erbarmen getötet.“[33] Dass er Jesus zum Opfertod drängte, erscheint Judas als nicht wiedergutzumachender Fehler: „Ich habe ihn getötet. Ich zog ihn gegen seinen Willen nach Jerusalem. Die Wahrheit ist: er war der Lehrer und ich einer seiner Schüler, dennoch hörte er auf mich.“[34]

Als er begreifen muss, dass kein Wunder geschieht, dass Jesus sich täuschte, dass auch er sich täuschte, bleibt ihm kein Ausweg mehr. Zwar erwägt er, ein hässliches, schwangeres Dienstmädchen zu adoptieren und

[31] Ebd., S. 209.
[32] Ebd.
[33] Ebd., S. 285.
[34] Ebd., S. 292.

sich eines kranken, streunenden Hundes anzunehmen, aber seine Enttäuschung ist zu tief. An jenem Feigenbaum, den Jesus, als er keine essbare Frucht an ihm fand, verfluchte (Mk 11,12-25; Mt 21, 18-22), erhängt sich Judas. Sein Verrat bestand vor allem darin, Jude geblieben zu sein, d.h. nicht an die Auferstehung zu glauben.

Es ist wohl kein Zufall, dass Schmuel Asch nahezu namensgleich mit dem jüdischen Romancier Schalom Asch ist, der den wahrscheinlich populärsten jüdischen Roman über Jesus Christus geschrieben hat: *Der Nazarener* (jiddisch: *Der man fun Natzeres,* 1939).[35] Auch Asch wurde von jüdischer Seite vorgeworfen, zu viele Sympathien für Jesus formuliert zu haben, und er wurde zu einer öffentlichen Distanzierung vom Christentum aufgefordert. Sein Judas hat mit dem von Amos Oz viele Gemeinsamkeiten: Auch er ist ein Mann der Tat, der dem Messias abverlangt, „die Tempel der Götzen [zu] zerschmettern. Die Mächtigen werden wie Aas zu seinen Füßen liegen. Er wird den Ruhm Edoms zertreten und wie ein Sturmwind seine Reihen durchbrechen.“[36] Die Auslieferung an den Sanhedrin soll den Messias zur Demonstration seiner Macht zwingen und damit endlich Klarheit herbeiführen – dafür ist Judas bereit, die schmutzige Rolle des Verräters auf sich zu nehmen: „Rabbi, Rabbi siehe, ich steige in den tiefsten Pfuhl der Hölle herab, damit du dich zu Gott erhebst.“[37] Auch Aschs wegen der Leiden des jüdischen Volkes unter den römischen Besatzern ungeduldiger Judas kann in seiner eschatologischen Kurzsicht nicht ertragen, die Worte Jesu als Verheißungen zu nehmen und eine Form des Glaubens zu akzeptieren, die keine Beweise zu erbringen bereit ist, sondern Vorleistungen der Gläubigen erwartet. Die Erwartung an Unmittelbarkeit und Evidenz der messianischen Epiphanie verbindet die Judas-Figuren von Asch und Oz mit

[35] In der lebhaften literaturkritischen Rezeption des Romans blieb diese intertextuelle Spur merkwürdigerweise unentdeckt.

[36] Schalom Asch, zit. nach *Judas. Ein literarisch-theologisches Lesebuch* (Anm. 2), S. 143. „Edom“ ist ein anderer Name für den von Jakob übervorteilten Esau. Sein Zorn auf den Bruder wird mit dem Hass der christlichen und römischen Feinde der Juden gleichgesetzt.

[37] Vgl. Asch (Anm. 36), S. 145.

Judas-Gestalten wie denen von Egon Friedell und Carl Sternheim.[38] Immer steht hier Judas, einer Figur der revolutionären Ungeduld, die auf kurze Fristen setzt, Jesus Christus als eine maßgeblich durch das Evangelium der Nächstenliebe, durch Nachsicht, Geduld und transzendente Zuversicht geprägte Gestalt gegenüber. Die Erlösung, von der er spricht, das Reich Gottes, das er verheißt, lässt sich Zeit – die Unfähigkeit des Judas, diese Spannung zwischen Evidenz und Transzendenz zu ertragen, macht in diesen Texten seine Tragik aus.

Nicht nur in der Konzeption des Judas, auch in der formalen Konstruktion sind die Romane von Asch und Oz vergleichbar: Beide entwickeln aus dem Streitgespräch zwischen Lehrer und Schüler – bei Asch heißen sie Viadomski und Jochanaan – eine neue Sicht auf den Verrat und den Verräter, die in der Enthüllung eines fragmentarischen „Evangeliums nach Judas" gipfelt, das Oz' Roman im hebräischen Original seinen Titel gegeben hat.

Bei Klopstock, Asch und Oz erscheint Jesus als passive Figur, ein Erlösergott als Dulder und Leidender. Die zeitliche Verzögerung seiner Auferstehung charakterisiert ihn gleichsam als einen *Messias cunctator*, dem ein energischer, drängender Judas zur Seite steht, dem jedoch sein eschatologischer Elan zum Fluch wird. Sein Verrat besteht in seiner Ungeduld: Er verliert den Glauben, als Jesus stirbt.

Ein anderes Jesus- und Judasbild zeichnet der judastheologisch wohl interessanteste, auf jeden Fall eigenwilligste Judas-Roman der letzten Jahre, Uwe Saegers *Die gehäutete Zeit. Ein Judasbericht* (2008). Aus der Perspektive eines eindeutig unterlegenen und oft ratlosen Judas wird geschildert, wie sich zwischen Jesus und Judas eine eigentümliche Beziehung entwickelt, die durchaus Züge einer dialektischen Herr- und Knechtbeziehung aufweist. Jesus lebt als unangefochtene Autorität inmitten seiner Jünger, einer „verfressene[n] und trinkfeste[n] Bande",[39] und der drei Maria-Gestalten, seiner Mutter, Maria Magdalena und seiner Schwester Maria. Saeger zeichnet ein menschliches Bild des Jesus, der sich durchaus gerne die Zärtlichkeiten Magdalenas „mit ihren Händen unter seinem Gewand"[40] gefallen lässt, aber durch seine charismatische, verschlossene

38 Vgl. Hans Richard Brittnacher: *Der rebellische Apostel. Zur Judas-Darstellung bei Carl Sternheim und Egon Friedell*, in: *Zagreber Germanistische Beiträge* 22 (2013), S. 1-15.

39 Uwe Saeger: *Die gehäutete Zeit. Ein Judasbericht*, Rostock 2008, S. 33.

40 Ebd., S. 117 und passim.

und gelegentlich herrische Art seinen Jüngern gelegentlich Anlass zum Verdruss gibt. Zu ihrem Ärger wird Judas von Jesus bevorzugt: Immer wieder wirft Jesus seinem ausgewählten Jünger Leckerbissen zu, die der gelehrige Judas auffängt, wobei er im Verlauf des Romans zunehmend fetter wird – wie ein Tier, das geschlachtet werden soll. In der grausamen Instrumentalisierung des Judas zum heilsnotwendigen Verräter, der mit seiner Tat das Recht auf ein eigenes Leben einbüßt, wird die Metapher der Mästung eines zur Schlachtung vorgesehenen Opfertiers ihre Rechtfertigung finden. Um Judas an sich zu binden, sind Jesus auch bedenkliche Maßnahmen recht: Maria, Jesu Schwester, verführt Judas im Auftrag ihres Bruders und verwandelt den Jünger so auch zu einem willenlos Liebenden. Seine Hörigkeit und seine Obesität spiegeln das Ausmaß seiner Fremdbestimmtheit. Aber auch Jesus selbst ist keineswegs Herr der Lage – immer wieder verschwindet er, geht mit sich zu Rate, sucht in der Einsamkeit nach Antworten oder trifft sich heimlich mit Dunkelmännern, die wie Wahlkampfberater Strategien für sein weiteres Vorgehen entwickeln. Das Widersprüchliche, das in Literatur und Kunst ein festes Merkmal der Judas-Ikonographie geworden ist, erscheint bei Saeger als ein Charakteristikum der Physiognomie des von seiner Mission gelegentlich existenziell überforderten Jesus: „Ich stand also da und starrte in sein Gesicht, das wie eine sturmdurchtoste Landschaft sich gebärdete, jeder Muskel lag mit einem anderen in Streit“.[41]

Auf die Frage der Jünger nach den Gründen für die Bevorzugung des Judas gibt Jesus unmissverständlich zu erkennen, dass der Zweck des Judas dereinst sei, ihn zu verraten, und dass ein Name wie Judas in diesem Zusammenhang einen besseren Klang habe als Jakobus oder Simon Petrus: „Judas! Das wird der Name sein, der hinter meinem in die Zeit geschrieben wird.“[42] Jesus betrachtet seine Passion unter dem Gesichtspunkt ihrer größtmöglichen Wirksamkeit, und dazu bedürfe es eines großen Verrats, der geheimnisvoll genug sei, um sich mythisieren zu lassen. Gegen die Orthodoxie der Schriftgelehrten, die den Glauben sklerotisiert haben, plädiert Jesus für eine Religion aus der Fülle eines spirituellen Empfindens, das sich um Konventionen nicht schert: „Die Narren sind's, Judas, die von sich losgebunden ihre Grenzen erst im Vater finden

[41] Ebd., S. 6.
[42] Ebd., S. 20.

und einen Vater ebendort, sie sind die, die die Zeit häuten und sie bereiten fürs neue Bündnis zwischen dem namenlosen und uns."[43] Hier fällt erstmals das Wort von der ,gehäuteten Zeit', das dem Roman seinen Titel gegeben hat: Es ist jene Zeit, die erst sichtbar wird, wenn die in der Überlieferungsgeschichte aufgelegten Schleier – und dazu gehören eben auch die Dämonisierungsnarrative vom niederträchtigen Verräter – der Reihe nach abgezogen worden sind. Das Erlösungsgeschehen, wie Saeger es beschreibt, setzt die Mittäterschaft des Judas voraus und die grausame Entscheidung Jesu, Judas kraft seiner magnetischen Persönlichkeit zu bezaubern, ihm die Zustimmung zu seiner Dressur abzuverlangen, aber bis zuletzt nicht in das Vorhaben einzuweihen, sondern ganz auf den in Judas implementierten Glauben zu vertrauen: „Denn wer glaubt, erträgt der Steine Schrei!"[44] Judas nicht einzuweihen, dient der Sicherung seines Plans: „Nur wer von seinen Plänen weiß, kann auch in seinen Plänen scheitern."[45] Die zunehmend inniger werdende Beziehung zwischen Jesus und Judas findet schließlich ihren Ausdruck in einem Namen, der beide umfasst und den Jesus als Zeichen ihrer Gemeinsamkeit in den Sand schreibt: „JEJUDASSUS".[46] Ohne seinen Verräter ist der Messias nichts, jener ist alles nur durch Jesus, der ihn seelisch und körperlich nährt. In einer Vision sieht Judas seinen Verrat und seinen Selbstmord voraus, die er, von einer unsichtbaren Macht gegen seinen Willen gezwungen, ausführt, „unfähig, mich dagegen zu stellen, und mein Fleisch stöhnte und meine Knochen verbogen sich unter meinem Gewicht".[47]

Der Verrat des Judas bei Saeger erfolgt zuletzt nicht nur mit Einverständnis, sondern auf Befehl Jesu: „und so tat ich es, denn ich hatte den zu küssen, der hier als Jesus vor mir stand und nichts zu fragen und zu zweifeln weiter. [...] *Ab jetzt galt eine Neue Zeit.*"[48] Das erpresste Einverständnis des Judas erinnert an eine religiöse Aporie, die in Saegers Blick auf Jesus mit den Augen des Judas deutlich wird: dass auch der Gott der Barmherzigkeit, als der Jesus von den Evangelien gezeichnet wird, sich nicht von der grausamen Mitgift seines Vaters lösen kann, weil auch er zu seiner Passion ein Opfer braucht, das ihn zum Opfer bringt.

43 Ebd., S. 127.
44 Ebd., S. 147.
45 Ebd., S. 91.
46 Ebd., S. 111.
47 Ebd., S. 115.
48 Ebd., S. 187. Im Original kursiv und mit vergrößerter Schrift.

Die Autorinnen und Autoren der Beiträge

Christoph Bartscherer, geb. 1959, ist apl. Professor für Neuere deutsche Literatur an der Katholischen Universität Eichstätt-Ingolstadt. Er wurde 1996 an der Universität Heidelberg promoviert (*Das Ich und die Natur. Alfred Döblins literarischer Weg im Licht seiner Religionsphilosophie*) und habilitierte sich ebd. im Jahr 2003 mit der Studie *Heinrich Heines religiöse Revolte*. Neben seiner Tätigkeit als Hochschullehrer ist er Ressortleiter der *Münchner Abendzeitung* und der Mediengruppe *Landshuter Zeitung/Straubinger Tagblatt*.

Hans Richard Brittnacher (Promotion 1994, Habilitation 2001) ist apl. Professor für Neuere deutsche Literatur an der Freien Universität Berlin.

Forschungsschwerpunkte: Intermedialität des Phantastischen; die Imago des Zigeuners in der Literatur und den Künsten; Literatur- und Kulturgeschichte des Goethezeitalters und des *Fin de siècle*; Literatur und Religion. Zuletzt erschienen: *Phantastik. Ein interdisziplinäres Handbuch* (hg. mit Markus May, 2013); *Verräter* (Hg., 2015); *‚Gotteslästerung' und Glaubenskritik in der Literatur und den Künsten* (hg. mit Thomas Koebner, 2015).

Monika Fick, geb. 1958. Studium der Germanistik, Anglistik und Kunstgeschichte an der Universität Würzburg, der State University of New York, Albany, und an der Universität Heidelberg. 1981 Staatsexamen, 1984 Promotion, 1991 Habilitation. Seit 1997 Professorin für Neuere deutsche Literaturgeschichte an der RWTH Aachen. 2005 Gastprofessur (Distinguished Max Kade Professorship) an der University of Washington, Seattle. 2008-2012 Präsidentin der Lessing Society. 2011-2016 Mitherausgeberin des Lessing Yearbooks/Jahrbuchs.

Monographien zu Goethes *Wilhelm Meisters Lehrjahre*, zur Literatur der Jahrhundertwende (1900) und zu Lessing (*Lessing Handbuch*, [4]2016). Studien zur Aufklärung, zu Goethe, zur Romantik, zu Gottfried Benn und zur Literatur der Gegenwart. Forschungsschwerpunkte: Literatur und Ästhetik, literarische Anthropologie, Literatur und Wissensformen.

Sven Friedrich, geb. 1963, ist seit 1993 Direktor des Richard-Wagner-Museums mit Nationalarchiv und Forschungsstätte der Richard-Wagner-Stiftung (Haus Wahnfried), des Franz-Liszt-Museums und Jean-Paul-Museums Bayreuth. Promotion 1994 an der Universität München.

Zahlreiche Publikationen, Ausstellungen und Vorträge zu Leben, Werk, Rezeptions-, Aufführungs-, Wirkungs- und Ideologiegeschichte Richard Wagners, darunter Lehrtätigkeiten an den Universitäten Bayreuth und Regensburg, Publikationen im Programmbuch der Bayreuther Festspiele sowie Hörbücher zu Wagner und seinen Werken, Jean Paul und Gustav Mahler. Seit 2005 Mit- und Gründungsherausgeber der Zeitschrift *wagnerspectrum* und der Reihe *Wagner in der Diskussion* bei Königshausen & Neumann. Seit 2011 Referent der Inszenierungseinführungen der Bayreuther Festspiele.

Marcel Krings studierte Germanistik und Romanistik an den Universitäten Heidelberg, Paris III und IV sowie an der Ecole Normale Supérieure. Er wurde 2002/2003 an den Universitäten Paris III und Heidelberg promoviert und habilitierte sich 2015 an der Universität Heidelberg. Er ist Akademischer Oberrat ebd.

Publikationen: *Selbstentwürfe. Zur Poetik des Ich bei Valéry, Rilke, Celan und Beckett* (2005); *Phono-Graphien. Akustische Wahrnehmung in der deutschsprachigen Literatur* (Hg., 2011); *Goethe, Flaubert, Kafka und der schöne Schein* (erscheint 2016). Zahlreiche Artikel zu Kafka, Goethe, Kleist und zur deutschen Literatur vom 17. bis 20. Jahrhundert.

Tim Lörke, geb. 1975. Studium der Germanistik und Anglistik an den Universitäten Heidelberg und Warwick. 2002-2006 wissenschaftlicher Mitarbeiter am Faust-Archiv Knittlingen. 2006-2009 wissenschaftlicher Mitarbeiter an der Universität Heidelberg (Promotion 2007). 2009-2015 wissenschaftlicher Mitarbeiter an der Freien Universität Berlin. Seit 2015 Postdoctoral Fellow an der Friedrich-Schlegel-Graduiertenschule ebd. 2016 Max Kade Distinguished Visiting Professor an der University of Notre Dame.

Publikationen: *Die Verteidigung der Kultur. Mythos und Musik als Medien der Gegenmoderne. Thomas Mann – Ferruccio Busoni – Hans*

Pfitzner – Hanns Eisler (2010); *Religion und Literatur im 20. und 21. Jahrhundert. Motive, Sprechweisen, Medien* (hg. mit Robert Walter-Jochum, 2015).

Yvonne Nilges, geb. 1980. Studium der Deutschen und Englischen Philologie an der Universität Heidelberg. Promotion 2006, Habilitation 2010. 2006-2007 Visiting Fellow an der Harvard University. 2007-2010 Powys Roberts Fellow an der University of Oxford. 2009 Gastprofessorin an der University of Canterbury, Christchurch (Neuseeland). Seit 2010 Privatdozentin an der Universität Heidelberg. Seit 2012 Akademische Rätin a.Z. an der Katholischen Universität Eichstätt-Ingolstadt.

Monographien: *Richard Wagners Shakespeare* (2007); *Schiller und das Recht* (2012); *Auf der Suche nach dem verlorenen Gott. Thomas Manns Theologie* (im Entstehen). Publikationen zur Neueren deutschen Literatur-, Geistes- und Kulturgeschichte im internationalen Kontext, zu Wechselwirkungen zwischen den Künsten und interdisziplinären Wissenschaftsdiskursen.

Lukas Pallitsch studierte Theologie, Deutsche Philologie und Philosophie an den Universitäten Wien und Berlin. Er ist Stipendiat am Zentrum für Literatur- und Kulturforschung Berlin mit einem Promotionsprojekt zum *Nachleben des Propheten Jeremia im 20. Jahrhundert.*

Forschungsschwerpunkte: deutsch-jüdische Literatur; das Verhältnis von Religion und Literatur in der deutschen Literatur des 19. und 20. Jahrhunderts.

Gianluca Paolucci studierte an der Universität Rom III, wurde 2012 ebd. promoviert ist gegenwärtig an der Universität eCampus, Novedrate/ Como, tätig.

Forschungsschwerpunkte: Literatur der Aufklärung und Goethezeit; Praktiken und Theorien der Medien. Publikationen u.a. zu C. F. Bahrdt, Goethe, Lessing, Nicolai, Kafka und Brecht. Buchveröffentlichungen: *Ritualità massonica nella letteratura della Goethezeit* (2014); *Emilia Galotti – un progetto* (Hg., 2011); Carl Leonhard Reinhold, *I misteri ebraici ovvero la più antica massoneria religiosa* (Hg., 2011). Redakteur der Zeitschrift *Cultura Tedesca – Deutsche Kultur.*

Miriam Seidler, geb. 1975, studierte Germanistik und Geschichte an der Universität Freiburg. Sie wurde im Jahr 2010 an der Universität

Düsseldorf promoviert (*Figurenmodelle des Alters in der deutschsprachigen Gegenwartsliteratur*).

Aktuelle Forschungsschwerpunkte: Literatur des 17. und 18. Jahrhunderts, besonders Christoph Martin Wieland und Bettina von Arnim.

Stefan Tomasek, geboren 1976, studierte Deutsch und Geschichte an der Universität Kiel. Nach dem Staatsexamen 2005 war er dort wissenschaftlicher Mitarbeiter am Lehrstuhl für Neuere Deutsche Literatur und Medien sowie Lehrbeauftragter für Ältere deutsche Literatur. 2006-2010 erhielt er ein Stipendium der Studienstiftung des deutschen Volkes. Seit 2008 ist er an der Universität Würzburg tätig, seit 2010 als Akademischer Rat. Im selben Jahr erfolgte die Promotion mit einer Arbeit über mittelhochdeutsche Kreuzzugslyrik.

Forschungsschwerpunkte: Mittelhochdeutscher Minnesang, Medialität und Überlieferung von Texten einer Handschriftenkultur, Geschichte in Literatur, mittelalterliche Bibeldichtung, mittelhochdeutsche Sprache und Literatur für den Deutschunterricht.

Martina Trombiková studierte Germanistik an der Masaryk-Universität Brno, wo sie über das Werk von Michael Stavaric arbeitete. 2015 wurde sie an der Masaryk-Universität Brno promoviert (*Biblische Intertextualität in deutschen Romanen seit 1990. Verwendung, Funktion und Bedeutung*).

Ihr Forschungsschwerpunkt ist die deutschsprachige Gegenwartsliteratur. Sie hat Studien zu Felicitas Hoppe, Ingo Schulze und Sibylle Lewitscharoff veröffentlicht.

Heiko Ullrich studierte bis 2009 Germanistik und Klassische Philologie (Latein) an der Universität Heidelberg, wurde dort mit der 2012 publizierten Dissertation *Wilhelm Raabe zwischen Heldenepos und Liebesroman* promoviert und lehrte bis 2016 ebd.

Er hat zahlreiche Artikel zur deutschen Literatur vom 17. Jahrhundert bis zur Gegenwart veröffentlicht. 2015 gab er Christian Ludwig Willebrands *Geschichte eines Hottentotten, von sich selbst erzählt* (1773) heraus; ein Sammelband zum Werk des Barockdichters Georg Rudolf Weckherlin ist in Vorbereitung. Seine derzeitigen Forschungsschwerpunkte sind die motivische Untersuchung des Paris-Urteils und die Repräsentation Südafrikas in der deutschen Literatur.

Erich Unglaub, geb. 1947. Studium der Germanistik, Geschichte und Politik an der Universität München. 1983 Promotion zur Rezeptionsgeschichte von Jakob Michael Reinhold Lenz. Lehraufträge zur Allgemeinen und Vergleichenden Literaturwissenschaft an der Universität München. Lektor an der Universität Aarhus. Professuren für Deutsche Literatur und ihre Didaktik an der Universität Flensburg und an der Technischen Universität Braunschweig. Präsident der Rilke-Gesellschaft.

Veröffentlichungen zu Literatur und Kultur der europäischen Moderne, zu deutsch-skandinavischen Literaturbeziehungen und zur Theatergeschichte.

Lydia Wegener studierte Deutsche Philologie, Philosophie und Englische Philologie an der Universität zu Köln. Sie war wissenschaftliche Mitarbeiterin ebd., an der Universität Frankfurt a.M. sowie an der Universität Bern. Derzeit ist sie an der Berlin-Brandenburgischen Akademie der Wissenschaften (Deutsche Texte des Mittelalters) beschäftigt.

Ihre Forschungsinteressen gelten der geistlichen Literatur des Hoch- und Spätmittelalters, der Religiositäts- und Frömmigkeitsgeschichte in Mittelalter und Früher Neuzeit, der reformatorischen Literatur des 16. Jahrhunderts und der Editionsphilologie. Ihre Dissertation *Der ‚Frankfurter'/‚Theologia deutsch'. Spielräume und Grenzen des Sagbaren* ist 2016 erschienen. Momentan arbeitet sie an einer Anthologie zur ‚Unterscheidung der Geister' (*discretio spirituum*).